中國倫理思想研究文叢

初 編

王 澤 應 主編

第 **4** 冊

科舉制度的倫理審視

鄧 建 國 著

花木蘭文化出版社

國家圖書館出版品預行編目資料

科舉制度的倫理審視／鄧建國 著 — 初版 — 新北市：花木蘭
文化出版社，2013〔民 102〕
目 2+250 面：19×26 公分
（中國倫理思想研究文叢 初編：第 4 冊）
ISBN：978-986-322-289-7（精裝）
1. 科舉　2. 倫理學
190.9208　　　　　　　　　　　　　　　　102012297

ISBN-978-986-322-289-7

9 789863 222897

中國倫理思想研究文叢
初　編　第　四　冊　　　　　ISBN：978-986-322-289-7

科舉制度的倫理審視

作　　者　鄧建國
主　　編　王澤應
總 編 輯　杜潔祥
出　　版　花木蘭文化出版社
發 行 所　花木蘭文化出版社
發 行 人　高小娟
聯絡地址　235 新北市中和區中安街七二號十三樓
　　　　　電話：02-2923-1455／傳真：02-2923-1452
網　　址　http://www.huamulan.tw 信箱 sut81518@gmail.com
印　　刷　普羅文化出版廣告事業
初　　版　2013 年 9 月
定　　價　初編 6 冊（精裝）新台幣 10,000 元

科舉制度的倫理審視

鄧建國　著

作者簡介

鄧建國，男，1959 年 10 月生，湖南祁陽人，1988 年畢業於湖南教育學院政治系，2003 年畢業於湖南大學高教所，獲教育學碩士學位，2007 年畢業於湖南師範大學道德文化研究中心，獲哲學博士學位，現為湖南省教育考試院副院長。在《倫理學研究》、《湖南師範大學社會科學學報》、《中國礦業大學學報》、《中國考試》等刊物發表學術論文 60 餘篇，主持《我國考試業發展問題研究》等課題，出版有關中國考試方面的著作三種。

提　　要

　　科舉制度是中國歷史上考試選拔官員的一種基本制度。它淵源於漢朝，創始於隋朝，確立於唐朝，完備於宋朝，興盛於明、清兩朝，廢除於清朝末年，歷經隋、唐、宋、元、明、清。根據史書記載，從隋朝大業元年（605 年）的進士科算起到光緒三十一年（1905年）正式廢除，整整綿延存在了 1300 周年。

　　科舉制是中國古代繼察舉、薦舉之後延續了 1300 年的一種選士制度，它打破了「上品無寒門、下品無貴族」的權貴世族壟斷仕途和用人任官大權，使中國社會文化和政治獲得了某種發展的生機與活力，不僅維護鞏固了中央集權的君主專制統治，而且極大地彰顯和弘揚了以忠孝廉恥、仁義禮智為核心的儒家倫理道德。中國古代的科舉制度本質上是為維護中央集權的君主專制統治服務的，具有把儒家倫理道德制度化並使教育服務於政治的特質。科舉制度包含著大量的倫理道德問題，不僅在考試的內容上以儒家經義為核心和主旨，而且在考試的組織和形式上也深受儒家倫理道德的薰染和影響。因此，從某種意義上說，一部科舉制度史，實質上就是一部儒家倫理道德進入政治、成為主流意識形態的發展史，是一部儒家倫理道德制度史。研究科舉制度，需要也離不開倫理學的視角和考察，必須而且應當結合倫理道德特別是儒家倫理道德的理解和把握來進行。捨此，就很難真正深入認識到科舉制度的本質和旨歸，也很難對其作出科學的實事求是的分析與評價。

　　中國科舉制度以弘揚儒家的倫理道德為己任，以傳播、繼承和發揚以「仁、義、忠、孝」為核心的儒家道德為歸宿，以維持和鞏固皇權為終極目的。選拔任用人才的標準主要是「德行」，即倫理道德。隋煬帝於大業三年（607 年）下詔：「夫孝悌有聞，人倫之本，德行敦厚，立身之基。或節義可稱，或操履清潔，所以激貪厲俗，有益風化。強毅正直，執憲不撓，學業優敏，文才美秀，並為廊廟之用，實乃瑚璉之資。才堪將略，則拔之以禦侮，膂力驍壯，則任之以爪牙。愛及一藝可取，亦宜採錄，眾善必舉，與時無棄。以此求治，庶幾非遠。」明確指出科舉考試重在選拔那些「德行敦厚」之士。崇德，落實到科舉考試中，則是要弘揚儒家德義傳統，從學理上闡明儒家倫理道德的內在意義和價值，進而在為官為學中身體力行儒家倫理道德。唐宋以降勃興的科舉考試，將儒家倫理文化擡到很高的地位，統治階級掀起了一次又一次尊孔崇儒的高潮，引導無數考生乃至朝廷官吏學習儒家經典，弘揚儒家經義，並將其與國家的治理、個人的修養以及教育的普及連為一體，進而

使科舉考試成為推擴和宣傳儒家倫理文化的重要機制或手段。科舉制度是一種連接教育與政治的選官制度，基本價值目標是選拔出優秀的治國理政人才，使國家政治清明，風俗醇化。就其終極的價值目標而言，則是弘揚和光大儒家「有道」的政治理想，實現倫理化的政治和使政治倫理化。科舉制度通過特定的考試程序設計和公正理想追求，聚焦於社會的治理和風俗的醇化，以此來引導考生關心政治，建立並實現自己的政治道德理想。在歷代的科舉考試中，對儒家倫理基本價值取向的認識以及如何應用儒家倫理來解決實際問題，是其不變的主題。明清兩朝盛行的八股文取士，也是緊緊圍繞儒家經義而展開的。無論隋唐亦或明清，科舉考試都推崇儒家思想，把儒家「四書」、「五經」作為考試的權威文本，要求應考者按照「四書」、「五經」的道路學習應考，以考出好的成績，博取功名。八股文是由宋代的經義演變而成，它要求「代聖賢立言」，對儒家的微言大義進行抉發闡釋。

1300 年的科舉制，對於中國社會政治和文化教育的關係，對於中華民族倫理文化的影響，均具有某種雙刃劍的性質。我們應當堅持馬克思主義歷史分析和唯物辯證的觀點，認真總結科舉制度中的利與弊，給以合理的評價。整體上看，科舉制度既有自身的歷史進步性和倫理合理性，也有自身的倫理缺失和弊端。從歷史進步性和倫理合理性上講，科舉制對隋唐至明清 1300 年間中國政治、教育、社會、文化等各方面具有重大的影響，它以輕門第，重才學，任人唯賢實現了對特權制度的否定，平等競爭的考試與人才選拔實現了社會各階層的上下流動，科舉制度使儒家倫理獲得官方的表彰和認可，同時也催生了士大夫精神的形成和發展。在一定程度上，科舉塑造了中國古代社會的文化形態與知識分子的性格和形象，而且為東亞國家的科舉制和西方國家的文官考試制度所借鑒，對世界文明產生了較為深刻的影響。就其倫理缺失和社會弊病上講，主要體現在考試內容的陳腐和考試方式的僵化，不能適應形勢發展的需要，八股取士制度對個體價值確認的簡單化、程式化等諸多弊病，使科舉考試常常成了獵取功名的工具，儒家經典讀得越來越熟，八股文寫得越來越好，人品卻越來越差，越來越多的讀書人異化成了科舉考試的奴隸和奴才。清朝後期，西方國家的科學技術突飛猛進，中國則大大落後於時代的潮流和世界的發展，而科舉制度仍鼓勵考生埋頭於「四書」、「五經」及八股文，把科學技術看作為「奇技淫巧」而不屑一顧，嚴重脫離了社會發展的趨勢和科技文化發展的要求，產生了極為惡劣的後果。

科舉制成為歷史的陳迹已是歷史發展的必然，不管它在歷史上起過何種積極作用。英國經濟學家白哲特說「整個文明史充滿著那些最初十分珍貴而最後使人致命的主義和制度」。中國的科舉制度就是那種最初十分珍貴，後來逐漸演變成使人致命的制度。今天，我們研究科舉制度及其倫理道德問題，是為了更好地總結歷史的經驗教訓，以服務於當代的倫理道德建設。

總序：中國傳統倫理思想特質論

王澤應

　　建設中華民族共有精神家園，發展具有中國特色社會主義的倫理思想體系，提升中華文化的軟實力，都需要我們發掘傳統倫理思想的源頭活水，弘揚深藏於傳統倫理思想中的傳統美德，而這也要求我們立於新的時代情勢深度體認並揭示出中國傳統倫理思想的精神實質和基本特徵。中國傳統倫理思想是中華文化和中國哲學的重要組成部分，從某種意義上說，對倫理思想的置重和對倫理道德的倚重形成中華文化和中國哲學的基本特色。那麼，中國傳統倫理思想的基本特徵和精神實質究竟是什麼？這是一個儘管有所認識但還認識得十分不夠，需要智慧的心靈不斷予以探究和整體推進的關鍵性問題和本源性問題。

一、近代以來人們對中國傳統倫理思想特質的認識

　　近代以來興起的中西古今之爭，大量地涉及中國文化與西方文化以及傳統倫理思想特質的認識。馮桂芬、郭嵩燾、鄭觀應等早期改良主義者，嚴復、譚嗣同、梁啓超等維新志士，五四新文化運動時期的陳獨秀、李大釗、胡適以及東方文化派的杜亞泉，現代新儒家梁漱溟、張君勱、馮友蘭等都對中西文化比較發表了自己的看法，其中不乏對中國傳統倫理思想特徵的認識。

　　近代新倫理的孕育始於中西古今之爭。而在中西古今之爭中即已涉及到傳統倫理思想特徵的把握。伴隨著西方文化特別是西方倫理價值觀的輸入，人們開始突破華夷之防的藩籬，將中國傳統倫理思想與西方倫理思想予以比較，並在比較中批判傳統倫理思想的弊端，肯定西方倫理思想的特色和長處。郭嵩燾在出使英法諸國時詳細考察其倫理道德，並比較與中國在仁、義、禮、

智、信等倫理道德準則上的共性與差異，批判了頑固派中國傳統倫理道德優於西方，泰西夷人只有奇技淫巧沒有倫理道德，「彼等之風俗，不過淫亂與機詐，而彼等之所尙，不過魔道與惡毒」〔註1〕等錯誤認識，指出中國的儒家講仁愛，西方人講博愛，愛人的範圍比儒家仁愛更爲廣泛。「中國言義，虛文而已，其實朝野上下之心無一不騖於利，至於越禮反常而不顧。西洋言利，卻自有義在。」西方人對禮的尊崇似乎在中國人之上，他們「彬彬焉見禮之行焉，中國不能及遠矣。」〔註2〕「西洋以智力相勝，垂兩千年，……誠得其道，則相輔以致富強，由此而保國千年可也；不得其道，其禍亦反是。」〔註3〕說到信，郭嵩燾指出：西方「以信義相先，尤重邦交之誼，致情盡禮，質有其文，視春秋各國殆遠勝之。」總之，在郭嵩燾看來，西方決非處於野蠻狀態下尚未開化的蠻夷，他們有自己源遠流長而又自成一體的倫理道德傳統，就仁、義、禮、智、信五個方面的比較而言，他們似乎都在中國傳統倫理思想之上，郭嵩燾的思想可謂西化主義的先聲。

戊戌變法時期，康有爲、梁啓超、譚嗣同、嚴復等人試圖運用西方近代倫理學說分析中國近代的社會道德現象，把西方近代倫理思想與中國近代社會的具體國情結合起來考察分析，對西方近代的自由、平等、博愛、天賦人權和社會契約等理論表現出濃厚的興趣，並以此來思考中國社會變革的路徑和新倫理建設的方向。梁啓超認爲，中西倫理道德和思想傳統各有所長也各有所短，「欲強吾國，則不可不考博各國民族所以自立之道，彙擇其長者而取之，以補我之所未及」，主張把中華民族的優良道德傳統與西方民族道德觀念中的長處結合起來，構造一種全新的國民道德觀念和心理品質。梁啓超反對全盤否定中國傳統倫理學說和道德觀念的民族虛無主義，也反對墨守成規、固步自封的文化保守主義和國粹主義，指出他所謂的新民，「必非如心醉西風者流，蔑棄吾數千年之道德學術風俗，以求伍於他人；亦非如墨守故紙者流，謂僅抱此數千年之道德學術風俗，遂足以立於大地也。」〔註4〕新民之新義主要體現在兩個方面，一曰淬厲其所本有而新之，二曰採補其所本無而新之。梁啓超認爲，「今試以中國舊倫理，與泰西新倫理相比較。舊倫理之分類，曰

〔註1〕 轉引自馬士：《中華帝國對外關係史》第2卷，第206頁。
〔註2〕 郭嵩燾：《郭嵩燾日記》卷四，第298頁。
〔註3〕 郭嵩燾：《倫敦與巴黎日記》，第91頁。
〔註4〕 梁啓超：《新民說》，《梁啓超文選》，王德峰編選，上海：上海遠東出版社2011年版，第47頁。

君臣，曰父子，曰兄弟，曰夫婦，曰朋友。新倫理之分類，曰家族倫理，曰社會倫理，曰國家倫理。舊倫理所重者，則一私人對於一私人之事也。新倫理所重者，則一私人對於團體之事也。」〔註5〕中國傳統倫理「偏於私德，而公德殆闕」，中國傳統倫理道德的主要內容就是束身寡過主義、獨善其身主義、自了主義、「畏國事之爲己累」等私德，而泰西新倫理則是重於公德，它注重維護社會公共生活，協調國家之內的各種社會關係，是故社會倫理和國家倫理發達。雖然公德私德並行不悖，且相互聯繫，但是人人相善其群的公德比人人獨善其身的私德要更有社會意義，公德是當今「諸國之源」，「知有公德，而新道德出焉」，所以中國的新民德當從興公德開始。嚴復在《論世變之亟》一文中指出，中西文化最大的差別在於自由觀念上的差別。「中國理道與西方自由最相似者，曰恕，曰絜矩。然謂之相似則可，謂之眞同則大不可也。何則？中國恕與絜矩，專以待人及物而言，而西人自由，則於及物之中，而實寓所以存我者也。」自由既異，導致了其他諸種道德觀念和倫理價值上的差別。「中國最重三綱，而西人首明平等，中國親親，而西人尚賢；中國以孝治天下，而西人以公治天下；中國尊主，而西人隆民；中國貴一道而同風，而西人喜黨居而州處；中國多忌諱，而西人重譏評」，「中國委天數，而西人恃人力。」〔註6〕中國人相信世道「一治一亂、一盛一衰」的歷史循環論，西方人則提倡以「日進無疆，既盛不可衰」的歷史進化論。

　　五四新文化運動時期展開了一場大規模的東西文化論戰，其中大量涉及中西倫理思想的比較研究，雖然不乏過激與片面，但確打開了人們的認識視野，將中國傳統倫理思想置於與西方倫理思想的比較框架中予以重新認識。陳獨秀在《東西民族根本思想之差異》一文中指出：東西民族根本思想的差別表現在，東方民族以安息爲本位，西方民族以戰爭爲本位；東方民族以家族爲本位，西方民族以個人爲本位；東方民族以感情和虛文爲本位，西方民族以法治和實力爲本位。以安息爲本位的東方民族，「惡鬥死，寧忍辱」，「愛和平」，所以成爲「雍容文雅之劣等」，以戰爭爲本位的西方民族，「惡侮辱，寧鬥死」，所以「以鮮血取得世界之霸權」。以家族爲本位的東方民族，個人無權利，一家之人聽命家長，遵循著宗法社會封建時代的道德，以個人爲本

〔註5〕 梁啓超：《新民說》，《梁啓超文選》，王德峰編選，上海：上海遠東出版社2011年版，第48頁。
〔註6〕 嚴復：《論世變之亟》，《嚴復集》第一冊，北京：中華書局1986年版。

位的西方民族，爭的是個人權利，「舉一切倫理道德政治法律，社會之所嚮往，國家之祈求，擁護個人之自由權利與幸福而已。」以感情和虛文為本位的東方民族，「其實施之者多外飾厚情，內恒憤忌，以君子始，以小人終」，以法治和實力為本位者，「未嘗無刻薄寡恩之嫌，然其結果，社會各人不相依賴，人自為戰，以獨立之生計，成獨立之人格，各守分際，不相侵漁，以小人始，以君子終。」〔註7〕杜亞泉以傖父為筆名發表了多篇論及東西文化差異的文章，與陳獨秀等人進行論戰。他在《靜的文明與動的文明》一文中比較了西洋文明與中國文明，認為西洋文明重人為，中國文明重自然，西洋文明以戰爭為常態，以和平為變態，中國文明以和平為常態，以戰爭為變態；西洋人生活是向外的，中國人生活是向內的。「西洋社會既以競爭勝利為生存必要之條件，故視勝利為最重而道德次之；且其道德之作用，在鞏固團體內之各分子，以對抗他團體，仍持為競爭之具。而所謂道德者，乃從人與人之關係間規定其行為之標準，故多注意於公德。而於個人之行為，則放任自由。凡圖謀自己之利益，主張自己之權利，享用自己之財產，皆視為正當，而不能加以非難。」中國社會則不然，在勝利與道德關係上視道德為最重，故不但不崇拜勝利，反而有蔑視勝利之傾向。「道德之作用在於消滅競爭，而以與世無爭，與物無競為道德之最高尚者。所謂道德，即在拘束身心、清心寡欲，戒謹於不睹不聞之地，為己而不為人，故於個人私德上兢兢注意。凡孜孜於圖謀自己利益，汲汲於主張自己權利，及享用過於奢侈者，皆為道德所不許。」〔註8〕在杜亞泉看來，吾國固有之倫理思想，正足以救西洋倫理思想之弊，濟西洋倫理文明之窮者。1918年，李大釗發表了論述中西文化差異的文章，指出中國民族之日常生活以靜為本位，以動為例外，而西方民族之日常生活則以動為本位，以靜為例外，「更以觀於倫理，東方親子間之愛厚，西方親子間之愛薄。東人以犧牲自己為人生之本務，西人以滿足自己為人生之本務。故東方之道德在個性滅卻之維持，西方之道德在個性解放之運動。」〔註9〕李大釗認為，東洋文明與西洋文明，實為世界進步之二大機軸，如同車之兩輪，鳥之兩翼，缺一不可，而又需要彼此互相學習。梁漱溟在《東西文化及

〔註7〕陳獨秀：《東西民族根本思想之差異》，《青年雜誌》第1卷第4號，1915年12月。

〔註8〕傖父：《靜的文明與動的文明》，《東方雜誌》第13卷第10號，1916年10月。

〔註9〕李大釗：《東西文明根本之異點》，《言治》季刊第三冊，1918年7月。

其哲學》中比較了中、西、印三種文化，認為西方文化是以「意欲向前」為根本路向，重在對外部世界的征服與改造，中國文化是以「意欲調和持中」為根本精神的，重在人與人之間關係的處理和自我性情的陶鑄，而印度文化則以「意欲向後」為根本路向，重在人與神關係的處理以及自我的壓抑與束縛。

20世紀四十年代，黃建中在《比較倫理學》中比較了中西道德觀的差異，認為中西道德的第一個方面的差異表現在「中土倫理與政治結合，遠西倫理與宗教結合」，形成了政治倫理與宗教倫理的差別；第二個方面的差別表現在「中土道德以家族為本位，遠西道德以個人為本位」。「中土以農立國，國基於鄉，民多聚族而居，不輕離其家而遠其族，故道德以家族為本位。」「遠西以工商立國，國成於市，民多戀遷服賈，不憚遠徙。其家庭組織甚簡，以夫婦為中心」，故道德以個人為本位。第三個方面的差異表現為「中土道德主義務平等，遠西道德主權利平等」。第四個方面的差異表現在「中土重私德，遠西重公德」。第五個方面的差異表現在「中土家庭尚尊敬，遠西家庭尚親愛。」〔註10〕與黃建中的觀點類似，臺灣學者吳森認為中西倫理道德的不同可以歸結為效法先賢與服從律令，人倫本位與個人本位，義務本位與權利本位，情之所鍾與唯理是從幾個方面。〔註11〕

改革開放以來，隨著倫理學學科的恢復，中西倫理思想史學科也獲得了新的發展，一些現代倫理學研究者在研究中國倫理思想的精神實質和基本特徵時也提出了不少具有啟發性的觀點或理論，表現出在繼承以往思想成果基礎上的創新，一些論述更切合中國倫理思想的實際和要義，具有「致廣大而盡精微」的學術探究意義。陳谷嘉教授認為，倫理與宗法關係的緊密結合，從而形成了以「忠」和「孝」為核心內容的宗法體系，這是中國倫理思想最突出的和最基本的特徵；此外，倫理與哲學緊密結合，倫理與政治緊密結合，也是中國古代倫理思想的基本特徵。〔註12〕朱貽庭教授主編的《中國傳統倫理思想史》一書比較全面地闡釋並論述了中國傳統倫理思想的特點，指出由人道精神屈從於宗法關係而產生的「親親有術，尊賢有等」，是中國傳統倫理

〔註10〕 參閱黃建中：《比較倫理學》，山東人民出版社1998年版，第82～92頁。
〔註11〕 參閱吳森：《中西道德的不同》，見郁龍餘編《中西文化異同論》，北京：三聯書店1989年版，第184～196頁。
〔註12〕 參陳谷嘉：《論中國古代倫理思想的三大特徵》，《求索》1986年第5期。

思想所提倡的道德規範或道德要求的基本特點，道德來源上由天道直接引出人道，既把人道作為人們行為的當然之則，又把人道歸之於天理之必然，也是中國傳統倫理思想的基本特點；以德性主義人性論為主流，並以此去論證道德修養，是中國傳統倫理思想的第三個特點；在義利之辨中，重義輕利的道義論是中國傳統倫理思想關於道德價值觀的主要傾向；此外，道德與政治一體化，重視道德教育和道德修養也是中國傳統倫理思想的基本特點。

從郭嵩燾、嚴復、陳獨秀到現代學者關於中國傳統倫理思想基本特徵的論述，適應不同時期倫理文化建設的發展需要，經歷了一個以批判或辯護為主而向學理探究為主的轉變，或者說經歷了一個由「拔根」而向「絜根」的認識轉換過程。醉心西化論者，大多以西方倫理思想之長反觀中國傳統倫理思想之短，每每得出「百事不如人」的結論，故其批評尖刻有餘而公允論述甚少，致使中國傳統倫理思想之精神實質往往淹沒不彰。堅守本位論者，大多肯定中國傳統倫理思想的世界先進性，而對西方倫理思想的利己主義功利主義與實用主義則予以猛烈抨擊。這些在當時特定的歷史文化條件下都是可以理解的，但確實是情感主義取代了理性主義，片面尖刻取代了全面深刻，留下的歷史後遺症直到現在還未能完全被矯正。進入到改革開放新時期以來，超越近代以來西化主義和保守主義的局限成為一些學者的追求，在中國倫理思想史和西方倫理思想史的比較研究中回歸和注重理性，並予以深度而全面的探討，也被大家崇尚。正是這樣，才在中國傳統倫理思想史的研究方面不斷由初疏走向深入，由一般的現象揭示上升為精神實質的探討，取得了可喜的研究成就。這些研究成就，為我們進一步深入探討中國傳統倫理思想的精神特質和內在價值提供了良好的基礎。特別是進入新世紀以來，適應建設中華民族共有精神家園、提升中國文化軟實力以及繼承傳統美德、弘揚民族精神等倫理文化建設任務的需要，對中國倫理文化認識包括對其基本特徵的認識也在走向深化，時代和人們呼喚有關於中國傳統倫理思想深層內涵、價值原點和精神實質乃至獨特魅力和韻味的深刻認識。

理性而全面地考察中國傳統倫理思想，需要從神形表裏等方面運思，既考源溯流，又探賾索隱，既立乎其大又兼顧其小，並在對各個時期倫理思想特質的辯證把握中上升到整體觀照。中國傳統倫理思想特質兼具形式特質和實質特質兩方面，應當從形式或表象和內容或實質兩方面予以考察，由此顯現出的特點亦可以歸之為形式特點和實質特點兩大方面。

二、中國傳統倫理思想的形式或結構性特質

萌生於遠古、發端於殷周、發展於漢唐、成熟於宋明的中國傳統倫理思想，是人類倫理思想史上一個獨特的思想類型，其結構之多元互補，其演變之源遠流長，其生命力和凝聚力之強大蓬勃，都是世界倫理思想上不可多得的範本。

1、多元一體的結構互補性

與西方倫理思想「二元對立」的模式有別，中國倫理思想具有「多元一體」的結構特質。西方倫理思想緣起於古希臘生命衝動與邏各斯之間的內在緊張，亦如尼采所言的「酒神精神」與「日神精神」的對立，後來是「兩希傳統」即古希臘傳統和希伯來傳統的對峙，中世紀的理性與信仰、上帝之城與世俗之城、神道與人道，無不處於一種嚴重的衝突與鬥爭中。近代以來，西方倫理思想的二元對立格局更加突出，其鬥爭也無所不在。理性主義與非理性主義，絕對主義與相對主義，樂觀主義與悲觀主義，科學主義與人本主義，相互指責詬誶，構成倫理思想史的一道景觀。與西方倫理思想二元對立的發展格局有別，中國傳統倫理思想因其崇尚「道並行而不相悖，萬物並育而不相害」而具有多元一體的精神特質。中國倫理思想雖然也有對二元的推崇如陰陽、道器、體用、本末，但其所強調的二元始終不是一種緊張衝突或完全對立的關係，而是有機地統一於一體之中，並成為一體的兩面。不特如此，中國倫理思想還有對三元如天地人、性道教、身家國等的強調，以及對「一生二，二生三，三生萬物」等的描述，有對「四象」、「八卦」以及「三綱五常」等的論證，而這一切都不是散亂或不相關的，而是有機地聯繫在一起的。中國倫理思想如同中華文化一樣在其起源和發展過程中始終是多元發生而朝著一體聚合的，多元既相互辯難，又相互吸收，不斷為一體輸送「共識性」的理論營養，促進著中國倫理思想傳統的形成和發展。中國倫理思想傳統萌生於炎黃時期，炎黃即代表著一種多元思想的融合，並有了一些原初的價值共識。後經堯舜禹湯的不斷融合與推擴而獲得一些基本的基質，如對群體性和公共利益的置重，對和諧和秩序的嚮往，等等。至春秋戰國時代出現儒、道、墨、法等百家之爭鳴，諸家均把價值目標鎖定在「務為治」上，提出「德治」、「仁政」、「禮治」、「法治」、「無為而治」和「兼愛之治」等思想觀點，為建立統一的多民族國家和文化提供了可供選擇的治政之策。秦漢統一後，雖然確立了儒家倫理思想的獨尊地位，但是道家、法家仍然在發揮作用，並不時挑激儒家，魏晉隋唐時期儒釋道相互辯難論爭，

至宋明發展出一種以儒爲主融合佛道的理學倫理思想。在理學內部又有程朱系、陸王系之間的爭論，宋代還有蜀學、新學與洛學之間的論爭以及朱熹與事功之學的論爭等等。這些論爭從多元方面深化了對一體的價值認同，使得中華民族的倫理思想能夠不斷得以發展，形成一種多元一體的互補結構並獲得不斷更新發展的活力與動力。

2、生成發展的源遠流長性

與世界上其他倫理思想比較而言，中國倫理思想具有由古及今而又一脈相承的發展特點。在世界文化史上，多次出現過因異族入侵而導致文化或思想斷裂的歷史悲劇，如埃及文化因亞歷山大大帝佔領而希臘化、凱撒佔領而羅馬化、阿拉伯人移入而伊斯蘭化，印度文化因雅利安人入侵而雅利安化，希臘、羅馬文化因日耳曼蠻族入侵而中絕並沈睡千年，等等。只有中國倫理文化，歷經數千年而不絕，雖然也曾遭遇過種種挑激或風險，然而卻能憑藉自身強大的生命力、凝聚力和化育力一次次地轉危爲安，實現衰而復興，闕而復振。梁啓超在《中國道德之大原》一文中指出：「數千年前與我並建之國，至今無一存者。或閱百數十歲而滅，或閱千數百歲而滅。中間迭興迭仆，不可數計。其赫然有名於時者，率皆新造耳。而吾獨自羲軒肇構以來，繼繼繩繩，不失舊物，以迄於茲，自非有一種美善之精神，深入乎全國人之心中，而主宰之綱維之者，其安能結集之堅強若彼，而持續之經久若此乎？」〔註13〕中華文明之所以能夠長期存在並不斷發展，有它自身所特有的倫理精神，這種倫理精神既是國家過去繼續成立之基，也是將來滋長發榮之具。美國學者伯恩斯和拉爾夫合著的《世界文明史》在論及古代中國文明時也認爲中國文明源遠流長，自古至今，不斷發展。中國文明「一旦出現，它就延續——並非沒有變化和間斷，但其主要特徵不變——到現代 20 世紀。中國文明儘管其形成較埃及、美索不達米亞或印度河流域晚得多，但仍然是現存的最古老的文明之一。它之所以能長期存在，其原因部分是地理的，部分是歷史的。」〔註14〕中國倫理思想崇尚和平仁愛，很少激起周邊國家的敵意和妒忌。中國人很少用武力把自己的意志強加給被征服民族，相反卻把同化被征

〔註13〕梁啓超：《中國道德之大原》，《梁啓超文選》（王德峰編選），上海遠東出版社 2011 年版，第 126 頁。

〔註14〕〔美〕伯恩斯、拉爾夫：《世界文明史》第一卷，北京：商務印書館 1987 年版，第 173 頁。

服民族，使之成為倫理思想的受益者當作自己的天職。塔夫里阿諾斯在《全球通史》中亦有類似的認識：「與印度文明的鬆散和間斷相比，中國文明的特點是聚合和連續。中國的發展情況與印度在雅利安人或穆斯林或英國人到來之後所發生的情況不同，沒有明顯的突然停頓。當然，曾有許多遊牧部族侵入中國，甚至還取代某些王朝而代之；但是，不是中國人被迫接受入侵者的語言、習俗或畜牧經濟，相反，是入侵者自己總是被迅速、完全地中國化。」〔註15〕中國社會的發展不是像西方古代社會那樣表現為一種革命變革，而是表現為連續不斷的改良的進取和維新，所謂「周雖舊邦，其命維新」，與此相契合，中國倫理思想亦是世界倫理思想史上連續性倫理思想的範本，「闡舊邦以輔新命」成為許多倫理思想家的精神追求和價值共識。

3、舊邦新命的常變統一性

中國倫理思想傳統在自己的發展歷程中，從「萬物並育而不相害，道並行而不相悖」的理念出發，崇尚「有容乃大」，主張包容會通，海納百川，並認為「兼容並包」、「遐邇一體」才能「創業垂統，為萬世規」。（《漢書·司馬相如傳》）道家主張虛懷若谷，「常寬容於物，不削於人」，提出了「善者吾善之，不善者吾亦善之」的思想。儒家荀子主張「目視備色，耳聽備聲」，「兼陳萬物而中縣衡焉」（《荀子·解蔽》），只有超越私己的局限才能真正把握「道」的真諦。君子之所以隆師而親友，就在於師友能夠有助於自己道德修養使其達於完善。「得賢師而事之，則所聞者堯舜禹湯之道也；得良友而友之，則所見者忠信敬讓之行也，身日進於仁義而不自知也者，靡使然也。」（《荀子·性惡》）儒家倫理思想主張繼承傳統，但又主張對傳統作推陳出新的創化。湯之《盤銘》曰「苟日新，日日新，又日新」，《康誥》曰「作新民」。儒家從「道莫盛於趨時」、「日新之謂盛德」的思想認識出發，強調「以日新而進於善」。明清之際的王夫之強調「分言之則辨其異，合體之則會其通」，認為「理惟其一，道之所以統於同；分惟其殊，人之所以必珍其獨」，〔註16〕主張「學成於聚，新故相資而新其故；思得於永，微顯相次而顯察於微。」〔註17〕只有博採眾家之長，「坐集千古之智」，才能夠有所創新和發展。現實

〔註15〕〔美〕塔夫里阿諾斯：《全球通史》，吳象嬰等譯，北京：北京大學出版社 2005年版，第 155 頁。

〔註16〕王夫之：《尚書引義》卷四，北京：中華書局 1962 年版，第 75 頁。

〔註17〕王夫之：《周易外傳》卷五，北京：中華書局 1977 年版，第 183 頁。

生活中的萬象是「日生」，不斷發展變化的，象中之道，也必然隨著象的「日生」，不斷發展變化。「道之所行者時也，性之所承者善也，時之所承者變也；性載善而一本，道因時而萬殊也」。〔註18〕中國倫理思想對於外來倫理文化，包括佛教、基督教，亦能夠兼收並蓄，揚長避短，爲我所用。正是由於中華倫理文化具有極強的包容性和自我更新的能力，所以才能夠在繼承前人的基礎上不斷地推陳出新，革故鼎新，使思想與時偕行，實現自身的理論創新和發展。

三、中國傳統倫理思想的內容或實質性特質

源遠流長、博大精深的中國傳統倫理思想，在內容和精神實質方面呈現出如下基本特徵：

1、注目「天下有道」，以趨善求治為倫理的價值目標

倫理與政治因素聯姻，使倫理作用於政治生活，使政治體現倫理的精神和要求，是中國文化的一大特徵，更是中國倫理思想的基本特徵。王國維在《殷周制度論》中指出周代政治制度與道德的深刻聯繫，「古之所謂國家者，非徒政治之樞機，亦道德之樞機也。使天子、諸侯、大夫、士各奉其制度、典禮，以親親、尊尊、賢賢，明男女之別於上，而民風化於下，此之謂治。反是，則謂之亂。是故，天子、諸侯、大夫、士者，民之表也；制度、典禮者，道德之器也。」〔註19〕「周之制度、典禮，實皆爲道德而設。而制度、典禮之專及大夫、士以上者，亦未使不爲民而設也。周之制度、典禮，乃道德之器械，而尊尊、親親、賢賢、男女有別四者之結體也，此之謂民彝。」〔註20〕春秋戰國時期百家爭鳴，諸子風起，提出了各種倫理思想，但其要旨，誠如司馬談在《論六家之要旨》中所言，「夫陰陽、儒、墨、名、法、道德〔註21〕，此務爲治者也。」「務爲治」即是以尋求天下大治爲旨歸，把建構一種天下有道的秩序視爲自己的理論使命。先秦諸子高度重視治世之道

〔註18〕 王夫之：《周易外傳》卷七，北京：中華書局1977年版，第285頁。

〔註19〕 王國維：《殷周制度論》，參見《國學大師講國學》，北京：中國致公出版社2008年版，第194～195頁。

〔註20〕 王國維：《殷周制度論》，參見《國學大師講國學》，北京：中國致公出版社2008年版，第195頁。

〔註21〕 此所言「道德」是指道德家，亦即以老莊爲代表的道家。因老子所著《道德經》，被後人稱爲「道德家」。

的探討，渴望實現「天下有道」的倫理政治，提出了「德治」、「仁政」、「禮治」、「無爲而治」、「兼愛之治」、「法治」等學說。漢代是倫理政治化和政治倫理化的典型時期，不僅出現了「以孝治天下」的倫理政治實踐，而且儒家倫理成爲治國安邦的主流價值或意識形態。雖然漢以後，儒家倫理在政治實踐層面遭遇多重挑戰，但諸多思想家都把化解這種危機，建立長治久安的倫理政治秩序作爲思維的重心。宋明理學家一方面吸收佛道兩家的思辨來充實儒家倫理的根基，另一方面又以「爲天地立心，爲生民立命，爲往聖繼絕學，爲萬世開太平」來激勵自己，冀望自己的倫理思想能夠對社會的治道產生影響。朱熹強調「內聖之學」兼有「修身」與「治平」雙重功能，他發揮孔子「下學而上達」之義，認爲應當在深研人事的「下學」方面多下功夫，「上學」才有根基。陸九淵、王陽明雖十分強調內聖，推崇「自作主宰」，亦以「平治」爲己任，時人稱王陽明「事功道德，卓絕海內」。明清之際的顧炎武、黃宗羲、王夫之及至顏元、戴震無不以「明道救世」之價值高標，崇尚經世致用，把「斡旋乾坤，利濟蒼生」視爲「聖賢」的基本標準，嚮往「建經世濟民之勳，成輔世長民之烈，扶世運，奠生民」。中國倫理思想以趨善求治爲自己的價值追求，試圖爲政治的治理提供倫理的方略和道德的智慧，並把政治倫理化和倫理政治化視爲終生爲之奮鬥的人生理想和社會理想。

　　2、立於「家國同構」，以「親親」、「尊尊」爲基本的道德規範

　　中國的宗法制及宗法社會保留著氏族社會重視家族血緣關係的傳統和認同，「家國同構」是其顯著特徵。家是國的縮小，國是家的放大，家庭的基本結構與成員間的親情關係被推而廣之地用作爲國家的政治結構原則和社會的人際倫理範型，它是以家庭與國家之間、倫理與政治之間的雙向運動爲機制的，突出了以個人德性爲核心、家庭爲本位、以國家政治爲宏闊指向的修養程式：從個人的角度看是身修而家齊，家齊而國治，國治而天下平；從國家的角度看是天下之本在國，國之本在家，家之本在身，認爲「君子之事親孝，故忠可移於君；事兄弟，故順可移於長；居家理，故治可移於君」（《孝經·廣揚名》），相同的，「其爲人也孝悌，而好犯上者鮮矣，不好犯上而好作亂者，未之有也」（《論語·學而》）。它有一整套家族政治化、政治家族化的相應各個階層的具體道德規約和行爲標準，其基本要義是「親親」、「尊尊」，即親愛血緣親族或雙親，尊敬尊貴者或長上。《禮記·大傳》有言，「上治祖彌，尊尊也；下治子孫，親親也；旁治昆弟；合族以食，序以昭穆，別

之以禮義，人道竭矣。」「親親」、「尊尊」是基本的不可變易的道德規範，也是聖人南面而治天下的基礎或法寶。「是故人道親親也。親親故尊祖，尊祖故敬宗，敬宗故收族，收族故宗廟嚴，宗廟嚴故重社稷……」。《禮記・禮運》進一步對「親親」、「尊尊」原則作出細化，指出：「何謂人義？父慈，子孝、兄良、弟弟、夫義、婦聽、長惠、幼順、君仁、臣忠十者，謂之人義。」只有嚴格按照「人義」的要求行為，才能夠正君臣，篤父子，睦兄弟，齊上下，使天下達到有道。漢代將「親親」、「尊尊」發展為「三綱五常」（君為臣綱、父為子綱、夫為妻綱，仁、義、禮、智、信）或「三綱六紀」，「三綱者，何謂也？謂君臣、父子、夫婦也。六紀者，謂諸父、兄弟、族人、諸舅、師長、朋友也。故《含文嘉》曰：「君為臣綱，父為子綱，夫為妻綱。」又曰：「敬諸父兄，六紀道行，諸舅有義，族人有序，昆弟有親，師長有尊，朋友有舊。」（《白虎通義》）儒家倫理思想最為推崇家庭的價值和倫常的意義，並以此為基準來理解個人、社會、國家和世界。教忠教孝成為儒家倫理思想的主旨和核心。隱含在「修身、齊家、治國、平天下」之政教理想中的基本秩序，實以家庭倫常為樞紐：倫常不僅對於個人的身份認同具有根本性的建構作用，而且也是社會、國家乃至世界秩序的規範性力量。家庭中的倫理關係被認為是確立人的身份認同的最原始、也是最核心的要素。在中國倫理思想傳統中，如果說「身」必須在「家」中確立，那麼，對「國」與「天下」的構想也同樣以「家」為模子，此所謂以國為家、天下一家。

3、注重義利之辨，以重義輕利為核心的價值觀念

中國倫理思想有重視義利之辨的傳統。一些學者甚至認為，義利之辨是「人生之大防」，「為學之根本」，「治亂之總綱」，其他諸如人禽之辨、王霸之辨、志功之辨、理欲之辨、才性之辨、仁富之辨等莫不是義利之辨的展開和拓展。正因為這樣，代不乏人的思想家競相注目於義利關係的探討，提出種種關於義利問題的見解學說，春秋戰國、兩漢、兩宋、明清時期更將這種義利之辨推向了高潮。總體而言，中國歷史上的義利之辨，主張重義輕利、以義制利、先義後利的觀點始終占主導地位，先利後義、重利輕義甚或義利兩行的觀點雖然時有產生，但始終不占主導地位。董仲舒繼承並發展了孔孟儒家先義後利、以義制利和重義輕利的思想，從對「心之養」和「體之養」不同功能和作用的分析得出了「正其誼不謀其利，明其道不計其功」的結論。宋儒無論是程朱系亦或是陸王系無不沿著這一思路前進，強調「不論利害，

惟看義當為與不當為」。明清之際的王夫之更說，「生以載義生可貴，義以立生生可捨」。「中國傳統道德價值觀的這一特點，是中國古代宗法制和高度集中的君主專制主義的產物。在宗法制和君主專制的統治下，個人利益對於群體利益的關係，既依附又對立：個人沒有獨立自主的經濟權利，更不允許發展個人利益去超越家族和國家的利益，從而形成了個人利益必須絕對服從和從屬於家族、國家利益的要求。」〔註22〕這種利益關係的格局及其要求必然是「惟看義當為不當為」的道義論價值觀。這一傳統的道義論倫理價值觀，規定了道德價值的取捨、道德評價的依據、理想人格的內涵以及道德教育、道德修養的標準，對中華民族數千年的倫理文化產生了深遠而複雜的影響。

4、力倡貴和樂群，以和而不同為接物應對的良方

與西方神人二元的倫理互競截然不同，中國倫理思想則強調天地人之間的和諧共生，並認為人應當效法天地之道，率天載義，體天恤道，是故「天行健君子以自強不息」，「地勢坤君子以厚德載物」。道家亦有「人法地，地法天，天法道，道法自然」的認識，主張建立一種天道與人道協同共振的倫理思想體系。中國傳統倫理思想崇尚人與人、人與社會之間乃至人與自然之間的和諧。史載堯「平章百姓」，「協和萬邦」，孔子說，「禮之用，和為貴」，孟子指出，「天時不如地利，地利不如人和」。道家提出，「萬物負陰而抱陽，沖氣以為和」，認為和諧是道的基本屬性和表現形式。莊子明確提出「與天和」和「與人和」的命題，主張為了實現「與天和」和「與人和」首先必須實現「心和」，以平靜祥和的心態去處理各種人際關係，並以知足、不爭和無為去達致「人和」。墨家致力於和諧人際關係與和諧天下的建構，提出的「兼相愛，交相利」旨在破除人與人、家與家、國與國不和諧的狀態，墨家所嚮往的是一個貴不傲賤，富不侮貧，強不欺弱，人人都能相親相愛、平等互助的社會或世界。中國倫理文化重視和諧，認為和諧、和平、和睦是一個值得追求的理想目標與關係狀態，常常表現為一種最高的道德期許。在人際關係中，和不是無原則的附和，而是保持獨立性和個性，「和而不流」。孔子不滿意顏回完全贊同自己觀點的做法，說，「回也非助我者也，於吾言無所不悅。」「君子和而不同，小人同而不和。」中國倫理文化倡導的和諧觀念，滲透到了中華民族的世界觀人生觀和價值觀的各個方面，形成了中華民族崇尚中庸、講

〔註22〕朱貽庭主編：《中國傳統倫理思想史》，上海：華東師範大學出版社1989年版，第28頁。

求中和、不走極端的思維方式，培養了中華民族謙恭禮讓、仁民愛物、顧全大局，克己奉公和愛好和平的精神，成爲中華民族具有強大的生命力和凝聚力的思想文化根源。

5、講求尊道貴德，以心性修養為安身立命之本

在中國倫理思想中，「立德」比「立功」、「立言」更加有意義，德被認爲是一個人的立身之本，無論這個人身處何種社會階層或處何種社會地位。儒家十分重視個人的德性修養，提出了「上至天子下至庶人，壹是皆以修身爲本」。孟子從總結三代興亡經驗教訓的高度提出「三代之得天下也以仁，其失天下也以不仁，國之所以廢興存亡者亦然。天子不仁，不保四海；諸侯不仁，不保社稷；卿大夫不仁，不保宗廟；士庶人不仁，不保四體」（《孟子·離婁上》），將仁與不仁視爲統治者能否「王天下」、保社稷的關鍵，視爲士、庶人能否安身立命的根本。道家《老子》也主張「尊道貴德」，提出：「修之於身，其德乃眞；修之於家，其德乃餘；修之於鄉，其德乃長；修之於邦，其德乃豐；修之於天下，其德乃普。」（《老子·五十四章》）只有鞏固修身之要基，才可以立身、爲家、爲鄉、爲邦、爲天下。墨家主張嚴格要求自己，強化自己的道德修養，指出「君子察邇而邇修者也。見不修行，見毀，而反之身者也，此以怨省而行修矣。」（《墨子·修身》）吳起在與魏文侯關於國家之寶的對話中旗幟鮮明地提出國家朝廷之寶「在德」而不在於「河山之險」。並指出：「昔三苗氏，左洞庭，右彭蠡，德義不修，禹滅之。夏桀之居，左河濟，右泰華，伊闕在其南，羊腸在其北，修正不仁，湯放之。商紂之國，左孟門，右太行，常山在其北，大河經其南，修政不德，武王殺之。由此觀之，在德不在險。若君不修德，舟中之人皆敵國也。」（《資治通鑒·周紀一》）司馬光在談到智伯之亡時將其歸結爲「才勝德」，並指出「自古昔以來，國之亂臣，家之敗子，才有餘而德不足，以至於顛覆者多矣，豈特智伯哉？」在司馬光看來，「才者，德之資也；德者，才之帥也」，（《資治通鑒·周紀一》）只有以德御才而不是恃才輕德，才能夠眞正幹出有正面意義的作爲和建樹，反之就會演繹出歷史和人生的悲劇。宋明時期理學家十分強調德性的修養和動機的純粹，強調「先立乎其大」，「收拾精神，自作主宰」，提出了「居敬」、「窮理」、「自存本心」、「省察克治」等一系列關於道德修養的命題和觀點，促進了中國倫理思想關於道德修養理論的發展與完善。

此外，講求仁民愛物，主張天下爲公，也是中國傳統倫理思想的基本特

徵。「中國傳統道德的核心及其一貫思想，就是強調為社會、為民族、為國家、為人民的整體主義思想。」〔註23〕從《左傳》的「苟利國家生死以之」到范仲淹的「先天下之憂而憂，後天下之樂而樂」，從周公的「一飯三吐哺」到顧炎武的「天下興亡匹夫有責」，從屈原的「哀民生之多艱」到陸游「死去原知萬事空，但悲不見九州同。王師北定中原日，家祭毋忘告乃翁」，都體現出了一種「國而忘家，公而忘私」的愛國主義精神。這種愛國主義精神凸顯了國家民族利益的至上性，積澱為一種民族的倫理正氣，並借助於儒家「殺身成仁」、「捨生取義」的價值追求，成為民族倫理精神的靈魂或樞紐，激勵著一代又一代華夏兒女為國家民族的整體利益去奮鬥，用其丹心書寫著中華民族承前啟後、繼往開來的壯麗史詩。

中國傳統倫理思想的價值特質，積澱著中華民族最深層的精神和價值追求，包含著中華民族在不同歷史時期和階段形成的核心價值觀念和崇尚的道德品質，已經成為中華民族為人處世、待人接物的精神文化基因，不僅富含獨特的東方神韻，構成我們民族倫理精神的源頭活水，而且也是我們民族生生不息的動力源泉，是我們建設社會主義新倫理必須大力弘揚和發掘的豐厚思想資源。

2013 年 5 月 12 日於湖南長沙市嶽麓山下景德村

〔註23〕羅國傑：《中國傳統道德‧編者的話》，北京：中國人民大學出版社 1995 年版。

目

次

導　論

　　科舉制度是中國歷史上政治制度、文化制度、教育制度相結合的一種文明制度。作爲一種政治制度，它是朝廷挑選政治人才的一項重要舉措，是選拔官吏的一項重要舉動。這種政治制度體現了公平考試競爭，公開、公正選拔優秀人才的原則。作爲一種文化制度，它是社會前進的一種動力，也是一種重要的社會價值取向。這種文化制度促使每個要求上進的男人不斷地讀書進取，爲我國構建終身學習型的社會奠定基礎。作爲一種教育制度，它是政府辦教育和民間辦教育相結合的社會辦教育的制度，也是教育系統內部等級互相關聯的一種運作制度。這種教育制度是實行「官學」和「私學」並舉的社會辦學的方針，能充分地挖掘社會的辦學資源。

　　科舉制是中國古代繼察舉、薦舉之後延續了1300年的一種選士制度，它打破了「上品無寒門、下品無貴族」的權貴世族壟斷仕途和用人任官大權，使中國社會文化和政治獲得了某種發展的生機與活力，不僅維護鞏固了中央集權的君主專制統治，而且極大地彰顯和弘揚了以忠孝廉恥、仁義禮智爲核心的儒家倫理道德。中國古代的科舉制度本質上是爲維護中央集權的君主專制統治服務的，具有把儒家倫理道德制度化並使教育服務於政治的特質。科舉制度包含著大量的倫理道德問題，不僅在考試的內容上以儒家經義爲核心和主旨，而且在考試的組織和形式上也深受儒家倫理道德的薰染和影響。因此，從某種意義上說，一部科舉制度史，實質上就是一部儒家倫理道德進入政治、成爲主流意識形態的發展史，是一部儒家倫理道德制度史。研究科舉制度，必須而且應當有一個倫理學的視角，必須而且應當結合倫理道德特別是儒家倫理道德的理解和把握來進行。捨此，就很難真正深入認識到科舉制

度的本質，也很難對其作出科學的實事求是的評價。

一、科舉制度蘊涵著大量的倫理道德問題

中國的科舉取士制度創立於隋煬帝大業三年（607 年），確立於唐太宗貞觀初年，直到清代光緒三十一年（1905 年）宣佈廢止。它在中國歷史上延續了1300 年。在人類歷史的發展史上沒有任何一種社會制度能像中國古代的科舉制度如此頑強的存在著，也沒有任何一種社會制度能像中國古代的科舉制度對眾多的人口發生如此廣泛深遠的影響。就廣義的科舉制度而言，如果從肇基於漢代的察舉制度算起，那麼，中國的科舉制度就有兩千多年的歷史。中國科舉制度與中國漫長的封建中央集權的專制制度幾乎是同步發生、發展和滅亡的。這絕不是偶然的歷史現象，而是中國古代封建社會發展的歷史必然。

在人類歷史的發展史上，世界上沒有任何一個國家像中國那樣有著 2000餘年的封建專制制度的發展史，也沒有任何一個國家像中國那樣有著獨立的悠久的民族文化傳統。世界四大文明古國（羅馬、埃及、印度、中國）唯有中國的中華民族優秀文化傳統被保存下來，延續至今。而古羅馬、古埃及、古印度文化都在歷史上消失了。其中的原因除了經濟、地域和文化（特別是源遠流長的愛國主義傳統和崇尚群體價值的倫理道德）外，一定程度上也與中國古代的仕進制度（廣義和狹義的科舉制度）密切相關。

可以說，從漢初開始，統治者就通過封建國家的考試，將儒家以忠、孝為核心的倫理道德普及到政治統治思想中，輻射到社會生活的每個角落，植根到每一個人的頭腦中，滲透到華夏大地每一塊土地上和人們每一滴血液和骨髓中。而掌握並嫻熟於心的以「忠」、「孝」為核心儒家倫理思想的讀書人（儒生或稱「士」），通過科舉考試進入封建國家的官僚政治機構，成為封建官僚，忠實的為中央集權的君主專制統治服務，即為封建皇權服務。他們事親以孝，事君以忠。忠、孝的封建倫理道德就這樣被政治化、官僚化了。以忠、孝為核心的儒家倫理道德、官僚政治、儒生三位一體，科舉制度是三位一體的最可靠和最理想的黏結劑。正是封建官僚政治、儒家以忠孝為核心的倫理的正統思想與儒生（「士」）的三位一體結構，使倫理與政治整合，儒生（士人）與官僚整合，構成了中國封建中央集權的專制主義社會超穩定的政治結構的堅固奠基石。這塊奠基石就是封建科舉制度。它是 2000 餘年漫長的中國封建社會各個朝代環節的鏈條。

中國古代科舉與生俱來就與儒學的倫理綱常結合在一起，它們如同一對孿生子。早在科舉制雛型階段，西漢實行察舉時，科舉就與儒家經義、以忠、孝為核心的倫理思想結合在一起。建元元年（公元前 140 年）漢武帝即位後便下詔舉賢良，著名鴻儒董仲舒被舉，董仲舒在賢良對策中極力推崇孔子的仁義學說，提出了「罷黜百家，獨尊儒術」的主張。漢武帝採納了他的建議。從此，孔子的忠孝仁義的倫理思想，便被封建統治階級視為「天地之常經，古今之通義」，確立了在中國文化史上的正統地位。漢代的察舉制度經過數百年調整、充實，逐步完善至隋唐已成為一套完整的「科舉」制度。漢代主要察舉科目有常科和特科，常科分孝廉、茂才，特科分賢良方正、明經、明法等。被察舉出來的儒生（而且只能是操孔子學說的儒生，才能有資格被察舉），還得經過考試，合格者才能做官。考試的內容主要是儒家經典，即宣揚儒家忠孝倫理思想的「五經」（《詩》、《書》、《禮》、《易》、《春秋》）等。察舉考試使儒生成為選士的主要對象，儒家的經義和倫理道德成為選士的主要標準。皇帝通過察舉考試合格的儒生——封建官僚，來實施對封建國家機器的組織和管理，信仰、崇尚孔子學說的儒生，在國家機構中推行儒家學說和倫理道德，維護國家的統一和皇權、皇室的利益，並通過政治、教育等方式將儒家的「君君、臣臣、父父、子子」的封建倫理綱常普及到全民中去，滲透到每個老百姓的頭腦中去，成為全社會每個家庭的組織原則、生活規範和社會行為準則。

唐宋時期是科舉制度從確立、發展，走向完善的階段。唐代的科舉制是真正意義（又稱狹義科舉制）上的科舉制。唐朝是科舉制的確立和開拓階段。唐代科舉考試科目繁多，常科有：進士、明經、秀才、明法、明書、明算。制科，如同漢代的特科，是對常科的補充。還有博學宏詞科、文經邦國科、文史兼優科、王霸科、材堪經邦科、拔萃科、文儒異等科、經學優深科、賢良方正能直言極諫科、知謀將帥科等等，共 63 科。不管是常科還是制科都要考試儒家經典，如《禮記》、《左氏春秋傳》、《詩經》、《周禮》、《儀禮》、《周易》、《尚書》、《春秋公羊傳》、《春秋穀梁傳》。唐太宗令大儒孔穎達撰《五經正義》，作為明經考試的主要依據。後來，又加試《孝經》。唐代的進士科是最被人青睞的科目，考試內容主要是儒家經典「六經」和詩賦。在考試方法和體例上，唐代科舉考試有四種：貼經、問義、策問、詩賦。所謂貼經，就是填空，默寫儒家經典的某句或某一段話，考儒生對儒家經典能死記硬背

得多少。所謂問義，就是考儒生對儒家經典的某篇或某段的微言大旨的理解，即闡述「六經」中的一段篇章的含義。策問，是考儒生對史籍知識的掌握程度，並運用史學典籍的知識結合當時的國家時事，即「經濟錢穀」闡明自己的「經國體野」的主張。這種考試方法，可引導儒生瞭解社會實際，為做官斷案作準備。所謂詩賦就是考作詩，進士科尤偏重試詩，主要是作格律詩，限字限韻。由於唐代科舉考試詩賦，故五尺童子都學做詩。唐朝成為一個詩國，上至皇帝、王公貴族，下至村民野老都能作詩。唐朝是我國詩歌發展的黃金時代，唐詩是我國詩歌藝術發展的高峰。蓋科舉提倡詩賦之故也。人們通過作詩，只要做得好，就可獲取功名，享受榮華富貴，故人們趨之若鶩。正因為唐代科舉考試詩賦，所以，唐代是我國文學創作最繁榮的時代，出現了像李白、杜甫這樣享譽世界的偉大詩人。就是在應試詩中也不乏佳作，如被稱為「大曆十才子」的中唐著名詩人錢起，他在天寶十年（751 年）應進士科及第的詩《湘靈鼓瑟》，就是一首膾炙人口，千古流傳的佳作。詩云：「善鼓雲和瑟，常聞帝子靈。馮夷空自舞，楚客不堪聽。苦調淒金石，清音入杳冥。蒼梧來怨慕，白芷動芳馨。流水傳湘浦，悲風過洞庭。曲終人不見，江上數峰青。」〔註1〕唐代以詩賦取士促進了唐代詩歌的發展和繁榮。

宋代是科舉制的改革與完善階段。它改革了唐代科舉制度的弊端，使之變得較為公平，擢升了一批出身寒門的士人，極少數還成為國家政治機構的重要人物，像呂蒙正、寇準、范仲淹、歐陽修都是出身寒門的下層士子，通過科舉考試進入仕途，最後位極人臣，在歷史上作出過重大貢獻，成為具有深遠影響的政治家、改革家或文壇主將。宋代科舉取消了門第限制，面向全社會、面向士、農、工、商下層平民開放政府機構，結束了士族地主壟斷仕途的局面，擴大了封建中央集權的君主專制統治的社會基礎，在一定程度上穩定了社會秩序，故宋代是我國封建社會經濟特別是商業經濟比較發達和繁榮的時期，以宋詞為代表的宋代文學藝術及整個文化事業都呈現出空前興旺發達的景象。宋代科舉考試的內容強化了經義和策論，無論是常科的進士、九經、五經、明經、三禮、三傳，還是制科的賢良科、百篇科、八行科等，都規定以試儒家的「六經」為主，其次才是策論，就是考策論也必須以孔孟之道和儒家的仁、義、禮、智的核心思想為依據。宋朝皇帝宋真宗還親自作《勸學詩》，勉勵士子專攻舉業、研習六經。其詩云：「富家不用買良田，書

〔註1〕《全唐詩》卷。

中自有千鍾粟。安房不用架高梁，書中自有黃金屋。娶妻莫恨無良媒，書中有女顏如玉。出門莫恨無人隨，書中車馬多如簇。男兒欲逐平生志，六經勤向窗前讀。」宋神宗熙寧（1068～1077 年）年間，任王安石爲參知政事和宰相，實行變法，並對科舉制進行重大改革。他廢除明經諸科，增加進士名額。進士科以考試經義爲主，罷詩賦、貼經、墨義。規定《易》、《詩》、《書》、《周禮》、《禮記》爲「本經」，每個儒生在本經中必須選治一經，並兼治《論語》、《孟子》。《論語》、《孟子》被稱爲兼經。王安石把考試重點放在儒家經典和治國安邦的對策上。在封建統治者看來，只有「六經」是治國治民之道。科舉考試規定爲四場：第一場試大經大義十道，第二場試兼經大義十道（後改爲《論語》、《孟子》各三道），第三場試論一首；第四場試策三道，禮部試即增二首。並頒佈王安石所作《三經新義》作爲經義考試的標準（「三經」即《尚書》、《詩》、《周禮》）。考試大義必須通曉「六經」經義，又有文采，才算合格。神宗去世後，哲宗繼位，高太后主政，任用保守派司馬光入朝，王安石新法被廢止。元祐四年（1089）將進士分爲「經義、詩賦兩科，罷試律義」。但要求詩賦進士，必須在《易》、《詩》、《書》、《周禮》、《禮記》、《春秋左傳》內選習一經。科舉考試重點仍然是儒家的經典，第一場試本經經義《論語》、《孟子》義各一道；第二場試詩賦及律詩各一首；第三場試論一首；第四場試子史時務策二道。規定考生必須研習《詩》、《禮記》、《周禮》、《左氏春秋》大經和《書》、《易》、《公羊》、《穀梁》、《儀禮》中經。宋徽宗時代，宋代科舉還特設了封建倫理科，稱「八行科」，目的是強化封建倫理道德，以安定人心，維持搖搖欲墜的趙宋皇朝的專制政權。所謂「八行科」，即善於父母爲孝、善於兄弟爲悌、善於內親爲睦、善於外親爲姻、信於朋友爲任、仁於州里爲恤、知君臣之義爲忠、達義利之分爲和。此制科取士，目的是用儒家綱常名教來統一民眾的思想，束縛民眾的行爲，使浮動不安的人心有所收斂，以苟延行將就木的趙宋王朝。

明清兩代是中國古代科舉制度發展的鼎盛時期，具有諷刺意味的是在中國歷史上明清卻是中國封建社會走向全面沒落和崩潰時期，封建社會經濟發展緩慢甚至停滯的時代。明清兩代的統治者似乎也預感到歷史的末運將會降臨到自己的頭上，因此，他們的精神尤爲脆弱，心態甚爲反常。他們更熱衷於在政治、文化上實行專制，思想上實施箝制和控攝，千方百計要用儒家的倫理綱常來一統人們的思想，以扼殺人性，消融人們的不滿和反抗情緒，維

護和苟延封建中央集權的專制統治，鞏固封建皇權。他們總結了前代的歷史經驗和教訓，運用科舉制度力圖將封建政治原則和倫理道德本體化。他們找到了程朱理學和八股文這個「最好」的武器來捍衛搖搖欲墜的皇權，以挽救日益頹敗的封建中央集權的君主專制統治。

程朱理學是從儒家的孔孟之道出發，圍繞「理」、「氣」、「道」、「心」、「性」等哲學範疇，建立了封建倫理思想體系，他們把儒家的君臣父子之禮的封建倫理道德準則作爲確定不移的「天理」，使之神聖化，並視之爲自然和社會的最高準則，強加給人們，要求人們在行動中絕對遵守。程朱理學還從客觀精神本體論出發，論證封建中央集權專制主義制度及以此構建的封建秩序的永恒性和合理性。程朱理學從維護封建皇權和皇朝的利益出發，要人們用君臣父子之禮、三綱五常等倫理道德去戰勝、克服自己的私欲，只有克己才能復禮，滅人欲就能存天理。明清兩代的封建統治者，正是看中了程朱理學教人「存天理，滅人欲」的精微之處，可以用來桎梏牢籠人們的思想和行爲，以鞏固自己的統治地位。於是將程朱理學確定爲科舉考試的範本，藉此實現對廣大勞動人民和知識分子的精神奴役。明永樂年間，明成祖命胡廣、楊榮、金幼孜等編撰《四書大全》、《五經大全》、《性理大全》。刪除以往注疏，專用程朱解釋的《四書》、《五經》作爲欽定的教科書，科舉考試以此命題和作標準答案，天下士子如想「顯親揚名」，就不得不追尋程朱理學的倫理道德思想。如此陳陳相因，不敢越雷池一步，把士人畢生精力都放在陳腐的孔孟之道上，視科學技術爲「奇技淫巧」和雕蟲小技，稍有個性的士子，也只是哼幾句格律詩而已，醉心於吟風弄月。知識分子的思想完全被禁錮了，哪裏還有什麼創新呢！這正是中國近代科學技術落後於西方的根本原因之一，也是中國封建社會後期社會經濟發展緩慢，甚至停滯不前的重要原因。

八股文也是明清統治階級用來牢籠知識分子的藩籬，強化封建思想文化專制的工具。八股文被當作科舉取士，強化封建思想文化專制統治的工具，是始於明太祖洪武十七年（1384 年）。後來，一直被明清兩代封建皇朝作爲科舉考試的專門文體，達 500 年之久，直到封建科舉制度被徹底廢除爲止。明清統治者心中也很明白，八股文並非是一種理想的類文體，但他們之所以要強行推行此種文體作爲科舉考試的專門文體，目的就是採用這種形式固定規範的文體，可以更好的束縛士人的思想，強化其專制統治，讓士人在進入仕途之前，先在「先賢先聖」的忠、孝、節、義思想的「醬缸」中漬染透徹一

番，然後做官時能在皇帝前面惟命是從，甘心情願接受其統治，永遠效忠於皇權。八股文從思想內容上看，它要求考生完全遵循儒家的孔孟之道，闡發「聖人之言」的大義，即「代聖賢立言」。考試的命題必須用「四書」、「五經」中的原句和段話，考生作答也限定在《四書》、《五經》和程朱集注的範圍內。如考試在作八股文時不以朝廷規定的《四書》、《五經》和程朱理學的標準作答，而闡發自己自由思想，就會被當作異端邪說，輕則被枷出考場，永不准參加考試，重則當場被杖殺。八股文在形式上有嚴格規定，格式固定，「體用排偶，謂之八股」。每篇八股文的結構由破題、承題、起講、入手、起股、中股、後股、束股八個部分組成。八股文在字數上也有嚴格規定，洪武三年（1370年）規定《四書》義限 300 字，《五經》義限 500 字；洪武十七年（1384 年）又規定《四書》義每道 200 字以上，《五經》義每道 300 字以上，都沒有規定上限。乾隆之後，每篇都限制在 700 字以內。八股文作爲科舉考試應試文體，格式固定，千篇一律，如同一個模子鑄出來的，除了便於考官評審試卷方便外，於爲官理政毫無用處，只能束縛士人的個性和創造性，造成頭腦的僵化、死板和人格的萎縮，成爲統治階級的馴服工具，使全社會的士人徹底喪失了個性和創造力。僵化的八股取士不僅使使科舉制度日趨衰朽，而且使儒家倫理道德日趨僵化，儒家倫理道德和科舉制度都喪失了自身的活力，廢除科舉制度和批判儒家倫理道德成爲近代政治革命和倫理革命的先決條件。

二、研究科舉制度中倫理道德問題的意義與價值

　　研究科舉制度中的倫理道德問題，既有助於認識科舉制度的本質，也有助於全面認識和把握中國的教育倫理和政治倫理。

　　中國的科舉制度被稱爲是中國的第五大發明。科舉制度把儒家倫理與官僚政治、中央集權的專制制度黏結在一起，實現了中國古代社會超穩定的發展和倫理道德一脈相傳的綿延，構成了中國歷史文化一道獨特的景觀。

　　首先，是相對比較公平的科舉考試的實施，使社會底層平民知識分子，有可能通過「公平競爭」而成爲封建官僚集團的一員，從而打破原有的統治集團僵死的平衡，消除了貴族豪強集團對政治權力的壟斷造成爲對皇權的威脅。科舉制如同一大槓杆攪得社會上下流淌，一部分權貴的子弟由於過不了科舉考試這一關，又不能世襲父兄的職位而淪爲平民，極少一部分平民知識分子，通過科舉考試成爲上層統治階級。這種上下流動，使封建專制皇權保持一種新的生命力，維持著全部封建官僚機器的正常運轉，從而確保中央集

權的君主專制統治──封建皇權的相對穩固，使封建中央集權專制社會在這種內部上下流動中不斷補充新的血液，在「體內循環」中維持了超級的穩定性，這就是中國封建社會能長期存在兩千餘年的一個重要因素。

其次，科舉考試的內容，是以儒家所極力宣揚的代表皇權利益的封建正統思想，即以忠孝為核心的倫理綱常。這些封建倫理思想，通過學校和家庭教育廣泛深入地傳播到每個地方，每個人的心靈深處。在科舉最狂熱的唐宋明清時代，全國上下，無論京城都邑，還是窮鄉僻壤，無論達官權貴之子，還是牖傭繩樞之子皆習「五經」，頌孔孟之道，以備科考。於是，忠、孝、信、智、禮、義、廉、恥的倫理道德就滲透於人們的骨髓中，溶化到人們的血液裏。投身科場就是為了自己顯親揚名，封妻蔭子，為了盡孝道；做了官，就是要為國盡忠。在封建中央集權的專制社會中，「國」的真正含義就是皇權，即皇帝一人一姓的利益，「國」與「君」是同義詞，忠君就是愛國。孝是百善之首，忠是大德之冠，在家孝順父母，出門做官就能忠於皇帝，所謂事親孝必忠於君，「求忠臣必於孝子之門」，孝親的外延就是忠君。從科舉考試的內容上，封建統治者目的就是要提倡忠、孝，以維護至高無上的君權、父權、皇權、族權（宗法權力）。君權、父權是神聖不可侵犯的。通過科舉考試，人們自覺地接受了封建正統思想和倫理綱常，實現了封建帝王「大一統」的思想專制，使有共同信仰──忠君孝親的士人（儒生）中的佼佼者進入了國家官僚機構，成為封建官僚，成為封建皇權利益的忠實執行者，從而加強和實現了封建倫理綱常的教化作用。皇帝──封建統治階級利益的最高代表，不費任何力量，只要掌握和控制了科舉取士的權力，就能輕而易舉地鞏固皇權、維護皇族的利益，實現對廣大人民的思想專制統治。無怪乎當唐太宗看到新科進士魚貫入朝覲見他時，高興地得意忘形地說：「天下英雄入吾彀中矣！」天下的人都進入我李世民設下的圈套中了。

再次，科舉制不僅是籠絡了極少數知識分子，更重要的是使一部分處於社會底層的貧寒之士，通過科舉有希望改變自己的命運，進入社會上層，「顯親揚名」。所以，科舉如同一塊吸引力巨大無比的磁石，吸引千千萬萬的社會下層的寒門之士爭向奔赴，使他們在茫茫的黑暗中看到一線閃閃爍爍的光明，使他們父兄能安貧樂道，節衣縮食，忍受著人間一切非人待遇去支持子弟讀書以求取功名，使成千上萬出身寒門的莘莘學子，盡畢生精力皓首窮經。而封建統治階級的殘暴，社會的不平不公，統統被汩沒於科場中，下層人民

被剝削被壓迫而激起的一波又一波的怒濤也消靡於科場中，只要有可能「高中」，自己的不幸命運就可以改變，卑賤的社會地位就可以翻轉，這樣「朝爲田舍郎，暮登天子堂」的幻想，時時刻刻都在消磨、熔化人們的鬥志和人格尊嚴，腐蝕和消融人們對封建制度的反抗意志，消耗著封建專制社會的種種不隱定因素，從而有利於君主政權的鞏固，使封建皇權和官僚地主階級的利益子子孫孫代代綿延。自隋唐以來，雖有瓦崗軍、黃巢、王仙芝、宋江、方臘、朱元璋、李自成、洪秀全領導的農民起義。但他們只反貪官不反皇帝，縱然反皇帝，也不願意推翻封建中央集權的專制制度。他們在取得階段性的勝利後，還是想當皇帝，建立封建中央集權的專制政權。這就是中國封建中央集權的專制主義制度兩千餘年超穩定延續的根本原因。它有深厚的中華傳統文化基礎和廣闊厚實的社會階級基礎。可憐的不幸的無權無勢的被壓迫被剝削被凌辱的下層人們，特別是廣大農民階層被科舉制度和忠孝倫理欺騙和愚弄而忍受了數千年之苦而不能覺醒。其原因就是科舉制度將以忠孝爲核心思想的封建倫理道德的緊密結合，融入了人們的心靈的結果。

綿延了 1300 餘年的科舉制和 500 餘年的八股文造成了中國知識分子凝固的知識結構和人格上扭曲。自從科舉制降臨神州大地，士人便與之結下了不解之緣。從此生生死死，代代相依。在封建社會中歷代知識分子的眼裏「功名」就是一切。爲了能「科舉及第」，他們將一生作賭注，押在科場上，他們皓首窮經，「兩耳不聞窗外事，一心只讀聖賢書」，完全遮蔽了自己的知識視野，除了「子曰詩云」，對大千世界的客觀規律的認識一無所知，造成中國知識分子凝固化的知識結構，專尚經術和八股文。康有爲曾在上清廷請廢科舉的奏摺中，揭露當時的許多大臣知識結構畸形的狀況，對歷史和世界地理知識茫然無知。他說：「但八股清通，楷法圓美，即爲魏科進士，翰苑清才，而竟有不知司馬遷、范仲淹爲何代人，漢祖、唐宗爲何朝帝者！若問以亞非之地輿，歐美之政學，更張口瞪目，不知何語。」成千上萬的知識分子爲了「科名」二字，老死於文場而無所悔恨，他們耗盡了一生精力，消磨了個性和創造力，淪爲科場的奴隸，被科場掏空了靈魂的軀殼，成了一具活著的木乃伊。千百年來，中國一代又一代知識分子在科舉考場的煉獄中苦苦掙扎，足不出戶，眼不離經，死鑽故紙堆，把自己一生的聰明才智都填進了科場的無底深淵，而且終生癡迷不悟，蠅營苟苟地在科場上偷生。那些屢次科場失意的儒生，終日失魂落魄，顚顚狂狂，潦倒一生，人格尊嚴喪失殆盡。就是那些一

且登上「龍門」混跡於官場的新貴，也早把孔孟之道這塊「敲門磚」拋在一邊，變成封建衙門的官僚，與權貴相勾結，媚上欺下，貪贓枉法，無惡不作，成爲橫行鄉里，魚肉百姓的「老爺」。自古以來科舉製造就了一批又一批人格心態分裂的人，出身科場像白居易、蘇軾、文天祥、林則徐那樣有作爲，在歷史上具有深遠影響的著名詩人、民族英雄卻是寥若晨星。而絕大部分出身「科名」的封建官僚除了充當封建皇帝的忠實的看門狗外，於國於民均無補矣。正如清代詩人袁枚在《隨園詩話》中所載徐大椿的詩《道情》，對醉心於科場的士人刻畫的形象那樣：讀書人，最不濟，背時文，爛如泥。國家本爲求才計，誰知道變作欺人技。兩句破題，三句承題，搖頭擺尾，便道是聖門高弟。可知道三通四史是何等樣文章？漢祖、唐宗是哪一朝皇帝？案頭放高頭講章，店裏買新科利器。讀得來肩臂高低、口角唏噓！甘蔗渣兒嚼了又嚼，有何滋味？辜負光陰，白白昏迷一世。就教他騙得高官，也是百姓朝廷的晦氣！〔註2〕總之，翻開中國科舉史塵封的篇章，它雖然記載了中華民族傳統文化的文明，但也昭示了無數令後人唏噓哀歎的遺憾；它曾造就中國封建經濟一時的繁榮，但也製造了近現代中國社會的衰敗，烙下了民族的屈辱與悲哀；它偶爾選拔了一些知識精英、賢能之士，但也扼殺了千千萬萬有才之士和毀滅了不少民族的脊梁；它既是中國古代人民對世界文明作出的一大貢獻，又是套在一代又一代中國知識分子脖子上的鎖鏈。

三、本文的基本思路、結構與創新

　　自隋、唐開科考試，歷經宋、元、明、清，在這漫長的 1300 多年裏，對科舉考試，特別是對八股考試，一直存有激烈的爭論。比如北宋年間的王安石時代，清朝的康熙、乾隆年間，朝野上下都曾有過大的討論，康熙時還眞的停了兩次八股考試。到了晚清年間，爭論更爲激烈，1898 年春，維新派人士康有爲在圓明園面見光緒皇帝時，就曾力陳八股考試的罪過，指出學八股者不考地球各國之事，造就出來的是一批又一批的庸才，當國難臨頭的時候毫無用處，故臺、遼之割，不割於朝廷而割於八股；二萬萬之款，不賠於朝廷而賠於八股。一句話，甲午戰敗割地賠款全是八股考試惹的禍！ 正因這樣，1898 年的戊戌變法，一個重要的內容就是廢除八股考試。

　　近幾年來，有學者對業已壽終正寢一百餘年，曾被中國先進知識分子深

〔註2〕袁枚：《隨園詩話》卷十二。

惡痛絕，批得體無完膚的科舉制度突然深感同情，提出不要把科舉制度妖魔化了，並聲稱當代西方先進的文官制度是學習中國古代科舉制度的結果，科舉制度能實現公平、公正，是公開考試、平等競爭的選拔政府官員的最理想的考試形式，是中國未來的公務員和其它公職人員考試選拔的新形式或發展趨勢。中國古代的科學制度果真有如此這般的魅力嗎？科舉制度究竟是一株腐朽枯枝上的毒蘑，還是一朵千年鐵樹新開的奇葩？兩種不同的意見，近幾年來，引起了網民和學術界的廣泛關注和爭論，也引起了筆者的深思，這也是筆者選擇科舉制度的倫理審視以作博士論文的直接契機。

本文主張以馬克思主義世界觀、歷史觀和倫理觀為基本視角，堅持從歷史和現實的雙重角度理性而科學地審視科舉制度，研究科舉制度中的倫理道德問題，並對其進行唯物辯證法的考察分析，力圖作出比較科學的評價總結。

文章在全面考察科舉制度形成和發展的歷史後，著重探討了科舉制度與倫理道德的關係，指出中國的科舉制度始終是與其特定的倫理道德思想相貫通的，體現了把儒家倫理道德政治化、制度化和使政治儒家倫理道德化的歷史特質。接著，具體論述了科舉制度中的倫理道德追求和目標指向，分析了儒家倫理道德特別是四書五經、宋明理學倫理思想是如何影響科舉考試並成為科舉考試的重要內容。最後從總結與評價的意義上對科舉制度及其倫理道德問題給予系統而理性的審視，既指出其在歷史上的合理性和道德進步性，又對其消極和反動的一面給予批判，主張在現代的條件下，不能為科舉制度平反，只能部分地吸收其有價值的做法和經驗。認為現代的公務員考試和西方的文官制度畢竟不是科舉制度的簡單延伸或移植，而是現代社會生活的一種制度選擇和現代文明的綜合體現，不能將其與科舉制度混為一談。建立適合當代中國人民所需要的新型的考試制度和公職人員的選拔制度，應當繼承科舉制度的一些理性因素，但與科舉制度畢竟有著本質的區別。

第一章　科舉制度概說

　　科舉制度是中國歷史上考試選拔官員的一種基本制度。它淵源於漢朝，創始於隋朝，確立於唐朝，完備於宋朝，興盛於明、清兩朝，廢除於清朝末年，歷經隋、唐、宋、元、明、清。根據史書記載，從隋朝大業元年（605 年）的進士科算起到光緒三十一年（1905 年）正式廢除，整整綿延存在了 1300 年。它在中國歷史上起過重大的作用，有過廣泛的影響。

第一節　科舉制度的含義和本質

　　所謂科舉，就是中國和其他東亞國家帝制時代設科考試、選才任官的制度。自從隋煬帝大業元年（605 年）建立進士科，特別是唐代以後，科舉制逐漸發展壯大。科舉制對隋唐至明清 1300 年間中國政治、教育、社會、文化等各方面具有重大的影響。在一定程度上，科舉塑造了中國古代社會的文化形態與知識分子的性格和形象，而且為東亞國家的科舉制和西方國家的文官考試制度所借鑒，對當今中國社會的文化教育也還有深刻的影響。

一、科舉制度的含義

　　科舉制度的起源和發展，有廣義、狹義二種說法。狹義的科舉，謂自隋代設進士科，歷經唐、宋之修正，迄於明、清而完備的考試制度。廣義的科舉，則謂東漢（章帝、獻帝）時已經出現科舉的萌芽，爾後經歷了魏、晉九品中正制的「插曲」，因積弊太深，乃在隋、唐時以詩、文進行考試，方形成科舉制度。〔註1〕科舉制度是指朝廷允許普通士人和官員都可以自願向官府報

〔註1〕呂思勉《中國制度史》第 569～72 頁。

名，經過分科考試，依照成績從中選取人才和授給官職的一種制度。由於採用分科取士的辦法，所以叫做科舉。科舉制從隋代開始實行，到清光緒二十七年舉行最後一科進士考試爲止，經歷了一千三百多年。

科舉制度按種類劃分，主要有貢舉、制舉、武舉、童子舉等。其中，貢舉是定期舉行的，因此被稱作「常科」，取士數量最多，延續時間最長，社會影響也最大。

貢舉。在中國科舉制度史上，貢舉科目前後有很大變化。隋代貢舉科目有秀才、進士、俊士、明經四科。唐承隋制，又有很大發展。除隋代四科之外，又增加明法、明書、明算三科；明經科中又分爲五經、三經、二經、學究一經、三禮、三傳、三史、開元禮等。俊士、秀才科不久被廢，明法、明書、明算科均爲錄用專門人才而設，因此唐代貢舉科目主要是進士、明經兩科。北宋前期，承唐及五代之制，主要有進士、明經、諸科。宋代的諸科大致相當於唐代的明經，其中也分爲九經、五經、三禮、三傳、三史、學究、明法、通禮等。宋神宗熙寧四年（1071年），王安石進行貢舉改革，廢明經諸科，專以進士一科取士。元、明、清承之，亦均爲進士一科取士。貢舉考試分解試、省試兩級。宋太祖時創立殿試制度，開始成爲解試、省試、殿試三級考試。元、明、清時期改稱爲鄉試、會試、殿試。唐宋時期，稱取得解送京師參加省試資格的考試爲「解試」。隋唐五代，一般每年舉行一次；北宋中期以後，改爲「每三年一開科場」。一般在各州府舉行。元、明、清時期改爲「鄉試」。在順天、應天府（睢陽）及各省省城的貢院舉行。唐宋時的考場與現代教室式的考場大致相同，而明清時的考場，則是單間號舍。每個應試舉人一間號舍，答卷、吃飯、睡覺都在這間號舍內。解試、鄉試一般都在秋天八月舉行，按地區分配有一定的錄取名額。解試合格稱爲「得解舉人」，鄉試合格稱爲「舉人」，第一名稱爲「解元」。唐宋時期，對解試合格舉人的復試在中央政府的尚書省舉行，因而稱爲「省試」。唐代省試合格，即賜予進士及第。宋代創立殿試制度之後，省試成爲取得殿試資格的考試。元、明、清時改稱爲「會試」。省試、會試都是由禮部主持，在春天的一、二月份舉行，一般也有大致的錄取名額。省試第一名稱「省元」；會試第一名稱「會元」。殿試是由皇帝親自主持的對省試或會試合格舉人的復試，是三級考試中最高的一級考試。一般都在皇宮中的大殿上舉行，例如宋代的殿試就在崇政殿舉行，清代殿試在保和殿舉行。宋元明時期的殿試，一般在三月份舉行。清朝乾隆

年間改為 4 月 21 日舉行，遂成為定制。北宋中期之後，參加殿試者一般都賜及第，不再黜落，只是根據殿試成績重新排列名次而已。宋代殿試，一般分為五甲。第一、二甲賜進士及第，第三、四甲賜進士出身，第五甲賜同進士出身。明、清殿試，分為三甲，第一甲三名，第一名稱狀元，第二名稱榜眼，第三名稱探花，皆賜進士及第；第二甲若干名，賜進士出身；第三甲若干名，賜同進士出身。張掛黃榜公佈，俗稱為「金榜題名」。

級　別	主持部門	地　點	考中者	頭　名	時　間
縣試	縣級	州縣府學	秀才	案首	每年一次
鄉試	省級	省城貢院	舉人	解元	三年一次秋天
會試	中央級	禮部	貢生	會元	鄉試次年春天
殿試	皇帝主持	紫禁城大殿	進士	狀元	會試的次月

　　制舉。又稱制科、大科、特科，是由皇帝下詔而臨時設置的科舉考試科目，目的在於選拔各類特殊人才。唐代制舉甚盛，其科目甚多，據記載有上百個，其中較重要者為賢良方正能直言極諫科、才識兼茂明於體用科等。宋代制舉科目大為減少，最多時為九科，但事實上只有賢良方正能直言極諫、茂材異等、才識兼茂明於體用三科。神宗熙寧七年（1074 年）廢，哲宗元祐二年（1087 年）復置賢良方正能直言極諫科，紹聖六年（1094 年）又罷。南宋高宗紹興元年（1131 年）復置，但直至南宋末，中第者僅一人而已。宋代士人未仕、已仕者均可應詔參加制舉考試。直至南宋末，考試一般分為閣試、殿試兩級。閣試論六首，按成績分為五等，入前四等方可參加殿試。殿試策一道，合格者分為五等，上二等不授人，第三等即為上等。制舉登科，未仕者即依貢舉進士例授予官職，有官者則依等第陞遷。兩宋制舉共殿試 22 次，入等者不過 40 人，但也選拔了不少著名的人才。另外，宋代為了選拔起草詔誥人材還特設了詞科，包括宏詞科、詞學兼茂科、博學宏詞科及詞學科。元、明不設制科。清代曾設「博學鴻詞科」、孝廉方正、經濟特科等，但並未成為制度，亦不重要。

　　武舉是以選拔軍事人才為目的的科舉考試制度。唐武則天長安二年（702 年）始置。應武舉者，於每年十月由州府舉選送至京師，十一月於尚書省兵部進行考試。武舉考試的內容有長垛、騎射、步射、馬槍、翹關（舉重）、言語、材貌等。兵部考試合格者依其身份不同而有不同的待遇，或送吏部參加銓選，或授予散官。德宗時，曾一度停廢；憲宗元和三年（808 年），又復置。

宋承唐制，天聖七年（1029 年）置武舉。皇祐元年（1049 年）罷；治平元年（1064 年）再置。三班使臣、諸色選人不曾犯贓及私罪情輕者，許於兵部投狀應試；無官人由朝廷命官保薦，也可應試。考試分比試、解試、省試、殿試四級，一般爲先試弓馬，再試策及《孫》、《吳》等兵書的墨義（熙寧後改爲大義）。殿試合格後，分別賜「武舉及第」、「武舉出身」。其授官，北宋時期，武藝與策皆優者，授右班殿直；其餘以次授三班奉職、三班借職、三班差使等。南宋時，武舉之法漸與進士科相仿。其殿試第一人賜武舉及第、授保義郎，餘並賜武舉出身、授承節郎、承信郎等。元朝廢武舉。明天順八年（1464 年）復置武舉，令武臣子弟於各直省應試。成化十四年（1478 年）規定，武舉鄉、會試例，均仿文舉。弘治六年（1493 年）規定，武舉六年一行；十七年，改三年一試。正德十四年（1519 年）《武舉鄉試條格》規定：武舉鄉試，應舉者於九月內各衛所送都司，各府、州、縣送布政司，均由巡按御史會同三司官主持考試，兩京由兵部選官考試。共試三場，初場試馬上箭，第二場試步下箭，第三場試兵法或時務策一道。分別於十月九、十二、十五日舉行，取中者稱爲武舉人，俱送兵部，於次年四月參加武會試。嘉靖元年（1522 年）《武舉會試條格》規定：第一場試騎射，第二場試步射，第三場試策二道、論一道。以翰林院官二員爲考試官，給事中及部屬官四員爲同考試官。取中名額，臨期取自上裁。崇禎四年（1631 年），始行武舉殿試，賜武進士及第、出身等，悉如文舉之例。清沿明制，鄉、會、殿試均同文舉之例。其舉人、進士、狀元等名目亦與文舉同，僅加「武」字以示區別。其授官，初武狀元授參將，武榜眼授游擊，武探花授都司。二甲均授守備；三甲均授署守備。雍正時規定，武狀元授一等侍衛，榜眼、探花授二等侍衛；二甲選十名授三等侍衛；三甲選十六名授藍翎侍衛；其餘武進士以營衛守備在兵部註冊選用。乾隆時，又令派大臣對在兵部註冊的武進士再行考試，分等授職，一、二等授營守備，三等授衛守備。光緒二十七年（1901 年）廢。

童子舉亦稱「童子科」，是科舉考試中特爲少年應試者所設的考試科目。唐始置，凡 10 歲以下能通一經及《孝經》、《論語》者均可應試，每卷試誦經文 10 道，全通者授官，通七以上者予出身。廣德二年（764 年）罷，大曆三年（768 年）復置。宋沿置，規定 15 歲以下能通經及作詩賦者均可應試。先由州府申報朝廷，國子監檢驗完畢，送中書覆試，合格者再由皇帝親試，主要考試背誦經文，有時亦試詩賦，臨時決定賜出身、授官或免解試，不定試

期和錄取名額。淳熙八年（1181 年），始加深考試難度，分三等錄取。嘉定十四年（1221 年）規定，應童子舉者，每年春季彙集京城，先試於國子監，合格者由中書覆試，每科錄取三名。咸淳二年（1266 年）廢。

二、科舉制度產生的根源

　　科舉制的產生，是中國古代社會內部矛盾發展與中國古代官吏選拔制度自我更新的結果。九品官人法誕生之初，其構想的目的是爲當時的國家選拔人才和在國家機關中使用合格的人才（也有學者認爲，九品官人法是世家大族作爲支持新政權的政治交換條件而產生的）。但是，這一套選官制度推行的結果，卻背離了人才選拔的初衷，淪爲士族操縱政治的工具。士族利用九品官人法維護自己的政治特權，阻礙優秀人才進入國家政權，敗壞社會政治，引起社會衝突和矛盾，並對中央皇權構成一定的威脅。同時，九品官人法也導致不思進取的世族走向腐朽、沒落。九品中正制是魏晉南北朝時期的主要選官制度，但除此之外，漢代的察舉制度仍然沿用。所不同的是到南北朝時，察舉秀才、孝廉也不能立即授官，而要進行考試。秀才需試策，內容主要是政治、經濟、人事方面的國家大事；孝廉要試經，內容限於儒家經典。秀才要試策，有時皇帝親臨。如南朝的宋武帝劉裕親臨考試，策試秀才、孝廉。南齊齊武帝永明四年（486 年）曾親自到中堂策試秀才。魏晉北齊世族門閥勢力逐漸衰落，九品中正制選官制度也日趨敗落。到北周時，蘇綽協助宇文泰改革，社會「罷門資之制」，改變了依據門第選士的陋制，推行察舉加考試的選材制度，爲隋唐科舉制的誕生奠定了基礎。

　　南北朝時期，隨著世族勢力的衰落，寒人的勢力發展壯大，要求獲得更多的執掌政權的機會。而統治者爲了加強皇權，擴大統治政權的人才基礎，也希望將人才選拔權力收歸中央，由朝廷掌握。在這種情況下，批判九品官人法，要求以才選人的呼聲高漲。這就是科舉制誕生的社會根源。

　　在九品官人法失去人才選拔的功能和意義，在社會呼籲廢除不合理的人才選拔制度的同時，新的制度已經在舊制度的母體內萌芽。秦漢的徵辟、察舉制度，魏晉南北朝的九品官人法，也含有考試的內容，只是這些選官制度中的考試居於次要地位，而且具有相對的封閉性。南北朝時期，人才選拔制度已在發生變化，梁武帝提出：「設官分職，唯才是務」。南梁還舉行新的考試，只要考的好，就是「牛監羊肆，寒品後門」，都要「隨才試吏」。西魏、

北周選舉「罷門資之制」。北齊秀才試文學，孝廉試經義，由中書省主持。這些就是隋唐科舉制的萌芽。

公元 589 年楊堅滅了南朝陳，建立了隋朝，結束了自東漢初平元年（190）軍閥混戰以來近四百年的南北分裂局面。中國封建社會再次進入大一統的中央集權君主專制國家的大發展時期。統一了中國的隋朝皇帝楊堅（隋文帝）首先把注意力集中在改革南北朝時的腐朽吏治，削弱士族政治勢力，加強中央集權，擴大政權的階級基礎，以鞏固大一統中央集權的君主專制上。他大刀闊斧地改革舊的國家政權機構，在中央建立三省（內史省、門下省、尚書省）、六部（吏部、民部、禮部、兵部、刑部、工部）制度，統理全國政務，強化中央集權，鞏固皇權。爲了削弱地方世族官僚的選官權力，他廢除了九品中正制，把選拔官吏的大權集中到皇帝一人手中。隋文帝於開皇十八年（598年）七月詔令開「志行修謹」和「清平幹濟」二科舉人；隋煬帝時，擴大了分科範圍，於大業三年（607 年）下詔：「夫孝悌有聞，人倫之本，德行敦厚，立身之基。或節義可稱，或操履清潔，所以激貪厲俗，有益風化。強毅正直，執憲不撓，學業優敏，文才美秀，並爲廊廟之用，實乃瑚璉之資。才堪將略，則拔之以禦侮，膂力驍壯，則任之以爪牙。愛及一藝可取，亦宜採錄，眾善必舉，與時無棄。以此求治，庶幾非遠。文武有職者，五品以上，宜依令十科舉人。有一於此，不必求備，朕當待以不次，隨才陞擢。其見任九品以上官者，不在舉送之限。」〔註2〕這道詔令，設置十個科目，包含政治、道德、法律、經史、文學、軍事等方面，強調分科舉人。詔令開「文武有職事者，以孝悌有聞、德行敦厚、節義可稱、操履清潔、強毅正直、執憲不撓、學業優敏、文才秀美、才堪將略、膂力驍壯十科舉人」。大業五年（609 年）又詔令開「學業該通，才藝優洽；膂力驍壯，超絕等倫；在官勤奮、堪理政事；立性正直、不避強禦」四科舉人。這裏的「二科舉人」、「十科舉人」、「四科舉人」，僅是偶一行之，並沒有成爲一種制度；但是，科舉這一名稱，則是從分科舉人這一概念所產生的。煬帝「置明經、進士二科」，以「試策」取士，在中國的選舉任官史上打開了新的一頁，科舉制度從此開創。有學者認爲其中「學業優美、文才美秀」一科，當爲進士科，進士科的設立，被認爲是年正式開創了科舉制度。

中國傳統文化是以儒家學說爲根基和核心的，歷代封建統治者都將儒學

〔註2〕《隋書·煬帝紀下》。

作為維護統治秩序的理論依據，奉儒學為經典，尊孔子為聖人。科舉制正是在學優則仕的儒家文化土壤中產生的，它將讀書與做官通過考試這一中介環節巧妙地聯結起來，使學優則仕的儒家理論制度化。反過來，科舉制的長久實施又使讀書做官的觀念深入人心，進一步強化了官本位體制。王亞南先生曾指出：「做官第一主義，本來由儒家的政治哲學立下了堅實的基礎，但其充分發揮，卻是由於科舉制。」由於科舉取士機制與儒家政治理論十分吻合，因此在崇尚儒家文化的中國古代，有著非常適宜科舉制長久生存的文化土壤。

科舉制度為庶族中小地方、乃至出身寒微的平民知識分子開闢了一條陞官的道路，因此受到中小地方和廣大知識分子的擁護，從而增強了封建地主階級的統治基礎。科舉制度把讀書、應考、做官三件事緊密地聯繫在一起，致使天下讀書人懷著「朝為田舍郎，暮登天子堂」的幻想。

三、科舉制度的本質特徵

科舉是中國古代讀書人所參加的人才選拔考試。它是歷代封建王朝通過考試選拔官吏的一種制度，本質上是為封建君主專制制度服務的。在中國歷史上，統治階級為了鞏固自己的統治，曾採用過多種方式選拔其所需要的人才。夏、商、周採用的是「分封制」和「世卿世祿制」，其結果是「龍生龍，鳳生鳳」。漢朝以「察舉」制和「徵辟」制取代世襲制，由州、郡地方長官向朝廷舉薦人才，經朝廷考察後授其官職，或由皇帝特詔選任官吏，這比前代進步不少，但由於掌握選官大權的官僚們注重門第，官官相護，徇私舞弊，用人問題仍不能得到很好的解決，出身底層的優秀人才難以被選拔上來。魏晉南北朝實行「九品中正制」，這在當時多少改變了州、郡地方長官隨意左右、受賄營私的狀況，選拔出一些比較有才能的人進入仕途，但這個制度到後來完全被世家大族所把持，家世、門第成為評定官員的唯一標準，實際上已成為豪族勢力控制選官的工具，其結果必然是「上品無寒門，下品無士族」。而科舉制度的出現則從根本上改變了這一點。科舉制度所堅持的是「自由報名，統一考試，平等競爭，擇優錄取，公開張榜」的原則，打破了血緣世襲關係和世族對政治的壟斷，對我國古代社會的選官制度是一個直接有力的改革。它給中小地主階級和平民百姓通過科舉入仕提供了一個公平競爭的平臺，在使大批地位低下和出身寒微的優秀人才脫穎而出的同時，也擴大了封建統治基礎。特別是在科舉制度日趨完善的宋朝，歷代皇帝幾乎都以獎掖孤寒、抑制勢家自詡，採取了特別舉措限制「貴家」子弟，這客觀上給了平民子弟更

容易嶄露頭角的機會。宋朝不但出現了「平民」狀元的現象，而且很多普通百姓子弟通過科舉改變了自身及其家庭的命運。不少日本學者也因此把中國的宋朝稱爲「平民社會」。

從內容到形式考察，科舉制度具有分科取士、考試爲主和定期舉行、自由報考、文衡與擇優錄用等特徵。

1. 分科取士

科舉即分科舉人之義。封建王朝設立一定科目來公開招考人才。考試科目繁多，有常設科目和特設科目。常科爲定期舉行的考試科目，其中以明經、進士科爲主並爲後代承襲。特設科目爲制科，爲天子特詔臨時舉行。一般以常科作爲科舉制的代表。分科取士最早淵於西漢。西漢時已有分科察舉的辦法。漢代選舉的主要科目有賢良方正、孝廉、秀才、明經、明法等。科舉考試的科目設置對於漢代察舉多有承襲。因此，以隋文帝開皇十八年（598 年）設置「志行修謹、清平幹濟二科舉人」，或隋煬帝大業三年（607 年）「十科舉人」作爲科舉制度的起源失之全面。因爲分科取士是科舉制度的重要特徵但非本質特徵，不能以此作爲它產生的唯一標誌。

2. 考試為主、定期舉行

科舉制度的核心是考試。科舉制與選舉制（察舉制和九品中正制）的重要區別在於：前者是以考試爲主，後者以察舉（推薦）爲主。正如清末學者張之洞所言：「取士之法，自漢至隋爲一類，自唐至明爲一類。漢魏至隋，選舉爲主，而亦間用考試，如董、晁、郤、杜之對策是也；唐宋至明，考試爲主，而亦參用選舉。」〔註3〕據載，兩漢孝廉、秀才科創立之初，不考試，各級官吏觀察舉薦讀書人，然後由中央命官。東漢順帝陽嘉元年（公元 132 年），「左雄改制」輔之考試，以考試來甄別歲舉孝廉的高下，以克服舉薦之弊。魏晉南北朝時，推行九品中正制，以出身門第爲推薦人選的主要依據，並按品授官。爲糾正其中之弊，南北朝時曾有「凡州秀才、郡孝廉，至皆策試，天子或親臨之」〔註4〕的規定。但考試只定高下，不存在黜落。孝秀策試制度使選士制度向以考試爲中心的科舉制度演變，迎來了科舉問世的前夜。

〔註3〕《張文襄公奏稿》卷三十二，《籌議變通政治人才爲選折》。
〔註4〕《通典·選舉二》。

3. 自由報考

即「懷牒自應」。這是科舉制度區別於前代選舉制度的本質特徵。它是科舉制度自由競爭、機會均等精神的體現。讀書人不論出身、地位和財產，自行報名申請考試，不必由官吏舉薦。兩漢察舉制，讀書人被動地等待官吏舉薦入選，除出身太學的諸生和現任吏員的文吏外，一般沒有門路的布衣平民，幾乎沒有察舉的可能。許多士人為能取得舉薦做官，「拜門奔競，貨賂囑託。」沿至南北朝，秀才與孝廉也要先獲舉薦，才有資格參加考試。由於士族中正官操縱選士大權，薦舉惟重家世門第，這無疑是下層廣大寒士入仕的嚴重障礙，造成了「上品無寒門、下品無貴族」，「世冑躡高位，英俊沉下僚」的局面。科舉制度規定普通讀書人可以自願報名參加考試，超越了世族門閥階層，體現了自由競爭、機會均等的精神。

4. 文衡與擇優錄用

科舉制度以一種嚴格、規範的文化知識（主要是經學知識）作為公開招考、甄選人才的客觀標準，突出了知識才學的重要性。政府不問士人的出身門第，「一切以程文為去留」，以考試優劣和才能高低定資格，錄用考試的優勝者。它不同於漢代察舉制重德行、名聲，也不同於九品中正制重門第出身。早在南朝齊時曾有記載，雖以上品舉薦的士人，考試成績不理想者，不予授官，但當時僅是偶一為之。整個選舉時代，以推薦為主，考試成績僅是參考，且為等額選舉，考試只定高下，不做黜落。在推薦過程中，由於權貴操縱，舉人名不副實，流弊百出，時諺云：「舉秀才，不知書；察孝廉，父別居；寒素清白濁如泥，高第良將怯如雞」。科舉考試為差額考試，「一切以程文為去留」，政府通過逐級考試來甄選人才，優中選優，反映了科舉考試的激烈的競爭性和擇優錄用的精神。

科舉制度植根於我國的具體土壤，即有賴於我國多民族國家中主體民族在人口、發展水平與文化認同上的巨大優勢和封建生產力方式不斷向周邊地區拓展的歷史現狀。它的存在既依賴於封建專制王朝，又促進國家的統一與多元一體中華民族的共同發展。以科舉為「正途」而又以儒家學說為科舉考試內容的做法，把政權的世俗性與意識形態的灌輸自然地融合為一體，是我國傳統政治的一大創造。它客觀上使中華文化統一到儒家文化的前提下來，這有利於傳統中央集權國家的發展。如果以科舉制度奠定基礎的隋唐為界劃分我國歷史的前後期，也可以看出，後期中央集權國家的凝聚力與穩定程度

要大於前期，這也與官僚篩選制度由「察舉徵辟」到科舉考試的演變密切相關。

第二節　科舉制度產生前的仕進制度

有學者認爲中國科舉制度有廣義和狹義之分。廣義的科舉制度應該從西周的「鄉舉里選」的貢仕之法，選拔賢能之士充當地方官員——卿和大夫算起，中經漢代的察舉制度，直到隋唐以降的進士科考試制度。狹義的科舉制是指始於隋朝隋煬帝大業三年（607年）創立的進士科。我們認爲隋唐進士科考試制度以前的選士制度爲後來的科舉制度奠定了基礎，可以視爲科舉制度的孕育和萌芽階段。

選士制度，是中國傳統文化中獨具特色的選官制度、人才選拔制度。所謂「士」是創造、闡釋和傳播文化知識的階層，即現在我們所稱的知識分子。選士制度是連接社會知識分子與官僚機構的橋梁，知識分子通過這座橋梁而步入官僚機構的殿堂——封建衙門，成爲統治階級的一員，掌管著國家的政權。

一、周代的「世卿世祿」制

華夏民族進入文明社會時代當在公元前22至前21世紀的夏朝，夏是我國第一個奴隸制國家。夏朝自禹後，實行世襲制，禹死後由其兒子啓繼位，未通過選舉，開「家天下」的世襲制度之先河，至殷商上層社會的執政者主要是世襲，以血緣宗族爲軸線，實行父子相傳，兄終弟及的「世卿世祿」的任官制度。任官的基本原則是「人惟求舊」，「舊」是「舊有其位」的意思，即世襲官爵的奴隸主貴族耆老。殷商不崇人倫而敬鬼神，對鬼神的絕對崇拜主宰著殷商的政治生活和精神世界。商殷統治者以鬼神壓臣民，即以「神道」治「人道」，商紂王擁有極大權力，對臣民作威作福，在理政治民上「失德」，終失民心，遭到民眾反對，最後被周王所滅。爲了鞏固代表奴隸主貴族利益的周王朝的統治，周朝制定了一套以「鄉舉里選」爲主的人才選拔制度。據《周禮》記載，西周實行每三年在鄉里舉行「大比」一次，評選德行道藝優秀者爲賢能之士，然後逐級推薦到周王最高一級，周王試以鄉射之禮，合格者授予地方官吏。西周除鄉舉里選的選士辦法外，還有諸侯貢士和學校選士的辦法。

　　春秋戰國時期，是中國古代奴隸社會向著封建社會過渡的大動蕩、大變革時期。由於鐵器的使用，社會生產力有了很大提高，農業經濟迅速發展，手工業和商業也空前繁榮。社會經濟發展促進了舊的宗法等級政治制度的解體。社會各個階層發生了巨大變化，「高岸爲谷，深谷爲陵」，社會在劇烈震蕩中，舊的社會制度、生產關係和舊的禮儀體系開始崩潰。周天子從宗法等級制統治的金字塔尖頂上跌落下來，僅局處於一隅，而天下諸侯並起，群雄爭霸，出現了「禮崩樂壞」的局面。當時，官學衰微、私學勃興，昔日地位低微的士人階層迅速壯大，他們獨立不羈，揚揚灑灑，登上了新的政治歷史舞臺。一些雄心勃勃、勵精圖治的諸侯國君爲了壯大自己的勢力，在爭奪霸權中戰勝敵國，開始認識到人才的重要，「得士者昌，失士者亡」，「虞不用百里奚而亡，秦穆公用以霸，不用賢則亡」，識別和任用人才，將決定霸業的成敗。於是，各諸侯國君主摒棄了舊的「世卿世祿」的選士制度，爭相招覽賢才。他們通過招賢察能、舉賢考覈、獎勵軍功、養士等多種形式和途徑，四處網羅各種人才，重用計謀才學之士，不拘一格，不計親疏，縱然是不仁不孝之徒，只要有一技之長，也可量才取用。總之，衝破了舊的倫理道德觀念，只要能治國安邦就選拔重用，不求全責備。如墨子就提出尙賢舉人的標準不能依據一個人的血統和家庭背景，有才者可以從貧賤的下層進入社會上層成爲政府官員，無才者則使其抑廢爲下層民眾。他提出了「官無常貴，而民無終賤，有能則舉之，無能則下之」〔註5〕的賢能治國主張。春秋戰國時代，許多出身社會下層的人才，在風雲詭譎變幻莫測的戰爭年代成爲叱吒風雲的人物，如小商販出身並曾淪爲奴隸的管仲輔佐齊桓公成就霸業，曾流亡楚國淪爲奴隸的百里奚，被秦穆公用五張羊皮從楚國換回來「授以國政」，他盡心盡力輔佐秦穆公，使秦穆公成爲春秋五霸之一。秦國由是西霸戎狄，威播西域，直達波斯與古印度。春秋戰國時，因爲不拘一格用人，連雞鳴狗盜之徒和引車賣漿者流都有可能發揮其特殊才幹助成大事。

　　春秋戰國時期禮賢、招賢、任賢的選士之風，使士人從西周的宗法等級制和氏族血緣的桎梏中解放出來，具有相對獨立的人格，並通過自由競爭，擇君而仕，充分發揮了自己的聰明才智，湧現出一大批光耀千秋的政治家、思想家、教育家、軍事家。如管仲、晏嬰、李悝、商鞅、蘇秦、樂毅、吳起、孫武、李斯、張儀、王翦、蒙田、墨翟、孟軻、荀況……在學術上儒、法、

〔註 5〕《墨子・尚賢》。

道、墨、名、縱橫、陰陽等各家思想學說都能自由傳播，出現了「百家爭鳴」，學術思想空前活躍的新局面。

　　春秋戰國時期是中國歷史上第一次思想大解放的時期，也是選士制度不拘一格，無章可循，方式多樣，自由競爭，人才輩出，異彩紛呈，士人最受尊敬大有作為的黃金時代。社會經濟獲得了前所未有的發展，文化教育空前繁榮，諸子百家的思想理論異常活躍，儒、墨、道、法、農、醫、陰陽、縱橫等各家學派的思想學說奠定了我國兩千餘年封建社會文化思想的理論基礎。

二、漢代的察舉制和徵辟制

　　察舉制作為漢代的選官制度，創立於漢文帝，定制於漢武帝。漢代察舉科目繁多，分為常科和特科兩類。常科是歲舉，分孝廉和茂才。特科有賢良方正、明經、明法、至孝、尤異、治劇、童子、有道、明陰陽災異、勇猛知兵法等。其中孝廉科是察舉制度的主體。漢代實行按籍歲舉的辦法，西漢時使諸列侯、郡守、二千石各擇其吏民之賢者，歲貢舉各二人。東漢時則實行按地域、人口比率分配貢舉名額，大致每 20 萬人歲舉 1 人。西漢被舉的孝廉不需要考試，即可委以官職，以獎進小吏。據《漢官儀》載：「郡國舉孝廉以補三署郎」，通常孝廉至京師，先拜為郎，侍衛皇帝，得到訓練甄別後，再依優劣補縣令長丞或補尚書郎，再遷縣令。東漢對地方所舉貢的孝廉，還不能直接拜官，而要經過考試，「儒者試經學，文吏試章奏」。經中央一級考試合格，授予官職。規定舉孝廉的年齡須在 40 歲以上，但「若有茂才異行，自可不拘年齒」。茂才科，亦為漢代察舉歲貢常科。西漢時稱「秀才」。東漢為避漢光武帝劉秀之諱改「秀」作「茂」，故名茂才。茂才科主要是選拔奇才異能之士。漢初為特科，東漢建武十二年（36 年）詔令歲舉茂才，此後，茂才與孝廉皆為常科歲舉。茂才一般在士人中選舉，對象是有特異才能和非常之功的士人或太學生，具有一定的知識和文字處理能力。有時需要對策、試經或通過其他形式的考試，以確定其具有何種真才實學。茂才陞遷提拔比孝廉快，起點授官即以縣令，比孝廉起家官階要高。

　　漢代察舉除常科外，還有特科。特科有：賢良方正、明經、明法、勇猛知兵法、治劇、尤異、明陰陽災異與有道、至孝、童子科等。賢良方正科，又稱賢良文學。此科多開在國家發生較大的自然災害或出現奇異天象，如日食、月食、地震、星殞、水旱災害、瘟疫等情況之後再舉行。一般無定期，

據董仲舒的「天人感應」論說，人世間的各種災異都是上天對人世間帝王過失的警告，為此帝王就必須自我檢討，以期順天應人，並禮招賢才，廣開言路，以匡正自己的過失。所以，察舉賢良文學是依照皇帝詔令，由諸侯王、列侯、三公、將軍、諸卿、中二千石、二千石、司隸校尉、州牧、郡國守相等高官大臣舉薦。對被舉薦的人要求較高，個人品德高尚，為人忠孝，為官廉潔，頗有聲譽，才能非凡，博學多才，通經達變，精於政務。察舉出的賢良方正送至朝廷，由皇帝親自出題策問，賢良對皇帝的策問要作出正確的回答，提出解決的辦法和個人見解，叫做「對策」。對策要求取其忠言嘉謨，足以佐國，崇論宏議，足以康時。一旦得到皇帝的重視，中舉者的地位旋即得以高陞，有的起官即為九卿。如公孫弘以博士見舉，後累官至丞相。賢良方正是漢代察舉地位最為崇高的科目。明經科，是察舉通曉經學，明於儒術（儒家經義）的人才。自漢武帝獨尊儒術後，儒家經學受到高度重視，特立明經科取士。漢代不少人以明經舉為高官，如孔安國、貢禹、韋賢等。韋賢因精通《尚書》、《禮記》，舉明經而位極丞相。當時民間流傳這樣一句諺語：「遺子黃金滿盈，不如教子一經」。舉明經還需要經過考試，考試的內容主要是儒家經典，不合格者入太學補習。舉明經科的人不少出身貧寒，如翟方進，家世微賤，12 歲喪父，其母以織屢供他讀書，苦讀十年，終以射策甲科，授官為郎，舉明經，陞遷議郎，後任丞相十年。

漢統治者提倡儒家經學設置明經科，使講習儒經蔚然成風，此風一直延續到唐宋時代，成為取士最多的科舉考試科目。

漢代察舉選士要經過比較複雜的程序：首先由皇帝下詔，指定舉薦科目。其次，由中央至地方郡國各級官員按科目規定舉薦人才。再其次，特舉科目由皇帝親自策試，依據對策的高下等次，分別授與官職。不合格者可入太學補習，下次可從太學中察舉再試。年齡可至 70 歲。

漢代選士辦法除察舉以外，還有公府與州郡辟除，即由高級官員任屬僚；皇帝直接徵聘；任子為官；納貲及其它多種途徑。辟除，是中央和地方的高級長官任用署僚的一種制度。主要是三公府（丞相、太尉、御史大夫）或王公府（外加太傅、大將軍府統稱）對自己的屬員或屬地的賢才名士，選拔提升，委以重任。這種辟除制是公卿和地方官所掌握的選官用人的自主權的體現。至東漢末，這種辟除制便成為公卿和地方官僚培植個人勢力、拉幫結派的工具。徵聘，是由皇帝採取特徵與召聘的方式，選拔那些知名度較高、通

經博古之士，委以重任。如東漢張衡，被漢安帝徵聘爲郎中，後陞爲太史令。任子，是憑父兄家屬的高官顯爵，保舉子弟任官的制度。漢初二千石以上的官吏，可保舉自己的子弟一人爲郎，不必通過察舉和考試。任子制給予官僚貴族子弟以仕進的特權，導致大官僚貴族世代壟斷朝政，政治腐敗的嚴重惡果。納貲，是一種公開賣官的制度。凡財產在十萬錢以上的富豪，只要向國家捐納一定數量的錢財，就可獲得一定的官爵。商人只要肯出錢也可入仕，打破了漢初商賈不能做官的舊制。

漢代以察舉制爲主體的選官制度，推行了 400 年之久，的確爲大一統的中央集權的漢皇朝選拔了一批有眞才實學、治理國家功績卓著的官吏，漢王朝憑此而成爲中國歷史上一個極爲強盛的朝代之一。這是人才選拔史上的一大進步。在選士的過程中實行不計家世，多問能賢的政策，甚至皇帝親自問策，讓一些出身寒門的讀書人能有機會進於仕途，爲平民開放政治，擴大了漢王朝統治的階級基礎，有利於維護和鞏固中央集權的君主專制的漢皇朝政權。東漢實行察舉制時，對被察舉的人士要進行嚴格的考試，以考試成績的優劣，授於不同等級的官職。這不僅促進了教育的發展，而且使中小地主階級以至一般平民布衣奮發讀書，以求仕途通達，使社會風氣爲之改觀。民間竟普遍流傳「人遺子，金滿盈，我教子，唯一經」的民謠。但是，隨著東漢政治黑暗，外戚宦官干政，官場日益腐敗，察舉選士制度種種弊端就日益暴露出來。首先，察舉之權掌握在極小數的達官貴戚之手，世家權門把持選舉，利祿誘人，往往所舉非人，察舉成爲權貴結黨營私培値私人勢力的工具。察舉的程序通常是由皇帝下詔，公卿、郡國守相按規定察舉，但由於缺乏必要的監督制度作保證，往往是察舉不實，以致營私舞弊，賄賂公行。無德無才的高門望族子弟得以薦舉，而德高望重，滿腹經綸的寒門士子卻入仕無門。正如東漢末年的一首童謠所云：「舉秀才，不知書；察孝廉，別父居；寒素清白濁如泥，高第良將怯如雞。」這首民謠入木三分地揭露了漢末察舉制所舉非人的弊端。其次，以名取人，助長了譽望相矜，虛聲競進之習，致使弄虛作假，僞詐公行，敗壞了社會風習。漢代察舉是以儒家忠、孝的道德價值觀去評判和薦舉士子，其倫理道德的評價本身就沒有一個客觀、明確、公正的標準，很難用劃一的尺度去衡量、驗證。這樣就造成了被舉者投舉主之所好，矯情飾志，而舉主則以名取人，士子們爲得到名望聲價，不惜弄虛作假，欺世盜名，以求獵取利祿。如漢桓帝時，有一個叫趙宣的人，他父母死後，他

便到墓穴中服孝，在墓墜中守孝 20 年，鄉里稱其孝，州郡官以孝子推薦給太守陳蕃，後經調查，他在墓墜中守孝期間生了五個兒子。按當時規則，服孝期間是不准行夫婦之事的。他的醜聞被揭露後，受到了應有的懲罰。像這樣弄虛作假、沽名釣譽卻未被發現，反而被舉薦做了高官的所在多有。可見，當時政治何其黑暗，吏治何其腐敗。正如王符在《潛夫論》中所指出的：「群僚舉士者，或以頑魯應茂才，以桀逆應至孝，以貪饕應廉吏，以狡猾應方正，以諛諂應直言，以輕薄應敦厚，以空虛應有道，以囂暗應明經，以殘酷應寬博，以怯弱應武猛，以頑愚應治劇。名實不相符，求貢不相稱，富者乘其財力，貴者隨其勢要，以錢多為賢，以剛強為上。凡在位所以多非其人，而官聽所以數亂荒也。」察舉制的種種弊端由此可見一斑。

　　一個社會到了賣官買官，吏治敗壞，官非其人，政治腐敗，社會黑暗，平民百姓沒有進身之路，看不到生活的希望時，離社會大亂也就不遠了。東漢末年，終於爆發了張角領導的農民起義，史稱「黃巾起義」。地方軍閥和豪強勢力趁機而起。初平元年（190 年）爆發了軍閥混戰，群雄逐鹿，一場曠日持久的相互廝殺，全國分裂的離亂時代到來了。這種分裂離亂年代，持續了近 400 年，直到隋開皇九年（589 年）楊堅滅陳才統一中國。這一時期，除了西晉的短暫統一，基本是處於分裂割據和南北對峙狀態，各王朝如同走馬燈一樣，頻繁更換，階級矛盾尖銳，經濟凋敝，「百姓死亡，暴骨如莽」，人才更是大量流失，社會滿目瘡痍，這就是中國歷史上的魏晉南北朝時期。

三、魏晉的九品中正制

　　三國時，在擁兵自雄的軍閥中，曹操是一位最有遠見卓識，知人善任的開明政治家和軍事統帥。他為了能實現一統中原和統一全國的宏偉理想，三次下令求賢。企圖把因戰亂而流散或隱逸的有才之士，羅致於自己麾下。他在選士為官的觀念上，打破西漢以來的重儒士的舊框框，不拘一格，重用提拔具有「治國用兵之術」卻不恥於名教的幹才，貫徹「唯才是舉」的選士原則，提倡不求全責備，用人所長。曹操還積極辦學，發展教育事業，在鄴城建泮宮。這在戰爭年代，是難能可貴的舉動。

　　曹操求賢心切，但當時戰禍連年，士人流離遷移，戶籍混亂，如再採取漢代的「鄉舉里選」的察舉制選官已很困難。在這種情況下，他創立了九品中正制的選士制度。九品中正制又稱九品官人法。它是魏晉南北朝時期主要的選士制度，這種選士制度推行了 300 餘年。其基本做法是：在全

國州、郡兩級設立「中正」職，州設大中正，郡設小中正。中正由「德充才盛者」和「賢有識鑒者」擔任，州中正官由本地大士族在朝的現任官員兼任或致仕要員擔任（曾在中央任要職已退休的官員），郡縣中正由當地「百姓士族」充任。由他們來評品人物因為他們生長在原籍，瞭解情況又身居要職，評說就比別人有份量，有權威性。初，中正官對於品參人物比較認真負責，他們必先親自或派人察訪本地士人的家世，瞭解其譜族、父祖資歷、做官情況即官位高低等等，還要調查士子的言行表現及本人道德才能情況，並對此作出行狀評語，然後再結合其家世和行狀，品評出等第。其等第分為九品：上上、上中、上下、中上、中中、中下、下上、下中、下下。初期中正官只有定品級之責，無定官職之權。先由小中正將定品級的材料造冊上報至大中正，大中正核實後將品狀材料用黃紙寫上，上報到中央的司徒，司徒再經核實後，呈送吏部尚書。吏部尚書根據中正所定的品第授官，品第高低與官職尊卑必須相符，品第越高，官職越大。中正官的品評決定士人任官的高低。吏部在銓選官吏時，必須徵求中正官的意見。陞官要同時升品，降官要同時降品。中正官所定品級也不是一成不變的，而是三年調整一次，叫「清定」。在清定中，中正還有權對所評定的人物，依其言行再給予陞降。如韓預「居喪不顧禮儀，三旬內成婚」被視為傷風敗俗，有辱冠帶，於是把他從二品降到四品。中正評定人物優劣的「九品」與表示職官品秩高下的「九品」，並不是一種涵義。前者指「人品」，後者指「官品」。但通常情況下，還是上品者任高官，下品者任卑職。一般是中正的品第與起家官品之間有著大致對應的關係。西晉時，中正所品第五品的起家官，在與中正品第相差三品到四品間浮動，如中正的品第為五品，其起家官大致為八品。

九品中正制的選官制度初期還有一定的積極作用。因為當時品第人物時以德才為主，並不專注重家世門閥。這樣使一些貧寒之士能進入官場，亦可激勵寒士發奮進取。就是出身名門望族的官吏，對其進行品第，按品級給官且三年一調整，對那些不守操行的可降品降職，這樣就有利於仕宦之人廉潔奉公，忠於職守。另外，負責品評士人和小官吏行狀的中正，一般都是中央和州郡的高級官員擔任，這樣把選舉官吏大權適當集中到中央，有利於中央集權的君主專制對選官權的控制。但是，隨著時間的推移，九品中正制度就流弊叢生。首先是中正官獨攬了品第士人及甄選大權，「寄雌黃於一人之口」。

〔註6〕選舉偏離了德才兼備的方向，逐漸成為門閥世俗的政治工具。他們在地方上是望族，又高居顯位，世代為官，壟斷選舉和被選舉權，原本由家世和德才諸因素共同決定品第人才的九品中正制，逐漸演變成以家世出身為品評士人的唯一標準，堵塞了社會下層各階層成員向上流動的機會。凡豪門世族的人都品第為上品，得以高官；寒素之家的子弟，品行再端莊，才學再高俊，入不了上品，至多只能做個卑職。高大門第、累世相因，遂成簪纓之族，鼎食之家。蓽門蓬戶，無寸進之路，世世代代，皆為庶民。這樣九品中正制的選官制度就造成了「上品無寒門，下品無貴族」，使社會各階層的矛盾變得越來越尖銳。其次，中正官操縱選士，控制仕途，嚴重削弱了中央集權的君主專制統治。加至中正往往憑自己的好惡來品評人物，沒有客觀標準，正所謂「愛憎決於心，情偽由於己」，不能任人唯賢，而以權門請託定人品高下，滋長了政治腐敗，徇私枉法，行賄受賄等官場惡習。一些中正官憑藉自己手中的大權，任意選舉自己的朋友、屬僚甚至親屬。這樣被選舉出來的人往往是一些無德無才的人。這種人被提拔為官員，甚至身居顯位，加劇了封建國家的政治危機。

縱觀魏晉南北朝的九品中正制的發展全過程，它在曹魏創立時，是「唯才是舉」，到南北朝時，由於門閥士族勢力日益強大，變成了只重門第，不問才學和品德，成為士族擴張勢力，建立豪門士族政治權力的工具，日益喪失了它的生命力。

當社會處於大動盪時期，政權分立，豪強割據，戰亂頻仍，士人流動，考詳無地，立九品中正制選人才，不拘一格，「唯才是舉」，為羅致天下賢士，發展經濟，穩定社會秩序還有一定的積極作用。但日久生弊，中正官「不考人才行業，空辨姓氏高下」，使九品中正制的選官制度完全演變為只看門第出身，不問德行才學，最終成為士族擴張勢力，建立士族政權，維護士族特權的工具。使得當時社會各階層流動停滯，「世冑躡高位，英雄沉下僚」，握有選舉重權的門閥士族勢力惡性膨脹，成為抗衡中央政府，威脅皇權統治的強大政治勢力。造成「王與馬共天下」即士族與皇權共治天下的政治格局。在皇權日趨衰落，士族勢力急劇擴張時，社會政治就愈來愈黑暗，平民知識分子在仕途上越來越沒有出路。他們處於自漢以來最悲哀、最黑暗的年代。

〔註 6〕《文獻通考‧選舉》。

第三節 科舉制度的興起、發展和廢除

科舉制度的最初實行是隋文帝時開科取士、隋煬帝時開設進士科。唐朝在隋朝基礎上加以完善發展，貞觀年間增設考試科目，以明經和進士兩科爲主，武則天時首創武舉和殿試，是唐朝加強中央集權的重要措施之一。北宋王安石變法觸及科舉制，在太學設立三個等級，逐級淘汰不合格的生員，學問和品行最優者，可以不經考試而直接出任官職。明清時，科舉制日臻完善和周密：明朝君主專制加強，科舉規章嚴格，定期實行鄉試、會試和殿試三級考試，考試內容專取《四書》、《五經》命題，對經義的解釋只能以朱熹的觀點爲標準答案，不得有自己的見解，文體死板，分成八個部分，稱八股文；清朝前期基本承襲明制。近代以來，由於國內外形勢巨變，科舉制度再也無法維持下去了，清政府被迫制訂了新學制，於 1905 年下詔廢除科舉制度。

一、隋唐科舉制度的創立

中國古代科舉制度最早起源於隋代。隋朝統一全國後，爲了適應封建經濟和政治關係的發展變化，爲了擴大封建統治階級參與政權的要求，加強中央集權，於是把選拔官吏的權力收歸中央，用科舉制代替九品中正制。當時的分科舉人，形式與察舉制略同。隋煬帝即位後，在改革察舉制方面強調兩點：一是被薦舉者的資格爲「諸在家及見入學者」，使選舉具有了開放性；二是「學行優敏，堪膺時務」，要有才學與實際能力。文獻記載，隋煬帝「始置進士之科，當時猶試策而已」，﹝註 7﹞試策取士，揭開了選舉史上新的一頁，科舉制度從此開始。

隋煬帝大業三年開設進士科，用考試辦法來選取進士。進士一詞初見於《禮記·王制》篇，其本義爲可以進受爵祿之義。當時主要考時務策，就是有關當時國家政治生活方面的政治論文，叫試策。這種分科取士，以試策取士的辦法，在當時雖是草創時期，並不形成制度，但把讀書、應考和作官三者緊密結合起來，揭開中國選舉史上新的一頁。唐玄宗時禮部尚書沈既濟對這個歷史性的變化有過中肯的評價：「前代選用，皆州郡察舉……至於齊隋，不勝其弊……是以置州府之權而歸於吏部。自隋罷外選，招天下之人，聚於京師春還秋住，烏聚雲合。」據《舊唐書·薛登傳》載：「煬帝嗣興，又變前法，置進士等科。於是後生之徒，復相仿傚，因陋就寡，赴速邀時，輯綴小文，

﹝註 7﹞《舊唐書·楊綰傳》。

名之策學。」煬帝舉進士科，當是無疑。據史書記載，當時被舉的人，還需集中加以考試。進士科考試內容是試策一項，主要是試時務策五道，以當朝所關心的社會政治問題為題，由應試者引據經史論述自己的見解，提出解決問題的策略或方案。要求文須洞識文律，理須義理恰當。分甲、乙兩科錄取。錄取甲科的授予高官，有的可逐步進升為侍御史。唐初幾個大臣都是隋煬帝時的進士出身，如房玄齡、高士廉等。

　　推翻隋朝的統治後，唐王朝的帝王承襲了隋朝傳下來的人才選拔制度，並做了進一步的完善。由此，科舉制度逐漸完備起來。在唐代，考試的科目分常科和制科兩類。每年分期舉行的稱常科，由皇帝下詔臨時舉行的考試稱制科。常科的科目有秀才、明經、進士、俊士、明法、明字、明算等五十多種。其中明法、明算、明字等科，不為人重視。俊士等科不經常舉行，秀才一科，在唐初要求很高，後來漸廢。所以，明經、進士兩科便成為唐代常科的主要科目。唐高宗以後進士科尤為時人所重。唐朝許多宰相大多是進士出身。常科的考生有兩個來源，一個是生徒，一個是鄉貢。由京師及州縣學館出身，而送往尚書省受試者叫生徒；不由學館而先經州縣考試，及第後再送往尚書省應試者叫鄉貢。由鄉貢入京應試者通稱舉人。州縣考試稱為解試，尚書省的考試通稱省試或禮部試。禮部試都在春季舉行，故又稱春闈，闈也就是考場的意思。唐代參加科舉考試的考生大體有兩種：一是朝廷所設國子監、弘文館、崇文館以及各地的州、縣學館的學生，稱為生徒。他們在學校內考試合格之後，便可以參加朝廷於尚書省舉行的科舉考試，也稱為省試。二是不在學館的普通讀書人，可以向所在的州、縣官府報考。地方州、縣逐級對他們進行考試，合格的人被送到京城長安參加尚書省的省試。這樣的人叫作鄉貢。唐代科舉考試常科有進士、明經、明法、明字、明算、一史、三史、開元禮、道舉等科；另有制舉和武舉。唐朝所設各科，以應考進士、明經的人最多，其中又以進士科最難考。制科是由皇帝特別召集一些官員和知名人士舉行的考試，其中又可分為賢良方正、直言極諫等名目。制科是朝廷網羅非常人才的一種辦法，但是往往不被人們敬重，以為非正途出身。唐代確立的科舉制度將選官權力集中到朝廷，加強了中央的統治權力。

　　隋唐以降，歷代封建統治階級極力推行教育與科舉相結合的政策，把教化與治化統一起來，使教育為科舉考試服務，思想大一統為中央集權的君主專制服務，教育完全從屬和服務於專制政治統治。自唐代以來，歷代統治者

都大力提倡興辦學校，把發展學校教育作爲首要的維護專制統治的政治任務，以學校爲實行教化的中心，實行政教合一。大力興辦官學，支持私學。從中央到地方，全國各地均設置學校，中央的最高學府爲太學、國子學、四門學、廣文館等。國子監爲中央官學的行政管理機構。唐武德七年（624）就下令「州、縣及鄉里，各令置學」。地方官學與地方行政管理系統緊密結合，這是唐以來直至明清，中國封建社會地方官學的重要特點。地方行政機構兼管學校教育，這種體制使教育成爲官僚政治的最有力的工具。唐開元年間有郡府 328 個，縣 1573 個，京兆、河南、太原三府設府學，其他上都督府、中都督府、下都督府設府學，上州、中州、下州均設州學，縣設縣學。唐代國力強盛，教育發達，從中央到地方有一整套的學校體制，且形成了一套相當完備的學校制度，對各級各類學校的教師各額、招生對象以及學習內容等都有詳盡的規定。據《唐六典》載：國子學的教學人員有博士 2 人，正五品上；助教 2 人，從六品上；直講 4 人。招生對象是文武官三品以上及國公子孫，從二品以上曾孫爲學生。太學的教學人員有博士 3 人，正六品上；助教 3 人，從七品上。學生 500 人。招收對象爲文武官五品以上子孫，郡縣公子孫、從三品曾孫、勳官三品以上有封之子。四門學的教學人員有博士 3 人，從七品上；助教 3 人，從八品上。學生 1300 人。招收對象是文武官七品以上及侯、伯、子、男有封爵的四品官之子。廣文館的教學人員有博士 4 人，助教 2 人，學生 30 人，招收對象爲入國子監求修進士課業的學生。律學的教學人員爲博士 1 人，從八品下；助教 1 人，從九品下，招收對象是文武官八品以下及庶人之子爲學生。算學的教學人員有博士 2 人，從九品下；助教 1 人。學生 30 人，招收對象爲文武官八品以下及庶人通其學者。書學的教學人員有博士 2 人，從九品下；助教 1 人。招收對象是文武官八品以下及庶人之通其學者。太醫署的教學人員有博士 4 人，助教 3 人。學生共 90 人，招收對象爲文武官八品以下的子弟。地方學校分大、中、下都督府學，教學人員有博士 1 人，助教 1 人至 2 人。招收經學學生 60 人，醫學學生 15～20 名。州縣府學教學人員有博士 1 人，助教 1～2 人。州府學招收經學、醫學學生，縣府學只招收經學學生。唐代除官學外，還有私學，主要在鄉村中。學校的教學目的完全是爲了應舉，參加科舉考試。爲了加強皇權，鞏固中央集權的君主專制統治，唐代統治者牢牢地抓住兩個綱，一是以崇儒爲主，力倡孝道，以統一天下人的思想。二是把選士權集中到皇帝手中，大力推行科舉取士制度。唐高祖李

淵初定天下，即宣告自己「頗好儒臣」，於國子監立周公孔子廟各一所。唐太宗李世民於貞觀二年（628年）以孔子爲先聖、顏回爲先師，大徵天下儒士以爲學官。此後凡百官中有學業優長兼識政體的都特別加以提拔，官階既高，陞遷又快，以獎勵儒士。貞觀二十一年（647年）又詔以經學家左丘明、卜子夏、公羊高、穀梁赤、伏勝、高堂生、戴聖、毛萇、孔安國、劉向、鄭眾、杜子春、馬融、盧植、鄭玄、服虔、何休、王肅、王弼、杜預、范甯等21人配享孔子廟庭，尊儒達到極至。其間，唐太宗命顏師古校定五經定本，國子祭酒孔穎達主持編撰《五經正義》，令天下傳習。他爲太子作《帝範》十二篇，基本上是儒家的帝王術。唐玄宗李隆基亦重儒術，於開元二十七年（739年）下制，認爲孔子最能發揮儒術，啓迪倉靈，美政數，移風俗，「君君、臣臣、父父、子子，人至於今受其賜」，追封爲文宣王，把孔子捧上了帝位。基於「欲求忠臣，必於孝子」的目的，唐代大力倡導孝道，唐玄宗親注《孝經》。唐皇朝統治者爲了加強皇權，鞏固中央集權的封建專制統治，採取各種辦法分配政權，瓜分經濟利益，爲擴大君主專制政權的社會基礎，使統治階級內部各階層能和諧相安，各種矛盾得以緩和，就必須讓一部分中小地主階級能有機會參政，又能使貴戚大地主保持一定的政治特權。於是它確立和鞏固了隋朝創立的科舉制度。自唐太宗起，就大力開科取士。唐代科舉有：進士科、明經科、秀才科、明法科、明書科、明算科等常科和賢良方正直言極諫科、軍謀宏達堪將帥類科、博通文典達於教化類科等等制科。其中進士科尤被看重，「縉紳雖位極人臣，不由進士者終不美」〔註8〕士子都競趨於進士科。進士科及第者常有「白衣公卿」或「一品白衫」之美稱。進士科考試內容和錄取標準因時而變。唐初，進士科只試策、帖經。「試時務策五道，貼一大經」〔註9〕唐高宗晚年進士科考試發生了重大改革，變爲試帖經、雜文、策文三場。帖經（帖，相當於現代考試的填空），是從《周易》、《尚書》、《公羊傳》、《穀梁傳》中選的，後增加了《孝經》、《論語》。經注兼帖共十條。雜文考試內容初爲箴、銘、論、表、頌等實用文。唐中期雜文考試重於詩賦。策文主要是考士人明當世治亂之道，即針對當時的政治時務提出有益於當今經邦治國的見解。明經科，主要是取通曉儒家經典之士爲官，其考試注重經義。唐代分儒家經典爲大經、中經、小經。大經爲《禮記》、《春秋左氏傳》，中經爲《詩》、

〔註8〕《唐摭言》卷一《散序進士》。
〔註9〕趙翼：《陔餘叢考》卷二十八《進士》條。

《周禮》、《儀禮》，小經爲《周易》、《尚書》、《春秋公羊傳》。明經又分通二經、三經、五經之別：能通二經者，經通一大經、一小經或通二中經。通三經者，須通大、中、小各一經。通五經者，大經須全通，其他各經任選。《論語》、《孝經》爲共同必考。高宗上元二年（675 年）加試《老子》、策二條。長壽三年（694 年）「令貢舉習業，停《老子》」〔註10〕開元二十一年（733 年）唐玄宗新注《老子》成，加試《老子》等。明法科，主要是取通曉律令的士人爲司法官員。考生來自律學的生徒和州、縣的鄉員。明法科考試內容爲律、令，考試形式爲帖經與試策。明書科主要是選拔通曉文字、訓詁之學和擅長書法的專門人才。考生來源主要是國子監屬下的學書學生。明書科考試的內容爲「帖經通訖，先口試，然後試策」〔註11〕帖經試《說文》六帖，《字林》四帖，共十帖；然後口試，最後試策，口試不限條數，疑則問之，並通然後試策。書法是中國特有藝術的一種，明書科是中國藝術考試選士的開端，它對唐代書法藝術的發展有重大的影響。明算科，又簡稱算科，明算科主要是選擇數學專才，及第者由吏部待銓後敘任官品爲從九品下。明算科考試內容分爲兩科，第一科考《九章》、《海島》、《孫子》、《五曹》、《張丘建》、《夏侯陽》、《周髀》和《五算經》，第二科考《綴術》和《緝古》。

唐代的學校從中央到地方教育內容都是圍著科舉的指揮棒轉。科舉考什麼，學生就學什麼。如中央官學、國子學、太學、四門學和全國各個學校都以孔穎達主編的《五經正義》爲統一教材。學生圍繞《周禮》、《儀禮》、《禮記》、《毛詩》、《春秋左氏傳》等爲專習的基本課業，還要兼習其他經書。在時間上也有嚴格限制，《孝經》、《論語》各專習 1 年。《春秋公羊傳》、《穀梁傳》、《尚書》各專習 1 年半；《周易》、《毛詩》、《周禮》、《儀禮》各專習 2 年。習經有暇，還得兼習《國語》、《說文》、《爾雅》等，還得練習書法。地方各府、州、縣官學的教學內容緊密配合科舉考試的科目和內容，專習年限與中央學府大致相同。《孝經》、《論語》共專習一年；《尚書》、《春秋公羊傳》、《穀梁傳》各專習 1 年半；《周易》、《詩》、《周禮》、《儀禮》各專習 2 年；《禮記》、《左傳》各專習 3 年。爲了培養學生適應科舉考試的能力，各級各類學校對在校學生進行頻繁的考試訓練，國子監、太學、府、州、縣學府，入學時都有入學考試，通過入學考試合格才能進校學習。入學後，爲了加強學業管理，

〔註10〕 《唐會要》卷 75《貢舉上·明經》。
〔註11〕 《唐六典·尚書吏部》。

實行平時考試。平時考試有旬試、月試、歲試。旬試十天舉行一次，月試每月考試一次，歲試於每年歲終舉行。歲試是國家法令所規定的考試，歲試的成績決定學生陞、降或黜免。除此之外，還有畢業考試。國子學、太學的畢業考試成績優異者，可報吏部銓選，以備任職。府州縣學府的畢業考試，成績優秀者貢舉到中央參加省試、會試。歲試、畢業考試都是科舉考試的模擬考試。通過形形色色的大大小小的考試對學生強化儒家倫理道德的訓練，把儒家的「忠」「孝」觀念，點點滴滴滲入到士人的靈魂深處，使他們成為皇權的忠實爪牙和奴僕。

唐承隋制。科舉制度發展到唐代已基本確立。標誌選士制度進入一個新時期——科舉時代。科舉與察舉的主要區別是：一是科舉制以「自由報考」為主，士子可「投牒自進」，即欲參加貢舉考試的士子，可主動向所在縣、府報名，經縣、府行政長官審查合格，即可參加考試。而察舉是由中央或地方高級長官評定，士子只能被動等待長官的舉薦，如門第微寒就基本無望。二是科舉制以考試成績優劣為錄取的主要依據。評卷的標準是具體的、嚴格的、公開的、規範的，試官能明確把握統一的標準。考生可自由競爭。而察舉的標準不統一，如德行、名望主要是以薦舉的高官個人好惡和主觀色彩為準，幾乎沒有客觀的標準來衡量被舉薦的人的德行才能。

唐代科舉制分常科和制科兩種，常科有：秀才、明經、俊士、進士、明法、明字、明算、一史、三史、開元禮、道學、童子科等十二科。制科，又稱特科，是對常科的補充，不定期舉行。由皇帝特詔舉行，以求非常之士。制科目門繁多，分文、武、吏治、長材、不遇、儒學、賢良忠直等七類，共六十三科。

唐制常科每年一度，設科選士，歲以為常，故稱常科。考生來源：一是學校生徒。唐時諸州縣皆設學府，京都有國子監、弘文館、崇文館等都是為了培養統治人才，以供選拔。每年冬季的第二個月開始，國子監、弘文館、崇文館以及州學縣學，都對已完成學業的生徒舉行隆重考試，從中選拔貢士，參加全國科舉考試。二是不經州縣學府又不經館監培養的人，而是私學、家學、自學成才的人，他們自帶申請書到州縣報名登記，經本縣考試合格，州長官復試合格，錄取後稱鄉貢。復由各州送至京城至尚書省報到，再由戶部查驗無誤，然後可參加科舉考試。全國貢舉的考試由禮部主管（開元二十四年前屬吏部主管）。

　　參加全國禮部舉行的科舉考試，首先要經地方州行政長官和中央戶部審查應試資格。凡是犯過法、判過刑、坐過牢或從事過社會賤業者（如娼妓）不准參加科舉考試。

　　唐代的常科科舉參加最多的主要是進士科和明經科。唐高宗永徽年間停秀才科。而明法、明書、明算等科參加考試的人很少。進士科在科舉各科中特別受人重視，及第者的地位最高。進士科考試的內容主要是儒家經典。唐代取士十分重視儒家經義。唐太宗特命鴻儒孔穎達撰《五經正義》，作為科舉考試的依據。士子日常研習的功課主要的儒家經典是：《周易》、《尚書》、《周禮》、《儀禮》、《禮記》、《毛詩》、《春秋左氏傳》、《春秋公羊傳》、《穀梁傳》、《論語》、《孝經》、《老子》。進士科考貼經、時務策和雜文三場。貼經與現代考試的填空相類似，即將所習之經，掩其兩端、中間開唯一行，裁紙為貼，凡貼三字，隨時增損，可否不一，或得四得五得六為通。考生必須熟知儒家五經或九經（「五經」者：易、書、禮、詩、春秋；九經者：易、書、禮、詩、春秋公羊傳、穀梁傳、左傳、儀禮、禮記）才有可能在科考中勝出。雜文考試內容以詩、賦、箴、銘、頌、表、論之類，後轉變為以詩賦為主，還要加試《道德經》和《爾雅》；試策：主要是結合當時國家政治時事出題，考生依據儒家經義的理義作答，並提出解決問題的方案。唐初進士科只試時務策五道，以考覈應試者的政治態度、思想水平、處事能力和文字功夫，而不太注重記誦經文科條的能力。唐高宗時期，進士科增加試帖經和雜文。帖經主要是《周易》、《尚書》、《周禮》、《春秋公羊傳》、《春秋穀梁傳》。雜文主要是試詩賦。唐玄宗時，增加《老子》。雜文專試詩、賦，以使那些辭藻出眾，才思敏捷的舉人能脫穎而出。中唐時期，進士科考試更重視儒家經義，把帖經放在一場，如第一場不合格，就沒有資格參加第二、三場考試了。這樣應試進士科的舉人就必須把研習儒家經典放在重要位子上。雜文考試還是試詩賦。詩以五言律詩為主。「安史之亂」後，統治者認為在「安史之亂」時，不少大臣在長安失守後，竟然「從逆」，接受了安祿山的偽職，甚至有的還是皇親國戚，如附馬張垍。所以，「安史之亂」後，唐皇朝認為要重振儒家經義和以「忠、孝」為核心的封建倫理道德思想，深感大有在意識形態領域上復興儒家道統的地位，從道德倫理上維護君權和中央集權統治的必要。因此，在進士科考試時增試「三傳」、「三禮」、《尚書》、《毛詩》、《周易》。考生對策也必須以經史為依據，而詩賦削減了。晚唐王朝又在進士科考試中增加儒學經義，減少

詩賦份量，以此來增強士人「返淳樸、懷禮讓、守忠信、識廉隅」的品格。總之，想通過增強儒家以「忠、孝」爲核心的倫理道德觀念，來延續和挽救唐帝國的滅亡。

　　明經科是唐代科舉考試錄取人數最多的，往往是進士科的十多倍。明經科開科始於唐高宗，直至唐亡。唐代封建統治者十分重視明經科考，把它當作加強以儒家倫理道德思想統治，鞏固中央集權的君主專制政權的重要工具。明經科主要是考試士人對儒家經典掌握的程度。唐代將儒家九部經典分爲大、中、小三類。即《禮記》、《左傳》爲大經，《毛詩》、《周禮》、《儀禮》爲中經，《周易》、《尚書》、《公羊》、《穀梁》爲小經。試明經科的分二經、三經、五經。唐朝廷規定試二經的必須選考一大一小或兩中經；試三經者必須選考大、中、小各一經；試五經者必須大經小經並通。除這些主考科目外，還得兼考《論語》和《孝經》。開元二十一年（733）唐玄宗新注《老子》，詔令每歲貢士加試《老子》。唐代的試明經科的舉人及第以後，一般都能授於京官或地方官。授京官的多數爲王府參軍、秘書省校書郎或翰林院撰史官、國子監學官、太常寺禮樂官等。授地方官的多數爲縣尉、主簿和州參軍。由此可見，唐代統治者開考明經科的目的是通過明經，培訓一批精通儒家經義和儒家倫理道德的官史，以他們爲表率教化天下百姓，改變社會風氣。從而，實現對天下人的思想專制，使人們安貧樂道，甘心接受皇權的長久統治，以保持唐王朝社會的長治久安。

　　唐代是我國漫長的封建社會中政治上較爲開明的封建皇朝，思想、文化、教育比較開放，社會經濟較爲繁榮發展的時代。它在科舉考試科目上也比較多樣，除上述進士、明經科外，還設有秀才、明法、明書、明算諸科考試。唐代不僅重視對文學之士的選拔，也比較重視對自然科學人才的選拔，在科舉考試中設立明算科就是最好的說明。明算科簡稱算科。目的是選擇通曉算學和其他科學技術方面的實用人才。明算科考生主要是來源國子監算學學生和州縣府學算學的歲貢生徒。算科考試的內容有《九章》、《海》、《孫子》、《五曹》、《張丘建》、《夏侯陽》、《周髀》、《五經》七部各一帖、《綴術》六帖、《緝古》四貼、《記遺》、《三等數》等，還得加考唐統治者十分重視的儒家倫理道德。連明算這樣純自然科學的科目，應考者也要試以儒家經學，還得考帖經。應明算科考試及第者，一般任從九品下的官職，官階雖不算高，但這種科考卻激發了無數士人去鑽研科學。所以，唐代不僅經濟發展，文學藝術特別是

詩歌創作繁榮，而且自然科學成就也很高。如建築、瓷器工藝、火藥、火器和印刷術都在當時的世界上遙遙領先。

「安史之亂」後，唐王朝陷於四分五裂的政治局面。唐末五代十國的軍閥混戰持續了 200 餘年，直到公元 960 年趙匡胤在開封城北發動陳橋驛兵變，建立了宋王朝，才結束唐末藩鎮割據的歷史局面。宋王朝統治者吸收了唐的歷史教訓，認識到了造成安史之亂及五代分裂的政治局面的原因在於將傲兵強，削弱了中央集權的君主專制統治，認識到要想鞏固和加強中央集權的君主專制統治、安邦治國，關鍵是崇尚儒術，注重文治，強化科舉選士，使士人心向朝廷，不思叛逆，不圖謀異志，這樣，才能使國家長治久安。

二、宋代科舉制度的改革與發展

宋代的科舉，大體同唐代一樣，有常科、制科和武舉。相比之下，宋代常科的科目比唐代大為減少，其中進士科仍然最受重視，進士一等多數可官至宰相，所以宋人以進士科為宰相科。進士科之外，其它科目總稱諸科。宋代科舉，在形式和內容上都進行了重大的改革。首先，宋代的科舉放寬了錄取和作用的範圍。宋代進士分為三等：一等稱進士及等；二等稱進士出身；三等賜同進士出身。由於擴大了錄取範圍，名額也成倍增加。唐代錄取進士，每次不過二、三十人，少則幾人、十幾人。宋代每次錄取多達二、三百人，甚至五、六百人。宋代確立了三年一次的三級考試制度。宋初科舉，僅有兩級考試制度。一級是由各州舉行的取解試，一級是禮部舉行的省試。宋太祖為了選拔真正踏實於封建統治而又有才幹的人擔任官職，為之服務，於開寶六年實行殿試。自此以後，殿試成為科舉制度的最高一級的考試，並正式確立了州試、省試和殿試的三級科舉考試制度。從宋代開始，科舉開始實行糊名和謄錄，並建立防止徇私的新制度。從隋唐開科取士之後，徇私舞弊現象越來越嚴重。對此，宋代統治者採取了一些措施，主要是糊名和謄錄制度的確立。糊名，就是把考生考卷上的姓名、籍貫等密封起來，又稱「彌封」或「封彌」。宋太宗時，根據陳靖的建議，對殿試實行糊名制。後來，宋仁宗下詔省試、州試均實行糊名制。

宋朝建立初期，百廢待興，統治者亟需建立一套能有效處理國家政務的官僚機構，急需大批文職官員，但由於唐末大興干戈，長期戰亂，多數士子隱居草野，人才難求。為解救人才匱乏之急，宋初統治者一方面大興教育，

另一方面強化科舉制度。宋代基本上沿用唐代科舉制度，但也根據自身的需求進行了改革，使科舉制度發展成爲我國最爲完備的一種選士制度。

在中國兩千年的封建社會中，宋朝是最重視發展教育的朝代，像宋眞宗這樣的皇帝親作《勸學詩》，砥礪莘莘學子發憤讀書，以致「書中自有黃金屋，書中有女顏如玉」兩句詩，流傳千古，至今人們還耳熟能詳，眞是前無古人，後無來者！宋代的科舉和教育制度基本上繼承了唐代的模式，宋代科舉科目比唐代範圍廣，常科除進士、明經、明法、明書、明算等科，還增加了九經科、五經科、三禮科、三傳科、學究科、通禮科、三史科、新科明法、經明行修、春秋、八行科等。特科（制舉科）除沿襲唐代的賢良方正、直言極諫科、軍謀宏達堪將帥類科、博通文典達於教化科外，還增加了宏詞科、詞學兼茂科、博學宏詞科及詞學科等。

宋代科舉比唐代的範圍有所擴大，名額有大幅度的增加，而且及第後的待遇有所提高，且直接授予官職。唐朝歷經 290 年開科取士 268 榜，及第進士 6442 人，明經 1 萬餘人，共 2 萬人，平均每次 70 餘人。最多一次爲唐高宗咸亨四年（673 年）取進士 79 人。兩宋歷 320 年，共開科取士 230 榜，取進士、明經諸科 11 萬人（其中正奏名約 6 萬人，特奏名約 5 萬人），平均每年錄取進士、明經諸科等正、奏名約爲 360 人〔註 12〕。唐代科舉及第之後，只是取得做官的資格，必須經過吏部的銓試或科目選考考試及格，才能眞正步入仕途。不少人及第後，仍爲一介布衣，以致於一些考取功名的人只有出身卻 20 餘年未得官職和俸祿。宋代士人及第後即可授官，而且陞遷迅速甚至可以越級陞官。

宋代從仁宗慶曆年間范仲淹開始第一次興學，中至王安石改革教育，推行「三舍法」，直到蔡京振興學校，宋朝一直都很重視興辦學校，不僅官辦學校有了長足發展，而且私人辦學及書院講學也蓬勃發展。宋代學校形式多樣，官辦的有中央官學、國子監、太學、武學、律學及醫學、算學、書學、畫學等。在京城還爲宗室子弟設有專門的學校──宗學，置教授官，教育宗室子弟。州、縣地方也設有官學。南宋小朝廷雖然偏安江左，但仍然不忘發展教育，積極開辦太學、州縣學校，鼓勵和促進書院聚徒講學，學術思潮也比較活躍。

宋代神宗時期太學蓬勃發展，在校學生 2400 人。太學的直講等學官由朝

〔註12〕《中國考試通史》卷二序言。

廷或國子監的官員推薦，經翰林學士院考試，然後由朝廷任命。熙寧元年（1068年），整頓太學。熙寧三年（1070年），王安石任宰相後著手改革教育和科舉制度，把養士和取士的職能統歸於學校。熙寧四年（1071年），王安石創立了「三舍法」，將太學生員分三等，太學生初入學時。須持有籍貫所在州的證明書接受檢驗，而後試補外舍，不限員。由齋長、學諭每月記錄其「行藝」（品行、學業）即素日操行表現及學習經術的成績。每月末和每季度分別有小考和中考，稱作「私試」。年終有大考，謂之「公試」，亦稱升舍式，每年舉行一次。公試分兩場，頭場考經義，二場考策論。評分上、中、下三等。兩場考試成績俱優為上等，一優、一平為中等，一優一否或俱平為下等。經過公試，外舍生成績列入上、中等，參照平日「行藝」，升入內舍。內舍生成績列入上、中等的，也參照「行藝」升入上舍。上舍生考試由朝廷遣官主持，依成績亦分作三等，上等的成績最優的稱狀元，免除殿試，直接授予官職；中等的學生免除會試，直接參加殿試；下等的學生免除州縣試，直接參加會試。熙寧八年（1075年）七月，朝廷頒佈以王安石編撰的《三經新義》（三經指《詩》、《書》、《周禮》），作為太學和各州府學教育的統一教材和科舉考試的衡量依據。「三舍法」的推行把官學的考察課試制度與科舉取士制度直接結合起來，並且在選士上把考生的考試成績與平日在校的學業、品行結合起來考查，就能比較全面的衡量士人的實際水平。這是古代教育制度史上的重大發展，提高了學校教育在取士選官上的地位。王安石創立的「三舍法」不僅在太學施行，而且推廣到州郡學府即地方官學。北宋徽宗崇寧年間，蔡京掀起了第三次興學運動。地方官學規模空前擴大。據史書記載，崇寧年間全國官學有生員11萬餘人，書齋1萬1千餘楹。

宋代的專科學校比起唐代也有很大發展。北宋仁宗慶曆年間就建立了各類專科學校如：武學、律學、醫學、算學、書畫學等。北宋朝廷由於經常面臨遼金人的武裝侵擾，邊境形勢緊張，為了鞏固國防，抵禦北方金遼的攻擊，亟需一批能指揮行軍作戰的將帥之才，在軍事指揮人才匱乏的情況下，仁宋慶曆三年始置武學，到神宗熙寧五年（1072年）武學有學生100人以上。學習兵法、武藝和軍政。神宗熙寧六年（1073年）創立律學，並參用「三舍法」，實行對律學生員的考選升補制度。

宋仁宗慶曆四年（1044年）范仲淹請建醫學，教授生徒。到神宗熙寧九年（1076年）太醫局從太常寺中獨立出來，成為專門培養醫學人才的學校機

構。當時太醫局有學生 300 人，分爲方脈科、針科、瘍科三個專業，學習《素問》、《難經》、《脈經》、《巢氏病源》、《龍樹論》、《千金翼方》、《三部針灸經》等 7 部醫書。並參照「三舍法」實行考選升補。宋徽宗本人雅好書畫，因而熱衷於「立學養士」。崇寧三年（1104 年）創立畫學，分設佛道、人物、山水、鳥獸、花竹和屋木等畫科。同時講授《論語》、《爾雅》、《方言》和《釋名》諸書。大觀元年（1107 年）朝廷對畫學生員的考察、課試作了嚴格的規定。以上各類專科學校均要教授儒家經典，考選升補均需加試儒學經義。

　　宋代的科舉考試比唐代的科舉考試發展得更爲完備、精密、公正，比後來走向僵滯的八股取士的明清科舉也更具活力。宋代的科舉主要有貢舉（常科）、制科、武舉、童子舉等。其中貢舉特別是進士科在社會上影響最大，在宋代得到了充分的發展和完善，各種規章制度比較完備、健全，使科舉考試取士向規範化和法制化邁進了一大步，較明顯地體現了科舉考試的公平擇優原則。

　　宋朝的開國皇帝趙匡胤，是用發動軍事政變的陰謀手段，策劃所謂「皇袍加身」奪取後周政權而登上皇位的。他又以「杯酒釋兵權」的詐騙手法將開國元勳的軍事實權收歸於自己一人。爲了防止歷史的醜劇在自己身上重演，他認識到只有排除心腹隱患，把軍權、政權集於一身，強化皇權，加強科舉取士，向平民中的優秀分子開放政府機構的官職，以擴大統治的階層基礎，優待文官，控抑武將，才能鞏固自己的統治。所以，宋代從開國之君趙匡胤起，就十分重視科舉制度取士。宋代雖然基本上繼承了唐代的科舉制，但從自己的利益出發，對唐代的科舉制度又進行了改革和完善。爲了加強皇權，籠絡士人之心，宋太祖趙匡胤於建隆三年（962 年）下詔禁止公薦，廢止自中唐以來知貢舉官與及第考生結成座主門生關係的習慣做法。乾德元年（963 年）又下詔規定：「禮部貢舉人，自今朝臣不得更發公薦，違者重置其罪。」〔註13〕開寶十六年（973 年）宋太祖親臨講武殿，親自閱卷和錄取進士，自此殿試成爲常制，作爲最高一級的科舉考試。宋太祖還一改唐代進士及第後還須等候參加吏部詮選考試才能授官的辦法，實行殿試登科後即釋褐入仕的制度，就殿封官。這樣，皇帝直接掌握進士錄取和授官權，不讓權臣勢家插手，這就把中央到地方官的任免權集中到皇帝一人手中，有利於鞏固中央集權的君主專制統治。故宋太祖十分得意地說：「昔者，科名多爲勢家

〔註13〕《宋史·選舉》。

所取，朕親臨試，盡革其弊矣。」〔註14〕從此，參加殿式被錄取的進士，都自稱「天子門生」，不再以主持科舉省試或會試的大臣爲主座，在他們門下稱門生，執弟子禮了。宋太祖這一改革，將天下士人中的英才全籠絡在自己的「彀中」。宋太祖吸取唐五代藩鎮割據，武將犯上作亂的歷史教訓，盡力裁抑武將功臣的地位，大量吸收士人參政，他主張：「宰相須用讀書人。」開寶三年（970 年）他對考了十五屆還未及第的老舉人，一律賜給進士出身，故史稱「恩科及第」，及第的老進士對宋太祖感恩載德。宋太祖就是這樣利用科舉制度來加強和鞏固皇權的。

　　科舉考試的程序到了宋朝也比唐朝更程序化、標準化了。宋代科舉考試分解試、省試和殿試三級。解試，是科舉考試中取得解送禮部參加省試資格的初級考試。按照考試地點不同，可分爲諸路州府試、轉運司試（漕試）、國子監試；按照應舉人的身份不同，又可分爲一般士人試、有官人試（鎖廳試）、宗室試。一般士人參加解試，須先投納家狀、保狀和試紙。家狀內容包括應試人姓名、年齡、家庭成員狀況、三代名諱、舉業、舉數及鄉貫等。保狀就是應舉人結保的文書。諸路州府解試每 3 人以上結爲一保，國子監、開封府每 5 人以上結爲一保，保狀的內容主要是應舉人須符合應舉資格和遵守考場規則。如有違犯，結保人須連坐。凡應舉人必須品行端莊，沒有犯過法、判過刑，服喪期間也不得應舉。解試是在州府舉行的科舉考試，由州府通判爲監試官。因而，又稱州試。解試的時間一般在秋天即八月上旬，又稱「秋闈」或「秋試」。解試合格及第的稱爲「舉人」或「貢士」，第一名爲「解元」。解試取中的「舉人」，於是年冬季集中到京城尙書省禮部，由知州負責解送至京參加省試。省試爲貢舉、進士科舉考試的第二級考試，即由各州或轉運司所解送之貢士參加尙書省禮部試的考試，又稱禮部試。省試在春季舉行，又叫「春闈」或「春試」。南宋時，除在京城所舉行由禮部主持的省試外，在四川等諸路也曾舉行過由帥臣監司主持的相當於省試的科舉考試，叫「類省試」。中選者可直接參加殿試。省試在京城禮部貢院舉行。主持省試的官員由皇帝親自任命，多由六部尙書、翰林學士、中書舍人、知制誥知貢舉（正職），侍郎給事中爲同知貢舉（副職）。宋初省試進士科試詩、賦、論各一首，策五道，帖《論語》十帖，對《春秋》或《禮記》墨義十條。主要以詩賦取人。仁宗慶曆四年（1044 年）三月，范仲淹提倡改革，省試側重於國家政事和時事，

〔註14〕《宋史》卷 155《選舉志》。

注重士人的治國才能。第一場試三道，一問經史，二問時務；第二場試論一道；第三場試詩、賦各一首。神宗熙寧四年（1071）王安石改革，科舉考試加強了對儒家經義考試，進士科廢止了詩賦、帖經和墨義。各兼治《詩》、《書》、《易》、《周禮》、《禮記》一經，兼以《論語》、《孟子》共試四場。第一場試本經，第二場試兼經的《論語》、《孟子》，並大義十道，務通義理。第三場試論一首，第四場試時務三道。王安石改革失敗後，保守派司馬光上臺，即「元祐更化」之時，廢王安石新法，進士科考試又有了新的變化。罷試律義而增加詩賦。進士考試仍分四場，第一場試本經義二道，《論語》和《孟子》為一道；第二場試律賦一首，律詩一道；第三場試論一首，第四場試子、史、時務策三道。南宋的進士科舉考試對詩賦較為重視，考試為三場：第一場試詩、賦各一首，本經義三道，《論語》、《孟子》義各一道；第二場試論一首；第三場試策三道。

　　兩宋進士科考試與唐代比較，加強了對儒家經義的考試，特別是對《論語》、《孟子》、《周禮》的考試，以此來強化對士人的封建倫理道德的約束。並通過士人來向社會各階層人們滲透儒家倫理思想，以教化人、淳風俗。兩宋還設明經科和九經科、五經科、三禮科、三傳科諸科考試，以加強對儒家經義的宣揚，強化儒家正統思想的地位。

　　宋代在科舉考試中雖多次發生詩賦與經義、論、策之爭。最後，統治者還是確立廢詩賦，改以經義、論等取士。宋代自宋太祖趙匡胤後的歷代皇帝都很重視選拔「通經致用」的人才來理政治國。他們認識到只有儒家經義，儒家的倫理道德才有利於維護和鞏固封建皇權，封建統治。因為儒家經義，儒家倫理道德教化人們「忠君」，屈服於皇權，安貧樂道，不怒不怨，這樣封建秩序就能穩固。而以詩賦取士，往往養成士子個性強，有獨立性，傲世疾俗。所以，王安石認為：以詩賦取士，不足以選拔公卿之才。以經義、論、策取士，就能選擇經世致用之才。「詩賦不過工浮詞」、「施於有政，無所用之」。宋朝統治者重視以經義取士目的是十分清楚的，韓駒在上宋高宗的奏疏中，表白得再清楚不過了。他說：「臣竊唯神宗皇帝所以罷黜詞賦而獨不廢策論者，以為取士之道，義以觀其經術，論以察其智識，策以辨其謀略，則天下之士盡在吾彀中矣！」〔註15〕

　　宋代科舉考試使殿試成為一種完備的永制，而且一直延續到明清，絕非

〔註15〕《宋史・韓駒傳》。

偶然。殿試是皇帝親試，宋代殿試不少皇帝親自選定試題，臨軒策士，甚至親自閱卷，審定狀元等上十名的名次，臨軒唱名、賜第。宋代皇帝親臨殿試，其目的就是要強化君主選用人才之權，把過去勢家大族、權臣貴戚所把持的科舉選士之權奪回到自己手裏。從而使科舉考試具有神聖性和震懾力。殿試是封建皇權在科舉考試上的具體體現，是中央集權君主專制對吏治的壟斷。宋代統治者極力牢籠士人，建立文官政府。它大力擴大進士名額。唐代 290 年間，共開科 268 榜，錄取明經、進士共 2 萬人，平均每年 70 餘人。而宋代 320 年間，共開科 230 榜，取明經、進士諸科 11 萬人，平均每年爲 360 餘人。明代 277 年間，開科 88 榜，取進士 24624 人，平均每年 89 人。清代 262 年間共開科 112 榜，取進士 26888 人，平均每年 103 人。由此可見，宋代取士之多是空前絕後的。宋代對所取之士，都授以官職，故宋朝官僚機構特別龐大，冗官、冗員、冗兵是宋代三大痼疾，這「三冗」造成了宋代的政治腐敗、財政匱乏，最後，在外力的嚴重打擊下歸於滅亡。

三、明清科舉制度的成熟與衰朽

元代開始，蒙古人統治中原，科舉考試進入中落時期，但以四書試士，卻是元代所開的先例。元朝滅亡後，明王朝建立，科舉制進入了它的鼎盛時期。明代統治者對科舉高度重視，科舉方法之嚴密也超過了以往歷代。宋代以後，科舉制已成爲「帝制時代中國最爲重要的一項政治及社會制度」。經歷過元代的反覆比較，到明清兩代，科舉制進入成熟階段，更爲穩固和連續，開科幾乎成了雷打不動的社會大事。即使遭遇戰亂和大災等不可預測的事件，也要易地開科或次年補行。明代以前，學校只是爲科舉輸送考生的途徑之一。到了明代，進學校卻成爲了科舉的必由之路。明代入國子監學習的，通稱監生。監生大體有四類：生員入監讀書的稱貢監，官僚子弟入監的稱蔭監，舉人入監的稱舉監，捐資入監的稱例監。監生可以直接做官。特別是明初，以監生而出任中央和地方大員的多不勝舉。明成祖以後，監生直接做官的機會越來越少，卻可以直接參加鄉試，通過科舉做官。參加鄉試的，除監生外，還有科舉生員。只有進入學校，成爲生員，才有可能入監學習或成爲科舉生員。明代的府學、州學、縣學稱作郡學或儒學。凡經過本省各級考試進入府、州、縣學的，通稱生員，俗稱秀才。取得生員資格的入學考試叫童試，也叫小考、小試。童生試包括縣試、府試和院試三個階段。院試由各省

學政主持，學政又名提督學院，故稱這級考試爲院試。院試合格者稱生員，然後分別分往府、州、縣學學習。生員分三等，有廩生、增生、附生。由官府供給膳食的稱廩膳生員，簡稱廩生；定員以外增加的稱增廣生員，簡稱增生；於廩生、增生外再增名額，附於諸生之末，稱爲附學生員，簡稱附生。考取生員，是功名的起點。一方面，各府、州、縣學中的生員選拔出來爲貢生，可以直接進入國子監成爲監生。另一方面，由各省提學官舉行歲考、科考兩級考試，按成績分爲六等。科考列一、二等者，取得參加鄉試的資格，稱科舉生員。因此，進入學校是科舉階梯的第一級。明代正式科舉考試分爲鄉試、會試、殿試三級。鄉試是由南、北直隸和各布政使司舉行的地方考試。地點在南、北京府、布政使司駐地。每三年一次，逢子、午、卯、酉年舉行，又叫鄉闈。考試的試場稱爲貢院。考期在秋季八月，故又稱秋闈。凡本省科舉生員與監生均可應考。主持鄉試的有主考二人，同考四人，提調一人，其它官員若干人。考試分三場，分別於八月九日、十二日和十五日進行。鄉試考中的稱舉人，俗稱孝廉，第一名稱解元。唐伯虎鄉試第一，故稱唐解元。鄉試中舉叫乙榜，又叫乙科。放榜之時，正值桂花飄香，故又稱桂榜。放榜後，由巡撫主持鹿鳴宴。席間唱《鹿鳴》詩，跳魁星舞。會試是由禮部主持的全國考試，又稱禮闈。於鄉試的第二年即逢辰、戌、未年舉行。全國舉人在京師會試，考期在春季二月，故稱春闈。會試也分三場，分別在二月初九、十二、十五日舉行。由於會試是較高一級的考試，同考官的人數比鄉試多一倍。主考、同考以及提調等官，都由較高級的官員擔任。主考官稱總裁，又稱座主或座師。考中的稱貢士，俗稱出貢，別稱明經，第一名稱會元。殿試在會試後當年舉行，時間最初是三月初一。明憲宗成經八年起，改爲三月十五。應試者爲貢士。貢士在殿試中均不落榜，只是由皇帝重新安排名次。殿試由皇帝親自主持，只考時務策一道。殿試畢，次日讀卷，又次日放榜。錄取分三甲：一甲三名，賜進士及第，第一名稱狀元、鼎元，二名榜眼，三名探花，合稱三鼎甲。二甲賜進士出身，三甲賜同進士出身。二、三甲第一名皆稱傳臚。一、二、三甲通稱進士。鄉試第一名叫解元，會試第一名叫會元，加上殿試一甲第一名的狀元，合稱三元。連中三元，是科舉場中的佳話。

　　明代連中三元者僅洪武年間的許觀和正統年間的商輅二人而已。殿試之後，狀元授翰林院修撰，榜眼、探花授編修，其餘進士經過考試合格者，叫翰林院庶吉士。三年後考試合格者，分別授予翰林院編修、檢討等官，其餘

分發各部任主事等職，或以知縣優先委用，稱爲散館。庶吉士出身的人陞遷很快，英宗以後，朝廷形成非進士不入翰林，非翰林不入內閣的局面。

明清兩朝是中國封建社會由發展繁榮走向衰落頹敗的時期，雖然期間也有短暫的興盛現象，如明的永樂和清的康熙、乾隆時代，但這只是封建社會的回光反照。這兩個朝代正是中國封建社會中央集權的君主專制主義統治達到巔峰，也是儒家的倫理道德禁錮知識分子思想最嚴密、最黑暗的時期，而科舉制度正是把這兩者聯繫起來的重要鏈條。

朱元璋這位出身卑微的農民起義軍的領袖在洪武元年（1368 年）登上寶座，即皇帝位。他的第一招就是加強中央集權的君主專制統治，他企圖把皇權膨脹到無限大。他是中國歷史上第一個廢除封建王朝的「丞相制」，把大權集中於自己一身的皇帝，他使朝廷的「三省」、「六部」沒有任何實際權利，只能是皇帝的辦事機構。他的第二招就是把儒家學說的「三綱五常」神聖化，並使之提高到根本國策的地位。他設法用封建倫理道德來箝制士人，加強思想統治。他甚至殘忍地恢復了自漢初漢文帝時就早已廢除的用活人殉葬的制度，他臨死時竟遺囑未生育的 38 個妃子爲其殉節，使已經廢除了近 2000 年的用活人殉葬的野蠻制度死灰復燃。他用殘酷的手段屠殺和清洗曾追隨自己浴血奮戰，爲他打天下的功臣。1380 年他在處死丞相胡惟庸以後，因胡案而受株連的 15000 人也全部被處死。他用重刑，甚至用「剝皮實草」等酷刑來打擊貪官。他不僅用「鋼刀」來維護自己的血腥統治，而且還學會了古代帝王用「軟刀子」殺人，即用封建倫理道德來欺騙愚弄人們和束縛士人的思想。他一邊清洗功臣，一邊又大施牢籠士人。洪武三年（1370 年）天下初定，他就急急忙忙頒佈《開科取士詔》，令各行省連試三年，選拔人才來京城做官。但不久他就發現通過科舉選拔出來的年輕舉人、進士，並不是他所希望、所需要的具有實際官場經驗的賢才。於是，他停罷科舉，一停就是十餘年，直到洪武十五年（1382 年）才恢復科舉。

爲了實現對廣大士人和平民的專制思想統治，朱元璋把學校教育與科舉考試兩者緊緊捆綁在一起，參加科舉考試的人必須由學校出身，學校以培養適應科舉考試的人才爲目的，學校教育直接爲官僚政治服務，爲明王朝的統治服務。學校教育只許教授儒家經義、封建倫理的「三綱五常」，科舉考試的內容也是儒家經義和封建倫理綱常。洪武七年（1374 年）朱元璋頒詔：令天下設立社學，「昔成周之世，家有塾，黨有庠，故民無不知學，是以教化行而

風俗美。今京師及郡縣皆有學，而鄉社之民未覩教化。宜令有司更墨社學，延師儒以教民間子弟，庶可導民善俗也」〔註16〕洪武十六年（1383年）十月，朱元璋又下詔令民間自立社學。「延師儒以教子弟，有司不得干預。」〔註17〕朱元璋是中國漫長的封建社會中第一個在全國提倡系統地建立民間基層學校的皇帝。他提出「無地而不設之學，無人而不納之教，庠聲序音，重規疊矩，無間於下邑荒繳，山陬海涯。」〔註18〕他要求把儒家經義和封建倫理綱常的教育從基層抓起，從娃娃抓起，使「君君、臣臣、父父、子子」的封建倫理綱常深入人心，滲透骨髓，以鞏固自己的封建統治。他還規定從社學書塾到州縣學府直至大學必須教授儒家經義，以儒家經典「四書五經」、史傳為主。以朱熹的《四書集注》、《孝經》、《五經》傳注、《周禮》、《儀禮》、《三傳》、《性理大全》為主要教材，還強迫每個學生背誦他親自編寫的《御製大誥》。科舉考試則規定無論是命題還是生員作答必須以程朱解釋的《四書》、《五經》為標準。其中《四書》義以朱熹集注為標準，《易》以程頤、朱熹注釋為標準，《書》以蔡氏及古注疏為標準，《詩》以朱熹注釋為標準，《春秋》以左氏、公羊、穀梁三傳及胡安國、張洽注釋為標準，《禮記》以古注疏為標準。明永樂年間，明成祖朱棣和翰林學士胡廣等人纂修《四書五經大全》。朱棣親自作序，書成之後頒行天下，作為國子監、府州縣學的法定教材和科舉考試的標準。如此就有效地規範了各類學校的教學內容，使科舉考試有了統一的標準。這樣，明代學校教育和科舉考試融為一體，成為維護儒學正統和排斥異端思想的強有力的工具。明成祖朱棣在向天下頒行《四書五經大全》一書的序言中，再明白不過的說明了封建統治者用宋儒的倫理道德來統一天下人心，實行文化專制的目的了。他說：「六經者，聖人為治之跡者也。六經之道明，則天地聖人之心可見，而至治之功可成；六經之道不明，則人之心術不正，而邪說暴行侵尋蠹害。欲求善治，烏可得乎？朕為此懼，乃者命儒臣編修《五經》、《四書》，集諸家傳，注而為大全，凡有發明經義者取之，悖於經旨去之。」〔註19〕朱棣認為，《四書五經大全》是「學者之根本，聖賢精蘊，悉具於是。其以朕意曉天下學者，令盡心講明，無徒視為具文也」。明統治者規定科舉命題範圍不得超出朝廷頒佈的內容，不得違背《四書五經大全》的標準。違者，

〔註16〕　《明太祖實錄》卷96。
〔註17〕　《明太祖實錄》卷157。
〔註18〕　《明史・選舉志（一）》P140。
〔註19〕　《明太祖實錄》卷168。

考官將受到嚴懲，考生當黜免甚至杖死。明清統治者以科舉考試爲主要渠道，專橫暴戾地向世人灌輸正統的儒家倫理道德，以實現對人們的思想統治，箝制士人的自由思想，以鞏固封建王朝的政治統治。

明清科舉考試的內容，主要是考經義，規定在四書五經裏出題，經義的解釋，如「四書」，以朱熹的《四書集注》爲準，考生只能「代聖賢立言」，不能發揮自己的思想見解。考試的形式，規定必須用八股文的文體作文。朱元璋建國之初，就規定科舉考試以八股文爲考試文體。何謂八股文：八股文又稱制藝、時藝、時文。八股文，因其題止源於《四書》《五經》，又分別被稱爲《四書》文和《五經》文。八股文是一種排偶文體。顧炎武在《日知錄》中論：「經義之文，流俗謂之八股，蓋始於成化以後。股者，對偶之名也。」八股文起源於宋，作爲科舉考試的專門文體到明代已達到極盛時期。八股文是明清士人進入官僚階層的「敲門磚」。八股文起源於北宋，王安石於宋神宗熙寧四年（1071）對科舉制進行改革，罷明經諸科，進士科廢詩賦、帖經、墨義，改試經義。王安石認爲用詩賦取士的做法只能使人們埋頭吟誦，脫離現實，對做官爲政毫無益處，於是廢除了詩賦及帖經、墨義等形式，代之以經義考試，並初創了制義的體例。王安石這一改革，確立了經義在科舉考試中的地位，在中國科舉史上具有重要意義。但是，考生對儒家道德倫理之說教一般都爛熟於心，寫起來空泛無物，無有定式，評論試卷難分優劣。爲了評卷的客觀和公道，王安石便自撰一些經義小論文，作爲士子考試經義答卷的標準，即所謂「經義式」。這種「經義式」新文體，有一定的字數規定，格式也有一定限制，句式講求對偶。王安石罷相後，新法雖被廢除，然而他做的「經義式」科舉文體，一直爲士人沿用下去。到了元代，這種經義程文在科舉考試中廣爲應用，不僅考試內容限定於《四書》《五經》和程朱集注的範圍，文章字數限定於 500 字內，文章結構也有了固定格式，出現了論頭、破題、承題、小講、大講、餘意、原經、結尾，格律儼然，很接近明清之八股文了。八股文的眞正確立時期爲明代。八股文即用八個排偶組成的文章，一般分爲六段。以首句破題，兩句承題，然後闡述爲什麼，謂之起源。八股文的主要部分，是起股、中股、後股、束股四個段落，每個段落各有兩段。篇末用大結，稱復收大結。八股文是由宋代的經義演變而成。八股文以四書、五經中的文句做題目，只能依照題義闡述其中的義理。措詞要用古人語氣，即所謂代聖賢立言，格式也很死。結構有一定程序，字數有一定限制，句法

要求對偶。八股文嚴重束縛人們的思想，是維護封建專制治的工具，同進也把科舉考試制度本身引向絕路。

朱元璋以儒家倫理思想作爲治國思想，他以專斷、獨裁、嚴刑、剛猛治國，既要使天下士人爲「朕」所用，又不容士人有絲毫超越君主專制的統治的藩籬。他明知八股無用，但爲了箝制士人的思想，強化皇權和專制統治，用強制手段在科舉考試中推行八股文。據《明史‧選舉志》載：明代科舉考試「科目沿唐宋之舊而稍變，其試士之法，專取四書及《易》、《書》、《詩》、《春秋》、《禮記》五經命題試士。蓋太祖劉基所定。其文略仿宋『經義』，然代古人語氣爲之，體用排偶，謂之『八股』，通謂之『制義』」。其內容：初場試《四書》義三道，經義四道。《四書》義限 200 字以上，經義限 300 字以上。二場試論一道，判五道，詔、誥、表內科一道。三場試經史、時務策五道。到明成化年間，更加強化了科舉考試經義文的形式化。於是，八股文的格式趨於完備定型。

八股文開始在科舉考試中推行時，還是有一定的積極作用，便於閱卷有一個統一的規格和評定標準，能做到評定試卷的客觀化和規範化，以實現科舉考試取士之公正、公平。但愈到後來流弊愈甚，除成爲士子博取功名的「敲門磚」外，就是封建統治者牢籠士子、驅策英才、強化思想專制的工具。連統治者自己心裏都明白這一點。如康熙二年（1663 年）清聖祖就曾下詔廢八股。他說：「八股文章，實與政事無涉。自今以後，將浮飾八股文章永行停止。」〔註 20〕但清統治者在歷次科考中終未廢止，原因就在於它有利於加強封建思想統治之作用。恰如乾隆時權臣鄂爾泰所說：「非不知八股爲無用，而牢籠志士，驅策英才，其術莫善於此。」〔註 21〕一語道破天機。八股文取士之制，讓士人在步入官場之前，先浸漬于忠、孝、節、義的封建倫理綱常的黑染缸中，再禁錮於八股文的僵化教條中，於是，士子就只能成爲封建統治者的忠實奴才，競遭誤天下蒼生數百年。哀哉！正如清末思想家馮桂芬在評價朱元璋創設八股取士的用意時所指出的：「明祖以梟雄陰鷙猜忌天下，懼天下瑰偉絕特之士起而與爲難；以爲經義詩賦，皆將借徑於讀書稽古，不啻傅虎以翼，終且不可制。求一途可以禁錮生人之心思材力，不能復爲讀書稽古有用之學者，莫善於時文，故毅然用之。其事爲孔孟明理載道之事，其術爲唐宗英雄

〔註20〕《清史稿‧選舉志》。
〔註21〕《滿清稗史》第三七節。

入彀之術，其心爲始皇焚書坑儒之心，抑之以點名搜索防弊之法，以折其廉恥，揚之以鹿鳴、瓊林優異之典，以生其歆羨，三年一科，今科失而來科可得，一科復一科，轉瞬而其人已老，不能爲我患，而明祖之願畢矣。意在敗壞天下之人才，非欲造就天下之人才」。〔註22〕一針見血，以八股文取士的科舉考試，名爲選材，實爲鞏固封建王權統治，對廣大人民進行思想統治和奴役，誘使千千萬萬的讀書人成年累月鑽研這種空洞無物的文字遊戲，虛耗了無數士人的心血和才華甚至生命，戮士人甚於秦始皇的焚書坑儒。

然而，歷史的諷刺卻是辛辣的。明朝歷代帝皇處心積慮在科舉考試中灌輸忠孝觀念。因忠孝文章做得當當響，而得了高官的大臣不計其數。當大順軍進入北京，他們的主子崇禎皇帝弔死在煤山上時，朱由檢尚溫的屍體擺在大殿上，一個又一個明朝的重臣權貴從崇禎的屍體旁跨過，爭向大順皇帝——李自成表忠心，沒有一個對崇禎的死表現出半點戚淒感。這忠孝何存哉！這就是歷史對科舉制度的諷刺，對封建倫理道德的諷刺。

總之，科舉制度的產生從根本上講是封建經濟發展，地主階級中士、庶力量對比變化的反映。隨著社會經濟的發展，庶族地主的經濟勢力得以增強，形成了一種社會力量，要求得到應有的政治地位。士族勢力雖然漸趨衰落，因其經治、經濟的特權地位，依然在很大程度上影響著隋唐統治者。加強中央集權，必然要求改變官吏選拔制度，讓庶族參與政權，以擴大封建統治基礎。科舉制在隋唐時期是一種優越的選官用人制度，符合士族地主衰落和庶族地主地位上升的歷史趨勢，適應了加強中央集權和鞏固國家統一的需要。科舉制引入競爭機制，倡導並重視真才實學。進身仕途的良好風氣，對魏晉以來的門閥士族制度是個沉重的打擊。各階層知識分子，特別是庶族地主參政，提高了政府行政效率，擴大了封建統治基礎。科舉制也推動了教育事業的發展，由於進士科以詩賦爲主，所以科舉也是唐朝詩歌繁榮的重要因素之一。正由於具有如此的積極作用，科舉制被後世歷代封建王朝所沿用。但我們也應看到，它也起到了推行文化專政的作用。科舉考試有嚴格的應試程序和環節，對考生的身份檢查嚴格，更不要說雜戶、奴婢等人了，即使有良人身份的農家子弟，因生活貧苦，能讀書應試者寥寥無幾，可見科舉制度確實比士族制度進步，但它依然是代表地主階級利益的選官制度。

明清時期科舉制反映了封建君主專制的加強和封建制度的腐朽衰落。從

〔註22〕馮桂芬：《校分廬抗議》上《改科舉議》。

明初到清末的五百年間，在科舉制下雖選拔出了大批官員，維持了封建統治，其中也不乏有能吏賢臣。但從整體上看，那種呆板的標準化和程序化的考試形式及考試內容，束縛了人們的思想，淹沒了人們的個性，壓抑了人們的創新思想和創造力，埋沒了大量人才，還引導著應試者向酸腐迂拙、不學無術方向發展，造成了極端嚴重的後果。到清末，中國進入半殖民地半封建社會，生產關係已經有了一定的變化，新的科學技術已進入中國的學術和經濟領域，作為封建社會上層建築之一的教育和考試制度面臨著前所未有的衝擊，廢除科舉制度被提上日程。1898 年春，維新派人士康有為在圓明園面見光緒皇帝時，就曾力陳八股考試的罪過，指出學八股者「不考地球各國之事，造就出來的是一批又一批的庸才，當國難臨頭的時候毫無用處，故臺、遼之割，不割於朝廷而割於八股；二萬萬之款，不賠於朝廷而賠於八股。」一句話，甲午戰敗割地賠款全是八股考試惹的禍！ 正因這樣，1898 年的戊戌變法，一個重要內容就是廢除八股考試。可是，慈禧發動的政變，使 103 天的新政成為泡影，八股遂又得以苟延殘喘。三年後的 1901 年，在八國聯軍的炮火中，為緩和統治集團內部矛盾，慈禧搞了一番新政，宣佈停止八股文。但是，這時的點滴改革已無濟於事，朝野上下有關興學校、辦學堂、廢科舉呼聲越來越高。

與科舉時代幾次廢科舉的嘗試皆以失敗而告終有所不同，科舉制在 20 世紀初所面臨的社會變化是前所未有的。將進化論譯介進中國的嚴復洞悉世事變遷之理，他曾指出：「觀今日之世變，盡自秦以來，未有若斯之亟也」……處於數千年未有之大變局之中，科舉制遭遇到亙古未有的嚴重挑戰。一貫運行有序的科舉制，在 20 世紀最初幾年卻亂了套。雖然統治者極力維持科舉制的正常運轉，但其周期卻被打亂。本來 1901 年應該舉行的鄉試和 1902 年應該舉行的會試，都推遲一年舉行，而且都改成恩正並科。1903 年剛舉行過會試殿試，1904 年又舉行了一科會試和殿試。而且，因順天貢院被八國聯軍燒毀，最後兩科會試都不在京城舉行，這是明清歷史上從未有過的事情。不僅如此，從考試內容來看，1901 年的詔令規定，以後的科場不再考八股文，代之以近代時務，考題涉及政治、經濟、外交、教育等等，科舉制幾乎脫胎換骨了。另外，會試在點名入場等方面都不按常規，有的地方科試還出現鬧場的現象。這一切都顯露出科舉制衰廢的徵兆。1905 年 9 月 2 日，直隸總督袁世凱、盛京將軍趙爾巽、湖廣總督張之洞、兩江總督周馥、兩廣總督岑春煊

和湖南巡撫端方等一批高官，會奏《請廢科舉折》，認為：「臣等默觀大局，熟察時趨，覺現在危迫情形，更甚曩日，竭力振作，實同一刻千金。而科舉一日不停，士人皆有僥倖得第之心，以分其砥礪實修之志。民間更相率觀望，私立學堂者絕少，又斷非公家財力所能普及，學堂決無大興之望。就目前而論，縱使科舉立停，學堂遍設，亦必須十數年後人材始盛。如再遲十年甫停科舉，學堂有遷延之勢，人材非急切可成，又必須二十餘年後，始得多士之用。強鄰環伺，豈能我待。」因此，立停科舉是迫在眉睫的大事，奏摺指出：「欲補救時艱，必自推廣學校始。而欲推廣學校，必自先停科舉始。擬請宸衷獨斷，雷厲風行，立沛綸音，停罷科舉。」袁世凱、張之洞等人都是舉足輕重的南北封疆大吏，他們的奏請很快得到諭准。光緒三十一年八月初四日（1905 年 9 月 2 日），清廷頒佈上諭：「方今時局多艱，儲才為急，朝廷以提倡科學為急務，屢降明諭，飭令各督撫廣設學堂，將俾全國之人咸趨實學，以備任使，用意至為深厚。前因管學大臣等議奏，當准將鄉會試分三科遞減。茲據該督等奏稱，科舉不停，民間相率觀望，推廣學堂必先停科舉等語，所陳不為無見。著即自丙午科為始，所有鄉、會試一律停止，各省歲科考試亦即停止。其以前之舉、貢、生員分別量予出路，及其餘各條，均著照所請辦理。」丙午科是原定於光緒三十二年舉行的科舉鄉試，這一上諭的發佈標誌著科舉時代的終結，也預示著君主制度的覆亡。

廢止科舉是當時社會環境和時代背景中的歷史必然。「物盈則虧，法久終弊」，科舉制從以「求才為本」蛻化為「防奸為主」，說明經過長久的運作之後，科舉制已漸漸背離了制度設計的初衷，走到選才的死胡同去了。康有為說過：「凡法雖美，經久必弊。及其弊已著，時會大非，面不與時消息。改弦更張，則陷溺人才，不周時用，更非立法求才之初意矣。」雖然後來梁啟超、孫中山、錢穆等人都說過清末廢科舉是「因噎廢食」的話，但從考試制度的發展規律和清末的時代背景來看，當時廢科舉是歷史的必然。即使不在 1905 年匆忙廢止，也會在稍後幾年廢止，至少會在計劃中的 1911 年廢止。很難想像在當時的社會環境中，科舉制還能長期延續下來，特別在清末內憂外患十分嚴重的歷史條件下，似乎只能用停罷科舉這樣的極端方式來解決科舉與發展近代教育之間的矛盾。

有人把科舉比喻為一艘木製帆船，指出科舉這艘自漢代開始建造的航船，從隋代起錨揚帆後，歷經雲詭波譎的唐代河段、波濤起伏的宋代流域、

跌宕洶湧的元代河谷進入波瀾不驚的明清水域，經過 500 餘年平穩航行之後，整艘船的複雜精細的結構和部件已經變得老化失靈，行駛至清末，船破恰遇頂頭風，在強勁的歐風美雨和堅船利炮的衝擊之下，已是搖搖欲墜。科舉制在 20 世紀初雖也作過一些改革，但就像木製帆船再大也有腐朽的時候，在蒸汽機船時代只能落得被淘汰的命運，終於無法避免其最後沉沒。

第二章　科舉制度與中華倫理文化

　　中華民族的傳統文化是以倫理道德爲出發點，倫理道德思想處於整個意識形態的中心地位，無論是哲學、政治、經濟、文化、教育、宗教都以倫理道德爲核心，起著支配作用。中國古代的科舉制度也是以封建倫理道德爲中心，封建道德倫理支配和主宰著科舉制度。而封建倫理道德的核心是「忠」和「孝」觀念。中國古代的封建統治者幾千年來就提倡以「孝」治天下，孝父的外延就是忠君，君王是全國的「嚴父」，因爲封建國家的政體就是按照父權家長的模式建立起來的。提倡「忠、孝」就是加強思想專制，目的是爲了鞏固中央集權的君主專制統治。這就是綿延 1300 餘年的封建科舉制爲什麼要以封建倫理道德爲中心的眞諦。

第一節　中華文化以趨善求治爲基本價值取向

　　中國傳統文化是以求善爲目標的倫理型文化，重在探討人與人之間關係和做人的道理。在中國文化系統中，政治原則往往是從道德原則中推導出來的，經濟活動往往受制於倫理觀念。倫理型文化以道統統帥宗統、學統和政統，主張把社會的經濟、政治、文化活動納入道德的範圍內來思考，形成了重政務、輕自然，重整體、輕個人，重道義、輕功利等特點。

一、中華文明發展的獨特道路

　　著名歷史學家侯外廬先生在《中國思想通史》第一卷中提出中國古代文明「早熟」而國民思想（即私學思想）晚出說。該書成熟地運用在今天被稱爲熱門的中外文化比較學，把希臘古代和中國古代思想作了比較，認爲這是

兩種不同的文化類型：希臘古代思想是「智者」型的，中國古代思想是「賢人」型的。「智者」重在追求知識，解答宇宙的根源；「賢人」則多說道德而少談知識，多談人生而少說宇宙。中國文化重人性，西方文化則重理智。中國儒家思想的核心是「仁」，孔子曰「仁者，愛人」孟子說「仁也者，人也」。所謂人，就是指人際關係。中國講究禮節，注重孝悌爲仁之根本，注重「君君、臣臣、父父、子子」的不同等級秩序，要求臣忠於君，子孝於父母，弟尊敬兄長等等，否則，爲「不仁」。然而，西方的文化則偏重於理智、理性，認爲理智應該而且能夠控制情感，人應該控制自我的欲望，用理智和道德去追求幸福，理智的份量大於人情的份量。「我愛我師，我更愛眞理」這一哲理名言充分體現了西方對理智的偏重遠遠大於對人情的重視，這也與中西方倫理觀念的不同密切相關。西方人認爲人與人之間是契約關係，人與人之間只是依靠契約聯繫在一起的，而中國人講究人倫情誼關係，講究「君臣、父子、夫妻、兄弟、師友」和「三綱五常」等等。中、希古代思想文化上的這種不同，與各自走了一條不同的氏族公社解體過程和到文明社會的路徑有重要關係。希臘是「古典的古代」，中國屬「亞細亞的古代」。在「古典的古代」，文明使一切已經確立的分業加強、增劇，尤其是更促成了城市和農村的對立，都市握有農村的支配權。城市使氏族制趨於沒落，代之而興的是以地域爲單位的國民。而在「亞細亞的古代」，氏族遺制保存在文明社會裏，兩種氏族紐帶約束著私有制的發展，不僅土地是國有形態，生產者也是國有形態。在上的氏族貴族掌握著城市，在下的氏族奴隸住在農村，兩種氏族紐帶結成一種密切的關係，卻不容易和土地連結，這樣形成了城市和農村特殊的統一。「如果我們用『家族、私有制、國家』三者來做文明路徑的指標，那末，『古典的古代』是由家族到私產再到國家，國家代替了家族；『亞細亞的古代』是由家族到國家，國家混合在家族裏面，叫做『社稷』。因此，前者是新陳代謝，新的衝破了舊的，這是革命的路線；後者卻是新陳糾葛，舊的拖住了新的，這是維新的路線。前者是人惟求新，器亦求新；後者卻是『人惟求舊，器惟求新』。前者是市民的世界，後者是君子的世界。」這樣，特定的自然條件使得古代中國能以「維新」路徑「早熟」（即保留著氏族組織軀殼和氏族血緣紐帶關係）地邁入文明時代門檻，但具有個體價值意義的古代思想卻是晚出的。直到春秋時期，舊的王官之學在思想界仍占主導地位，文化知識仍基本被卿、大夫一類人物掌握。中國文明起源和發展的「路徑」，與西歐和馬克思所說的

「古代東方」均有所不同。中國是在保存了農村公社的條件下進入文明時代的，西歐的希臘羅馬則是在農村公社瓦解的條件下進入文明時代的。在保存公社進入文明這一點上，中國和「古代東方」是一樣的，但中國的農村公社在春秋戰國時代就瓦解了，而「古代東方」的一些國家農村公社則一直保存到近代殖民勢力東來之時，這又是兩者不同之處。由於文明起源和發展的特殊路徑，使中國形成了不同於「古典的古代」的奴隸制類型；封建社會的形成走著與西歐不同的道路，較早完成從奴隸制向封建制的過渡。農村公社的保留，又在相當程度上規定了中國早期封建制的面貌。

由於文明起源和發展的特殊路徑，使中國歷史發展的階段性表現出以下顯著特點：

其一，中國古代社會形成了不同於「古典的古代」的奴隸制類型。西歐由於是在農村公社瓦解的基礎上進入文明時代的，所以較早出現了土地私有制，商品經濟獲得比較充分的發展，奴隸制發展程度也較高，工商業奴隸主占統治地位，奴隸多為私人奴隸主佔有，並成為生產的主力，形成所謂「古典的古代」的奴隸制類型。中國夏商時代由於保存了農村公社（井田制），奴隸社會表現出另一種面貌。在農村公社土地所有權之上，逐步形成了國王的某種最高土地所有權，貴族奴隸主占統治地位，奴隸（包括生產奴隸和家內奴隸）一般為奴隸主家族所有，而村社社員仍然是生產的主力，但奴隸制下的農村公社畢竟不是自由人的地域性結合，村社社員已處於受奴役、受剝削的地位，這在某種意義上可以說是古代東方型奴隸制。

其二，中國封建社會的形成走著與西歐不同的道路，較早完成了從奴隸制向封建制的過渡。在保留農村公社的條件下，商代社會同時發生了封建化和奴隸化兩種傾向。農村公社原是具有獨立經濟的小農所結成的平等互助關係，在一定意義上和剝削制度是對立的。但相比之下，它比較容易適應封建制，因為封建剝削方式不需要改變村社社員小生產者的地位，也基本上不需要改變村社內部的關係。而奴隸化則意味著村社社員的徹底被剝奪，意味著農村公社從形式到內容的徹底解體。因此，奴隸化的傾向必然引起村社社員的堅決反抗。從有關歷史記載看，導致商朝奴隸制覆滅的，主要不是奴隸的反抗鬥爭，而是村社社員反抗奴隸化的鬥爭。

其三，由於春秋戰國時代農村公社的解體，使中國封建社會從領主制階段進入地主制階段，並出現了一個「類古典」時期。由於原來被公社這種社

會有機體束縛著的各種力量被釋放出來，整個社會呈現出異常生動活潑的局面，土地私有制（個人的民間的土地私有制）形成了，商品經濟、商業資本相當活躍，奴隸制成分也有所增長，在相當程度上類似於歐洲的「古典」時代，難怪有些人被這種現象所迷惑，認為戰國秦漢是中國奴隸制發展的時代。不過，中國的這個「類古典」時期不是發生在奴隸制時代，而是發生在封建制時代。決定這個時代封建性質的最明顯的事實是：社會生產的主要擔當者不是奴隸，而是構成編戶齊民主體的農民，這些農民對國家有強烈的依附關係，不能與歐洲古典古代的自由民等量齊觀。編戶齊民的分化產生的佃農，至遲西漢中期已經成為地主經濟中的主要生產者。

二、以天為宗，以德為本的致思路徑

由於中國文明社會走的是「人惟求舊，器惟求新」的維新道路，所以形成的是「以天為宗，以德為本」的倫理型文化。這種倫理型文化，借助「天人合一」的認識模式，強調天的道德權威性，並使天成為強化人們道德意識的精神源頭。所謂「天人合一」，從倫理思想的角度考察，可以稱之為「宇宙倫理模式」，實質是把人道視為宇宙的有機構成而與天道合一，和把天道視為人道的精神來源並為人道建立的有機統一。在中國古代，天道、天理始終是粹然而善而又高高在上的，它是引導人的德性和提升人的德性的價值目標。人的道德性源出於天，儒家的價值理想，使天德下貫為人德，人德上齊於天德。這種人文精神又兼有一種近似宗教的精神，對超自然天命充滿無限的嚮往，即天人合一、性道合一的信仰。儒者終生不忘「做人」，且有終極承擔，救世獻身的熱忱，俱源於此。這都需要生命體驗與悟性正智的作用。物質化、功利化的人生，體驗不到人與自然、超自然合一的愉悅，不能超越上達「天人合一」的最高精神境界。

《易傳》提出：「天地之大德曰生」，主張「與天地合其德，與日月合其明，與四時合其序」，建立了一個「天人合一」的宇宙倫理模式。「天人合一」既是一種廣義的生命存在形式，又是一種主體的道德修養和道德境界。它要求的是主體創造物質文明和精神文明的實踐活動必須與天地生生之德，與日月日新之明，與四時變化之序相順應、相協同。《易傳》「日新其德」的原則所強調的正是主體以其創造精神與創造活動「與天地合其德」，與宇宙創新原則相合一。因此，《易傳》「時中」所具有的「與天地合其德」的性質體現的

是一種天地人萬物一體的整體和諧的致思傾向。它運用的是一種「推天道明人事」的思維模式，是以「天道」與「人道」具有相通一致的「生生之德」走向天人合一的。

　　漢代董仲舒自覺地利用「陰陽五行」的思維模式而進一步將儒家的「人人之和」與道家的「天人之和」融爲一個體系。在他看來，儒家所講的人倫之間的陰陽關係與道家所講的天地之間的陰陽關係本爲一體的事情，「天有陰陽，人亦有陰陽」〔註1〕。而他自己的文化使命，就是「變天地之位，正陰陽之序」〔註2〕，建構起一個天人合一、天人合德的宇宙模式，使「王道之三綱，可求於天」，從而爲產生於親子血緣關係基礎之上的儒家倫理找到更爲廣闊的理論基礎，爲不曾建立起宗教信仰的華夏民族尋找到更爲可靠的精神寄託。

　　如果說，漢儒有關天人感應的思想多少還帶有一些神學巫術色彩的話，那麼到了宋儒手中，這種思想則進一步系統化、理論化了。同漢儒一樣，宋儒也無不運用陰陽觀念來論證仁學理論。二程認爲，「陰陽，氣也。氣是形而下者，道是形而上者。」〔註3〕但因「道外無物，物外無道」〔註4〕故「離了陰陽更無道」〔註5〕，「蓋天地間無一物無陰陽」〔註6〕。朱熹認爲，「太極生陰陽，理生氣也」〔註7〕；「如天之生物，不能獨陰必有陽，不能獨陽必有陰，皆是對」〔註8〕。陸九淵則認爲，「故太極判而爲陰陽，陰陽即太極也。陰陽播而爲五行，五行即陰陽也」〔註9〕。儘管他們對於「陰陽」的看法有著形而上與形而下的區別，但卻都把「陰陽」看做是宇宙之間永恆不變的規律，而這些做法的最終目的也都是用自然的規律來論證社會的法則，以確保綱常名教的永恆不變。二程認爲：「萬物只有一個天理。」〔註10〕「天地之化，雖廓然無窮，然陰陽之度，日月寒暑晝夜之變，莫不有常，此道之所謂

〔註 1〕《春秋繁露・山川頌》。
〔註 2〕《春秋繁露・俞序》。
〔註 3〕《遺書・第十五》。
〔註 4〕《遺書・第四》。
〔註 5〕《遺書・第十五》。
〔註 6〕《遺書・第十八》。
〔註 7〕《太極圖說解》。
〔註 8〕《朱子語類九五・程子之書》。
〔註 9〕《大學春秋講義》。
〔註 10〕《遺書・第二》。

中庸。」〔註11〕朱熹主張:「鬼神不過陰陽消長而已。亭(成)毒(熟)化育、風雨晦冥,皆是。」〔註12〕陸九淵則認爲:「日者,陽也。陽爲君,爲父,爲夫,爲中國⋯⋯。」〔註13〕如此說來,無需上帝的告誡,無需鬼神的參與,人們只需「格物致知」,努力發現自然已有的天理,努力挖掘內心固有的良知,便可以處理好人世間的陰陽關係,以達到「致中和」、「道中庸」的境界,從而使有限的感性生命得到無限的昇華,最終與無盡的人類歷史、無限的宇宙天地融爲一體。這樣一來,宋儒便在改造和更新漢儒所建造的外在的宇宙模式的同時,又建構起了一個與之相關的內在的主體心性結構,並使二者彼此相通,進一步具有了準宗教的意義。

在「天」的權威下強化道德,是中國文化的一貫追求。中華文化一脈相承源遠流長的主線便是對「德」的崇尚和追求。《大學》中講「自天子以至庶人,一是皆以修身爲本」。修身,即是養德。然後才有了「身修而後家齊,家齊而後國治,國治而後天下平。」以德修身,才能以德治國,前者是核心與前提。周公旦的「以德配天」思想的提出是一個偉大的歷史進步。在此之前人們從宗教觀念到宗教活動都沒有與現世人們的倫理、道德聯繫起來,是用神權通過占卜通神直接顯示吉凶以影響人們的活動。周公的改革所建立的一系列道德規範作爲上天的德性在人間的垂象,將商朝的宗教傳統轉變成了一種以道德倫理爲教義核心,關注人現世的生存問題,富有人文精神的突出農業祭祀的新的宗教系統。周公所提出的明德修身、明德慎罰、敬德保民、天命惟德的思想決定了中華民族的氣質,促成了以倫理道德爲中心的儒家思想的形成,形成了中華文明的核心框架。中國之所以沒有形成一神教的宗教,就是因爲周公旦的宗教觀念從根本上確定了中國人的信仰指向是人的內在德行而不是外在的人格神,中國人是通過內在的修德從而感格天地以最終達到完美和永恆的。

孔子主張「爲政以德」,認爲以行政手段來管理、領導,用刑法制約、懲治,老百姓雖然暫時避免犯罪,但是內心並沒有恥辱感;用德行教化手段來管理、領導,用禮制來約束、規範,老百姓內心才有恥辱感並且認同而正己。這裏實際上涉及到了政治道德以及制度倫理的問題。在孔子看來,行政、刑

〔註11〕《遺書・第十五》。
〔註12〕《朱子語類三・鬼神》。
〔註13〕《大學春秋講義》。

法是強制性的，老百姓因為懼怕而遵從，未必心悅誠服，只能收到一時的效果。長治久安的可靠辦法就是要通過道德教化，讓老百姓自己自覺地遵守禮制規範，並且要形成「內在法庭」，明確具有恥辱感。通過每一個老百姓道德水準的提高，達到垂拱而治的理想政治境界。如果「道之以政，齊之以刑，民免而無恥」，只起到一時的震懾作用，要長治久安，必須「道之以德，齊之以禮」，老百姓才會「有恥且格」，並且對外「遠人不服，則修文德以來之。」「為政以德」是孔子針對法家依法治國提出的政治見解，它既是儒家的政治理想，也是個人道德倫理，「德」的核心是「仁」，外在的表現就是「禮」，德治就是禮治。儒家實行德治的具體辦法：注重教化，輕施刑罰；反對苛政，富民教民；治國正人，修身正己；國事為重，舉賢任能。

　　孟子在孔子仁說的基礎上，提出著名的仁政說，要求把仁的學說落實到具體的政治治理中，實行王道，反對霸道政治，使政治清平，人民安居樂業。孟子把仁政說與王道政治聯繫起來。認為人皆有仁愛之同情心，即不忍人之心，主張「以不忍人之心，行不忍人之政，治天下可運之掌上」。行仁政，天下可得到治理；不行仁政，則天下難以治理。孟子認為，即使是百里小國，只要行仁政，天下百姓也會歸之而王。他對梁惠王說：「地方百里而可以王。王如施仁政於民，省刑罰，薄稅斂，深耕易耨。壯者以暇日修其孝悌忠信，入以事其父兄，出以事其長上，可使制梃以撻秦楚之堅甲利兵矣。」行仁政須落實到「省刑罰，薄稅斂」，發展農業生產等要事上來。只有這樣，才能鞏固國家經濟政治生活的基礎，在此基礎上，修德行教，使仁愛之心推而廣之，即使是堅甲利兵也能戰而勝之。強調以仁政統一天下，進而治理天下，提倡以德服人的「王道」政治，反對以力服人的「霸道」政治，批評暴力，反對戰爭。這是儒家仁政理論的基本出發點。

　　總之，中國文化是一種德性文化，是一種「以天為宗，以德為本」的重德，以德攝智的文化。

三、中國文化是一種以善為核心的倫理型文化

　　在整個中國傳統文化中，倫理思想的確佔有很重要的地位。在中國傳統的哲學、政治、歷史、文學、教育思想中，倫理思想貫穿其始終，而且哲學思想、政治思想、倫理思想和教育思想等是緊密結合在一起的。揚善抑惡、褒善貶惡、追求崇高的思想品質、嚮往理想的道德人格、涵養美好的精神情操，是中國文化中的一個主導思想，是大多數思想家們所一貫追求的。在人

和人的相處中，一個人既要有自強不息、奮發有爲的創造精神，又要有設身處地爲他人著想、愛人如己的博大胸懷。「天行健，君子以自強不息」，「地勢坤，君子以厚德載物」，兩千多年前中國古代的著名著作《易經》上的這兩句話，鮮明而又生動地表明了中國人的人生態度、立身精神和理想境界。一個人，要對人忠實誠信，兢兢業業，夕惕若屬，敬業樂群，不斷地提高自己的品德，努力擔負起自己應盡的責任。同時，要以極其寬厚仁慈的愛心，來對待自己的同類，以至一切有生命的東西。「天地之大德曰生」，「民吾同胞，物吾與也」，這是一種多麼令人崇敬的高尚境界呀！正是從崇尚倫理道德出發，中國傳統文化特別重視所謂「內聖外王」之道，即在政治上，要求實行「王道」和「仁政」，要以德治國；而在個人的修養上，要求加強修養，完善人格，以「聖人」爲最高的理想境界。「爲學」的目的，就是要使自己成爲一個道德上的「完人」，成爲一個「眞人」和「聖人」。中國傳統文化把「治國」與「修身」緊密地結合在一起，爲了「治國」，就必須「修身」，只有努力進行道德修養，使自己成爲一個道德高尚的人，才能把國家治好。爲了使全國的人民都有道德，國君首先就應當有道德，孔子說：「君子之德風，小人之德草」，就是這個道理。

以倫理道德爲核心的教育價值觀使得中國古代教育一開始就同社會、國家聯繫在一起。教育的目的是爲了「修身，齊家，治國，平天下」。以宗法制度爲基礎的社會，特別重視人倫道德。五帝時就重視「五常」的教育。儒家文化恰恰符合這種要求，儒家從「從政以德」的政治主張出發，強調道德和道德教育在治國安民中的作用。因此，儒家教育就成爲連接個人、家庭、家族和國家的紐帶。漢武帝時董仲舒上書對策「獨尊儒學」不是偶然的，它符合了封建大一統的需要。爲此，董仲舒改造了原始儒學的思想，把「三綱五常」作爲新儒學的核心。自此之後，整個封建時代的教育都呈現出以倫理道德爲核心的價值取向。宋明理學更是強調道德教育和自我修養。重倫理輕功利，重人文輕自然的教育價值觀構成中國古代教育的傳統。雖然有些學派如墨家、農家主張利民生財，教人耕作，但自漢武帝「罷黜百家」以後，在教育上就沒有什麼影響。清代初期實學派也曾主張「經世致用」，除以經學爲中心外，也旁及小學、史學、天算、水利、金石等，但未能得到朝廷和社會的重視。因此，直至鴉片戰爭之前，中國古代教育總體來講，只教育學生做人，不教育學生做事；只教學生從善，不教學生求眞。所謂「善」的德行，是以符合封建倫常爲標準。倫理道德教育達到具有教育本體論的意義。貴族子弟

上學是為了懂得統治集團的「禮」，以便承接世襲的封祿；庶民百姓上學是為了學習統治集團規定的一套「禮」，以便擠入上層階級，服務於封建朝廷，治理國家，同時改變門庭，光宗耀祖。

中國傳統文化的形成有兩個重要的基礎：一是小農自然經濟的生產方式，一是家國同構或家國一體的宗法政治結構。在這個基礎上產生的必然是以倫理道德為核心的價值系統。因為家族宗法血緣關係本質上是一種人倫關係，是建立在倫理的基礎上通過人們的信念情感來處理的關係。家國同構，一方面使得家族倫理關係的調節成為社會生活的基本課題，家族倫理成為個體安身立命的重要基礎，另一方面使得國家的治理按照家族的關係來對待，孝成為治道的重要內容，成為忠的精神依託。這就決定了中國的政治只能是倫理化的政治，「禮治」、「德治」、「以孝治天下」等成為中國政治的基本模式。

植根於農業社會的宗法制度與宗法觀念在中國有著深遠的影響，它們是王權政治的沃土。親親倫理成為基本的政治原則。親親是宗法制度的基礎。在西周的社會政治秩序中，親親成為首要的政治原則。春秋之後，隨著政治制度的變化，血緣宗法關係在國家統治中的地位明顯下降，但親親原則始終深刻地影響著中國社會政治生活。在統一的帝國中，親親的宗法原則通過儒家的鼓吹與發揮，成為專制政治的一種補充。由親親而重孝，重孝而慎終追遠。古代的宗法文化不僅給君主一種血親的歸屬感，同時它也構成一種現實的政治力量。宗法制度原則的本質就是家族制度的政治化。家天下的家族統治在中國傳衍了二千年之久，王朝的更迭往往是新舊家族的代興與衰亡。秦始皇以郡縣制取代分封制，對宗法血緣關係進行強力破壞，但是他並沒有擺脫宗法關係的控制，他自命為「始皇帝」，希望其家族子孫世代傳襲皇位。秦二世而亡之後，代之而起的是劉姓的漢家天下，布衣劉邦一旦成為帝王，就將天下視為私產，他與臣僚約定，「非劉氏而王，天下共擊之」。在皇位繼承上，歷代帝王大多遵行嫡長子繼承制的宗法原則，即使如晉惠帝那樣的白癡也依然享有繼位的特權。歷史上雖然不乏非嫡傳子孫繼承皇位的事例，但他們沒有越出血親的宗法範圍，他們只是對嫡長子繼承制的補充。齊家治國平天下是傳統社會的政治理想，齊家與治國並稱，人們能夠將齊家術轉換為治國策，說明家國一體的互通性質。一方面，在王朝出現危機的時刻，宗室貴族每每自覺地擔當起匡扶社稷、復興王朝的政治使命，使家天下的王權政治模式得到不斷的複製與再生。在中國古代，皇室貴族擁有封地與優厚的待遇，

人口眾多，他們對外有一致的家族利益。而一般臣民習慣於視皇族為國家利益的代表，在國家出現危機時，皇室宗親自然成為他們擁戴的目標。西漢末年的劉秀就是依賴王室後裔的特殊身份而重建漢家天下的。另一方面，在宗法文化的浸染下，人們將家天下的王權政治視作天經地義的統治模式，不僅舊貴族要重振家門，就是農民起義的領袖也模仿著舊有的宗法模式，構建新的王朝。兩千年來，王朝國姓屢經更迭，王朝政治模式卻一如既往，宗法制是維繫王朝政治的重要力量。

中國文化的倫理型特色表現在：把人倫的觀念貫徹到天地萬物和人們的社會生活之中。不僅使政治成為倫理政治，經濟成為倫理經濟，而且使哲學成為倫理型哲學，文化成為倫理型文化。中國哲學是倫理型的，哲學體系的核心是倫理道德學說，宇宙的本體是倫理道德的形而上的實體，哲學的理性是道德化的實踐理性。中國的文學藝術也是倫理型的，它以善為基本的價值取向，審美的標準服從並服務於道德的標準，「文以載道」，美善合一，是中國文化審美性格的特徵。中國的科學技術也以倫理道德作為首要的價值取向，「利用」、「厚生」服務於「正德」的價值目標。因此，中國文化價值系統的特點是強調真善美統一，而在這三者之中又以善為核心。中國文化的倫理型特徵，主要源於中國古代社會宗法制度的完善及其影響的長期存在。宗法制度下的血親意識有的轉化為法律條文，主要是形成宗法式的倫理道德，長久地左右著人們的社會心理和行為規範。倫理道德學說是中華學術的首要重心。

家國一體、父權與君權結合的政治結構，在中國歷史文化的形成發展過程中，發揮了獨特的作用。以親親為基礎，以君王國家為核心的倫理型文化是中國傳統社會具有持久凝聚力的精神保障，也是中華文化歷經磨難而未中絕的文化動力。在魏晉南北朝時代長達數百年的分裂局面之下，在統一的國家基本上不存在的時候，中國文化仍能保存傳承，就得益中國有一個以親緣關係為基礎的社會組織，它是中華民族重新走向聚合的社會基礎。當然，宗法制度原則與君主制度的結合，也給中國文化帶來相當大的負面影響，在倫理政治的限制之下，人們固守在一定的名份之內，循規蹈矩是社會對個人的一般要求，易於養成唯上、唯書、唯親的被動性格，人們大多缺乏文化創新的活力。從地理環境看，漢人處於半封閉的大陸性地域之中：一面臨海，三面是險阻叢生的陸路交通，由此造成了漢人與外部世界相對隔絕的狀態，自

給自足的小農經濟也是在這個條件下形成的。人們不求對外的開拓發展，而只追求日出而作、日落而息的和諧生活方式，以及講究個人的自我完善的道德生活。從社會性質看，古代漢人社會是宗法制的農業社會，以家庭爲單位，逐步向外輻射，形成家族、宗族爲紐帶的社會網絡。這個網絡是以親情編織起來的，道德倫理就成爲這個社會上每個人首先必須遵守的，也是自覺遵守的高於一切的標準，從而形成漢人注重血緣關係的社會心理。正是由於這種半封閉的大陸性地域、農業經濟格局、宗法與專制的社會組織結構相互影響和制約，構成了漢族社會獨特的、穩定的生存系統，與此相適應，華夏文化的形成與發展顯示了鮮明的倫理型特色。華夏文化是一種具有強烈的重德求善的倫理價值取向的文化，是一種獨具特色的倫理型文化。

中國倫理型文化的積極作用主要表現在強調道德面前人人平等，鼓勵人人都加強道德修養；對包括君主在內的統治者也可以形成道德制約和嚴格要求；此外在特定的歷史條件下，還能鼓勵人們自覺地維護正義，忠於國家民族，保持高風亮節。其消極的作用是：它將倫理關係凝固化、絕對化，在一定程度上成爲人身壓迫、精神虐殺的理論之源。

第二節　科舉制度以探尋善政、推行德治爲旨歸

中國科舉制度以弘揚儒家的倫理道德爲己任，以傳播、繼承和發揚以「仁、義、忠、孝」爲核心的儒家道德爲歸宿，以維持和鞏固皇權爲終極目的。選拔任用人才的標準主要是「德行」，即倫理道德。隋煬帝於大業三年（607 年）下詔：「夫孝悌有聞，人倫之本，德行敦厚，立身之基。或節義可稱，或操履清潔，所以激貪厲俗，有益風化。強毅正直，執憲不撓，學業優敏，文才美秀，並爲廊廟之用，實乃瑚璉之資。才堪將略，則拔之以禦侮，膂力驍壯，則任之以爪牙。愛及一藝可取，亦宜採錄，眾善必舉，與時無棄。以此求治，庶幾非遠。」明確指出科舉考試重在選拔那些「德行敦厚」之士。崇德，落實到科舉考試中，則是要弘揚儒家德義傳統，從學理上闡明儒家倫理道德的內在意義和價值，進而在爲官爲學中身體力行儒家倫理道德。

一、源遠流長的德教和德治傳統

中華民族重視德教和德治，可以追溯到遙遠的古代。早在炎黃時代，就

已經開始了對倫理道德的追求。炎黃時代爲中華文明初曙的時期，不僅出現了文字，而且還出現了人倫的教化和對德行的重視。《史記·五帝本紀》講軒轅黃帝「修德振兵，治五氣，藝五種，撫萬民，度四方……時播百穀草木，淳化鳥獸蟲蛾，旁羅日月星辰水波土石金玉，勞勤心力耳目，節用水火材物。有土德之瑞，故號黃帝」，這說明黃帝爲了整治軍隊，安撫萬民已經開始注重「修德」，有了對自我進行道德教育的意識，而且本人能夠率先垂範，勞勤心力耳目以造福百姓。黃帝之孫顓頊也極爲注重道德教化，史載他「靜淵以有謀，疏通而知事，養材以任地，載時以象天，依鬼神以制義，治氣以教化，絜誠以祭祀……動靜之物，小大之神，日月所照，莫不砥屬。」〔註14〕黃帝的曾孫高辛即位是爲帝嚳，史載帝嚳「普施利物，不於其身。聰以知遠，明以察微。順天之義，知民之急。仁而威，惠而信，修身而天下服。取地之財而節用之，撫教萬民而利誨之，曆日月而迎送之，明鬼神而敬事之。其色鬱鬱，其德嶷嶷。其動也時，其服也士。帝嚳溉執中而遍天下，日月所照，風雨所至，莫不從服。」〔註15〕帝嚳之子放勳即位是爲唐堯。史載堯「其仁如天，其知如神。就之如日，望之如雲。富而不驕，貴而不舒。……能明馴德，以親九族。九族既睦，便章百姓。百姓昭明，和合萬國。」〔註16〕《尚書·堯典》載：堯「欽明文思安安，允恭克讓，光被四表，格於上下。克明俊德，以親九族。九族既睦，平章百姓。百姓昭明，協和萬邦。黎民於變時雍。」堯處理政務敬愼節儉，明察四方，善於治理天下，思慮通達，寬容溫和，對人恭敬，惟才是舉。他的功德澤被四方，至於上下。堯治理天下，注重發揚傳統美德，使氏族內的各家族均能親密團結，和諧與共。家族和睦以後，還能明辯百官的善惡。百官的善惡明辯了，又能使各諸侯國協調和順，於是天下眾人也就和睦友好了。堯在治理天下的過程中，注重自身的言傳身教，嚴格要求自己，吃苦在前，享受在後。《韓非子·五蠹》載：「堯之王天下也，茅茨不翦，採椽不斲糲粢之食，藜藿之羹，冬日麑裘，夏日葛衣，雖監門之服養，不虧於此矣。」舜以孝行而深得堯之賞識，於是便把帝位讓給舜。史載舜謙虛好學，孝友聞於四方。「舜耕歷山，歷山之人皆讓畔；魚雷澤，雷澤上人皆讓居；陶河濱，河濱器皆不苦窳。一年而所居成聚，二年成邑，三年

〔註14〕 司馬遷：《史記·五帝本紀》。
〔註15〕 司馬遷：《史記·五帝本紀》。
〔註16〕 司馬遷：《史記·五帝本紀》。

成都。」〔註17〕舜即位後，勤於政事，知人善任，任命了一批官員，使他們各司其職，各盡其責。「舜舉八愷，使主后土，以揆百事，莫不時序。舉八元，使布五教於四方，父義，母慈，兄友，弟恭，子孝，內外平成。」〔註18〕舜任命契爲司徒，教以人倫，其中最主要的是「敬敷五教」即父義，母慈，兄友，弟恭，子孝。《孟子·滕文公上》云：「人之有道也。飽食暖衣，逸居而無教，則近於禽獸。聖人有憂之，使契爲司徒，教以人倫：父子有親，君臣有義，夫婦有別，長幼有序，朋友有信。」這種論說，應該說是對舜「敬敷五教」的提升與發展。舜的接任者禹，更是一位爲人「敏給克勤，其德不違，其仁可親，其言可信」的領導者，爲了治水，他「三過家門而不入」，給世人樹立了良好的榜樣。這些都證明，在原始氏族社會末期，氏族領袖們都在「修德」方面做出了表率，爲社會在道德教育和建設方面打下了堅實的基礎。

夏商至春秋戰國時期是中國傳統德教和德治的形成時期。雖然我國從夏朝就已進入了文明社會，建立了第一個奴隸制國家，也興辦了對奴隸主貴族進行教育的學校，但目前關於夏代德育教育的材料甚少。《尚書·多士》記載：「惟殷先人，有冊有典」，從考察直接記錄殷代歷史的文字資料可見，當時確已有了一些初具理論特色的德育思想，其重要標誌，就是具有重要含義的「德」字的出現。在殷代卜辭中有德字的記載。據學者考證，德字在甲骨文中已經出現，其形狀像四通八達的「十字路口」，含有「筆直」或「道路」之意，可以解釋爲道路上發生的正直的事情。中國古代德教誕生的主要標誌，應是西周德育思想的建立。周取代殷統治地位以後，以周公爲代表的周代統治者從殷朝滅亡的深刻教訓中看到小民的巨大力量，總結出「敬德保民」、「以德配天」、「明德愼罰」等在當時具有深刻進步意義的德育思想，並通過「制禮作樂」的制度建構強化了德育的功能，爲後世奠定了德育教育的政治與理論基礎。在周武王、周文王看來，「天命」不是固定不變的，只要你「修德」、「敬德」，「天命」就會轉移到「有德」的人身上。所謂「皇天無親，唯德是輔」〔註19〕。周武王、周文王認爲自己擁有的「天下」，將來能子子孫孫永遠治理好民眾，是由於自己和他的祖先「修德」、「敬德」的結果，所以上天才把天下的臣民和土地託付給他們。因此，他們鼓吹「德治」，提倡「惠民」。

〔註17〕司馬遷：《史記·五帝本紀》。
〔註18〕司馬遷：《史記·五帝本紀》。
〔註19〕《左傳·禧公五年》。

　　西周末期，出現了中國古代奴隸制社會向封建社會過渡的大動蕩、大變革時期。由於社會經濟的發展，特別是鐵器農具的推廣和耕牛的使用，生產力水平大爲提高，農業生產技術大爲改善，剩餘農產品極大增加，工商業也有了發展，特別是煮鹽業、冶鐵業、漆器業等新的手工業迅速發展，出現了私營手工業主和小手工業者。社會經濟的發展促進了社會關係的改變，井田制遭到破壞，出現了土地私有制。地主土地佔有制逐漸代替奴隸主貴族土地制度，即「率土之濱，莫非王土。」隨著舊經濟制度的變革，社會關係的各個方面也發生了深刻的變化，以周天子爲「天下之大宗」的宗法等級統治體系四分五裂，出現了「禮廢樂壞」的大亂局面。父子相篡，兄弟相殘，諸侯爭霸，滅國絕嗣，以至君臣易位，「政在家門」。政治局面的大混亂必然導致社會思想意識、道德倫理觀念的深刻變化。這一時期史稱春秋時期（公元前770～前476）。春秋時期的倫理道德觀念出現新舊雜陳、令人眼花繚亂的態勢。反映西周宗法等級關係的舊倫理觀念並未完全退出歷史舞臺，而代表新興地主階級意識的新的倫理思想又滲透並改造成強化宗法等級關係的舊道德倫理觀念。西周時對「忠」的理解是忠於周天子，那時「禮樂征伐自天子出」，宗室諸侯、卿大夫都必須忠於「天子」。春秋伊始，「周德」衰微，「挾天子以令諸侯」，天子權威成了某些諸侯國君爭霸天下的旗號，政治的重心從周天子下移到當時實力強大的諸侯國，如齊、楚、晉、吳、越等，出現了「禮樂征伐自諸侯出」的政治局面。原來唯王命是從的「忠」於周王的君臣關係讓位於諸侯國中的國君與臣僚的關係。春秋時講君臣關係，只是指諸侯國中的國君與臣民的關係，而不是諸侯與周王的關係了。西周初中期「行歸於周、萬民所望也」〔註20〕「忠信於周」的「忠」變成了忠於諸侯「社稷」（國家）和諸侯、公室的「國君」了，甚至還提出了忠於社稷高于忠於國君的觀念。齊相晏嬰在其國君齊莊公因個人私怨被崔杼弑後，有人向晏嬰提出三種忠於國君可供選擇的辦法：一是殉君（即齊莊公被弑後而自殺，表示自己對莊公的忠信，忠臣不侍二君）；二是逃亡他國，不再在齊國爲相；三是辭去相位歸家養老。對這三種選擇，晏嬰的回答是：「故君爲社稷死，則死之。爲社稷亡，則亡之。若爲己死而爲己死，非其私昵，誰敢任之？」〔註21〕意思是國君也好，臣也好，都是爲了國家利益。忠臣只能爲國家利益而死，不能只爲國君

〔註20〕《詩經·小雅》。
〔註21〕《左傳·襄公二十五年》。

一己之利而死。「忠」應該是忠於國家，非國君一人也。由此可見，春秋時期，
人們把保衛國家（社稷）利益看成是忠的最高標準。爲「忠」注入了新的內
容。甚至一些有識之士還認爲國君有過錯，損害了國家利益，做臣子的可以
把這樣的國君趕走，甚至殺掉，這種行爲不算弒君，不算叛逆，而是一種「忠」
的行爲。如《國語‧魯語》記載了這樣一件事，晉國的人殺了暴君厲公，魯
成公問臣下：「臣殺其君，誰之過也？」眾大夫都默而不答，只有大臣里革說：
「君之過也，夫君人者，其威大矣。失威而至於殺，其過復矣。且夫君也者，
將牧民而正其邪者也。若君縱私回而棄民事，……將安用之？桀奔南巢紂踣
於京，厲流於彘，幽滅於戲，皆是術也。」〔註 22〕忠國高于忠君是春秋時期
人們對忠的觀念的新的認識。屈原被楚懷王放逐，他憤而作《離騷》，當得知
楚國被秦滅亡後，他自沉汨羅江而死，這就是忠國高于忠君的新的倫理思想
的體現。可惜的是，這種新的觀念沒有成爲後世封建專制社會的正統思想。
相反，由於秦始皇確立的中央集權的君主專制政體，「朕即國家」思想一再被
統治者強化，忠於社稷的思想又退回到忠於皇帝的圈子中，便成了岳飛式的
「愚忠」。「孝」的觀念在春秋時期也發生了變化。西周初中期，「孝」與「忠」
的倫理思想緊密結合在一起，父子關係、君臣關係原爲一體，君臣關係是父
子關係的擴大和延伸。孝從屬於忠君，並服從於忠君。而到春秋時期，「忠」
與「孝」的觀念被動搖了。公元前 626 年楚世子商臣與其庶弟職爭奪王位的
繼承權，與師潘崇謀弒君父楚成王，自立爲穆王，把「忠」「孝」一體的觀念
拋到了九霄雲外。至於「德」和「禮」的觀念到春秋時期也有了一定的變化。
西周時代，「德」是指宗法道德，與「樂」聯在一起，「德」是維護禮制的道
德保障，其「德」的含義爲：孝、敬、忠、信。「父義、母慈、兄友、弟共（恭）、
子孝」，即爲「吉德」。有了這種「吉德」就能內可治國保平安，外可睦鄰保
和諧。子產認爲「德，國家之基也。」〔註 23〕春秋時期的「禮」，基本上還是
「周禮」，是用以「經國家、立社稷、序人民、利後嗣」〔註 24〕的宗法等級制
度，但比西周時有了新的發展。春秋時期，「德」不僅包括統治者本身的道德
修養，而且還包含具有道德形式的統治策略、治國方略甚至政治手腕。至此，
「德」這一倫理觀念不僅與「禮」而且與政令、法制聯繫在一起了。

〔註 22〕　《國語‧魯語上》。
〔註 23〕　《左傳‧襄公二十四年》。
〔註 24〕　《左傳‧隱公十一年》。

　　秦亡漢興。中國德教和德治進入發展和繁榮的時期。西漢王朝經過自建國初至「文景之治」的六十多年的休養生息，經濟富足，國力強盛，到漢武帝時西漢中央集權得以進一步鞏固，社會經濟空前繁榮，而具有雄才大略的漢武帝劉徹憑藉前期積纍的大量財富和漢景帝所完成的全國統一的穩定的政治局面，改文帝、景帝以來「治黃老之學」的道家思想爲指導的無爲政治爲以儒家思想爲正統思想的有爲政治。漢武帝爲什麼看中了董仲舒的《舉賢良對策》，把他的新儒學思想定於一尊，奉爲漢代封建統治的正統思想呢？這是因爲董仲舒在新的歷史條件，改造了以孔孟爲代表的儒家學說，他推陰陽之變，究「天人之際」，發《春秋》之義，舉「三綱」之道，又綜合「名，法」，不廢「黃，老」，給「孔孟之術」以適合漢代封建地主階級鞏固自身統治得以長治久安所需要的新的倫理思想體系。這個新的倫理思想體系，就是以「三綱五常」爲核心，以「陰陽五行」的「天人合類」爲理論基礎，從神學宇宙論的高度，論證封建倫理道德至高無尚，中央集權的君主專制統治神聖不可侵犯，君權神授，是天意，「天不變，道亦不變」，從而說明封建皇權的合法性和永恒性。爲新興地主階級登上歷史政治舞臺，維護和鞏固其統治，提供了思想理論武器。

　　董仲舒的倫理思想體系，第一個命題是：「道之大原出於天，天不變，道亦不變」。〔註25〕就是說封建倫理道德的根源，不在於社會自身，而在於「天」，這就是道德天命說。在董仲舒看來，封建道德綱常，本原於「天命」，這樣他就十分輕鬆地給封建倫理道德披上一件神秘而神聖的面紗，賦於封建倫理道德綱常以神聖的權威。「天」是什麼？董仲舒說，天是「萬物之祖」、「百神之大君也」，是主宰宇宙萬物的至上神。接著，他由「天道」推出「人道」，說明人間一切就由「天」主宰。他說：「以類合之，天人一也」，天化育萬物，宇宙間的陰陽五行均本類於「天」。人的形體、感情，亦「類於天」，副於天，而且人的道德也副於天。他說「君臣，父子，夫婦之義，皆取諸陰陽之道」。「王道三綱，可求於天」。在董仲舒看來，孔孟學說的核心思想「仁」，也取於天。他說：「仁之美者在於天。天，仁也。」仁是儒家的最高道德原則，董仲舒認爲「仁」是天的意志；仁，就是天命、天意。在這裏他把「仁」的這個儒學倫理道德思想的核心，宗教神學化了。董仲舒還認爲「忠」、「孝」等封建最高道德也來源於「五行」，即木、火、土、金、水也。他說：「五行者，

〔註25〕董仲舒：《舉賢良對策》。

乃孝子忠臣之行也」。董仲舒「道之大原出於天」的命題，其實質就是把封建的倫理道德從社會關係中抽象出來賦於天、地、陰、陽、五行本屬自然東西而加以神秘化，從而論證封建倫理綱常的神聖性和至上性。董仲舒倫理體系的第二個命題是「天子受命於天」即「君權神授」論。他說：「天子受命於天，諸侯受命於天子，子受命於父，臣妾受命於君，妻受命於夫。諸所受命者，其尊皆天也。雖謂受命於天亦可。」〔註 26〕（《順命》）在這裏，董仲舒認爲「天命」神威無比，臣對君之命，子對父之命，妻對夫之命，都必須絕對服從，這是由「天命」所決定的。臣、子、妻順從君、父、夫就是順「天命」，不可逆，逆即爲逆「天命」。由此，董仲舒又生發出封建倫理的「三綱」「五常」。「三綱」即「君爲臣綱，父爲子綱，夫爲妻綱」。「五常」者，即仁、義、禮、智、信。這「三綱五常」就是封建社會的倫理綱常體系。抓住了「三綱五常」就抓住了封建宗法等級體系的主幹，對鞏固中央集權的君主專制，維護和穩固封建統治秩序具有十分重要的意義。

二、推行德教和德治需要特定的人才選拔制度

　　中國的選士制度產生於西周。但「選賢任能」的觀念和根據考績黜陟官員的做法相傳在堯舜時代就已出現。堯和舜以及堯時羲仲、羲叔、和仲、和叔，舜時十二牧、四嶽、禹、稷、契、皋陶、朱虎、夔、龍等酋長和部落首領在當時都是通過議事會民主選舉產生出來的。堯晚年曾詢問四嶽，有誰可以繼承自己的職位，四嶽推薦舜，堯提出先要考察一番，然後試其才，最後定奪。由此可見，堯時選用人才實行的先行推薦，次爲考察其品德，然後對推薦的人實行三年的試用，經過考績，決定黜陟升降。用人的標準主要是道德。如《禮記》卷四《禮運·第九》所說：「大道之行也，天下爲公，選賢與能，講信修睦」。〔註 27〕選，是選拔，「與」是舉用。在原始社會末期氏族酋長和部落首領選拔舉用的倫理道德標準，是「以天下爲公」，「講信修睦」，即講信義，能團結友善部落全體成員。這裏所說的「天下爲公」、「講信修睦」是先人樸素的倫理道德風尚。堯舜時代還是中國原始氏族社會時期，其道德是屬於原始社會道德。選舉的標準就是要無私心、熱心於公益事業、善於組織帶領部落成員與大自然和災害作鬥爭，使全部落成員能生存繁衍下去。他

〔註 26〕 董仲舒：《春秋繁露·順命》。
〔註 27〕 《禮記》卷四《禮運·第九》見《十三經注疏》，商務印書館，1980 年。

們必須是「賢者」和「能者」。另據司馬遷《史記》中《五帝本紀》載，黃帝「塵而神靈，弱而能言，幼而徇齊，長而敦敏，成而聰明。」顓頊「靜淵以有謀，疏通而知」。帝嚳「生而神靈，自言其名，普施利物，不於其身。聰以知遠，明以察微。」堯「其仁如天，其知如神，就之如日，望之如雲。富而不驕，貴而不舒……能明馴德，以親九族」。舜「能和以孝，蒸蒸治，不至奸」。禹「為人敏給克勤；其德不違，其仁可親，其言可信。」由此觀之，在原始社會末期，選拔舉用氏族酋長和部落首領時，就已經奠定了初步的倫理道德標準，這就是仁、孝、信、和，道德標準是第一位的，勇敢善戰，武藝超群，有專門技術，擅於狩獵、農牧，具有「藝」這是第二位的。達到了這兩個標準且具有氏族血緣關係的人，被民主推選出來，通過一年到三年的試用，實踐檢驗，就可以正式任用。如果試用不合格，不稱職就給予罷黜，給氏族和部落成員造成嚴重損失，就得處死。如堯時，黃河流域洪水泛濫，濁浪滔天，人們推薦禹的父親鯀治水，鯀負命毀族，九年無成，結果被處死於羽山。人們選舉他的兒子禹繼續治水，禹勞身焦慮，在外辛苦治水 13 年，三過家門而不入，歷盡艱辛，終於獲得了巨大成功，治理好了天下洪水，贏得氏族和部落全體民眾擁護他即天子位。後來，他死後，將位傳給他的兒子啟，「南面朝天下，國號夏」。建立了中國古代第一個奴隸貴族政權——夏朝。

　　夏商西周三個朝代，為我國古代奴隸制社會時期，西周是奴隸制社會鼎盛至衰落時期。奴隸制社會歷時 1000 餘年。奴隸制社會對官吏的選拔和任用主要是世卿世祿制度。「天下為家，各親其親，各子其子」。〔註28〕，官職主要在貴族家族內部繼承，世代相襲，形成世卿世祿制度。王位採取父死子繼，兄終弟繼的方式進行。無論王室還是各級貴族都是憑藉宗法和血統世代承襲著高官厚祿。商代的風俗崇尚鬼神，其政治生活主要是「尊神」、「事鬼」，不重視人倫，它雖有在鄉選拔低級官員的「貢士」制度，但選拔的標準重在「選藝」（即射和御技藝）不管德行，選拔的方式主要是靠「卜筮」（一種迷信神靈卜卦），沒有什麼真正的考覈方式。殷商時代紂王無道，在理政治民上嚴重「失德」（此後來儒家思想家的觀點），民不聊生，武王「革命」，率領義軍進攻殷商都城朝歌，兩軍決戰於牧野，殷商奴隸軍倒戈，暴虐無道的商紂王焚身鹿臺，殷商就此覆滅。

　　周代是一個宗法等級十分森嚴的奴隸主貴族社會，它以氏族血緣關係為

〔註28〕《禮記・禮運》。

紐帶，建立了一個嚴密的從天子到諸侯、卿大夫、士、庶民的金字塔式的宗法等級統治秩序，即宗法等級統治體制。為維護和鞏固這一宗法等級統治體制，周代統治者建立了一整套宗法道德規範和倫理思想。周取代商以後，周武王吸取了殷商的歷史教訓，提出了「敬德保民」的「德治」理論，確立了以「孝」為核心的倫理道德規範，後來周公制禮作樂，建立了一整套典章文物制度和道德與宗教、政治與倫理融合的倫理思想體系。「禮」是奴隸主貴族階級的倫理道德標準，即「君臣之義」、「長幼之序」。周代最基本的道德規範是父慈、子孝、兄友、弟恭，它們是對宗法關係縱（父子）橫（兄弟）兩個層次的倫理概括，體現了既「親親」、又「尊尊」的原則，是用以調節宗族內部人倫關係的基本行為準則。其中「孝」是最根本最主要的道德觀念和行為規範。除「孝」以外，周人還提出了「德」的思想，要求上至天子，下至大夫、士都要加強自身的品德修養，對庶民要實行德政、德治。這就是周代統治者提倡的「修德」、「敬德」。「有孝有德」，構成了西周整個倫理思想體系。

　　周武王奪得殷商政權後建立了周朝，鑒於殷亡的歷史教訓，提出了一系列的「維新」措施，即改革殷商的政治制度和選士制度。首先，周天子在殷制的基礎上，以氏族血緣關係為紐帶，建立了一套完整的嚴密的從天子到諸侯、卿大夫、士、庶民的金字塔式的宗法等級統治體制。其次，又提出了一套維護和鞏固這一宗法等級統治制度的以「孝」為主，「敬德保民」即「德治」的宗法道德規範和倫理思想體系。周代提出的「孝」的道德倫理規範不僅是維繫血緣宗法關係的基本準則，也是民眾行為之大法，它反映了父子血緣「親親」之情和他們相互之間的權利與義務。「孝」對子女的要求是奉養、敬重父母，對於臣民的要求是尊敬、祭祀祖先，服從君長。即諸侯要尊順周天子、宗子要尊順諸侯、要繼承先王、先祖的德業。因此，「孝」、「悌」是維繫宗室和整個宗族的和諧、穩定的紐帶，是鞏固奴隸主貴族宗法統治的有力工具。後來，周人的「孝」的道德倫理思想，被儒家繼承下來，昇華發展為以「忠、孝」為核心的道德規範，成為數千年封建社會正統思想。周代統治者提出「修德配命」「敬德保民」的德治思想，其實質也是：德者，獲得和佔有奴隸，財富之義也。卜辭中的「叀」字為「值」，底下並無心字，「德」與「得」相通，即為獲得、佔有奴隸和財富之意。《詩經・邶風・谷風》云：「既阻我德，賈用不售」，意思是「我應得的財貨遭到拒絕而不能獲得，就像商人有貨賣不出去一樣」。此處的「德」就是獲取財富。《易經・益九五》云：「有孚，惠我得。」

〔註29〕「孚」同「俘」，意思是「抓到俘虜，就分給我一部分。」古時，戰俘是用來做戰勝者的奴隸的。佔有奴隸即謂之「德」。在周人看來，他們的先祖武王滅殷而獲得了大量的奴隸和財富，這是偉大的業績，是「丕顯其德」，他們能滅亡商紂王獲得天下，就是「有德」，這是「授命於天即得天命」。周人的「修德配命」「敬德配天」，其實質是爲自己奪取殷商政權製造「合法」理論。西周統治者從「殷鑒」中認識到了倫理道德的政治作用，爲了鞏固自己的統治，他們推行了一套以「孝」爲核心的道德倫理選士制度，以選拔和舉用地方官吏和鄉大夫。

特別是春秋時期，各諸侯國爲了爭霸稱雄，壯大自己的勢力，在用人問題上打破了西周世卿世祿制度，不再拘泥於血緣宗法關係，不再用舊有的道德規範來束縛人才，而是注重於舉賢，只要有才能，並不看重個人的道德修養，就一概委以重任。如齊相管仲，出身小商販，曾支持公子糾與公子小白（即後來的齊國國君齊桓公）爭奪王位，並用箭射傷了公子小白，失敗，管仲被小白俘虜，成爲罪囚。小白奪了王位，是爲齊桓公，齊桓公的謀士鮑叔牙向齊桓公推薦管仲爲相，聲稱齊國要稱霸諸侯，必須重用賦有治國大才的管仲，結果齊桓公捐棄前仇，不僅不殺管仲，反而親自迎之於郊外，當面向他請教治國方略，任他爲相。結果管仲輔佐齊桓公改革圖治，成爲春秋霸主，「九會諸侯，一匡天下」。〔註30〕秦穆公爲了稱霸西戎，用五張羊皮，從戰俘中把奴隸百里奚換到秦國「授以國政」，終於使秦國由弱變強，成爲西戎一霸。

春秋時期，一些開明的諸侯王和進步的政治家、思想家，根據當時形勢，明確提出了舉賢與能的主張。墨子就大膽提出「尚賢」的政治主張，他說：「以德就列，以官服事，以勞殿賞，量功而分祿。官無常貴，而民無終賤。有能則舉之，無能則下之。」〔註31〕他徹底否定當時社會貴者恒貴、賤者終賤的不平等的社會現象。這一理論爲後世科舉制度從平民中選拔官吏提供了理論依據。

戰國時期（前 474 年～前 220 年）是中國古代社會出現第一個大動蕩大變革時期，當時社會的一切事物都在發生急劇變化，比春秋時期更爲劇烈和深刻，曾處於弱勢地位的新興地主階級變成了強大者和優勢者，而不可一世

〔註29〕《十三經注疏》。
〔註30〕《史記·管晏列傳》。
〔註31〕《墨子·尚賢》。

的奴隸主貴族勢力土崩瓦解，處於風雨飄搖之中，眞可謂「高岸爲谷，深谷爲陵。」

　　引起這種變化的根本原因，首先是土地制度的變化，奴隸主貴族世襲領地和計口授田的井田制爲土地自由買賣的地主私有土地制度所代替。地主土地私有制，是決定歷史發展方向，改變歷史命運的劃時代的革命性變革。這一變革促進了奴隸制社會的總崩潰，也促進了以農業爲主的中國封建社會自給自足的農村自然經濟的發展，並帶來了手工業和商業經濟的繁榮。此時在古老的中國大地上第一次出現了許多商業繁榮的大都會，如齊國的臨淄、趙國的邯鄲、魏國的大梁、韓國的陽翟、楚國的郢和宛、周之洛陽、宋國的定陶。大商人「結馹連騎」的商隊往來於各諸侯國之間，其商業活動已越出中國國境，成爲中國早期的國際貿易商人，他們開通了著名的絲綢之路。商業經濟的發展促進了貨幣經濟的發展，貴金屬黃金已成爲本位貨幣，且在列國中流行，成爲當時中國的通用貨幣。貨幣經濟如此發達，這在當時世界所有文明國家中的歷史上都是極爲罕見的。

　　戰國時期商品經濟和貨品經濟以排山倒海之勢迅猛發展，它一舉沖決了西周以來奴隸主貴族統治的思想羅網，打破了維護宗法統治的等級制度和舊的社會秩序及倫理道德約束，使得奴隸主貴族的正統思想鎖鏈節節鏽損，新的思想就像潮水一樣一瀉千里，無論任何力量都難以阻擋，形成了中國歷史上第一次思想大解放。儒、墨、道、法、名、農、雜、兵、商、陰陽、縱橫各家的思想學說異常繁榮，學術思想空前活躍，出現了「百家爭鳴」的局面。

　　戰國時期，群雄並起，七雄爭霸，「鹿死誰手未可知矣」，相互對峙的諸侯各國君主，爲了爭奪、擴大生存空間，都需要大量的賢能之士爲自己出謀劃策，奔走效勞。他們深深懂得「夫爭天下者，必先爭人」〔註32〕的道理，他們開始學會尊崇知識，尊崇擁有知識智謀之士，西周時期以血緣親疏，按奴隸主貴族的倫理道德原則來選擇人才的世卿世祿制度被徹底粉碎，選賢使能、量才而取的用人原則被普遍重用，尊士、爭士及養士蔚然成風。

　　魏國國君魏文侯，尊賢之名聞於天下，當他聽說有一個叫段干木的人，頗有才幹，但不願做官，他便親往拜訪，希望能請其出山幫自己治理國家，但段干木卻「官之則不肯，祿之則不受」，魏文侯對其更爲尊重，每次路過段干木家的巷口都是垂首彎腰扶軾以示致敬。他的僕人對此不理解，問文侯，

〔註32〕《管子‧霸言》。

段干木不過是一個平民百姓，你是一國之君，怎麼要對他如此恭敬。魏文侯回答說：段干木不趨利，具有君子的品行。他雖身處窮巷，但名聲聞於千里之外。如此德高望重之人，我能不尊重他嗎？段干木具有令人稱佩的高尚道德，我只有令人畏懼的權勢；段干木富有正義，我只有財貨。權勢又怎能與高尚的道德相比，財貨怎能與正義並提，段干木所具有的恰是我不能獲得的。所以，我終日憂慮不能得此人才，你怎能輕看段干木這樣的人才呢？〔註33〕魏文侯如此尊敬人才，不以權勢驕士，故天下有才之志爭相投奔他。他用魏成子、翟黃、李悝爲相，尊段干木、卜子夏、田子方爲師，任用大軍事家吳起、樂羊爲大將開疆拓土，用善於治水的西門豹爲鄴令治理水患，成就卓越。他支持李悝變法，實行「食有勞而祿有功」的軍功爵祿制，使魏國最早成爲戰國時的霸主國。

齊國齊威王爲了改變國家面貌，不拘一格任用賢能。他與梁惠王的一段精彩對話中，可見他對人才的尊崇，梁惠王炫耀自己有十顆明珠，能「照車前後各十二乘」，齊宣王卻說：我不以珠寶與你比，我以人才爲珠寶，賢能之才，可照千里，豈只十二乘哉！他在臨淄的稷下建學宮，廣納天下賢士，鼓勵不同學派的學者到稷下講學、詰辯，最盛時竟達「數百千人」之多。當時著名的學者尹文、慎到、環淵、鄒衍、淳于髠、孟軻、荀況等都在此講學。對於來此講學的名士，齊威王、齊宣王都要親自接見，並尊之爲師，稱爲「稷下先生」。對他們不分貴賤，唯才是舉，擇優任用，有的被列爲卿，如：孟子、荀卿。許多人被封爲上大夫或大夫，政治上、生活上給以極優厚待遇。出身家奴，身爲贅婿的淳于髠被齊宣王封爲上大夫。

秦國孝公曾痛感「諸侯卑秦，醜莫大矣」〔註34〕公開下令求賢，在求賢令中提出：「賓客群臣，能出奇計強秦者，吾且尊官，與之分土。」〔註35〕秦孝公思賢如渴，尊賢若聖。智謀之士衛鞅由景監推薦，鞅獻變法圖強之策，秦孝公與之傾談數日不厭，甚至膝行於前。後來任用衛鞅爲左庶長，後升爲大良造。秦用衛鞅變法收到奇跡般的效應，秦國一躍而成爲七雄中最強大、最有生氣的國家，成爲「虎狼之國」，令六國諸侯望而生畏，從此無敵於天下。衛鞅被秦孝公封爲列侯，尊號商君。

〔註33〕 《呂氏春秋·下賢》。
〔註34〕 《史記·秦本記》。
〔註35〕 《史記·秦本記》。

　　戰國時期，各諸侯國君爲爭謀以霸，而蘊育出奇制勝的智謀，就需要有眾多的人士作爲養基。爲此，各諸侯國君在尊士、爭士的過程中興起了「養士」之風，此風到戰國中末期達到巔峰。其中最富代表性的莫過於齊相孟嘗君田文、趙國平原君趙勝，魏國信陵君魏無忌，楚國春申君黃歇四人。此四公子家有門客數千。戰國末秦丞相呂不韋廣招天下遊說之士，「厚待之，至食客三千」，〔註36〕這些門客都受到無比尊重，政治上與王或主子共議國事，獻計出謀，生活上與君主和主子同飲食。如趙國的平原君爲挽留門客，不惜殺了得罪門客而爲自己最寵愛的美姬。這些門客也多爲其國君或主子立下了汗馬功勞或卓著功勳，甚至出現了「得士則昌，失士則亡」，「入楚楚重、出齊齊輕、爲趙趙完，畔魏魏傷」的政治局面。

　　戰國時期，由於官學衰敗，「私學」勃興、士人階層壯大，特別是舊的禮樂制度和宗法等級的制度崩潰，使得學術思想空前活躍，士人的精神得到了前所未有的解放。士人的才華煥發。戰國時期各種思想學說都得到充分發展，無論從哲學、文學、軍事、還是自然科學，它基本奠定了爾後二千餘年中華優秀文化的基石。這一時代，湧出了中國歷史上許多光照千古的哲學家、思想家、文學家、軍事家、科學家、醫學家、外交家等。這批有遠見，有學問的名士不僅滿足了那些雄心勃勃、勵精圖治的諸侯國君的用人需求，而且不是被動地去迎合統治者的需要，而是主動選擇能發揮自己才智的君主，合則留，不合則去，朝秦暮楚，只要哪裏能發揮自己的聰明才智，就到哪裏去，幾乎不受統治者的任何約束，來去自由。如秦將百里奚，本爲虞國人（今山西夏縣南），不爲虞尹所用，在虞亡後他逃到晉國，晉國將他當作奴隸送給秦國，他離秦逃之楚，楚人不識其賢，派他到馬廄看馬。後來秦穆公用五張羊皮把他換來，並拜他爲相，託以國政，號「五羖大夫」，他幫助秦國治理國政，使秦國由弱致強，秦國由是西霸戎狄，威震西域乃至波斯和古印度。

　　總之，戰國時期，在社會的大動盪大變革中，士人階層從宗法等級制及氏族血緣宗法制的桎梏中掙脫出來，具有相對獨立的人格和尊嚴，他們通過自由競爭，自我推銷，出售智慧，擇君而仕，竟所謂「主賣官爵，臣賣智力」，完全掙脫了西周時期建立在奴隸主貴族世卿世祿選官制度和血緣宗法等級制度及舊的忠孝倫理道德的羅網。戰國時期實行的唯才是舉，不計門第的選任官吏的制度，使整個社會各種人才都能脫穎而出，中國歷史上出現了人才輩

〔註36〕《史記‧呂不韋列傳》。

出、經國體野雄才大略之士燦若群星的前所無有的新局面。許多出身社會下層的「寒士」，以自薦遊說、獻策，爲君王所賞識，頃刻之間，榮身仕進，列爲卿相，在風雲變幻的戰爭年代成爲叱吒風雲的歷史英雄，演出了一幕幕驚心動魄的歷史劇。他們有的才智雙全，忠勇過人；有的深謀遠慮，才華出眾；有的口才超群，擅長遊說；有的武藝高強，視死如歸；有的學富五車，通貫古今長於著述，善於思辨……，如范雎、郭隗、甘羅、衛鞅、李斯、蘇秦、張儀、蔡澤、王翦、蒙恬、王離、孫武、樂毅、白起、孫臏、司馬相如、孟軻、荀卿、韓非等等。這些人都是在當時賢能治國、精英統治的選士理論基礎上脫穎而出的。因此，戰國時代唯才是舉、不計門第的選官任官制度爲隋、唐公開考試、公平競爭、金殿對策、擇優任官的科舉制度奠定了理論基礎，也是科舉制度產生的思想文化根源。

秦始皇承襲自孝公變法圖強以來之基業，振奮惠王、昭王數代之餘烈任人唯賢，招覽天下之士，使秦國人才濟濟、謀臣如雲，良將如雨，運籌幄幄，攻城略地，「終於吞二周而亡諸侯，履至尊而制六合」〔註37〕統一了全中國，建立了歷史上第一個中央集權的君主專制王朝——秦朝。但暴虐的秦王朝不知道用什麼方法才能鞏固自己的專制政權，它終因暴政，「仁義不施」〔註38〕二世而亡。劉邦戎馬倥傯一生，終於在擊敗政敵項羽後，重新統一中國，建立了漢朝。但他吸取了秦亡的歷史教訓，懂得了「馬上得天下並不能馬上治天下」的道理。於是，漢高祖劉邦聽從謀臣建議下詔求賢，布告天下：「賢士大夫有肯從我遊者，吾能尊顯之。」令各相國、諸侯王、郡守等地方長官向朝廷舉薦賢士，由公車送至相國府，經考覈授予官職。此舉開了中國歷史上中央集權的封建朝廷向全國求賢之先河。爲鞏固其大一統的中央集權的君主專制王朝，文帝於前元十五年（前 165 年）詔令諸侯王、公卿、郡守「舉賢良能直言極諫者，上親策之，傅納以言。」〔註39〕此次，漢文帝親自下詔，在全國開察舉賢良能直言直諫科，由中央至地方高級官吏按科目薦舉人才，送至朝廷，由皇帝出題，舉行筆試，應試者把策論的答案書寫在竹簡上，供皇帝閱覽採納，即所謂「傅納以言」。這種考試叫「策試」，根據對策的高下不同，分別授官。漢文帝創新這種察舉選官制度，是當時世界上最早的考試選官制度。這種察舉選士制度的程序是：一是由皇帝下詔，指定舉薦科目。

〔註37〕賈誼：《過秦論》。
〔註38〕賈誼：《過秦論》。
〔註39〕《漢書·文帝記》。

二是由中央至地方郡國各級官員按科目規定舉薦人才。皇帝親自策試，根據對策的優劣評定等第，然後分別授官。此種察舉制度到漢武帝時臻於完備。漢武帝迫切需要找到一種思想武器和選官制度來服務於新建立起來的家族宗法制度的組織，以鞏固大一統的中央集權的君主專制主義統治。這種思想武器就是儒家倫理思想，這種選官制度就是察舉的選官制度。建元元年（前140），漢武帝即位，第一件大事就是下詔舉賢良。儒生董仲舒被舉，他在第三次對策中提出了「罷黜百家，獨尊儒術」的建議，他說：「《春秋》大一統者，天地之常經、古今之通義也。今師異道，人異論，百家殊方，指意不同，是以上亡以持一統，法制數變，下不知所守，臣愚以為諸不在六藝之科孔子之術者，皆絕其道勿使並進，邪避之說滅息，然後統記可一而法度可明，民知所從矣。」〔註40〕漢武帝採納了董仲舒的建議，並確立了「獨尊儒術」的選士方針。這標誌漢代察舉選官制度的完備與成熟。從此，儒家經術和儒家倫理道德成為中國封建社會的正統思想，樹立了它在中國兩千餘年的封建社會中的統治地位。儒家倫理道德方面的要求成為封建統治階級選士的重要標準，儒生成為選士的主要對象。封建官僚機構的主要成員也都由儒生充當。

漢以「孝」治天下，漢統治者視孝為立身之本，廉為從政之方。選舉具有「孝」「廉」品質的儒士充任國家官吏，符合以宗法制家庭為單位的分散的小農經濟與大一統的中央集權君主專制統治相結合的漢王朝的政治需要。當時，漢代的社會經濟是以農業、手工業為主，其基本生產形式是以家庭為單位的自給自足的農業和手工業生產。在這種家庭小生產形式下，父權家長是宗法制家庭的最高權威，而維持父權家長權威的最基本的觀念形態是「孝」，「孝」是維護中國宗法制家庭的基本原則。孝的觀念的外延是「忠」，即忠君。國君是天下的「君父」，「天子作民父母，以為天下王」。孝敬父母是忠於國君的發端，忠於國君是孝敬父母的擴大。「忠」與「孝」是中央集權的君主專制的封建國家最高的道德價值。選拔具有「孝」行的士人充當國家官僚機構中的官員來治理國家，國家就有了穩定的秩序。如此，察舉制使倫理政治化，政治倫理化。倫理與政治相結合，這就是漢帝國的統治模式，也是自漢以降近2000年來中國封建社會國家的統治模式。漢代統治者主要是通過歲舉孝廉科的槓杆來支撐這個大一統的封建帝國。

孝廉科，實際上是「孝」與「廉」各為一科，民有德行稱孝，吏有德行

〔註40〕《漢書·董仲舒傳》。

稱廉。漢初，武帝令郡國舉孝、廉各一人，即舉孝子與廉吏各一人，至東漢時，孝廉便合爲一科。元光元年（前 134）漢武帝「令郡國舉孝廉各一人」，自此，孝廉科成爲察舉制中歲舉常科，它標誌漢代察舉制的完備，奠定了中國選士制度千餘年的堅固基礎。孝與廉最初爲兩個察舉科目，東漢後合爲一科。孝，指尊教、奉養父母。「廉謂清潔有廉隅。」〔註41〕爲人立身以孝爲本，任官從政以廉爲方。察舉孝注重的是德行，主要以推薦爲主，東漢時才增加了考試，但考試處於輔助地位。漢武帝對察舉孝廉十分重視，曾下詔「不舉孝，不奉詔，當以不敬論。不察廉，不勝任也，當免。」〔註 42〕即地方官如果不推薦孝順父母的，就應該以不敬罪論處；不考察官員在廉政方面的表現，就是不勝任本職，應當免除官職。從此，孝廉科的察舉在漢代察舉制度中占主導地位。被舉爲孝廉者多是地方官府的官吏或知名儒生，西漢許多公卿大臣都是孝廉出身的。爲了避免各地選舉多寡不均，兩漢時實行所謂按籍歲舉的辦法。即按地域和戶口多少核定推薦名額的制度，大致每 20 萬人歲舉 1 人。和帝永元五年（93 年）有大臣建議：「大郡口五六十萬舉孝廉二人，小郡口二十萬並有蠻夷者亦舉二人」，帝以爲不均，下公卿會議，（丁）鴻與司空劉方上言：「凡口率之科，宜有階品，蠻夷錯雜，不得爲數。六十萬三人；八十萬四人，百萬五人；百二十萬六人； 不滿二十萬，二歲一人；不滿十萬，三歲一人，帝從之。」〔註43〕到永和十三年（101 年）對於少數民族雜居的邊郡地區，又另定寬優之制，規定有 10 萬人口以上的邊遠地區的郡，每年推薦孝廉 1 人，不滿 10 萬人口的邊遠地區，每兩年推舉 1 人，5 萬人口以下的地區，每三年推舉 1 人。

漢代統治者爲什麼要選擇儒家的倫理道德思想作爲正統思想，實行舉孝廉爲主導的察舉選官制度，以鞏固其中央集權的君主專制統治呢？主要原因是儒學（主要是儒家的倫理道德思想）適應中國封建社會的生產方式和社會結構，符合封建地主階級爲建立適合自己的政治和經濟利益需要，使自己的中央集權的君主專制統治能得以長治久安。自秦統一中國以後，經西漢統治者近百年的慘淡經營，全國普遍建立了以一家一戶男耕女織的小農經濟爲基礎的封建社會經濟。這是中國封建社會賴以存在的主要經濟基礎。特別是中

〔註41〕《漢書·武帝記》顏師古注。
〔註42〕《漢書·武帝記》。
〔註43〕《後漢書·丁鴻傳》。

央集權君主專制的郡縣制政體的建立，代替了西周的分封制政體，導致了西周奴隸主貴族氏族宗法體制的解體，封建地主階級的家庭宗法制度的形成和鞏固。為了保證農業與手工業相結合的封建自然經濟的發展、鞏固中央集權的君主專制統治、穩定社會秩序，維護家庭宗法制度，漢統治者必然提倡以仁義忠孝為核心的儒家倫理道德思想，提倡「孝悌力田」。因為儒家倫理道德思想的基本功能，就在於「列君臣父子之禮，序夫婦長幼之別」，維護宗法等級制度。新興地主階級只要在新的歷史條件下對儒家的倫理道德稍加改造，就可以利用它來維護封建家庭宗法制度，作為鞏固中央集權的君主專制統治的思想工具。所以，漢武帝以後，漢代確立了「獨尊儒術」的察舉制度和選士方針。目的是為了選拔具有統一信仰的儒生來行使管理權，捍衛大一統國家的職能，以維護和鞏固大一統的中央集權的專制王朝統治。自此，儒學之士通過察舉選士，大搖大擺地進入封建官僚機構，成為中國古代士大夫群體的基本成份：儒生（士）＋官僚＝士大夫。

魏晉南北朝史稱是中國歷史上「離亂」時期，當時軍閥混戰，國家分裂，經濟凋敝，「百姓死亡，暴骨如莽」，長達 300 年的互相廝殺，此起彼伏的角逐火拼，使文化教育受到致命摧殘，大量智慧之才隱居草野，飽學之士流離荒原。而在雄戰虎爭中，一些豪強地主的勢力卻惡性膨脹，一批鐵血英雄擁兵自雄，各據一方，建立了自己的王國。如三國時的魏、蜀、吳，其中魏國的曹操當是一位最有遠見卓識、知人善任的英明的政治家，為了實現他統一天下的偉大理想，他十分重視教育和培養人才，他在獨攬魏國大權時曾三次下令求賢，提倡「唯才是舉」，即使品行不周，亦當用其才，在選士任官上打破了西漢以來的重儒家倫理道德，輕才華智慧的舊框框，不拘一格，提拔懷有「治國用兵之術」而不齒於名教的人才。縱然「不仁不孝而有治國用兵之術」〔註44〕亦勿有所遺。正因為曹操能破除陳規陋俗，大膽起用人才，所以，曹魏政權能雄踞中原，後來滅蜀吞吳成為統一天下的國家。靠求賢選賢充補各級官史，是權宜之計，後來，曹操接受謀臣何夔的建議，創九品中正選士制度，到魏文帝曹丕時才正式推行。九品中正制又稱九品官人法，它是由中央政府挑選在任有名望、品行端正的官員做「中正」，負責推薦人才，並加品評後，分作九等：上上、上中、上下、中上、中中、中下、下上、下中、下下。前三等為上品，後三等為下品。史曹按擇「上品」錄用的原則，從中拔

〔註44〕《三國志・魏書・武帝記》。

選官吏。其主要程序是：一是設置中正。在州郡兩級設立「中正」職由中正議定人才。「中正」即公正意。「中正」由「德充才盛者」和「賢有，識鑒者」擔任。中正官為在中央或州郡任職的官員，且「各以本處人」，兼任其原籍的大小中正官。這種人由於身居要職，又是本地人，既瞭解情況，說話又舉足輕重。郡縣中正通常由當地「著姓士族」充任，州中正官則以本地大士族在朝的現職官員兼任或致仕的要員擔當。州郡大小中正都由朝廷的司徒選授，其任務是執行察訪士人的「品狀」。二是品第人物。中正官負責察訪與之同籍的士人（包括散居他州郡者）加以登記註冊，須綜覈名實，調查行狀，瞭解家世，分別品第，加具評語。晉時品第人物的標準是：一曰忠恪匪躬；二曰孝敬盡禮；三曰友於兄弟；四曰法身勞謙；五曰信義；六曰學以為己。〔註45〕中正品評士人分「狀」和「品」。「狀」為士人的言行、德才，「品」是瞭解士人的家世，諸如牒譜、父祖資歷、做官情況、爵位高低，主要是士人的出身門弟。中正官品第人物，須兼顧德才及家世兩個方面。寫成書面材料，供吏部銓選官員時用。中正官寫就的人物品第材料要逐級上報：先由小中正考察，評定士人，而後上報至大中正，大中正核實後將品狀材料寫在黃紙上送交司徒，司徒再核實，呈吏部待用。吏部根據中正所定的品第授官，品第越高，官職越大。中正官的品評，決定了士人任官的高低。中正官不僅是向朝廷推薦士人做官，而且在很大程度上決定對官員的任命。在九品中正的選官法中佔有絕對的權威地位。所以，因此種選士制又稱之為「九品中正」制。九品中正制的選官法是封建國家在特定歷史條件下，仿傚名士左右鄉論，進而把持選用人才大權的一種選舉制度。它既是名士望族以「月旦評」，控制士人的方式在國家用人制度中的反映，又是對名士望族的制約。九品中正制的選官法在實行初期起了一定的進步作用，曾一度扭轉了東漢末年那種「位成於私門，名定於橫巷」的嚴重局面，有力地打擊了浮華朋黨的歪風，加強了朝廷對選士權力的控制，有利於鞏固中央集權的君主專制統治。

　　九品中正制選官法其關鍵決定於中正官是否「中正」。到魏末晉初之際，世家大族的勢力日益膨脹，政治昏暗腐敗，中正官幾乎全部被盤踞朝廷的大士族官僚所把持，九品中正制變為擴大士族勢力，鞏固門閥制度的工具。推行九品中正制初衷是為了加強朝廷對選舉任官大權的控制，但到後來，朝廷用人大權旁落，中正官總攬了品第士人及銓選官員的雙重權力，吏部空有虛

〔註45〕《晉書·武帝紀》。

名，中正官握有用人實權。東晉時，九品中正制便成了門閥世族的政治工具。一些世代為官，高居顯位的門閥士族他們壟斷了選舉和被選舉權，原本由德才和家世諸因素共同決定品第人才的九品中正制，演變成以家世出身作為品評士人的唯一標準，即所謂「計資（門資）定品」。選官用人先查姓氏族譜，看其門第高低，「選舉必稽譜諜，而考其真偽，故官有世胄，譜有世官」，以致「高門華閥，有世及之榮；庶姓寒人，無寸進之路」，甚至「崔、盧、王、謝子弟，生發未燥，已拜列侯；身未離襁褓，業被冠戴」。〔註46〕至晉代，中正官全由世族官員來擔任，相沿不絕。中央「臺閣選舉，塗塞耳目；九品訪人，唯問中正。故據上品者，非公侯之子孫，即當塗之昆弟也」〔註47〕於是，右姓選右姓，世族舉世族。九品中正制完全成為擴大士族勢力、鞏固豪強門閥利益的工具，成為門閥世族把持仕途、操縱政權的利器，並且「其別貴賤，分士庶，不可易也。」〔註48〕以致造成「上門無寒門，下品無貴族」，「操人主之威福，奪天朝之權勢」，嚴重削弱了中央集權的君主專制統治。正如西晉尚書左僕射劉毅在上書中所揭露的九品中正制選士法「上欺明主、下亂人倫」，弊端叢生。九品中正制發展到這一步，完全喪失了當初創立時的進步性，結果使民怨沸騰，上下不安，造成社會一片混亂。此時封建國家面臨前所未有的政治危機。當時一些有識之士提出「罷九品，除中正，棄魏氏之弊法，立一代之美制。」〔註49〕九品中正制選官法推行了 300 餘年，它產生的負面效應，促使人們去思考和尋找新的選士制度。西晉時劉毅、衛瓘、段灼等針砭士族勢力把持選士權，其子弟不問賢愚即可憑藉門第高登官的時弊，咄咄逼人的文章，為隋唐新型的科舉取士制度奠定了理論基礎。

三、科舉制度對中華德教和德治傳統的強化

九品中正制的選士辦法，至兩晉南北朝時，逐漸成為桎梏壓抑人才，擴張豪門世族勢力維護士族特權的政治工具，嚴重削弱了中央集權的君主專制統治。隋統一中國後，結束了東漢末年以長達 800 餘年分裂局面，中國封建社會進入了又一個大統一的中央集權專制帝國的發展時期。隋煬帝大業三年（607 年）四月，煬帝下詔：「夫孝悌有聞，人倫之本，德行敦厚，立身之基。

〔註46〕《晉書·段灼傳》。
〔註47〕《晉書·段灼傳》。
〔註48〕《新唐書·柳沖傳》。
〔註49〕《晉書·劉毅傳》。

或節義可稱，或操履清潔，所以激貪厲俗，有益風化。強毅正直，執憲不撓，學業優敏，文才美秀，並爲廊廟之用，實乃瑚璉之資。才堪將略，則拔之以禦侮，膂力驍壯，則任之以爪牙。愛及一藝可取，亦宜採錄，眾善必舉，與時無棄。以此求治，庶幾非遠。文武有職者，五品以上，宜依令十科舉人。有一於此，不必求備，朕當待以不次，隨才陞擢。其見任九品以上官者，不在舉送之限。」〔註50〕這道詔令，設置十個科目，包含政治、道德、法律、經史、文學、軍事等方面。強調分科舉人。有學者認爲其中「學業優美、文才美秀」一科，當爲進士科，進士科的設立，被認爲是年正式開創了科舉制度。

唐太宗李世民即皇帝位後，他總結了歷代封建統治者的歷史教訓，特別是隋亡的歷史教訓，認識到要鞏固封建中央集權的君主專制統治，必須加強中央政府的權力，擴大政權的社會基礎和加強大一統的思想統治，使全社會人們的思想意識都統一在儒家經術和倫理道德的範疇中，用儒家倫理道德來規範和箝制人們的思想。太宗即位後，選擇「偃武修文」的政治路線，以「忠、孝」爲核心的儒家思想作爲治國的指導思想，大力宣傳「仁、義、禮、智、信」五常道德規範，極力推行「德治強化」、「道德教化」作用，以鞏固自己的統治。在京都和地方州、縣廣建學校，京都設國子監，地方州、縣設學府，教以儒學經典，如《周易》、《尚書》、《周禮》、《儀禮》、《禮記》、《毛詩》、《春秋左氏傳》、《春秋公羊傳》、《穀梁傳》、《孝經》、《論語》、《老子》等。他在漢代察舉制選官的方法和隋創立的科舉取士的制度的基礎上，確立了科舉取士制度。以此牢籠天下士人，充實封建官僚機關，擴大國家政權的階層基礎，以穩定社會秩序。貞觀初年，唐太宗李世民下詔開進士科，放榜的那一天，他親去端門，見新進士於榜下綴行而出，得意忘形地對侍臣說：「天下英雄入吾彀中矣！」貞觀二十年，他主持殿試策問，出題兩道：第一題爲：惟堯則天，全穎陽之節；惟禹奠川，遂滄州之美。然則高潔之士，出於盛明，廉恥之賓，不生澆季。自皇唐受命，屈駕前古，貞遁不聞，風軌莫繼。豈端操之範，獨秘於往辰；將奔競之徒，頓騁於茲日？緬懷長往，有憛深衷，佇聽諸賢，以祛心疢。第二題爲：玄默垂拱，理歸上德，法令滋章，事鍾澆季。是以唐虞畫象，四罪而咸服；姬夏訓刑，三千而愈擾。故知勝殘去殺，必在於弘仁；返樸還淳，不務於多闢。方知削茲三尺，專循五禮。幸陳用捨之宜，

〔註50〕《隋書‧煬帝紀下》。

以適當時之要。〔註 51〕這兩道題，問的都是治國之道，涉及到道德與法律以及眞正道德之士產生的時代條件等問題。他所關心的是如何才能使天下太平，眞正地使國家長治久安。

唐代科舉制對參加科舉考試人的考試資格審查得比較嚴格，對「投牒自舉」即自主報名參加考試的私學、家學、自學成才的，即非官方學校的生徒，要由州縣長官審查，首先是審查階級出身，出身屠沽商販的人要受到限制。其次是審查在個人經歷中有犯過法、坐過牢或從事過下賤的職業者，不准應考。再次，本人品德要端正，不孝順父母、友愛兄弟者不能應舉。至宋代對應考者的資格要求審查更嚴：在個人品行方面對曾犯刑責，不孝不悌，跡狀彰明，故犯條寬，兩經贖罰，或未經贖罰，爲害鄉里……並不得取應。〔註 52〕在階級出身上也有限制：如做過和尚、道士的不准應舉，服喪期間不得應舉。明清對應試之士的審查基本上是沿襲宋之規定。

宋代的科舉更加強化了儒家的經義和倫理道德，特別是舉科中的八行科，以「孝、悌、睦、姻、任、恤、忠、和」八種德行取士。八行科爲宋徽宗所獨創，其創此科之目的是「善風俗、明人倫」，大觀元年（1107）三月甲辰（18 日）詔以八行取士。其詔云：

學以善風俗，明人倫，而人才所自出也。今有教養之法，而未有善欲明倫之制，殆未足以兼善天下。……朕考成周之隆，賓興萬民以六德六行，否則威之以不孝不悌之刑。……近因餘暇，稽周官之書，制爲法度，頒之學校，明倫善俗，庶幾於古。一、諸士有善父母爲孝，善兄弟爲悌，善內親爲睦，善外親爲姻，信於朋友爲任，仁於州里爲恤，知君臣之義爲忠，達義利之分爲和。二、諸士有孝、悌、睦、姻、任、恤、忠、和八行，見於事狀，晉於鄉里者，耆鄰保伍以行實申縣；縣令佐審察，延入縣學，考驗不虛，保明申州如今。三、諸士八行，孝、悌、忠、和爲上，睦因爲中，任、恤爲下。士有全備八行，保明令，不以時隨奏關入太學，免試爲太學上舍；司成以下引間考驗，較定不誣，申尚書省取旨釋褐、命官。優加擢用。〔註 53〕八行科重在以道德取士，實質是以封建倫理道德來牢寵士人，加強對人們思想的控制。此科由於不考試經義詩賦，靠選拔德行，無法進

〔註 51〕鄧洪波、龔抗雲編著：《中國狀元殿試卷大全》（上），上海教育出版社 2006年版，第 1～2 頁。

〔註 52〕《宋會要輯稿·選舉》3 之 25。

〔註 53〕《長編紀事本末》卷 146。

行實際操作。人們爲得到推薦謀取利祿，做出種種矯飾行爲，欺世盜名，使天下風俗大壞。據史籍記載：「邇來諸路以八行貢者，多或違詔旨，失法意……如親病割股，或對佛燃頂，或刺臂出血，寫青詞以禱，或不茹葷，常誦佛書，以此謂之孝。或嘗救其兄之溺，或與其弟同居十餘年，以此謂之悌。其女適人，貧不能自給，取而養之於家，爲善內親。又以婿窮瘦，收而養之，爲善外親。此則人之常情，仍以一事分爲睦姻二行。嘗一遇歉歲，率豪民以粥食饑者，而謂之恤。夫（以）粥食饑者，乃豪民共爲之而已，獨謂之恤，可乎？又有嘗收養一遺棄小兒者，嘗救一跛者之溺，皆以爲恤。如此之類，不可遽陳。今所保任，多不言學術，意皆其鄉曲尋常之人，非所謂士者。」〔註54〕徽宗創八行科原爲「善風俗、明人倫」，後施行結果都是詐僞虛妄，欺世盜名的種種矯飾行爲，風俗日糜，眞是對復古者的莫大諷刺。推行十數年而被迫廢止。

宋代科舉考試內容基本上沿襲唐代，但較唐代更重經義、策、論，看重詩賦取士。慶曆年間，范仲淹在宋仁宗皇帝的支持下於慶曆四年（1044）主持新政，改革科舉制，規定科舉考試先策，次論，次詩賦。並強調參加科舉考試的士子必須經過學校正規學習，州縣皆立學府，在選士的標準上重時務策論，即以士子對當代軍國大事有遠見卓識及經世濟事之能者爲上第，取消了唐以來帖經、墨義，即以死記硬背經注見長的考試內容，而提倡士人從不同角度去理解、探求儒家經術的精神義理。范仲淹這一改革，促進和激活了新儒學的興起，加速了宋朝理學的產生和發展。范仲淹改革失敗後，到公元11世紀70年代，王安石在宋神宗的支持下，對北宋的政治經濟進行了全面改革。同樣，也改革了當時的科舉考試，他廢除了以強記博誦爲旨的帖經和墨義的考試之法，罷詩賦，代之以經義。他把明經、進士兩科合爲一，僅留進士科。進士考試任選《詩》、《書》、《易》、《周禮》、《禮記》中的一種，稱爲「本經」或「大經」，兼考《論語》、《孟子》稱爲「兼經」。每科考試共分4場；第一場試大經大義十道；第二場試兼經大義十道（後改《論語》、《孟子》義各三道）；第三場試論一首；第四場策三道，禮部試增加二道。殿試則專試策，字數限在千字以上。經義考試以儒家經典爲依據，闡發其有關政治、經濟、道德等方面的理義，作答的標準以熙寧三年（1070年）王安石所作的《三經新義》爲準。（三經，指《尚書》、《詩》、《周禮》）宋哲宗親政後，

─────────────────

〔註54〕《宋會要輯稿·選舉》12之35。

「進士罷詩賦，專習經義」，歷 35 年。直到宋室南渡進士科分為經義與詩賦兩科，各兼以策、論，經義、詩賦和策論在進士科考中各占同等地位。宋代較唐朝更重視學校教育，把養士和取士的職能完全統歸於學校。把學校當作興邦治國、教化民眾的主要基地。王安石曾說：「古之取士，皆本於學校，故道德一於上，而習俗成於下，其人才皆足以有為於世。」〔註 55〕宋代的學校也分官學和私學兩類，官學可分中央與地方兩個方面，而占重要地位的是書院。書院在宋初為私學，後來逐漸演變為官辦。中央官學主要是國子學和太學。宋代官學在學生的出身品級上比唐代有所放寬。宋代地方州都縣均設官學。宋代私學深入到鄉村，蒙館、家塾遍於鄉村。宋代從中央到地方直到鄉村，無論是官學、私學、蒙學、家塾，其教學內容都是為圍繞科舉考試的指揮棒轉。宋代學校的教學和學習的內容仍然主要是儒家經典和詩賦寫作。熙寧八年（1075 年）7 月，朝廷以王安石主持編撰的《三經新義》頒發太學和諸州府學，作為學校教育的統一教材。嘉定五年（1212 年）朱熹集注《大學》、《論語》、《孟子》、《中庸》為官方規定的全國各級各類學校的通用基本教材，合稱「四書」，在社會上流傳甚於「五經」。北宋初書院興起，至南宋興盛。書院的教育內容主要是儒家經典。漢代儒家經師學者重視訓詁考據，而宋代儒學都注重研究儒家經典的精神與方法，即所謂「義理」，後人稱之為「理學」或「道學」，其代表人物是周敦頤、程顥、程頤、朱熹。宋至明清「理學」為「正統」思想，是維護封建中央集權的君主專制政治統治和封建思想文化專制統治的重要工具。宋代理學的核心思想是「明人倫」，它認為封建的倫理綱常，等級名分是永恒不變的「天理」，「父子君臣，常理不易」，強調人們要「存天理，滅人欲」，其服務於封建王朝政治統治的目的昭然若揭。所以，宋代的學校教育用儒家的「道統」思想，控制和壟斷士人思想遠甚於唐代。無論是官學、私學、書院（私學官學兼而有之）還是鄉村家塾、蒙學均「以講求經旨，明理躬行為本」〔註 56〕從國子學、太學到州、郡、縣各級各類學校的教育目的就是為了理解躬行封建儒家經術的倫理道德，作身心修養工夫，以服務於封建專制政治統治。

　　明清兩代的科舉制度和教育制度基本沿襲宋代，宋代的理學思想成為此二代的統治思想，明代完全承襲了宋代的程朱理學思想，而且有所發展，成

〔註 55〕《王臨川集・乞改科舉條制劄子》。
〔註 56〕《呂東萊先生遺集》，卷 10《學規》。

為宋明理學。程朱理學成為明清兩代控制科舉和教育的正統思想。

明代從一開始就竭力強化中央集權的君主專制政治統治，大力提倡程朱理學，用儒家的倫理綱常來嚴密控制全國一切人的思想，特別是對知識分子思想實行強制箝制，從科舉到學校教育都以儒家的倫理綱常織成了一張思想網，牢籠天下士人，以鞏固其專制統治。

明清封建王朝的統治者為何對程朱理學如此情有獨鍾呢？無論是學校教育，還是科舉考試都要以程朱理學為範本為依據呢？程朱理學產生於宋代民族矛盾和階級矛盾異常尖銳的時期。北有遼、金對北宋的武裝進犯，最後，金取北宋，南宋小朝廷偏安江左，朝夕處在金兵的威脅之下。宋王朝是一個積貧積弱的封建王朝，官僚地主加緊對農民的剝削和壓迫，貧富懸殊，農民提出了「均貧富」的口號，農民起義連綿不絕。為了泯滅農民「均貧富」的要求，以防止農民起義。程朱理學作為服務封建統治的儒家新學說此時便應運而生。程朱理學以孔孟學說為思想內核，吸收了佛、道的思想，編造了一套為封建地主階級統治服務的新理論。在宇宙觀和道德本原論上，程朱把封建道德「三綱五常」抽象化、客觀化為天地萬物的本原和本體，即「天理」、「天命」。在「理氣」的關係上，主張「理在氣先」、「理在事先」，從而推出封建道德倫理，就是一種「天理」，其本源於「天道」、「天命」。「天不變，道亦不變」，這樣，就把封建道德的倫理綱常神聖化和永恒化了。從而，從理論上論證了封建統治的永恒性。二程還從「天命之性」和「氣稟之性」二重說出發，進一步提出了人欲與天理「難一」的理欲觀。他認為天理與人欲是絕對對立的。不是天理，就是私欲。如何解決這個矛盾，二程教導大家要「存天理，滅人欲」，「無人欲即皆天理」。「存天理，滅人欲」是二程追求的倫理思想的最高境界。朱熹是集理學之大成者。從宋至清末 700 年間，他的學說一直為封建統治階級奉為正統的官方哲學和統治思想。朱熹認為天地萬物的總根源就是「理」，他說：「理一分殊，合天地萬物而言，只是一個理，及在人，則又各自有一個理」。〔註57〕在這裏，朱熹還強調「理一分殊」，即是說，萬物各有一個全整的理，因為稟氣粹駁不同，造成「理」在萬物中表現不同，這就有了人之理，物之理的「分殊」。有君臣之理與父子之理的「分殊」。他還進一步說明：「萬物皆是此理，理皆同出一源，但所居之位不同，則其理之用不一。如為君須仁，為臣須敬，為子須孝，為父須慈。物之各具此理，事

〔註57〕《朱子語類》卷一。

物之各異其用，然莫非一理之流行也。」〔註 58〕朱熹依據以理爲本的哲學命題，推導出「三綱五常」的道德本體論，都是源於「天理」。他說：「所謂天理，復是何物？仁、義、禮、智豈不是天理？君臣、父子、兄弟、夫婦、朋友豈不是天理？」〔註 59〕天理不僅表現在仁義禮智四德，而且體現爲父慈、子孝、兄弟悌、夫婦敬、朋友信的五倫。爲此，朱熹把封建倫理綱常昇華爲宇宙本體，從而論證了封建倫理道德，是永恒合理的。「人倫天理之至，無所逃於天地之間」。朱熹還從「理一分殊」出發，分析了「天理」與「人欲」的關係。他說：「凡一事便有兩端：是底即天理之公，非底乃人欲之私。」他認爲人欲爲私，天理爲公，天理和人欲是對立的。他說：「人之一心，天理存，則人欲亡；人欲勝，則天理滅未有天理人欲夾雜者。」〔註 60〕朱熹要求人們「存天理，滅人欲」的倫理道德說教，一方面可以扼殺不滿社會腐敗的有識之士的反抗情緒，另一方面可麻痺社會底層受剝削受壓迫的人民群眾的鬥志。由此可見，程朱理學對於封建統治階級從思想上統治人民，調整統治階級的內部關係，維護整個封建社會的長治久安都具有重要作用。。程朱理學的倫理道德適應了封建社會統治的需要，是挽救行將覆滅的中央集權的君主專制制度的一副「良藥」。所以，它成爲元明清三朝封建社會統治者大力提倡和宣揚的統治思想，一直是這一歷史時期占統治地位的意識形態。

　　明清兩代的科舉考試分童試、鄉試、會試和殿試四級。從其科舉考試的內容上看，可以明白封建社會的統治者是如何利用科舉考試來鉗制強化封建思想專制統治的。童試，是生員的入學考試。是讀書人搏取功名的開始。生員的身份就脫離了老百姓隊伍，可享受官府經濟上的各種優惠待遇和法律上的特權。如免稅和徭役，打官司見縣太爺可以不下跪，不輕易受刑罰。童試一般爲縣試：《四書》、本經、論、策各一篇，府試爲本經、論各一篇，院試仍爲《四書》、本經、論、策各一篇。

　　明代以降，中國的封建中央集權的君主專制主義統治達到了登峰造極的地步。農民出身的開國皇帝朱元璋，登上皇位後就廢除了自戰國以來的宰相制，君臨天下，實行「朕即國家」獨裁專制統治。爲強化和鞏固其獨裁專制統治，他一方面推行唐宋以來的科舉選士制度，並使之更爲完備和程序化，實行

〔註 58〕《朱子語類》卷十八。
〔註 59〕《答吳斗南》見《朱熹集》卷五九 P145。
〔註 60〕《朱子文集》卷十三。

「八股」取士。另一方面在思想文化領域中，用程朱理學思想鉗制士人，通過文字獄等殘酷手段迫害知識分子，推行極端的思想文化專制政策。明代科舉制與學校教育完全合流，即「科舉必由學校」，學校儲才以應科舉之選。「學校——科舉」培養選拔人才的鏈條結構的形成，標誌著中國選士制度的高度完備。科舉選士已完全程序化。洪武三年（1370 年）朱元璋詔開科舉，規定「中外文臣畢由科舉而進。非科舉者毋得與官」。〔註61〕洪武四年（1371 年）正月再次敕諭中書省，要求「各行省連試三年」，以期「賢才眾多而官足任使」〔註 62〕這些通過鄉試選拔的人才全部「免會試，赴京聽選」，以補由於「天下初定」所造成的官員缺額。是年三月，會試錄取 120 名，朱元璋「親製策問，試於奉天殿」。從此，科舉大權獨攬於皇帝一人之手。明初連續 3 年取士之後，朱元璋發現「所取多後生少年，能以所學措諸行事者寡」。〔註63〕這些新進士人只是長於文辭而鮮有實才，這與朱元璋設科選官的初衷大相徑庭，他說：「朕以實心求才，而天下以虛文應朕，非朕責實求賢之意也」〔註64〕洪武六年（1373年）停罷科舉，並再次採用薦舉制度選拔人才，明確提出「以德行為本，而文藝次之」的薦舉標準，廣設聰明正直、賢良方正、孝悌力田、儒士、秀才、耆民等選士名目，招賢納士。此薦舉法一直推行了 10 年，於洪武十五年（1382年）又宣佈恢復科舉。科舉制度到了明代地位更為提高，程序更加嚴密，條規更加煩瑣。洪武十七年（1384 年）規定科舉定式，科舉定為三年大比，科考分童試、鄉試、會試及殿試四級。科舉考試內容專取《子書》及《易》、《書》、《詩》、《禮》、《春秋》、《禮記》命題。其文略仿宋經義，代古人語氣為之。體用排偶，謂之八股。這一程序為明清兩代科舉制奠定了基礎，一直綿延了500 年，成為「永制」。特別是以八股文取士，危害極深。顧炎武說：「八股之害，等於焚書。」這種八股文要求以一定的格式，立言用古人口氣，不許說自己的意見，這種形式主義的文字，最適合統治者統一思想，控制思想，箝制學術自由，服務封建中央集權的君主專制統治的需要。乾隆時權臣鄂爾泰一語道破天機。他說：「非不知八股為無用，而牢籠志士、驅策英才，其術莫善於此」。〔註65〕

〔註61〕《明史・選舉十二》。
〔註62〕《明太祖實錄》卷 70。
〔註63〕《明史》卷 70《選舉志》。
〔註64〕《明太祖實錄》卷 97。
〔註65〕《滿清稗史》第 37 節。

　　明代統治者十分重視通過學校來培養自己需要的奴才和順民。明初就重視興學，中央有國學（後改稱國子監），地方有府州縣學。明代統治者，比它以前的任何朝代都更嚴屬、更殘酷地箝制學校教育和思想文化。首先，制定《理性大全》作爲經典性的統一教材，在全國從中央到地方各個學校強制使用。用程朱理學爲正統思想，像一具沉重的枷鎖套在當時的知識分子脖子上。規定學校的教材爲《大學》、《中庸》、《論語》、《孟子》、《本經》、《詩》、《書》、《易》、《禮》、《春秋》，兼及劉向《說苑》及律令，書、數、御製大誥等。明統治者對全國各級學校的學生制定嚴格的「監規」，在學生員當以孝悌忠信禮義爲本，必須隆師親友，養成忠厚之心，以爲他日之用。敢有毀辱師長及生事告訐者，即係干名犯義，有傷風化，定將犯人杖一百發配雲南充軍。學校絕對禁止學生對人對事有所批評或進行任何組織活動，極端專制主義浸透了學校的一切活動。國子監設「繩愆廳」，負責對學生進行課罰，國子監的學生常因不堪忍受極端殘酷的課罰而自殺。有一名叫趙麟的監生，因受不了監丞的虐待，揭帖子提出抗議，按犯毀辱師長罪該杖一百充軍，而明太祖朱元璋竟把他殺了，並在國子監前立一長竿，懸首示眾，這竿子一直豎了 160 餘年。明統治者對全國各地方學校也採取極端專制措施，頒禁令於天下學校，鑴刻臥碑，對不遵守監規的予以嚴屬制裁。「府州縣生員有大事幹已者，許父見陳訴。非大事，毋輕至公門。一切軍民利病，農工商賈皆可言之，惟生員不許建言。生員聽師講說，毋持己長，妄行辯難，或置之不問。」不許讀書士人評論政治，議論朝政，其教育法規對學生思想的箝制，精神之束縛已達到令人髮指的地步。明代在鄉村設社學，民間幼童十五歲以下者送入讀書。明統治者設鄉村社學的目的是爲了使儒家禮教深入民心，朱元璋說：「鄉禮之民未覩教化，有司其更置社學，延師儒以教民間子弟，導民善俗，稱朕意焉。」〔註66〕社學先讀《三字經》、《百家姓》和《千字文》，然後，進一步學習《四子書》及儒家經典如《易》、《孝經刊讀》、《周禮》《儀禮》、《春秋經》、《禮記》等，兼讀「御製大誥」及律令。其次，明統治者還大興文字獄；遍織文網，大施屠戮士人。朱元璋出身微寒，做過和尚，以遊丐起事，其靈魂深處烙印著封建等級觀念的印跡，其宏大的野心與自卑感互交在一起，心態被扭曲，做了皇帝後，尤忌文人的譏諷，常疑心生暗鬼，對士人大興問罪之師，禍及之士多爲學校教師。如杭州教授徐一夔作賀表，內有：「光天之下，天生聖人，

〔註66〕　《明會典》卷 78 禮部 36，《學校・社學》。

為世作則」之句，朱元璋看了大怒曰：「生者，僧也，以我嘗為僧也。光則剃髮也，則字音近賊也。」遂斬之。在學校，從學生到教師，人人頭上高懸著達摩克里斯劍。為了強化專制統治，明代統治者建立特務組織「廠衛」制，對士人實行特務統治。朱元璋及其子孫們建立錦衣衛、東廠、西廠、內行廠，為明代在刑部、都察院、大理寺三個辦理刑獄衙門之外執掌「詔獄」的特務機構，作為其專制統治的特殊工具，其偵緝範圍無所不至，士人的文化活動盡在其中。永樂以後，廠衛權力由宦官把持，宦官充當明代酷烈的文字獄的忠實打手。天啓年間魏忠賢所興東林大獄，著名文士顧憲成、高攀龍、趙南星等 309 人被列入東林黨人榜。凡上榜人「生者削籍，死者追奪，已經削奪者禁錮」〔註67〕其手段之殘忍令人髮指，或「釘以鐵釘」或「以沸湯澆之。」〔註68〕嘉靖朝，科場禍害尤多。明世宗朱厚熜嘉靖三十五年（1556年）吏部尚書李默奉命考選庶吉士，所擬策題中有「漢武征四夷而海內虛耗，唐憲復淮蔡而晚業不終」句，被認為是亂引歷史，譏諷當朝。嘉靖皇帝朱厚熜大怒，命刑部把他抓起來，刑部以「子罵父」科議定處李默絞刑，朱厚熜還嫌輕，後李默瘐死獄中。明中葉書院較為發達，由於書院界於官學與私學之間，多少有點自由講學之風和評論政事的傳統，這對明統治者要控制思想、鞏固專制統治不利。所以，明代統治者曾多次下詔毀廢書院。明萬曆十年（1582年）權臣張居正以書院講學「搖撼朝廷，爽亂名實」〔註69〕為由，奏請神宗皇帝朱翊鈞，下詔停廢天下所有書院。為了從思想上控制廣大士民，明皇朝對凡是有悖離程朱理學的封建正統思想的書籍實行野蠻禁燬。如李贄的《焚書》、施耐庵的《水滸》、瞿祐的《剪燈新話》等都遭焚毀。

　　清代是中國歷史上最後一個封建中央集權的君主專制王朝。清王朝建立以後，一方面實行軍事統治，推行民族壓迫政策；另一方面又聯合漢族地主階級，實行用儒術統制思想的政策。在文化方面仍採用科舉制籠絡欺騙知識分子，又利用程朱理學和八股文麻醉和箝制士人的思想，以鞏固封建專制統治。清仿明制，把學校完全納入科舉選士的軌道。清代承襲了明朝科舉分童試、鄉試、會試、殿試四級考試程序。清代地方設立府州縣學，能進入學校者稱為生員，通常又稱作秀才。童生要通過郡縣試、府試和院試才能取得生

〔註67〕 《酌中志策》卷上。
〔註68〕 《明季北略》。
〔註69〕 《明通鑒》。

員資格，童試是三年二考。考試分四場：第一場爲正場，試《四書》文二篇，即考八股文（乾隆四十三年（1704 年）規定每篇 700 字）；五言六韻試帖詩一首。第二場爲「招復」亦名初復，試《四書》文一篇，《性理》論或《孝經》論一篇，默寫《聖諭廣訓》約百字。第三場爲「再復」，試《四書》文或經文一篇、律賦一篇，五言八韻試帖詩一首，默寫《聖訓廣訓》首二句。第四場爲「連復」，考八股、詩賦經論、駢文，不拘定格（有時知縣要面試童生）。通過童試取得秀才資格的才可參加科舉考試的二級考試——鄉試。鄉試三年一次，是正科。在省城舉行。鄉試爲三場，考試內容仍爲儒家經義、程朱理學。鄉試三場共九天。第一場考《四書》三題，《五經》各四題，考《四書》《五經》之文仍用八股文。答題標準清政府統一規定爲：《四書》爲朱熹《集注》；《易》用程頤《傳》、朱熹《本義》；《詩》用朱熹《集傳》；乾隆二十三年（1758 年）加《性理》論題。第二場試《孝經》論一篇，乾隆二十一年（1756 年）改爲經文四篇，詔、誥、表各一道，判五條。第三場試經史、時務策五道。通過鄉試的稱爲舉人，就取得了做官的資格。中了舉人再通過磨勘、復試合格者可以參加禮部主持的全國會試，會試於春季在京城舉行，故稱「春闈」。會試的考試內容與鄉試同。通過會試的稱貢士，貢士經過磨勘和復試合格者可參加由皇帝親自主持的殿試。殿試只考時務策一道。試題由皇帝親定。

清代的學校教育完全是爲科舉考試服務的。無論是國學，還是地方學府基本上承襲明制。在京師設國子監，地方設府州縣學府，教學內容以程朱理學爲主，以配合科舉考試的內容，主要以經、史性理書及時文等。五經《朱子大全、》《性理大全》、《四子書》、《大學衍義》、《欽定孝經衍義》、《御製性理精義》、《御製詩書、春秋三經傳說類纂》等爲教材，以「正人心」。在讀學生所學科目有五經、四書、性理、習字等，此外還有《文章正宗》、《古文淵鑒》、《御製律學淵源》、《資治通鑒綱目》、《歷代名臣奏議》及《欽定四書義》等都是應行修習之書。清代統治者爲了強化思想文化專制統治，禁錮讀書人的自由思想，對凡是與程朱理學相左的書，一律被禁止。他們還以組織編撰類書爲名，篡改和禁絕一切不符合程朱理學思想的古籍圖書。對具有愛國思想和反對封建統治或批評封建倫理綱常的書籍都一律銷毀。乾隆時編集有《續通志》、《續通典》、《續文獻通考》、《皇朝文獻通考》、《皇朝通典》、《大清會典》、《四庫全書》等。乾隆皇帝曾下令說：「明季造野史甚多，其間必有詆觸本朝之語，正當及此一番查辦，盡行銷毀。……各省已經進到之書見交四庫

全書處（館）檢查，如有關礙者，即行撤出銷毀。」〔註 70〕乾隆三十八年到四十七年先後燒書 24 次計銷毀 538 種 13862 部，實際上燒毀的遠不止此數，其暴虐遠勝秦始皇的焚書坑儒。清皇朝的獨夫們爲了挽救搖搖欲墜的專制統治，大興文字獄，以此來鎮壓有反抗意識和民主思想的知識分子。順治、康熙、雍正、乾隆四朝多次大興文字獄屠殺知識分子。康熙初年莊廷鑨得明大學士朱國楨所著《明史稿》，增改刊印，定名《明書》，書中暗含了對亡明的思念，經人告發，時莊廷鑨已死，被剖棺戮屍，家屬都被處以死刑。凡與此書有牽連的，如作序人、校補人、刻印人、售書買書的人都被處死，共計 70 餘人。雍正四年（1726 年）江西考官查嗣廷出試題爲「維民所止」，被指爲「維止」兩字係殺雍正之頭的意思，認爲大不敬。查嗣廷被抓，死在監獄裏，後仍被戮屍，所有親族被殺或充軍。乾隆朝文人常因一句詩一個注解，被認爲是諷刺或譭謗朝廷，就會招來殺身之禍。乾隆時內閣學士胡中藻刊印了一部詩集《堅磨生詩抄》，被人告發，乾隆親自檢查，認爲詩集中的「一把心腸論濁清」「世事如今怕捉風」等詩句，有「謗及朝廷」，「謗及朕躬」之意，他大叫要「申我國法，正爾囂風，效皇考之誅查嗣庭」。詔令有關官員，將胡中藻斬首沒收其家財 8 千兩。詩人徐述夔生前寫了許多詩，死後他的兒子徐懷祖將其刊印，名曰《一柱樓詩集》，徐懷祖死後，有人告發此詩集有反清思想。並被查出有「大明天子重相見，且把壺兒（諧音胡兒）擱半邊」「明朝期振翮，一舉去清都」等句，被定爲「逆書」。乾隆閱後大怒，下詔將徐氏父子開館戮屍，嫋首示眾，刊印收藏此書的徐食田、徐食書等五人斬首，其家眷發配邊遠地區。

總之，明清兩朝封建中央集權的君主專制統治已到了盡頭，封建統治者一方面以科舉來籠絡士人，另一方面又以程朱理學來束縛士人，大興文字獄，對有民主進步思想的知識分子實行殘酷殺戮，企圖鞏固淹淹一息的封建專制獨裁統治。

第三節　科舉制度使儒家倫理政治化和政治倫理化

就中國傳統文化的整體而言，政治倫理是文化的軸心，政治是道德化的，道德是政治化的（所謂「德政」）。教育是實現德政和教育化必不可少的手段。

〔註70〕《高宗實錄》卷 964 或《四庫全書》總目錄卷首。

從西周朝代周公的「不忍人之政」，荀子的「以善先人謂之教」〔註71〕，到董仲舒的「南面而治天下者，莫不以教化爲大務」，〔註72〕，注重教化的思想一脈相承。《學記》更是把教育提高到「建國君民，教學爲先」，「化民成俗，其必由學」的高度。由此可見，教育的政治功能爲歷代統治者和教育家所推崇，教育成了中國封建社會的政治意識形態結構對經濟結構進行調節的有力工具。事實確是如此，封建時代的官學如漢代的太學、唐代的國子學、太學、四門學都是封建官僚機構的附屬物。科舉制度作爲文官（兼及武官）的考試制度，強化了官學的政治性，造成了官學對政治的依附，使教育的政治功能更加突出。政治與倫理結合是我國傳統文化的一個重要特徵，產生這一特徵的土壤是傳統社會的宗法制度和宗法觀念。儒家主張以禮治國，一再強調禮是「國之命」、「政之輓」、「治之始」。禮治的核心是德治，所謂禮治或德治主要是以道德教化爲基本原則，這一原則的運用是建立在統治者和被統治者之間的特殊關係基礎上的。

一、政治倫理化和倫理政治化的含義

從文化——政治結構看，中國政治以官爲本位，中國文化以倫理爲本位，而這二者又相互支持。統治者「以德治天下」，倫理合法性是政治-權力合法性的基礎。賴德菲爾德（R.Redfield）把古代中國稱爲「復合的農村社會」，由士大夫與農民組成。士人與農民是中國社會的最重要的成分，其中士人的工作是非經濟性的，他們的使命是建構文化價值與倫理規範系統，因而不需要多少自然科學技術方面的知識。金耀基先生也認爲：中國的士大夫是偏重於「人事主義」與「人事學問」（即處理人際關係的倫理學問、道德學問）的，對於自然的學問興趣極少。中國文化的倫理本位之特點，還決定了中國古代的政治權力的合法化依據是儒家的倫理哲學，而不是國家的經濟成就和老百姓的物質生活水平（只有當經濟陷入崩潰的時候，即老百姓無法維持基本生存的時候是例外，但即使如此也無法推翻倫理本位的傳統），統治階級以所謂「禮儀」、「德」、「孝」治天下，社會的各個階層也以禮儀（而不是商業倫理或市場爲基礎的契約）規範人際關係及日常生活。這一方面使得人文知識的主幹——以儒家倫理爲核心的禮儀心性之學，位居整個知識系統的核心，使得以

〔註71〕《荀子修身》。
〔註72〕《春秋繁露‧對第一》。

闡釋這種儒家倫理爲本位的人文知識分子穩坐其霸主地位；另一方面則導致科技知識無法轉化爲權力話語，科技知識分子也只能被排斥在權力中心之外。但由此帶來的嚴重後果是使得中國傳統的人文知識與政治權力處於極其緊密的關係之中，甚至異化爲赤裸裸的政治權力話語，它既爲政權提供合法化的依據，也在社會的各個層面（比如老百姓的行爲方式）發揮其規範的作用。

政治倫理化與倫理政治化是一個問題的兩個方面，如果勉強區分，可以認爲，政治倫理化是對國家權力系統之內的人而言，倫理政治化則是對國家權力系統之外的人而言。政治倫理化是社會政治架構和具體的政治法律制度逐步依照儒家的設計並體現著儒家的理想。儒家的根本目的在於爲現實的政治和社會提供一種價值體系和作爲這種價值體現的秩序。因此，當儒家在漢代取得獨尊地位之後，其產生的影響就不僅僅在於思想觀念之上，同時也在於政治法律等制度的設計之上。正如陳寅恪先生所說的那樣，儒家對中國的影響集中於「制度法律和公私生活」。倫理政治化是指儒家在被確立爲國家的意識形態之後，統治者採用一系列的制度設計來確保儒家倫理思想的獨尊地位。因爲「價值系統自身不會自動地『實現』，而要通過有關的控制來維繫。在這方面要依靠制度化、社會化和社會控制一連串的全部機制」。具體的做法包括設立五經博士而使儒家文獻經典化，建立由國家祭祀的孔廟而使儒家創始人孔子聖人化等。

政治倫理化首先是政治關係倫理化。由於家國同構，君主與百姓之間、統治者與被統治者之間的政治關係被轉化或美化爲倫理道德關係。張載說：「大君者，吾父母宗子，其大臣，宗子之家相也。尊高年，所以長其長；慈孤孤弱，所以幼其幼。聖其合德，賢其秀也。凡天下广殘疾惸獨鰥寡，皆吾兄弟之顛連而無告者也。於時保之，子之翼也。樂且不憂，純乎孝者也。」〔註73〕在張載的情懷裏，天下是一家，君王是萬民的父母，官吏是君王的家相，百姓爲兄弟，對於統治者來說，天下之人皆是我的子民、兄弟，應以仁愛之心相待。尊長慈幼，生養教化，即是治國御民的內容。其次是政治原則倫理化。由今天的觀點來看，忠和孝是不同領域的義務準則，忠是政治義務，孝是倫理義務。但在古代，由家國同構導致了忠孝一體，《孝經》謂：「君子之事親孝，故忠可移於君；事兄弟，故順可移於長；居家理，故治可移於官」。

〔註73〕《西銘》。

《禮記》也說：「忠臣以事其君，孝子以事其親，其本一也。」〔註74〕《孝經》還提出了「五等之孝」，對天子、諸侯、卿大夫、士、庶人的孝道分別做了規定：庶人之孝是努力生產，謹身節用，供養父母；士之孝指忠順其上，保有祿位，守其祭禮；大夫之孝指言無過錯，行無怨惡，承守宗廟；諸侯之孝的核心是保其社稷，和其民人；天子之孝的內容是「愛敬盡於事親，而德教加於百姓，刑於四海。」這些內容說明，對統治階級來說，孝主要是保有世襲的祿位、社稷、江山，這與其說是倫理義務，不如說是政治責任。正由於如此，人們往往把倫理原則作為政治原則，「事君如事親，事官長如事兄，與同僚如家人，待群吏如奴僕，愛百姓如妻子，處官事如家事。」〔註75〕政理如同倫理，治國猶如治家，這不僅對君主來說是這樣，對一般的官吏也是如此。而這一點被奉為做官的箴言，說明它是那個時代普遍的政治信仰。

　　倫理政治化。有人曾問孔子為何不從政，他回答：「《書》云：『孝乎惟孝，友於兄弟，施於有政。』是亦為政，奚其為為政？」〔註76〕他認為，履行家庭中的倫理義務也就盡到了對國家的政治責任，並不一定進入權力系統才算「為政」。這一點體現了傳統政治義務和政治行為的泛化，就是說，家庭倫理關係和道德行為被政治化了。這體現在以下兩個方面。首先，家庭倫理關係和道德行為具有穩定社會秩序，鞏固地主階級統治地位的政治功能。在家國同構形態下，家庭和家族不僅承擔了經濟和文化職能，還承擔著政治職能。統治者十分注意利用血緣親情和道德責任約束人們的行為，建立起父慈、子孝、兄良、弟悌、夫義、婦聽、長惠、幼順的道德秩序。不僅如此，家庭和家族通過倫理規範和宗規、族規能夠發揮政府法令難以起到的政治功能．所謂：「禁童子之暴謔，則師友之誡，不如傅婢之指揮；止凡人之鬥閱，則堯舜之道，不如寡妻之誨諭。」〔註77〕在一定意義上，家族集團是一種亞政治組織，最典型的是北魏時期的「宗主督護」制度，它取代政府基層機構，行使政治、法律等社會管理職能。宋元以後，宗法家族組織日益完善，一般的民事糾紛案件，如鬥毆、婚姻、家產、田宅、債務等，族長有權過問和斷處，對於嚴重違反封建道德規範法律規範的人，家族甚至有權處死。這樣，「通過家族政治化和國家家族化兩個途徑，

〔註74〕《禮記・祭統》。
〔註75〕呂本中：《官箴》。
〔註76〕《論語・為政》。
〔註77〕《顏氏家訓・序致篇》。

統治者把防止『犯上作亂』的責任，通過家庭以至家族關係，使各個家長、族長、父親、丈夫去分別承擔。這樣，政治統治的功用，通過社會上普遍存在的父子夫婦關係，滲透到社會的每個角落。」〔註78〕其次，家庭教育具有政治社會化功能。政治社會化是指通過一定環境，將社會政治價值、態度、規範等「內射」到人格之中，內化爲人格的重要組成部分，形成與特定社會地位相應的行爲模式。現代政治心理學認爲，兒童在家庭中的早年經驗，是一種間接的政治社會化，政治態度可被看作是由一個人在家庭和其他最初的團體中的經驗造成的性格特質的投射。比如，兒童在早年生活中就建立了對權威的態度，一個以嚴父爲首的專斷主義家庭會使小孩期待所有團體關係中都有統治和服從，他不是期待遵從就是統治。對於中國傳統社會中的大多數人來說，不僅是童年時期，而且整個少年、青年時期，乃至一生都是在家庭和家族範圍內活動，對這些人來說，家庭生活經驗是政治社會化的唯一途徑。這種經驗主要是從家長身上獲得的，《白虎通義》說，「父子者何謂也？父者矩也，以法度教子也；子者孳也，孳孳無已也」〔註79〕教育子弟是家長的重要職責，所謂「養不教，父之過」，家庭教育以孝悌爲本，以忠義爲主，倫理綱常、道德法度皆包括在內，「陳朝廷之法紀，述祖考之訓詞。」〔註80〕通過孝悌忠順的灌輸，使人們入則知父子兄弟之親，出則知君臣上下之義，「是故未有君而忠臣可知者，孝子之謂也；未有長而順下可知者，弟弟之謂也。」〔註81〕在家爲孝子，在國必爲忠臣，政治上的忠義品格離不開家庭的培養薰陶。

此外，家庭生活中的權威認同，也奠定了人們日後的政治態度。在傳統家庭中，家長獨尊專制，所謂「家無二主，尊無二上。」〔註82〕「蓋父母視家人，勢分本爲獨尊，事權得以專制。」〔註83〕子女從小在這種專斷環境中生活，自然形成了權威—依附型人格，進入政治系統，必然會認同依附君王長上。正是因爲有「父叫子亡，不敢不亡」的家庭誡律，才會有「君叫臣死，不敢不死」的政治信念。

〔註78〕 李宗桂：《中國文化概論》第55頁，中山大學出版社1988年版。

〔註79〕 《白虎通義・三綱六紀》。

〔註80〕 《錢氏家乘・希夷公傳》。

〔註81〕 《大戴禮記・曾子之孝》。

〔註82〕 《禮記・坊記》。

〔註83〕 龐尚鵬：《龐氏家訓》。

二、政治倫理化和倫理政治化是儒家崇尚的理想目標

孔子以仁作爲禮的內化根據，又以禮作爲仁的外推規則，對仁與禮進行了合一致思。一方面，「克己復禮爲仁」，即克制自己調整自己，並使個人言行符合公共生活規則，這就成就了仁的倫理精神和政治要求。在此，倫理精神是政治要求的基礎，政治抉擇是倫理精神的歸結，有仁必有禮。否則，「人而不仁，如禮何？人而不仁，如樂何？」〔註84〕所以，能夠克己復禮，在外在行爲方面，也就需要非禮勿視、聽、言、動了。另一方面，達到仁的境界，自然具有禮的外在功用。「苟志於仁矣，無惡也。」〔註85〕）這是對個人存善祛惡而言。「能行五者於天下，爲仁矣」，五者是「恭、寬、信、敏、惠。恭則不侮，寬則得眾，信則人任焉，敏則有功，惠則足以使人。」〔註86〕這是對公共生活的舒愜而言的。但「恭而無禮則勞，愼而無禮則葸，勇而無禮則亂，直而無禮則絞」〔註87〕外在規範的禮對內在修養的仁，還是有強大制約作用的。再一方面，仁與禮的作用同時發揮於政治活動的過程之中。總體上講，「政者，正也」。這裏的正，有兩方面含義：一是「克己」之心，即以仁的倫理規範端正言行；二是「爲政」之正，即以仁心仁術對待大眾。分開來講，對統治者而言，「爲政以德」；對臣民而言，「謀事以忠」。前者，強調統治者「道之以德，齊之以禮」〔註88〕，強調其「使臣以禮」〔註89〕強調其「懷德」〔註90〕，強調其「以禮讓爲國」（同上），強調其「喻於義」（同上），以期收到「上好禮，則民莫敢不敬」〔註91〕的統治效果，收到「有恥且格」〔註92〕的人心歸附的社會效果，收到「譬如北辰居其所而眾星拱之」（同上）的普遍認同的結局效果。可見，倫理與禮法合一對統治者多麼重要。後者，強調臣民「事君以忠」〔註93〕「事君盡禮」（同上），「事君，能致其身」〔註94〕。這樣，以仁爲原動力、

〔註84〕《論語‧八佾》。
〔註85〕《論語‧里仁》。
〔註86〕《論語‧陽貨》。
〔註87〕《論語‧泰伯》。
〔註88〕《論語‧爲政》。
〔註89〕《論語‧八佾》。
〔註90〕《論語‧里仁》。
〔註91〕《論語‧子路》。
〔註92〕《論語‧爲政》。
〔註93〕《論語‧八佾》。
〔註94〕《論語‧學而》。

以禮為調節器，社會政治便進入一個秩序井然的滿意狀態：「君君、臣臣、父父、子子」，「天下有道」。但是，如果仁與禮的倫理─政治共同規範不被信守，社會狀態就會陷入令人憂慮的格局之中。對統治者而言，「其身正，不令而行；其身不正，雖令不從。」〔註95〕「苟正其身矣，於從政乎何有？不能正其身，如正人何？」（同上）對臣民而言，「民無信不立」〔註96〕。正反兩方面的推論，使人可以見到仁禮的相互為用，互為中心，對人心純化、社會治理，是一種最佳抉擇。

孔子的目標是將倫理政治化，他為推行自己的社會理想而到處奔波，周遊列國，提出了很多政治倫理觀念，這些觀念都是以改造現實為基礎並為改造現實服務的。「學優則仕」和「為政以仁」是最能表現孔子欲將倫理政治化傾向的。孔子為了實現將倫理政治化的目的，提出了「禮」的主張。所謂「禮」，其實就是對包括維護等級制度在內並首先表現為對等級制度進行維護的社會生活秩序的強調。「君君、臣臣、父父、子子」〔註97〕遂順理成章地成了等級制度和舊秩序的護符。這是具有濃厚倫理色彩的政治學說。孔子將道德作為萬能的政治手段，冀望通過對人心的道德改造，恢復逝去的周朝式的統治和生活秩序。其實「如有用我者，吾為其東周乎」〔註98〕的真正用意，就是要重建倫理化的政治，將倫理政治化。

政治的倫理化和倫理的政治化是十分相似但又有明顯不同的兩種思想傾向。兩者的相同點在於兩者均對政治和倫理現狀嚴重不滿，都認為倫理和政治「道德」的嶄新社會生活秩序。孔子的路徑是由政治而道德的。雖然儒家每言：「修身、齊家、治國、平天下」，從表現層次上而言是從倫理到政治的，但這只是對少數君王或為政者而言，也就是說，這只是對社會生活中的「大人先生」們的要求，而對於整體社會的改造，則更主要的還是寄託在通過政令的貫徹執行而收到改造社會使之道德化的客觀效果。傳統社會中以禮為法或以禮代法，「禮法」聯稱的秘密即在於此。事實上這種以「禮法」為特徵的社會，正是奉行了孔子的這種主張，沿著孔子的這種路徑而行進的。

〔註95〕《論語・子路》。
〔註96〕《論語・顏淵》。
〔註97〕《論語・顏淵》。
〔註98〕《論語・陽貨》。

　　以仁心作為貫通倫理與政治，化政治治理為倫理抉擇，是孟子理解政治的基本準則。「人皆有不忍人之心。先王有不忍人之心，斯有不忍人之政矣。以不忍入之心，行不忍入之政，治天下可運於掌上」〔註99〕。這裏面有幾層意思：其一，不忍入之心是政治運作的最高根據，是倫理抉擇與政治治理的共同依靠。換言之，人的行為依託於不忍人之心，倫理抉擇是人的行為方式之一，政治治理也是人的行為方式之一，二者也就當然共同受其作用與影響、控制與支配。其二，有沒有不忍人之政，受政治層階的最上層者——最高統治者的影響，這一因素最為關鍵。整個地說，人皆有不忍人之心，王者，亦不例外。分別地講，人均有可能放失其心，王亦有此可能。故而，王有不忍人之心，還得推行於政治治理的過程之中，不忍人之心的內在存貯，才能外化為不忍人之政的外在治理方式。其三，政治治理本身，既可以是複雜得難以收拾的社會運作過程，又可以是簡單得能夠如運於掌上的個人抉擇。其趨向於複雜而難以控制，還是趨向於簡單而易於整合，全看不忍人之心之能否開出不忍人之政。但是，不忍人之心與不忍人之政之間，畢竟還有許多問題需要說明：人心與施政可以統一，但由誰統一？誰來統一都面對統一的確當性問題，因此，政治治理的確當性是如何由倫理抉擇的確當性來保證的？進一步，政治治理的整體得當與政治舉措的得當還有一個如何保持其一致性的問題，尤其是具體而繁瑣，並顯得細微的後者，如何可以反映前者的確當性？而如果說政治層次的劃分和各施其能，是政治治理所必不可免的，那麼，君與臣的關係如何理順，以使其共同服務於仁政運作？而君民的關係又如何處置，以使政治的統治發揮出凝聚民心的功用？

　　孟子以孔子對倫理善與倫理惡的劃分為出發點，來處理誰堪推善心於仁政的問題。他引孔子「道二，仁與不仁而已矣」，並藉此二分法，觀察一部政治史，發現「三代之得天下也得仁，其失天下也以不仁」，從而將之提升為一個富有政治哲學意義的普遍原理。「國之所以廢興存亡者亦然。天子不仁，不保四海；諸侯不仁，不保社稷；卿大夫不仁，不保宗廟；士庶人不仁，不保四體」〔註100〕。這一發現，一方面將不忍入之政的責任歸之於統治階層的倫理抉擇上；另一方面，更將天下有否仁政，歸之於天子的倫理自覺。從而，點出「欲為君，盡君道；欲為臣，盡臣道」（同上），以此指出仁政過程中，

〔註99〕《孟子・公孫丑上》。
〔註100〕《孟子・離婁上》。

君臣對仁政擔負的不同職責。於君而言，孟子由堯舜之治的反觀，指出「不以仁政，不能平治天下」的孔子哲學道理，進而強調「惟仁者宜在高位。不仁而在高位，是播其惡於眾也」（同上）。於此，強調握有最高權柄者的權力合法性問題，構成其享用權力的依據。而其合法性根據，則是倫理規範的自覺踐行與否。唯有其倫理修行與政治治理相互統一，才可望獲得「身正而天下歸之」（同上）的好結果。因為依照政治層階由上而下貫的影響機制言，「君仁，莫不仁；君義，莫不義；君正，莫不正。一正君而天下定矣」（同上）。但問題在於，君王如何才可以依託於仁，推行仁政？按孟子的思路，其一，君王在義利抉擇上，不能唯利是圖，甚至不能以利作為行政的根據，因為「上下交征利而國危矣」。故利益分配比之於倫理抉擇，對政治的重要性而言，前者遠遜幹後者，「何必曰利？亦有仁義而已矣」〔註101〕。其二，在政治治理的基本方式選擇上，嚴格分辨出王道與霸道。強調「以德行仁者王」〔註102〕，「苟為善，後世子孫必有王者矣」〔註103〕，「懷仁義以相接也，然而不王者，未之有也」〔註104〕。

《大學》建構了一個倫理政治化和政治倫理化的體系，其核心就是把修身養性與治國平天下聯繫起來，強調修身對治國平天下的作用。「修身」既是《大學》思想的根本目的，同時又是《大學》「治國平天下」的出發點。由內到外、由小到大、由家到國乃至天下的實踐之路是有先後順序的。《大學》又提出了「齊家」之論：「所謂齊其家在修其身者：人之其所親愛而辟焉，之其所賤惡而辟焉，之其所畏敬而辟焉，之其所哀矜而辟焉，之其所敖惰而辟焉。故好而知其惡，惡而知其美者，天下鮮矣！」人之感情易被一時之好惡、貴賤之情所蒙敝而不能以正當全面的眼光來看待事物，這樣就很容易造成對事物的片面性理解。這一段話旨在說明「齊家」與「修身」之間的關聯。從現代社會學的角度看，家庭是社會的最基本細胞，而人又是組成家庭的最基本元素，只有社會中每一個獨立個體在自身的整體素質方面有了全面的提高，才能可能維繫家庭的內部穩定，最終也才能保持社會的穩定，保持社會道德水平的進一步提高。從這一層面來講，《大學》所謂的「身脩而後家齊，家齊而後國治」的理論是有一定的科學道理的。

〔註101〕《孟子·梁惠王上》。
〔註102〕《孟子·公孫丑上》。
〔註103〕《孟子·梁惠王下》。
〔註104〕《孟子·告子下》。

　　「齊家」的重要作用要依「修身」的情況而定,「治國」必須以「齊家」
為基礎,為此《大學》又說:「所謂治國必先齊其家者,其家不可教,而能教
人者無之。……一家仁,一國興仁;一家讓,一國興讓;一人貪戾,一國作。
其機如此。……是故君子有諸己,而後求諸人,無諸己,而後非諸人。所藏
乎身不恕,而能喻諸人者,未之有也。故治國在齊其家。」〔一家作風的好壞
影響了一國的興亡大事〕這種論調充分說明了「齊家」對於「治國」的重要
性,因為在中國傳統社會結構中,「家」、「國」具有同質同構的特點,「家」
是「國」的縮小,「國」是「家」的放大,因此,「家」、「國」的關係是極為
密切的,「家」之不齊,「國」必將不治。實際上一人、一家的狀況反映的是
道德主體在日常事務中的所作所為,出發點的好壞當然會引起相關聯的反
映。若以良好的出發點去行事,引發的好的結果就可能多些;若以邪惡的心
態去行事,那就必定引起壞的結果。《大學》強調「齊家」對「治國」的重要
性目的是要引發人們對「修身」、「齊家」的重視,以便更好地做到政治倫理
化與倫理政治化的穩態結合和統一。那麼,「齊家」如此重要,應該如何「齊
家」呢?在這一問題上,《大學》提出了「齊家」的行為準則:「孝者,所以
事君也;弟者,所以事長也;慈者,所以使眾也。」〔孝、悌、慈這些概念都
是孔、孟、荀在他們的人學理論中反覆提到的,孔子的「忠恕」之道以「孝
悌」為中心;孟子的「仁義」學說也以「孝悌之道」為根基。至於說「慈」
也是「人性善」思想的題中應有之義。實際上孝、悌、慈作為德育教化的手
段在「齊家」和「治國」中都可以運用,用在「小家」之中可以取得家庭和
睦、井然有序的效果,擴而充之,在治理國家中運用起來可以使君王的形象
更加完美、統治更易進行。實際上,《大學》的這一思想在中國漫長的封建社
會中時時刻刻都在發揮著其不可替代的影響和作用,這種以內制外,以德教
化的做法一直是歷代統治者治國之準則,這一思想的運用造成了中國社會結
構中「國」「家」不分的特有的政治現象。

　　「治國平天下」是儒家外用之道的最高目標,同時也是道德主體修為的
最高境界,歷代一些有作為的知識分子無不以「窮則獨善其身、達則兼濟天
下」的寬大胸懷激勵自我,追根溯源,這句至理名言正是從《大學》的「八
條目」中引伸而來。《大學》有言:「所謂平天下在治其國者,上老老而民興
孝,上長長而民興弟,上恤孤而民不倍。是以君子有絜矩之道也」。從《大學》
的這一段話可以看出,「上」指的是君王、統治者。這樣看來儒家所提倡的理

想人格修爲之路並非輕而易舉就能實現，作爲一國之君主或一國之統治者要治理好國家，在提高自身道德修養的同時，還要對廣大民眾予以教誨，把「老老」、「長長」、「恤孤」作爲「治國」的前提條件，只有做到了這一點，「治國平天下」就有了堅實可靠的社會基礎和保障，「治國平天下」的宏偉理想也才有了實現的可能。《大學》這段治國平天下的思想與孟子所謂的「老吾老以及人之老，幼吾幼以及人之幼，天下可運之掌上」的思想有著明顯的繼承關係。

《大學》一書以簡練而內涵豐富的語言涵蓋了早期儒家人學思想的精神內涵，揭示了儒家理想人格修爲的一般過程。「三綱領」引導人們注重修爲目標；「八條目」指示人們修爲應該怎樣做。「八條目」的內容是一個由內到外、相互關聯、不能任意顛倒的統一的整體，是一個窮盡內聖外王之道的思想理論體系。它以「格物」爲起點，以「平天下」作爲其奮鬥目標。儘管《大學》中使用的這些範疇都帶有濃厚的倫理色彩，但在具體的道德修養和社會道德實踐中卻發揮了積極有效的作用，對調適人們的心態、穩定社會關係、保持思想上的連貫性都起到了重要的影響作用。宋明時代程朱理學的壟斷和統治思想地位的實現，也正是選擇這種路徑來改造社會的「成功」。程朱由此獲得正統的思想史地位，同時也難於撼動，也就不足爲怪了。因此，近世學者如牟宗三等欲從學理上認定五峰胡宏和蕺山劉子爲孔孟正傳的努力，最多只能在「學理」上產生影響，而由於傳統儒學原本即是一種最後必須落實在踐履上的學問，所以，無論胡宏與劉宗周理論上多麼精湛，都不足以也根本不能夠成爲事實上的正統。程朱的地位之不可以撼動，就是因爲中國社會實行的是禮法，而不是「心法」、「性法」、「心性法」。只有「禮」才是現實的，較「心」、「性」等更有實際效用。朱熹如此推崇《大學》正是看到了它對穩定社會、重塑道德人格所具有的重要價值潛力。

三、科舉制度是實現政治倫理化和倫理政治化的機制和槓桿

美國學者吉爾伯特‧羅茲曼在其主編的《中國的現代化》一書中指出：科舉制在中國傳統社會結構中居於中心的地位，是維繫儒家意識形態和儒家價值體系之正統地位的根本手段。可以說，在儒家倫理政治化和政治倫理化的互動之中，科舉制度起到了一種極爲重要的聯結作用，是儒家制度化的最爲核心的制度設計。

科舉制是一種以考察對於儒家知識和觀念的瞭解作爲選擇標準的選官制度。這種方式成功地將社會成員吸引到制度的核心模式和價值中去。因

此，以儒家觀念爲基礎的選舉制度的產生意味著儒家和權力之間的聯繫的制
度化。將儒家確立爲取士和選舉的惟一途徑，必然會影響到教育制度的確
立，因爲教育是人的社會化的準備階段，而人的社會化是以如何在社會中獲
得優勢的生存位置爲指標的。因此，當儒學和權力與利益發生密切關係，成
爲強勢的話語時，將儒家作爲教育的主要內容便會成爲官學和私學的自覺選
擇。這樣，儒家的傳播便得到一種嚴密的制度上的保證。毫無疑問，這種保
證的眞正吸引力在於它和權力和利益之間的密切結合。由於選舉和取人的制
度日益單一化，導致教育制度和取士制度的合一化傾向，官方的知識傳播系
統自不用說，由於權利的指向的惟一性，民間的知識傳播體系日益向科舉準
備轉向，到明清時代，整個教育體系包括兒童的啓蒙教育都日益以科舉爲惟
一取向。這樣，在儒家文獻經學化的背景之下，權力、儒家知識的眞理性和
皇權統治的合法性之間的邏輯聯繫便完整地建立起來。正是在這個意義上，
我們稱科舉制度是制度化儒家的核心和樞紐。在傳統的制度框架中，儒家的
功名和由此所產生的紳士的身份不能繼承，同時對參加科舉考試沒有年齡限
制，所以說建立在科舉制度之上的社會流動方式是一種開放性的途徑，這樣
便可以使更多的人接受儒家的觀念，杜贊奇說：「中央集權和儒家思想在整
個社會中起著凝聚力的作用，有少許財產並略受教育的人都希望科舉入仕，
這些人處於社會的各階層，他們所處的特殊地位（介乎大眾和儒家精英之間）
使其充當了溝通大眾文化和儒家思想的媒體。」〔註 105〕同時，科舉制也使
皇權和紳士之間達到利益的一致性。「士紳及官僚與皇權之間，既有服從與
統治之間的關係，又具有相互利用的關係。離開了士紳與官僚的支持，皇權
的統治就無法長久維持。在這種結構中，皇權的合法性和有效性在很大程度
上取決於它與士紳及家族組織的關係。溝通這種關係的基本制度化設置是
『科舉制』。」〔註 106〕制度化結構和文化價值之間是一種互相證明的關係，
對此，布勞的說法值得注意，他說：「文化價值使社會秩序以及維持社會秩
序的各種安排合法化。合法化導致贊同社會共意，社會共意賦予現存的或期
望的社會條件以價值，因而穩定地促進他們。」〔註 107〕因此說科舉維繫著
儒家的文化價值和傳統的制度體系之間的平衡。

〔註105〕杜贊奇：《文化、權力與國家》，江蘇人民出版社，1996，第 123 頁。

〔註106〕李路路、王奮宇：《當代中國現代化進程中的社會結構及其變革》，浙江人民
　　　　出版社，1992，第 181 頁。

〔註107〕布勞：《社會生活中的交換和權力》，華夏出版社，1998，第 293 頁。

　　科舉制度對於儒家觀念的傳播是十分關鍵的，當儒家的價值觀成為一種社會流動的必要的和前提性的條件時，對於這種價值觀的認同便成為一種自覺的行為。但以對知識的流動實行控制為主要特徵的思想觀念的制度化本身意味著他對於社會秩序的各種競爭性的解釋的控制甚至排斥，就如「罷黜百家、獨尊儒術」所明確標榜的。這會導致兩方面的後果，其一是因為「社會的凝聚要求適當地建構核心模式，以向更大的受眾傳送。」〔註108〕所以考試的內容越來越集中少數的儒家經典如《四書》上。這樣儒家的觀念其實只能是部分地被表達。其二，由於對於競爭性解釋的排斥，使主流的觀念因缺乏內在的發展動力而僵化。中國是一個文化持續發展的文明古國，知識分子歷來承擔文化延續與發展的神聖使命——「為往聖繼絕學」，傳承和宏揚著傳統文化。歷代統治者則借助於文化教育來鞏固自己的統治，因而籠絡與依靠壟斷精神財富的知識分子，使他們與官僚階層相互溝通成為封建統治機器中的關鍵系統，科舉制度更確定了知識分子官僚化的程度與程序。文化教育遂成為官方政治與道德教化的手段。教育功能與機制的政治化傾向導致「學而優則仕」成為中國世代相因的教育精神，而且也決定了教育內容的嚴重偏廢，局限於禮教、倫理、行為規範和皇朝政教的灌輸。充滿政治與道德氣息的儒家文化培養了一代代知識分子為封建統治效力。儒家的榜樣性形象是聖人，而現實目標則是成為君子。雖然對於君子和聖人，可以有許多種解釋的方式，但有一點是可以確定的，君子之所以成為君子並非是他擅長於做什麼具體的工作，而是說他能夠對上天通過自然和人體現出的宇宙秩序「道」有所體會。正是在這種基本背景之下，中國人的知識指向更多是關注社會秩序的建立及與之相關的內容，包括人如何維護這種社會秩序。因此起碼從制度化儒家確立的漢代開始，中國的教育內容是如何灌注儒家的這種思想傾向，即《中庸》所謂「脩道之謂教」。正是因為儒家所要造就的就是「君子」，所以作為儒家制度化的核心內容的科舉，他所要選拔的便不是專門的管理人才或技術人員，而是一種對於儒家的秩序觀念有著深刻的認同的「君子。」馬克斯·韋伯對於中西考試的內容的分析，充分說明了它們之間的巨大差別：「中國的考試，並不像我們西方為法學家、醫師或技術人員等所制定的新式的、理性官僚主義的考試章程一樣確定某種專業資格。……中國的考試，目的在於考察

〔註108〕馬克斯·布瓦索：《信息空間：認識組織、制度和文化的一種框架》，上海譯文出版社，2000，第192頁。

學生是否完全具備經典知識及由此產生的、適合於一個有教養的人的思考方式。」〔註 109〕

　　科舉選官制和教育相結合重視人才的培養，特別是重視人才的道德品行的薰陶，講究修身、齊家、治國、平天下，是對提高封建官僚本身的素質也大有裨益，在通常情況下，科舉出身的官吏，深知自己的功名來自不易，比較重視個人的前程，較注重自己的名節一般貪官污吏較非出身科舉的官吏要少。誠如唐代宰相劉晏所說：「士陷贓賄則淪棄於時，名重於利，故士多清修；吏雖廉潔，終無顯榮，利重於名，故吏多貪污。」〔註 110〕宋朝王曾在回答宋仁宗關於流內官（科舉出身的官）與流外官（非科舉出身的官）的區別時說：「士人入流，必顧廉恥，若流外，則畏謹者鮮」。〔註 111〕清代有人曾這樣評價科舉出身的官吏。「自念讀書考試歷數十年之辛苦，偶得一官，一旦以貪去職，則所得不若所失之大」。由此可見，科舉出身的官吏從讀書之日起，就接受孔孟之道的教育，道德倫理的陶冶，較能懂得「以民爲本」的說教並深受操守品行的約束，在作奸犯科時較未受儒家經義教育的吏要多些顧忌，他們也較能體恤民情，在執政時沒有那些胥吏那樣對百姓殘暴，這在一定程度上有利於緩和官僚與百姓、政府與人民的矛盾，有利於社會穩定和社會生活的和諧。這是科舉選官制度在客觀上給歷史帶來的積極作用。

〔註 109〕韋伯：《儒教與道教》，江蘇人民出版社，1993，第 143 頁。
〔註 110〕《文獻通考》卷三五。
〔註 111〕《續資治通鑑長編》卷二。

第三章 科舉制度中的倫理道德取向和追求

　　科舉制度是一種連接教育與政治的選官制度，基本價值目標是選拔出優秀的治國理政人才，使國家政治清明，風俗醇化。就其終極的價值目標而言，則是弘揚和光大儒家「有道」的政治理想，實現倫理化的政治和使政治倫理化。科舉制度通過特定的考試程序設計和公正理想追求，聚焦於社會的治理和風俗的醇化，以此來引導考生關心政治，並能建立自己的政治理想。在歷代的科舉考試中，對儒家倫理基本價值取向的認識以及如何應用儒家倫理來解決實際問題，是其不變的主題。明清兩朝盛行的八股文取士，也是緊緊圍繞儒家經義而展開的。

第一節　儒家倫理文化成為科舉考試的經典理論

　　孔子創立的儒家學說是在總結、概括和繼承了夏、商、周三代尊尊親親傳統文化的基礎上形成的一個以仁為核心的思想體系，其中倫理道德的思想是其整個思想體系的主體。儒家最重倫理道德問題的研究，提出並論證了一系列符合、維護古代宗法等級制度的倫理道德原則和規範，強調倫理道德的社會作用，重視社會的道德教育和個人的道德修養，主張依靠倫理道德的手段來平治國家天下。《漢書‧藝文志》談到，「儒家者流，蓋出於司徒之官，助人君順陰陽明教化者也。遊文於六經之中，留意於仁義之際，祖述堯舜，憲章文武，宗師仲尼，以重其言，於道為最高。」儒家倫理自漢以後成為中國占統治地位的倫理文化形態。中國的科舉制度以弘揚和傳播儒家倫理為己

任，不僅使儒家倫理文化成爲科舉考試的經典理論，也使儒家倫理文化獲得了最好的傳播載體和制度保障。

一、唐宋以後統治階級對孔子和儒學的推崇

儒家學說簡稱儒學，自漢代起成爲中國的官方思想。唐宋以降勃興的科舉考試，將儒家倫理文化擡到很高的地位，統治階級掀起了一次又一次尊孔崇儒的高潮，引導無數考生乃至朝廷官吏學習儒家經典，弘揚儒家經義，並將其與國家的治理、個人的修養以及教育的普及連爲一體，進而使科舉考試成爲推擴和宣傳儒家倫理文化的重要機制或手段。

1、孔子被不斷加封，成為至聖先師

儒家就其本性上是「六合之外，存而不論」，不願意牽涉更多的形而上和與現實的政治生活秩序無關的方面，即使是祭神也只是爲了樹立某種敬畏，亦即所謂的「神道設教」，因此孔子的神性的塑造並沒有走得很遠，在東漢末年讖緯之風消退之後，對於孔子的尊崇一般也都是限於「人」、「師」而非「神」。在漢武帝獨尊儒術之後，隨著儒學的制度化，作爲儒家學說創始人的孔子的地位也就不僅僅是先秦諸子之一，而是作爲整個制度合法性的代言人。此後孔子本人不斷被加封，最後直接被封爲王和「至聖先師」。唐開元二十七年（公元 739 年），詔孔子爲「先聖」， 並諡爲「文宣王」。這是朝廷首次封孔子爲王。宋代孔廟的禮儀進一步升格，宋眞宗諡孔子爲「玄聖文宣王」，後又改爲「至聖文宣王」。而對於孔子的紀念亦由弟子的自發活動升格爲國家的儀式。特別是南齊武帝和北魏孝文帝於公元 489 年各自在自己的統治中心設立孔廟，無意中使孔廟由闕里走向全國各地。到唐貞觀四年（630 年），唐太宗下詔在州縣都設立孔廟，使得教育制度和儒家的傳播建立了明確的聯繫，也就是說通過孔廟和學校的聯繫，便開始了儒家教育的官學化的普及。因爲漢代的博士員畢竟是小範圍的，而廟學和從隋唐開始的科舉，一方面有制度性的安排使士生的注意力集中到儒學，同時又懸於利祿鼓勵這種傾向。權力和知識徹底結盟，孔廟的功能也發生了些許變化。按黃進興的說法：「孔廟遂是兼有正統文化宣導者與國家教育執行者的雙重功能。申言之，京師立廟，有別於原初孔廟，政治意圖特爲突顯。但爲維持奉祀之正當性，聖裔設立仍不可或缺。是故，不免染有家廟的殘餘性格。相對的，地方孔廟純是遂行國家政教措施，而無此顧慮。這終使得孔廟完全脫離家廟性質，正式溶入國家祭祀

系統，成為官廟之一環。」〔註1〕

朱元璋創建明王朝後，依據所謂「武定禍亂，文致太平」的認識，進一步加強儒學教育，充分發揮儒學功能，以鞏固、強化其王權專制統治。在中國歷史上，朱元璋是位將封建君主專制統治發展到極端程度的帝王。他充分肯定儒家的「重民」、「仁政」之說，認為孔子所說「節用而愛人」、「使民以時」等「真治國之良規。孔子之言，誠萬世之師也」，稱道「孟子專言仁義，使當時有一賢君能用其言，天下豈不定於一乎？」〔註2〕這固然是親身生活實踐使他體會到民眾的重要性，但同時也表明他只是將「重民」、「仁政」視為能夠為「賢君」所用的「治國之良規」。對於朱元璋來說，他並不是以民眾利益為出發點和落腳點來思考問題的，他對一切問題的思考都只是緊緊圍繞著專制君主及其代表著的統治階級的整體利益這根中軸扦。朱元璋視儒家倡導的綱常倫理為「生民之休戚繫焉，國家之治亂關焉」〔註3〕，故對其特別重視，始終堅持以三綱五常示天下。他經常詔告臣民，頒講「事君之道，唯盡忠不欺」〔註4〕，「治天下者，修身為本、正家為先」，「孝順父母，尊敬長上」〔註5〕等倫常規範。他尤為重視忠孝之道，說：「聖賢之教有三，曰敬天、曰忠君、曰孝親」〔註6〕，特命大學士吳沈等以「敬天」、「忠君」、「孝親」為綱，以採儒經之言為主，編成《精誠錄》，頒示臣僚，為其提供行動指南。在他看業，「孝」是「忠」的基礎，「非孝不忠，非忠不孝」，「所以忠於君而不變為奸惡者，必以孝為本」〔註7〕。

燕王朱棣以武力從其侄建文手中奪得帝位，改元永樂。永樂帝需要以最具權威性的理論來論證其通過最不合法的手段獲得的專制權力的合理、合法性，他選擇了儒學。他屢稱：「孔子，帝王之師。帝王為生民之主，孔子立生民之道。三綱五常之理，治天下之大經大法，皆孔子明之，以教萬世」，〔註8〕而他所以如此推尊孔子，無非是認為「孔子參天地、贊化育、明王道、正彝

〔註1〕黃進興：《優入聖域——權力、信仰與正當性》，陝西師範大學出版社1998年版，第230～231頁。
〔註2〕《明太祖實錄》卷二十、二十三。
〔註3〕《闕里廣志》卷十四。
〔註4〕《南雍志‧事紀》。
〔註5〕《明太祖實錄》卷二十七、二二五。
〔註6〕《明史》卷一三七，《吳沈傳》。
〔註7〕《明太祖文集‧心經序》。
〔註8〕《明太宗實錄》卷四十一。

倫，使君君、臣臣、父父、子子、夫夫、婦婦各得以盡其分，與天道誠無間焉」，〔註9〕尊孔子、重儒道可收「崇道德、弘教化、正人心，成天下之才、致天下之治」〔註10〕的效果。永樂四年（1405年）三月初一，朱棣服皮弁、備法駕至京師文廟，親行釋奠禮。又躬詣太學，將《五經》授經國子監祭酒胡儼等人，並率三品以上文武官吏及翰林儒臣聽胡儼講《尚書・堯典》、國子監司業張智講《易・泰卦》。講畢，朱棣不僅像一般學子似的虛心提出一些經義中的問題，而且還鄭重諭告群臣：「《六經》，聖人之道，昭揭日星，垂憲萬世。朕與卿等勉之。」

　　孔子是中國封建社會的聖人，歷代封建統治者都尊奉孔子，似乎不如此便不足以表明自身統治的合理合法性，因而也就難以抓住民心，得到人們、尤其是士階層的有效支持。對於入主中原的少數民族統治者來說，是否尊孔更直接關係到能否穩固其統治根基。康熙帝（1654～1722年）對此有十分自覺的認識，故其利用一切時機向臣民宣揚對孔子的尊崇之意，如康熙八年（1669年），他敕諭國子祭酒、司業等官曰：「朕惟聖人之道高明廣大，昭垂萬世，所以興道致治、敦化善俗莫能外也。朕纘承丕業，文治誕敷，景仰先哲至德。」〔註11〕二十三年（1684年），御駕親幸闕里聖廟，親行三跪九叩首禮，讚頌「至聖之道與日月並行，萬世帝王咸所師法，下逮公卿士庶罔不率由」。並說：「朕向來講求經義，體思至道，欲加讚揚，莫能名言。特書『萬世師表』四字懸額殿中，非云闡揚聖教，亦以垂示將來。」〔註12〕二十五年（1686年），諭大學士等曰：「先聖先師，道法相傳，昭垂統系，炳若日星。朕遠承心學，稽古敏求，效法不已，漸近自然，然後施之政教，庶不與聖賢相悖。」〔註13〕。二十八年（1689年），詔頒御製《孔子贊序》及顏回、曾參、子思、孟軻四《贊》，對儒家聖哲竭盡稱頌之辭。三十二年，以重修闕里聖廟成而特製碑文，詔頒天下，曰：「朕惟大道昭垂，堯、舜啓中天之聖，禹、湯、文、武紹危微精一之傳，治功以成，道法斯著。至孔子雖不得位，而贊修刪定，闡精義於《六經》，祖述憲章，會眾理於一貫，為往聖繼絕學，為萬世正人心，使堯、舜、禹、湯、文、武之道燦然丕著於宇宙，與天地無終極焉。

〔註9〕　《明太宗實錄》卷一九二。
〔註10〕　《明太宗實錄》卷五十二。
〔註11〕　《聖訓》。
〔註12〕　《御製文初集・幸魯盛典》。
〔註13〕　《聖訓》。

誠哉，先賢所稱自生民以來，未有盛於孔子者也！」〔註14〕。康熙並不停留在對孔子的泛泛稱頌上。他更發明道統、治統合一論，用以論證清廷統治的合法性。他說：朕惟天生聖賢，作君作師。萬世道統之傳，即萬世治統之所繫也。自堯、舜、禹、湯、文、武之後，而有孔子、曾子、子思、孟子；自《易》、《書》、《詩》、《禮》、《春秋》而外，而有《論語》、《大學》、《中庸》、《孟子》之書。如日月之光昭於天，丘瀆之流峙於地，猗歟盛哉！蓋有四子，而後二帝三王之道傳；有四子之書，而後「五經」之道備。四子之書，得「五經」之精意而為言者也。孔子以生民未有之聖與列國君、大夫及門弟子論政與學，天德王道之全、脩己治人之全俱在《論語》一書；《學》、《庸》皆孔子之傳，而曾子、子思獨得其宗。明新止至善，家國天下之所以齊治平也；性教中和，天地萬物之所以位育、九經達道之所以行也。至於孟子，繼往聖而來學，辟邪說以正人心，性善仁義之旨著明於天下，此聖賢訓詞詔後，皆為萬世生民而作也。道統在是，治統亦在是矣。〔註15〕表面上看，康熙此論是為頌揚儒家聖賢和讚譽儒家經典而發的，但實際上，他乃是要藉此表白自己既為「治統」之代表，又為「道統」之傳人，「治統」與「道統」兼其一身。

2、推崇朱熹和程朱理學官方化

　　朱熹，是理學的集大成者，中國封建時代儒家的主要代表人物之一。朱熹的主要哲學著作有《四書集注》、《四書或問》、《太極圖說解》、《通書解》、《西銘解》、《周易本義》、《易學啓蒙》等。此外有《朱子語類》，是他與弟子們的問答錄。他的學術思想，在中國元明清三代，一直是封建統治階級的官方哲學，標誌著封建社會意識形態的更趨完備。元朝皇慶二年（1313 年）復科舉，詔定以朱熹《四書集注》試士子，朱學定為科場程序。朱元璋洪武二年（1369 年）科舉以朱熹等「傳注為宗」。朱學遂成為鞏固封建社會統治秩序的強有力精神支柱。它強化了「三綱五常」，對後期封建社會的變革，起了一定的阻礙作用。朱熹的學術思想在世界文化史上，也有重要影響。

　　程朱理學是指北宋以程顥、程頤兄弟所創立的「洛學」和南宋時期朱熹所創立的「閩學」的統稱，該學派奠基於北宋的二程，完成於南宋的朱熹，是宋明道學中最大和最有影響的學派。程顥、程頤兄弟是理學的奠基者，他們在繼承周敦頤理學思想的基礎上，提出以「理」為基本概念的理學體系，

〔註14〕《東華錄》卷四十三。
〔註15〕《東華錄》卷五十一。

以理（又稱天理）為世界萬物的本體，認為「理」永恆存在而又無所不包，先有理，然後產生萬物。理成為先於事物而存在的唯一絕對的最高實體，是萬物都要遵循而不可違反的最高原則，也是社會道德的最高標準。二程的四傳弟子朱熹集理學之大成，使之成為更系統、更精密、更富哲理的儒家新學派。「程朱理學」以孔孟之道為主要基礎，批判吸收佛、道營養，強調仁、義、禮、智之理為世界的邏輯根據與萬物的本性；強調以「三綱」、「五常」為中心的政治理論；強調天理與人欲的對立，鼓吹「存天理，滅人欲」的道德說教，並強調每個人的道德自覺性、操守與氣節。以朱熹儒教經學為代表的宋朝理學是中國封建社會後期的統治思想，對維護封建秩序，鞏固封建統治、延緩封建制度的瓦解起了重大作用，也使儒家的統治地位更加鞏固。元明清時期，在思想文化界居主導地位。

明太祖「即位之初，首立太學，命許存仁為祭酒，一宗朱氏之學，令學者非《五經》、孔、孟之書不讀，非濂、洛、關、閩之學不講」〔註16〕。洪武二年（1369年），詔令天下立學時，他特命禮部刊定禁約十二條，傳諭天下立石於學宮，要求幼孺皆知，人人遵從。其前二條規定：國家明經取士，說經者以宋儒傳注為宗，行文者以典實純正為主。今後務須頒降《四書》、《五經》、《性理》、《通鑑綱目》、《大學衍義》、《歷代名臣奏議》、《文章正宗》及歷代詔律典制等書，課令生徒講解。其有剽竊異端邪說、炫奇立異者，文雖工弗錄。天下利病，諸人皆許直言，惟生員不許。今後生員本身切己事情，許家人扞告。其事不干己，輒便出入衙門，以行止有虧革退。若糾眾扛幫、詈罵官長，為首者問譴，餘盡革為民。〔註17〕要求生徒恪守儒家正統，以宋儒、尤其是程朱一派理學家的傳注為準則，否則便為「異端邪說」；以儒學、特別是程朱理學來統一人們的思想，支配人們的行為。嚴禁生徒議論「天下利病」，即不許對當世政治有任何評說。這就使生徒只能將精力放在為應舉業而進行的互相觀摩、評論八股文字上。洪武六年，他詔諭國子博士趙俶及助教錢宰、貝瓊等曰：「汝等一以孔子所定經書為教，慎勿雜蘇秦、張儀縱橫之言。」趙俶遂請頒《正定十三經》於天下，屏《戰國策》及陰陽讖卜諸書勿列學宮（《明史》卷一三七，《趙俶傳》。）他又明確規定科舉考試必須以欽定的《四書》、《五經》為內容，以程朱理學為標的，「其文略仿宋經義，然代古人語氣為之，

〔註16〕《東林列傳》卷二，《高攀龍傳》。
〔註17〕《松下雜鈔》卷下。

體用排偶謂之八股，通謂之制義」〔註18〕。這就使得知識分子為謀求政治出路，不得不日夜竭精敝神以攻其業，自《四書》一經外，咸束高閣。明洪武十五年（1382年），將國子學改名為國子監，並逐漸擴大、發展其規模。國子監生的學習內容，《四書》、《五經》外，還有劉向的《說苑》及律令書數、《御製大誥》，每月試經書義各一道、誥詔表策論判內科一道。據《明史》卷四十二《職官志二》記：國子監「造以明體達用之學，以孝弟禮義忠信廉恥為之本，以《六經》、諸史為之業，務各期以敦俗善行，敬業樂群。」「凡經以《易》、《詩》、《書》、《春秋》、《禮記》，人專一經；《大學》、《中庸》、《論語》、《孟子》兼習之。」可見，國子監以儒學教育為根本內容。關於明初的科舉，《明史》卷七○《選舉志》記道：「科目者，沿唐、宋之舊而稍變其試士之法，專取四子書及《易》、《書》、《詩》、《春秋》、《禮記》五經命題試士，蓋太祖與劉基所定。其文略仿宋經義，然代古人語氣為之。體用排偶謂之八股，通謂之制藝。三年大比，以諸生試之。……後頒《科舉成式》，初場試《四書》義三道、經義四道。《四書》主朱子《集注》，《易》主程（頤）《傳》、朱子《集傳》，《春秋》主《左氏》、《公羊》、《穀梁》三傳及胡安國、張洽《傳》，《禮記》主古注疏。永樂間頒《四書、五經大全》，廢注疏不用。其後，《春秋》亦不用張洽《傳》，《禮記》止用陳澔《集注》。」這樣，朱元璋便將儒家思想同君主專制統治有機地結合在一起，收到了控制生徒思想、鞏固自己統治的效果。

永樂更竭力強化程朱理學思想統治。他詔令儒臣胡廣、楊榮、金幼孜等纂修而成《四書大全》、《五經大全》、《性理大全》，頒行天下，既以之為學的，更將之作為人們思想和行為的準則。這標誌著程朱理學一元化思想統治地位在明代的真正確立，程朱理學自此達到思想統治如日中天的地步。朱棣詔修三部《大全》，「非惟務覽於經，實欲頒佈於天下，俾人皆由於正路而學不惑於他歧，家孔孟而戶程朱，必獲真儒之用。」〔註19〕或用朱棣自己的話來說，是要通過三部《大全》的頒行，「使人獲覩經書之全，探見聖賢之蘊，由是窮理以明道、立誠以達本、修之於身、行之於家、用之於國而達之天下。使家不異政、國不殊俗，大回淳古之風，以紹先王之統，以成熙雍之治。」〔註20〕

〔註18〕 《明史》卷七十，《選舉志二》。
〔註19〕 《皇明文衡》卷五，胡廣：《進書表》。
〔註20〕 《明太宗實錄》卷一六八。

一句話，以朱學爲惟一官學的目的乃是要便於封建君主的專制統治。這目的
基本達到；程朱理學被奉爲「一道德而同風俗」的高理論指導，集中了程朱
理學的《四書大全》、《五經大全》不僅被著爲功令，成爲科舉考試的準繩，
而且更成爲評定天下學術是非的惟一欽定標準。《四友齋叢說》卷三說：「成
祖既修《五經》、《四書》之後，遂悉去漢儒之說，而專以程朱傳注爲的。」
在這種政治——文化格局下，學者們「篤踐履，謹繩墨，守儒先之正傳，無
敢改錯。」（《明史》卷二八七《儒林傳序論》。）只能在朱學圈子裏轉悠，絲
毫不敢提出任何異議，否則便會被斥之「異端」而遭到嚴酷制裁。

永樂十二年（1414 年），明成祖朱棣詔修三部大全——《四書大全》、《五
經大全》、《性理大全》，他在上諭中說：「《五經》、《四書》皆聖賢精義要道，
其傳注之外，諸儒議論有發明餘蘊者，爾等採其切當之言，增附於下」。命胡
廣等人類聚「周、程、張、朱諸君子性理之言」以垂後世（卷 158，十二年十
一月甲寅）。十三年（1415 年）書成，永樂皇帝「覽而嘉之」，賜名《四書大
全》、《五經大全》，御撰序言，繕寫成帙，共 229 卷，命禮部刊賜天下。他在
爲三部《大全》所製序中說：夫道之在天下，無古今之殊；人之稟受於天者，
亦無古今之異。何後世治亂得失與古昔相距之遼絕歟？此無他，道之不明不
行故也。道之不明不行，夫豈道之病哉？其爲世道之責，孰得而辭焉？夫知
世道之責在己，則必能任世道之重而不敢忽。如此，則道〔豈有〕不明不行，
而世豈有不知也哉！功〔切〕思帝王之治，一本於道。所謂道者，人倫日用
之理，初非有待於外也。厥初聖人未生，道在天地；聖人既生，道在聖人；
聖人已往，道在《六經》。《六經》者，聖人之治跡也。《六經》之道明，則天
地、聖人之心可見，而至治之功可成。《六經》之道不明，則人之心以術不正，
而邪說暴行侵奪蠹害，欲求善治，烏可得乎？暖爲此懼。乃者命編修《四書》、
《五經》，集諸家傳注而爲《大全》，凡有發剛經義者取之，悖於經旨者去之。
又集先儒成書及其論議，類編爲帙，名曰《性理大全》。書編成來進，膠間閱
之。廣大悉備，如江河之有源委、山川之有條理，於是聖賢之道粲然而復明，
所謂考諸三王而不謬、建諸天地而不悖、質諸鬼神而無疑，百世以俟人而不
惑。大哉，聖人之道乎，豈得而私之？遂命工鋟梓，頒佈天下，使天下之人
獲覩經書之全，探見聖賢之蘊，由是窮理以明道，立誠以達本，修之於身、
行之於家、用之於國而達之天下，使家不異政、國不殊俗，大回淳古之風，
以紹先王之統，以成熙雍之治，將必有賴於斯焉。（41）對於瞭解和研究朱棣

的儒學思想而言，這篇序文是同其所作《聖學心法序》內容有異而價值相等的重要文獻。我們居之可見，朱棣詔令纂修、頒行三部《大全》的目的主要有三：（一）標榜自己不僅是絕非奪位稱帝，而確係「續承皇考太祖皇帝鴻業」的正統帝王，而且更是位發揚儒家「道統」的聖王兼教主；（二）試圖以其欽定標準統一學術，強化程朱理學的思想統治地位；（三）要以「人倫日用之理，初非有待於外」的「道」即儒家綱常倫理來治理天下，「使家不異政，國不殊俗」，從而形成井然有序的統治秩序。朱棣將程朱理學奉為「一道德而同風俗」的最高統治思想，而高度集中了程朱理學的《四書大全》和《五經大全》則被著為功令，成為科舉考試的準繩。《四友齋叢說》卷三云：「成祖既修《五經》、《四書》之後，遂悉去漢儒之說，而專以程、朱為的。」這就使「世之治舉業者，以《四書》為急務，視《六經》為可緩。以言《詩》，非朱子之傳義弗敢道也；以言《禮》，非朱子之《家禮》弗敢習也。惟是而言，《尚書》、《春秋》，非朱子所授，則朱子所與也。言不合朱子，率鼓鳴而攻之。」學者們「篤踐履，謹繩墨，守儒先之正傳，無敢改錯」，只能在朱學圈子裏轉悠，絲毫不敢提出任何異議，否則便會被斥之為「異端」而遭到嚴重制裁。

明永樂年間，頒行《四書五經大全》和《性理大全》，並指定為生員必讀之書，把加強對知識分子的思想控制與科舉制度緊密地結合起來，使得程朱理學與功名利祿相連，學者文士們只知皓首窮經，奢談性理，導致了他們對民族、社會責任感的喪失和憂患意識的失落。永樂帝為政二十三年，在進一步加強君主集權統治的同時，大力推尊儒學，強化程朱理學的思想統治，真正奠定了有明一代王權統治的根基。

康熙欽定程朱理學為官方哲學，更「以為孔、孟之後，有裨斯文者，朱子之功最為宏巨」〔註21〕，並稱其「讀書五十載，只認得朱子一生居心行事」〔註22〕。他之所以如此看重理學，乃是因為理學是人們的「立身根本」〔註23〕，「於世道人心所關匪細」〔註24〕。尤其是朱子所注《四書》，「皆內聖外王之學」，「朕讀其書、察其理，非此不能知天人相與之奧，非此不能治萬邦於 席，非此不能仁心仁政施於天下，非此不能內外為一家」〔註25〕。康熙十六年（1677

〔註21〕　《清聖祖實錄》卷一三〇。
〔註22〕　《御製文四渠·朱子全書序》。
〔註23〕　《東華錄》卷九十六。
〔註24〕　《御製文四集·朱子全書序》。
〔註25〕　《御製文四集·朱子全書序》。

年）十二月，康熙皇帝在御製《日講四書解義序》中，明確宣佈朝廷要將治統與道統合一，以儒家學說爲治國之具。康熙親自主持編寫了《性理精義》，一再倡導理學，推崇朱熹，乃至稱譽他「開愚蒙而立億萬世一定之規」〔註26〕「欲求毫釐之差，亦未可得」〔註27〕。這種高度的讚譽，不僅是看重朱熹思想中固有的有利於社會統治秩序的價值，同時也通過絕對思想權威的建立，取消人們獨立的思想權利，對於晚明偏離正統的社會思潮，也是有意識的反撥。理學是康熙念念不忘的思想根基和決策指南，他努力鑽研儒家經典，並十分佩服朱熹對儒學的注釋和闡發，對他的理學思想和言論力求全面地加以收集，並彙編成書，《朱子全書》纂集完成之時，康熙親自作序，再次給予朱熹以相當高的評價，並深深地爲朱熹對儒學的解釋所折服，他說「朕一生所學者爲治天下，非書生坐視立論之易。」 在文化上把儒學提高到無以復加的地步，尤其用力提倡程朱理學。1711 年時，康熙帝曾自稱：「朕御極五十年，聽政之暇，勤覽書籍。凡四書、五經、通鑑、性理等書，俱經研究。」康熙帝在 1701 年以後的二十年間，更加致力於理學的研討，推崇朱子理學（又稱閩學）。「時上潛心理學，旁闡六藝，御纂《朱子全書》及《周易折中》、《性理精義》諸書，皆命光地校理，日召入便殿研求探討。」1713 年，康熙帝敕命李光地等儒臣將朱熹文集、語錄進行整理刪節，編成《朱子全書》，並以「御纂」名義頒行全國。是書分爲學類、論學、孟子、中庸、易、書、詩、春秋、禮、樂等 19 門，並親自撰序言，說「非先王之法不可用，非先生（指朱熹）之道不可爲。反之身心，求之經史，手不釋卷。數十年來，方得宋儒之實據。」李光地曾說：「朱子之意與皇上同，皇上近來大信朱子之言。」〔註28〕1717 年，康熙帝並爲新編《性理精義》一書撰序。內中稱朱子「集大成而緒千百年絕傳之學，開愚蒙而立億萬世一定之規」。清廷引導知識分子只鑽研儒家經典，科舉、考試，要以朱子的注釋作爲準則，言不合朱子，率鳴鼓而攻之。

程朱理學是有清一代的官方統治思想，康熙帝等封建統治者著重強調的是其有利於維護封建統治秩序的綱常倫理。而科舉考試必以朱熹的《四書章句集注》爲據，官宦、士大夫從小就受其影響，所遵行的就是程朱理

〔註26〕 《御製朱子全書序》。
〔註27〕 《聖祖仁皇帝聖訓》。
〔註28〕 《榕村語錄續集》卷七。

學強調的綱常倫理。程朱理學不僅是科舉考試的依據，也是學校教育之要。清代歷朝皇帝不斷頒發諭旨，明令書院私塾昌明正學，「一以程、朱爲歸」。

二、《四書》《五經》成爲科舉考試的經典文本

　　《四書》《五經》是中國傳統文化的重要組成部分，是儒家思想的核心載體，更是中國歷史文化古籍中的寶典。「四書」指《大學》、《論語》、《孟子》、《中庸》，「五經」指《周易》、《尚書》、《詩經》、《禮記》、《左傳》。《大學》原本是《禮記》中一篇，在南宋前從未單獨刊印。傳爲孔子弟子曾參（前 505—前 434 年）所作。自唐代韓愈、李翱維護道統而推崇《大學》（與《中庸》），至北宋二程百般褒獎宣揚，甚至稱「《大學》，孔氏之遺書而初學入德之門也」，再到南宋朱熹繼承二程思想，便把《大學》從《禮記》中抽出來，與《論語》、《孟子》、《中庸》並列，到朱熹撰《四書章句集注》時，便成了《四書》之一。按朱熹和宋代另一位著名學者程頤的看法，《大學》是孔子及其門徒留下來的遺書，是儒學的入門讀物。所以，朱熹把它列爲「四書」之首。《中庸》原來也是《禮記》中一篇，在南宋前從未單獨刊印。一般認爲它出於孔子的孫子子思（前 483～前 402）之手，《史記·孔子世家》稱「子思作《中庸》」。自唐代韓愈、李翱維護道統而推崇《中庸》（與《大學》），至北宋二程百般褒獎宣揚，甚至認爲《中庸》是「孔門傳收授心法」，再到南宋朱熹繼承二程思想，便把《中庸》從《禮記》中抽出來，與《論語》、《孟子》、《大學》並列，到朱熹撰《四書章句集注》時，便成了《四書》之一。《論語》是記載孔子及其學生言行的一部書，內容涉及哲學、政治、經濟，教育、文藝等諸多方面，內容非常豐富，是儒學最主要的經典。在表達上，《論語》語言精鍊而形象生動，是語錄體散文的典範。《孟子》是記載孟子及其學生言行的一部書。和孔子一樣，孟子也曾帶領學生遊歷魏、齊、宋、魯、滕、薛等國，並一度擔任過齊宣王的客卿。由於他的政治主張也與孔子的一樣不被重用，所以便回到家鄉聚徒講學，與學生萬章等人著書立說，「序《詩》《書》，述仲尼之意，作《孟子》七篇。」〔註 29〕（《史記·孟子荀卿列傳》）趙岐在《孟子題辭》中把《孟子》與《論語》相比，認爲《孟子》是「擬聖而作」。

　　《五經》之《周易》：也稱《易》、《易經》，列儒家經典之首。《周易》是占卜之書，其外層神秘，而內蘊的哲理至深至弘。作者應是筮官，經多人完

〔註 29〕《史記·孟子荀卿列傳》

成。內容廣泛記錄了西周社會各方面，包含史料價值、思想價值和文學價值。《周易》包括《經》和《傳》兩部分。《經》文由六十四卦卦象及相應的卦名、卦辭、爻名、爻辭等組成。《傳》一共七種十篇，有《彖》上下篇，《象》上下篇，《文言》、《繫辭》上下篇，《說卦》，《雜卦》和《序卦》。古人把這十篇「傳」合稱「十翼」，意指「傳」是附屬於「經」的羽翼，即用來解說「經」的內容。《五經》之《尚書》：古時稱《書》、《書經》，至漢稱《尚書》。「尚」便是指「上」，「上古」，該書是古代最早的一部歷史文獻彙編。記載上起傳說中的堯舜時代，下至東周（春秋中期），約 1500 多年。基本內容是古代帝王的文告和君臣談話內容的記錄，這說明作者應是史官。《尚書》有兩種傳本，一種是《今文尚書》，一種是《古文尚書》，現通行的《十三經注疏》本，是今文尚書和偽古文尚書的合編。古時稱讚人「飽讀詩書」，「詩書」便是分別指《詩經》、《尚書》。《五經》之《詩經》：先秦稱《詩》或《詩三百》，是中國第一本詩歌總集，它彙集了從西周初年到春秋中期五百多年的詩歌三百零五篇（原三百十一篇），是西周初至春秋中期的詩歌總集。「古者《詩》三千餘篇，及於孔子，去其重……」（《史記·孔子世家》），據傳為孔子編定。《詩》分「風」、「雅」、「頌」三部分，「風」為土風歌謠，「雅」為西周王畿的正聲雅樂，「頌」為上層社會宗廟祭祀的舞曲歌辭。此書廣泛地反映了當時社會生活各方面，被譽為古代社會的人生百科全書。《五經》之《禮記》：戰國到秦漢年間儒家學者解釋說明經書《儀禮》的文章選集，「《禮記》只是解《儀禮》」（《朱子語類·卷八十七》），是一部儒家思想的資料彙編。《禮記》雖只是解說《儀禮》之書，但由於涉及面廣，其影響乃超出了《周禮》、《儀禮》。《禮記》有兩種傳本，一種是戴德所編，有 85 篇，今存 40 篇，稱《大戴禮》；另一種，也便是我們現在所見的《禮記》，是戴德其侄戴聖選編的四十九篇，稱《小戴禮記》。《五經》之《左傳》：也稱《左氏春秋》、《春秋古文》、《春秋左氏傳》，古代編年體歷史著作。《史記》稱作者為春秋時左丘明，清代今文經學家認為係劉歆改編，近人又認為是戰國初年人據各國史料編成（又有說是魯國歷代史管所寫）。它的取材範圍包括了王室檔案，魯史策書，諸侯國史等。記事基本以《春秋》魯十二公為次序，內容包括諸侯國之間的聘問、會盟、征伐、婚喪、篡弒等，對後世史學文學都有重要影響。《左傳》本不是儒家經典，但自從它立於學官，後來又附在《春秋》之後，就逐漸被儒者當成經典。

　　《四書》《五經》翔實的記載了中華民族思想文化發展史上最活躍時期的

政治、軍事、外交、文化等各方面的史實資料及影響中國文化幾千年的孔孟重要哲學思想。歷代科舉選仕，試卷命題無他，必出自《四書》《五經》，足見其對爲官從政之道、爲人處世之道的重要程度。《四書》《五經》濃縮了古代先人對宇宙自然、社會人生的深入思索，鐫刻了古聖先賢對道德修養、倫理教化的價值規範：「士不可以不弘毅，任重而道遠」可以幫助人樹立崇高理想；「明德知恥、尙禮守信」可以規範人的道德操守；「格物致知」可以教導人認識客觀事物的正確方式；「學不可以已」更與現代「終生學習」的理念不謀而合。正是這些優秀的文化因子，潛移默化地影響與建構著現代人的人格理想、心理結構、風尙習俗與精神素質。

宋以後，朱熹的《四書集注》成爲科舉考試的權威範本。南宋光宗紹熙元年（1190 年），當時著名理學家朱熹在福建漳州將《大學》、《論語》、《孟子》、《中庸》彙集到一起，作爲一套經書刊刻問世。這位儒家大學者認爲「先讀《大學》，以定其規模；次讀《論語》，以定其根本；次讀《孟子》，以觀其發越；次讀《中庸》，以求古人之微妙處」。並曾說「《四子》，《六經》之階梯」（《朱子語類》）。朱熹著《四書章句集注》，具有劃時代的意義。漢唐是《五經》時代，宋後是《四書》時代。

《四書集注》是朱熹的代表著作之一，也是四書上升爲儒家經典的地位以後，諸多注解中最有權威和影響最大的一種。朱熹是一位學問淵博的經學家，一生爲編撰《四書集注》傾注了大量心血。他自稱從 30 歲起便開始對《論語集注》、《孟子集注》下功夫。隆興元年（1163 年），他曾取二程及其門人朋友數家之說撰成《論語要義》。後又作《論語訓蒙口義》，以便於童子習學。乾道八年（1172 年），朱熹又取二程、張載、范祖禹、呂希哲、呂大臨等幾家之說，加工薈萃，條疏整理，編成《論語精義》和《孟子精義》，後改名爲《集義》。在以上兩書的基礎上，又進一步修改加工，於淳熙四年（1177 年）完成了《論語集注》和《孟子集注》。因在注釋《論語》、《孟子》時，大量引用了二程及他人的說法，故以《集注》命名。《四書集注》包括《大學章句》、《中庸章句》、《論語集注》、《孟子集注》。它是朱熹用力最勤的著作；臨終前一天還在修改《大學章句》。唐以前，儒學以五經爲經典，《論語》和《孟子》尙未正式列爲經書；《大學》和《中庸》是《禮記》中的兩篇，未有特殊的地位。語孟學庸並重始於北宋，而四書之正式結集則成於朱熹。其後社會重四書過於五經，科舉考試以四書爲主要科目。在《大學章句》和《中庸章句》的序

中，朱熹說明他重視四書的用意，說由於漢唐以來儒家經學只注意「記誦詞章」，道、釋異端「虛無寂滅之教」流傳，以至儒學道統到孟子之後不得其傳；二程、朱熹提出四書，正是要「接乎孟子之傳」。朱熹認爲《大學》是「古之大學所以教人之法」，學者必由此入門，才能達於聖學。他作《大學格物補傳》，強調「即物而窮其理」，「至於用力之久，而一旦豁然貫通焉，則眾物之表裏精粗無不到，而吾心之全體大用無不明矣。」他認爲《中庸》是「孔門傳授心法」，闡明先聖之道，提挈綱維，開示蘊奧，沒有一本書如《中庸》這樣明白而詳盡。至於《論語》、《孟子》，朱熹引程子的話，說：「學者當以《論語》、《孟子》爲本。《論語》、《孟子》既治，則六經可不治而明矣。」朱熹推崇孟子，認爲孟子大賢，亞聖之次。從此孔孟並稱。朱熹在《論語集注》中說：「夫人欲盡處，天理流行」，「其胸次悠然，直與天地萬物上下同流」，指出了道學家追求的境界。朱熹平居教學首推「四書」，《四書集注》集中體現了朱熹的哲學思想和倫理、教育的觀點。《四書集注》的編排次序，也頗具深意，將《大學》排在首位，《中庸》次之，而後才是《論語》、《孟子》。在朱熹看來，《大學》是「初學入德之門」，初學者應先學《大學》，然後再學其他。《大學章句》內容豐富，有格物、致知、誠意、正心、修身、齊家、治國、平天下等「八條目」，是理學之倫理、政治、哲學的基本綱領，包含了理學之主要內容，所以朱熹特別看重它。《中庸》是「孔門傳授心法」的重要著作，是儒家相傳的思想原則，「中庸」是道德行爲的最高標準，《中庸》所提出的「博學之，審問之，愼思之，明辨之」的學習過程和認識方法亦爲朱熹所推重。所以，《大學》和《中庸》在朱熹的思想體系中，就佔有很高的地位，它們的地位可「至比六經」，或在六經之上。這一點對後世產生了很大的影響。「某要人先讀《大學》，以定其規模；次讀《論語》，以主其根本；次讀《孟子》，以觀其發越；次讀《中庸》，以求古人之微妙處」（《朱子語類》）。這裏還有個從易到難、循序漸進的講究。

　　《四書集注》充分反映了朱熹的「道統」學。朱熹繼承二程的觀點和做法，非常尊崇《孟子》和《禮記》中的《大學》、《中庸》，讓三者與《論語》並列。他在《大學章句》中推論說，《大學》中經的部分，是「孔子之言而曾子述之」；而 10 章傳，是「曾子之意而門人記之」。又在《中庸章句》中認爲，《中庸》是「孔門傳授心法，子思恐其久而差也，故筆之於書，以授孟子」。總之，儒家之道是由孔子創立，再經過曾參、子思傳至孟子，形成了這樣一

個儒家道統。但再往後，這個道統就中斷了。直至宋代，才出現了河南程氏二夫子程顥、程頤，再加上朱熹自己，儒家道統才得以繼續。這就將程朱理學與儒家經典緊密聯繫起來，擡高了程朱理學的地位。

《四書集注》發揮了儒家學說，論述了道、理、性、命、心、誠、格物、致知、仁義禮智等哲學範疇，並加以闡釋發揮，提出了以理爲最高範疇的哲學體系。書中還特別重視認識方法、修養方法和道德實踐等。如對「天命之謂性」的解釋爲：「命，猶令也。性，即理也。天以陰陽五行化生萬物，氣以成形，而理亦賦焉，猶命令也。於是人物之生，因各得其所賦之理，以爲健順五常之德，所謂性也。」〔註 30〕這是說，一切事物的屬性都是最高的天理所賦予的。同樣，對《中庸》所提出的「誠」這一概念，朱熹也將其解釋爲天理的屬性，「誠者，眞實無妄之謂，天理之本然也」，達到誠，則爲「人事之當然」〔註31〕（同上）。這就把「誠」納入了自己的思想體系。在解釋《孟子》「萬物皆備於我」這一命題時，《孟子集注》解釋爲：「此言理之本然也，大則君臣父子，小則事物細微，其當然之理，無一不具於性分之內也。」這一解釋，輕而易舉地把原先主觀唯心主義的命題闡發爲理學的客觀唯心主義了。關於「格物致知」，朱熹在《大學章句》中揮揮灑灑寫了 143 字的「傳文」，以補原書之「缺」，集中、明確地提出了他的認識論。「所謂致知在格物者，言欲致吾之知，在即物而窮其理也。蓋人心之靈，莫不有知；而天下之物，莫不有理。唯於理有未窮，故其知有不盡也，是以大學始教，必使學者即凡天下之物，莫不因其已知之理而益窮之，以求至乎其極。至於用力之久，而一旦豁然貫通焉，則眾物之表理精粗無不到，而吾心之全體大用無不明矣。此謂物格，此謂知之至也。在注解中，他又對「格物致知」作了解釋：「致，推極也；知，猶識也。推盡吾之知識，欲其所知無不盡也。格，至也；物，猶事也。窮至事物之理，欲其極處無不到也。」在這裏，朱熹把認識的過程分爲兩個階段，第一階段就是「格物窮理」，或「格物明理」；第二階段就是「致知」，推極心中固有的知識，從而達到無所不知。就認識論來看，朱熹所論是有一定道理的，但由於他要窮知的並非客觀物質世界及其規律，而是「天理」，這就把認識論納入了客觀唯心主義的哲學體系之中了。《四書集注》還著重闡發了「仁政」思想。如對「百姓足，君孰與不足」的解釋爲：「民富，

〔註30〕《中庸章句》。
〔註31〕《中庸章句》。

則君不致獨貧；民貧，則君不能獨富。有若深言君民一體之意，以止公之厚
斂也。爲人上者，所宜深念也。」〔註32〕朱熹所論民與君之關係。完全繼承
孔孟之仁政思想，與他做官時的爲政之道也是相符的。反對橫征暴斂、竭澤
而漁，正是爲了統治階級的長遠利益。可見，朱熹是地主階級中較有遠見的
一分子。

《四書集注》對後世產生了深遠的影響。由於它的刊行，《大學》、《中庸》、
《論語》、《孟子》始被稱爲「四書」，與「五經」一起成爲封建社會最重要的
經典著作。朱熹一生著述豐厚，流傳於世者也頗多，但最重要的還是《四書
集注》，故《四書集注》爲歷代學者所重視。注釋儒家之書者不下成百上千家，
獨《四書集注》能長期流傳，歷久不衰。

《四書集注》還被歷代封建統治者所推崇。南宋寧宗嘉定五年（1212年），
把《論語集注》和《孟子集注》列入學官，作爲法定的教科書。理宗於寶慶
三年（1227年）下詔盛讚《四書集注》「有補治道」。1227年2月6日（南宋
寶慶三年正月十九日），宋理宗召見朱熹的兒子朱在，說：朱熹的四書集注，
「朕讀之不釋手，恨不與之同時」。下詔特贈朱熹爲太師，追封信國公，並對
大臣們說；「凡六籍悉爲之論述，十四書尤致於精詳」；又說：「朕自親學問，
灼見淵源。常三復於道編，知有補於治道」。朱熹注解的四書，由於宋理宗的
高度推尊，取得了學術上的統治地位，成爲儒學的必讀課本。宋以後，元、
明、清三朝都以《四書集注》爲學官教科書和科舉考試的標準答案。1313年，
元仁宗宣佈科舉取士，規定第一、二場考試限從朱熹《四書集注》中出題，
詮釋以《四書集注》爲主，這對後世的影響極大。元明清三代，朱熹對儒家
經典章句的注釋一直成爲科場試士的科目。朱熹的學說被尊崇爲官方意識形
態。閩學挾朝廷之力風靡天下，以至人們說：「天下之學皆朱子之書。」朱熹
的地位直線上升，直逼孔老夫子。錢穆《朱子新學案》說：「在中國歷史上，
前古有孔子，近古有朱子，此兩人皆在中國學術思想史及中國文化史上發生
莫大影響。曠觀全史，恐無第三人堪與倫比。」理學成爲官方哲學，佔據著
封建思想的統治地位，而《四書集注》作爲理學的重要著作，也被統治者捧
到了一句一字皆爲眞理的高度，對中國封建社會後期思想產生了深遠、巨大
的影響。

朱熹的學術思想在日本、朝鮮曾一度十分盛行，被稱爲「朱子學」，在東

〔註32〕《論語集注》。

南亞和歐美也受到重視，足見其在世界文化史上的影響。

三、《四書》《五經》的核心是倫理道德

　　《四書》《五經》濃縮了古代先人對宇宙自然、社會人生的深入思索，但其核心是對倫理道德的思考與推崇。

1、內聖外王的政治和教育倫理理想

　　《大學》集中闡述了儒家內聖外王的政治和教育倫理理想。《大學》一開篇，就明確提出了當時大學教育的三大綱領：「大學之道在明明德，在親民，在止於至善。」這實際上也就是中國古代教育的三大目標。《大學》從性善論的思想出發，認為「明德」是人與生俱來的善性，但這種善性必須經過不斷學習才能表現出來，所以，大學教育的首要目標就是要使人的「明德」發揚光大。這實際上就是要求人們加強個人的道德修養，使自己始終保持向善之心。第二個目標是「親民」，「親民」的大致含義就是《論語・學而》所說的「泛愛眾而親仁」。人不僅自身要保持向善之心，而且還要將這種向善之心推廣開來，去親愛廣大的民眾；反映在政治上，就是儒家所倡導的仁政思想。後來，朱熹把「親民」改作「新民」，解釋為用自己的德性去感化人，使人去其「舊染之污」，這種解釋反映了儒家推己及人的教化思想。第三個目標是「止於至善」，也就是要達到道德修養的最高境界，這是儒家對教育所提出的最高目標。為了實現這三個目標，《大學》還提出了內聖外王的八個步驟，即格物、致知、誠意、正心、修身、齊家、治國、平天下。這八個步驟實際上就是八個學習階段的具體目標，反映了儒家所設計的從加強個人修養開始，然後推己及人，最終達到治國平天下的教育程序。《大學》說：「古之欲明明德於天下者，先治其國；欲治其國者，先齊其家；欲齊其家者，先脩其身；欲修其身者，先正其心；欲正其心者，先誠其意；欲誠其意者，先致其知；致知在格物。格物而後知至，知至而後意誠，意誠而後心正，心正而後身修，身修而後家齊，家齊而後國治，國治而後天下平。」其中「格物」是整個教育程序的起點。但由於《大學》本身沒有對「格物」作出明確的解釋，後世學者便眾說紛紜，莫衷一是。孔穎達《禮記正義・大學》中說：「致知在格物者，言若能學習，招致所知。」按照這種解釋，「格物」就是指的對五經、六藝等方面內容的學習。通過這樣的學習，可以獲得必要的知識，這就是格物致知。「誠意、正心」是指個人內心的保養，也就是所謂的「修心養性」。其中誠意

是正心的先決條件。《大學》說：「所謂誠其意者，毋自欺也。如惡惡臭，如好好色，此之謂自謙。故君子必慎其獨。」誠意就是要做到不自欺，即使在個人獨處的時候也能嚴守各種道德規範。就像朱熹所說的那樣：「誠意，只是表裏如一。若外面白，裏面黑，便非誠意。今人須於靜坐時見得表裏有不如一，方是有工夫。」「君子慎其獨，非特顯明之處是如此，雖至微至隱，人所不知之地，亦常慎之。小處如此，大處亦如此，顯明處如此，隱微處亦如此。表裏內外，粗精隱顯，無不慎之，方謂之『誠其意』。」〔註33〕意誠之後，就可以排除一切干擾，使內心合乎儒家的中正原則，對待任何事物都能做到不偏不倚，這就叫「正心」。「修身」是整個教育程序中非常重要的一個階段，「格物、致知、誠意、正心」都是修身的具體方法，而「齊家、治國、平天下」則是修身的最終目的，所以《大學》說：「自天子至於庶人，壹是皆以修身為本。」一個人只有自身修養達到一定的境界，才能以身率範，使全家達到「父慈子孝、兄友弟恭、夫義婦順」的家庭倫理標準。家齊是國治的基礎，只要家家都能遵守禮義，國家自然就會走向大治。「一家仁，一國興仁；一家讓，一國興讓。」（《大學》）這充分反映了儒家家國一體的政治思想，同時也反映了儒家對家庭教育的重視。儒家的最高社會理想是天下大同，所以，《大學》把「平天下」作為整個教育程序的最終階段，希望那些有才德的君子在治好一國的基礎上，把自己的仁德和善政推廣到其他國家，最終實現全天下的太平。

2、尊德性而道問學的價值追求

　　《中庸》相傳為孔子之孫、戰國初哲學家子思所作。書中肯定「中庸」是人們道德思想的最高標準，要求人們無論在任何時間、地點和各種條件下，都不偏不倚地走「中庸之道」。它是儒家思想和倫理的一部教科書。「中庸」是中國傳統文化的最高價值原則。「中庸」這一價值原則是由孔子提出來的。他說：「中庸之為德也，其至矣乎！民鮮久已。」（《論語·雍也》）孔子指出「中庸」是一種「德」，「其至矣乎」之「至」，含義是「極高」。《中庸》云：子曰：舜其大知也與，執其兩端，用其中於民。執而用中，舜所受堯之道也。」「兩端」，《論語》是指「過」、「不及」，又稱為「狂」、「狷」。要在「兩端」裏面「允執其中」，即確實地把握好「中」，就需要往返地調整以漸趨於和諧，由此而引出了「中和」這一概念。《中庸》篇說：「中也者，天下之大本也。和

〔註33〕《朱子語類》卷十六。

也者，天下之達道也。致中和，天地位焉，萬物育焉。」《中庸》用了很多篇幅講天道之誠與人道之誠，然後又論證了它們之間的統一性問題。在《中庸》作者看來，誠是客觀規律的反映，是事物發展規律的本質規定。天道之誠作爲天理之本然，是人性的價值本源，人性本之於天道，因此，《中庸》又提出了「誠之者，人之道也」。這種以天道解釋人性、道德起源的觀點，可以說是對孟子「盡心梓，誹知天」思想的繼承和發展。由此我們也可以看出，《中庸》所謂的誠包含著兩層含義：就其本體論意義而言，天道之誠喻指自然界生生不息的規律及自然萬物存在的終極根源；就其道德意義而言，人道之誠表明一種人性之善。《中庸》賦予誠以本體論和道德論的雙重含義，通過誠在天道與人道之間的關係把天、人聯繫到一起並在誠的基礎上統一起來。從這一點上來講，誠是天、人合一的關鍵點，沒有誠，人們既無法認識和體察天之道，也無法認識和把握人之道。《中庸》講天道之誠不是目的，它最終要落實到社會，落實到人，落實到道德主體的實踐上。《中庸》認爲，修身是人生的出發點，要修身便要處理好五種人倫關係，同時還要具備知、仁、勇三種品行；要修身就要先做到誠身，那麼，怎樣才能做到誠身呢？《中庸》指出，誠身有道可循，這個道就是要做到善。可見，誠身的內涵就是一個善字，就是一個如何明善、如何行善的問題。《易傳・繫辭上》中所說的「繼之者，善也，成之者，性也」說的就是這個意思。在有關誠的論述中，我們可以感受到由本體論意義上的誠推導引伸至倫理意義上道德主體對誠的運用。《中庸》按照天道之誠爲人道之誠描繪出了一幅修養的路徑：「自誠明，謂之性；自明誠，謂之教。誠則明矣；明則誠矣。」通過明誠的方式也就是教育、學習的方式具體地把誠運用到實際生活中，這就是最高境界誠之道人格化的體現，那種看起來不可捉摸的天道之誠通過爲善、行善、擇善的轉化過程就可以實現誠。通過這種方式，主體的人道與本體的天道之間因明誠而融爲一體，最終達到天人合一的理想境界。誠是修心盡性、與天地參的重要手段。至誠不但可以化物，而且可以育物，至誠發揮到最高階段，就能達到盡人、物之性，就能實現贊天地之化育、與天地參的理想境界。誠還是成己、成人的必要條件。一系列不斷學習的過程便可以使自身明白事物的道理，內心的這種修爲過程達到一定程度就會成就自己，同時也能促使別人發生改變，這種成己、成人都需要以誠作爲實現手段，由此可見誠在社會生活中的重要性。誠在治理國家，預知社會發展方面也具有神奇的作用。運用至誠觀察和判斷事物就

能做到客觀準確，從而達到事半功倍的效果。最後，誠還是個人道德修為的重要原則。「誠者自誠也，而道自道也。誠者物之終始，不誠無物。是故君子誠之為貴。」這裏強調的是君子有誠則可以達到成己、成物的境界，至誠之道的運用全在於道德主體的不斷修為，真正做到了至誠，所有的問題都會迎刃而解，有了誠的信念，才能不斷致力於道德的修養，使自身道德修養達到一種感人化物的崇高境界。沒有堅定的道德信念和道德意志，就不會有真正的道德修養和道德鍛鍊，因此《中庸》一再強調誠作為道德信念和道德意志在道德修養過程中的重要作用，這是《中庸》以誠為核心的道德修養體系所要達到的最終目的。但也不可否認，《中庸》對誠的重視顯然過了頭，過分誇大了誠的作用，帶有明顯的唯心主義傾向，這一點需要我們給予充分的注意。《中庸》認為，中庸之道時刻體現在人們的日常活動中，人們每時每刻都在體驗著這種天生的、自發的中庸之道，對道的修養便是教化的開始。而道所規定的性、天命並不完全取決原來是什麼，而是取決於個體如何去表現道，如何去施行道、修為道。可以說中庸之道能夠應用於社會生活的各個方面，儒家所提倡的修身、齊家、治國、平天下都可以以中庸之道作為指南。中庸之道即中正不偏、經常可行之道。從倫理道德的角度講，中庸是一種倫理原則，是對人們思想、情感方面的原則性約束。從實踐性的社會角度講，中庸又是一種人與人之間互動的方式方法，具體體現為日常各種事務中的實踐活動。正因為這種無處不在的滲透性與廣泛性，中庸之道才如此深刻地影響著中國人民的生活，成為社會政治、經濟、文化生活的指導原則。

3、仁義禮智的道德原則規範

孔子的思想核心是「仁」，政治理想是實行「仁政」。與中國以家族為本位的社會結構相適應，儒家的仁愛思想呈現出由己推人、由內而外、由近及遠的特點。家庭是一切社會組織的中心，人與人之間的關係，首先表現為家庭內部成員之間的關係，對人的愛心也就首先應該施加於家庭成員的身上。這便是儒家所倡導的「孝悌」之道。《論語・學而》說：「君子務本，本立而道生。孝悌也者，其為仁之本與。」孝順父母，敬愛兄長，是仁愛的基礎。君子就是要從這個基礎工作開始，基礎樹立了，大道也就會隨之產生。《論語・學而》還說：「弟子入則孝，出則悌，謹而信，泛愛眾而親仁。」對近親有孝悌之心，才能進而泛愛眾人，這就是由內而外的仁愛之心。何謂「仁」？孔子曰：「能行五者於天下，為仁矣」。「請問之」曰：「恭、寬、信、敏、惠」。

恭則不悔，寬則得眾，信則人任焉，敏則有功，惠則足以使人。他把「恭」、「寬」、「信」、「敏」、「惠」作為仁者的道德標準。他主張「己欲立而立人，己欲達而達人」、「己所不欲，勿施於人」、還主張「為政以德」、「其身正，不令而行；其身不正，雖令不從」、「先有司，赦小過，舉賢才」。他希望通過實行「仁政」，調整統治階級內部關係，緩和統治階級和勞動人民之間的矛盾，出現一個「君君，臣臣，父父，子子」的等級有序和「老者安之，朋友信之，少者懷之」的理想社會。他的這種政治主張，在當時是根本不可能實現的。在道德修養方面：孔子說：「三軍可奪帥也，匹夫不可奪志也」。他主張人要有志氣，志氣是一個人的統帥和靈魂。他又說：「人而無信，不知其可」。「巧言令色，鮮矣仁！」「道聽而途說，德之棄」。「君子周而不比，小人比而不周」。「是可忍也，孰不可忍也！」「君子恥其言而過其行」「過而不改，是謂過矣！」等等。總之，孔子的學說內容很廣泛，思想豐富，含意深刻。他的學說集中表現在《論語》這部書裏。《論語》是古人入學必讀之書。

孔子的學說，經他弟子的傳播有了發展，到了戰國時代，魯國鄒縣人，名孟軻，人們尊稱他為「孟子」，他是孔子後人子思的學生，他著有《孟子》七篇，他主張「仁」以外還要行「義」，尊王、賤霸，以民為貴，反對戰爭與侵略，輕功利，創始「人性本善」的學說，提倡「人皆可以為堯舜」的民主思想。因為他繼承和發揚了儒家學說，為孔子以後的重要人物。孔子被稱為「至聖」，孟子被稱為「亞聖」，地位僅次於孔子。所以一提到儒家，都稱「孔孟之道」。孟子在孔子的基礎上，豐富和發展了儒家的倫理道德思想。他在《孟子‧公孫丑下》中集中闡述了他的四母德：「惻隱之心，仁之端也；羞惡之心，義之端也；辭讓之心，禮之端也；是非之心，智之端也。人之有是四端也，猶其有四體也。」孟子認為，仁義禮智四種母德是與生俱來的，但他同時又強調，人們必須加強後天的自身修養，努力擴充四種母德，才能真正有所作為。「苟能充之，足以保四海；苟不充之，不足以事父母。」可見後天修養是多麼的重要。孟子將具體的人際關係歸納為「五倫」，即：父子、夫婦、兄弟、君臣、朋友。其中前三者屬於家庭內部成員之間的關係，後兩者則是家庭關係的放大或擴展。「五倫」中的每種社會角色都有著明確的行為規範：君惠臣忠，父慈子孝，兄友弟恭，夫義婦順，朋友有信。這就是所謂的「五倫十教」。《孟子‧盡心上》也說：「孩提之童，無不知愛其親也；及其長也，無不知敬其兄也。」孟子認為，子女對父兄的敬愛之情是出於天生的善性，對這種善

性要發揚光大，由己及人，「老吾老以及人之老，幼吾幼以及人之幼，天下可運於掌也。」〔註34〕只要將對親人的仁愛之心加以推廣，就可以達到社會穩定，天下太平。所以，在孟子的「仁政」思想中，「親親」是一個重要的基石。「親親而仁民，仁民而愛物。」〔註35〕由親愛親人進而仁愛百姓，由仁愛百姓進而愛護萬物，這是儒家推廣仁愛之心的典型步驟。從孟子本人的觀點來看，他對五種倫理關係中前後雙方的要求是相互的，如「君不敬，則臣不忠」、「父不慈，則子不孝」等，但在具體的道德實踐中，其內容則逐漸被歪曲，成為前者對後者的單向約束，片面強調忠孝和恭順。發展到後來，便形成了具有正統權威性的三綱倫理。孟子強調辨義利，主張以仁義道德為基本的價值取向。在孟子看來，義是衡量人的各種外部表現的價值尺度，仁則是判斷人們有無愛心的道德標準；仁主內，義主外，仁、義相互結合，才是心靈美和行為美的完美表現。

儒家崇尚禮樂教化，把克己復禮看成是仁的集中表現，主張「非禮勿視，非禮勿聽，非禮勿言，非禮勿動」。周公制禮作樂的目的是建立一套社會教育和學校教育的制度倫理文化，使封建倫理道德深入人心。他把夏代尚儉、殷人尚聲的傳統用於祭祀天地，昭告祖先的慶典，加上周族莊重典雅的音樂歌舞來奉獻神靈，使主持者、參與者的道德得以淨化，強調神靈對個人德行的監察，成為中國早期社會治理和倫理教育的一大特色。周公親自制禮作樂，以「親親、尊尊、長長」的宗法倫理觀念為維繫社會秩序的基礎，所謂「君臣上下，父子兄弟，非禮不定」，確立王的絕對權威；任命六卿分管各地行政事務，加強對各諸侯國的控制，同時注重禮儀，加強教化，使「忠」、「孝」、「友」成為基本道德觀念，實現「王道蕩蕩」。所謂「禮，經國家，定社稷，序民人，利後嗣也」，使周統治者的地位合法化、合理化，為中國封建制度的確立提供意識形態基礎。在周公以及後來的孔子看來，禮、人、德三者是政治的根本。禮是為政的依據；人，尤其是統治者，既是禮的制定者，又是禮的執行者和示範者；德是與禮的精神一致的態度、傾向和行為表現，禮亦以德為準則。所謂政治，不僅要將民眾的思想，行為納入「秩」的軌跡，求得社會的穩定，也須統治者作出道德示範，使民眾認為統治者是受天之命，足為楷模的「大人」。因此所謂禮儀活動，決不僅僅是統治階級祈福求神，或者

〔註34〕《孟子‧梁惠王上》。
〔註35〕《孟子‧盡心上》。

相互交往的規矩，而是一種示範性的政治活動。統治者「修己以敬」的過程，就是實踐「禮」的過程，是爲民眾作出表率的行動。

　　「興於詩，立於禮，成於樂」的思想不是春秋時孔子的獨創，而是始於舜，發於仲虺、伊尹、傅說，成於周公的倫理思想，指個人道德的完成基於認識、情感和行爲諸方面的教育，爲此需要建立完整的禮樂制度。在中國古代家國一體的禮義規範中，親情一直處於「禮義」的嚴密框架之內，由情發禮止情感抒發機制而融鑄的「溫柔敦厚」詩教原則，於親情之表達得到鮮明體現。儒家強調詩歌表達人的情志，認爲詩歌有啓發感染、教育人的作用，可以幫助人們認識社會，交流情感、批評政治，還從政治立場出發，說詩歌可以用來侍父侍君，要求詩歌爲政治倫理、禮義教化服務。孔子說：思無邪概括詩經的思想內容，要求詩歌的情感純正無邪。在內容和形式的關係上，提出文質彬彬的著名論斷，主張內容和形式完美統一，還提出盡善盡美的文藝批評標準，要求詩歌符合政治倫理道德標準，詩歌要「樂而不淫，哀而不傷，怨而不怒」，主張詩歌有倫理的美，能夠催發人們向善。

4、天人合德的致思路徑

　　儒家倫理文化的重要特徵之一，就是以天證人，推天道而明人事，以人事輔佐天道，進而實現天人合德。《易經》如此，《易傳》亦然。《易傳》作者對天德、地德的描畫和規定最終都落腳到對人事的觀察和詮釋上。《易傳》以天德釋《乾》之『元亨利貞』，屬於天道觀之範疇。《文言》以君子之德釋『元亨利貞』，屬於人生觀之範疇。彼此互異，亦彼此相成。因此，當《文言》說：「元者，善之長也；亨者，嘉之會也；利者，義之和也；貞者，事之乾也」時，它主要是在講天道觀，講天德。但是，當《文言》進一步說「君子體仁足以長人，嘉會足以合禮，利物足以合義，貞固足以幹事」時，則是把「元亨利貞」釋爲「仁禮義智」四種道德，正是在此意義上，《文言》曰：「君子行此四德者，故曰：乾，元亨利貞。」由此可見，作爲社會倫理規範的「德」往往同天德聯繫在一起。《易傳》賦予倫理意義上的「德」的兩大含義是自強不息與厚德載物。乾卦九三爻辭曰：「君子終日乾乾；夕惕若，厲，無咎。」其意思是說君子應當終日不懈，自強不息，即使到了晚上也要抱有警惕之心，不能鬆懈。這樣，才能雖遇險情，而安然無恙。因此，其象曰：「天行健，君子以自強不息。」天道的本質特點是健，健是運行不息的意思——四時交替，晝夜更迭，歲歲年年，無止無息。君子應效法天道之健，自立自強，奮

發進取。又恒卦象曰：「……恒亨無咎，利貞，久於其道也。天地之道，恒久而不已也。利有攸往，終則有始也。日月得天而能久照，四時變化而能久成，聖人久於其道而天下化成。……。」就是說持之以恒地從事某項事情，終能獲得成功。《象上》云：「地勢坤，君子以厚德載物。」二程解釋說：「坤道之大猶乾也，非聖人孰能體之？地厚而其勢順傾，故取其順厚之象，而云地勢坤也。君子觀坤厚之象，以深厚之德，容載庶物。」朱熹《周易本義》則說：「地，坤之象，亦一而已。故不言重，而言其勢之順，則見其高下相因之無窮，至順極厚而無所不載也。」他說：「地勢坤，言地勢順也。於此就見其厚，故君子以厚德載物。蓋坤之象爲地，重之又得《坤》焉，則是地之形勢，高下相因，頓伏相仍，地勢之順，亦唯其厚耳。不厚，則高下相因便傾陷了，安得如此之順。唯其厚，故能無不持載，故君子厚德以承載天下之物。夫天下之物多矣，君子以一身任天下之責。群黎百姓，倚我以爲安。鳥獸昆蟲草木，亦倚我以爲命。」以此而論，君子須有寬厚容人之德，正如《文言·坤》所說：「敬以直內，義以方外。敬義立而德不孤。」也正是在此意義上，君子唯有具備了這樣的品格才能以「寬厚之德容載萬物」。「厚德載物」不僅表現一個人得志時，以一身任天下之責，還表現爲一個人在失意時，宜隱而不見，韜光待時。總之，以物觀人，以人釋物，天人合一，是《易傳》德論之根本。《易傳》中的「德」，既言天道地道，又言人道；既講自然界的生生之理，又講人類社會的禮義法則。因此，「德」在《易傳》中具有統攝自然規律與社會法則的本體論內涵。

《尚書》認爲，上帝對歷史起著決定性影響，「立命」或「革命」的根本關鍵，取決於「湯武」的順天應人的敬德和「桀紂」殘義損善的喪德；「以德配天」的「仁德」是歷史變化的內在依據，上帝的作爲通過「德」來彰顯。《尚書》以能否「以德配天」，以道德的興衰變化作爲歷史選擇變化、國權轉移的視角，來論證夏、殷喪德敗亡和湯武代興的原因。由此看來，上天的命令，與民意結合，形成「以德配天」、「天聰明自我民聰明，天明威自我民明威」〔註36〕的「天民合一」論。在商周變革之際，對此有清醒的認識的，能發揚「仁愛、公義」之天德的代表，就是周文王姬昌。有德才能爲天所祐，無德必遭天之所譴，得天下關鍵在有德或得道，而得道之本在於得民。這是《尚書》、《左傳》以及《孟子》等的基本價值觀。

〔註36〕《皋陶謨》。

此外，儒家《四書》《五經》還提出了君子和聖賢的人格理想，專門探討了道德教育和道德修養的方法，就如何建構倫理型的社會也發表了自己的看法。

總之，《四書》《五經》作為科舉考試的權威文本，本質上是經典的倫理學文獻，以《四書》《五經》來命題進行科舉考試，決定了對人才選拔的倫理道德導向。

第二節　科舉考試中的倫理命題與闡發

科舉考試雖然也涉及軍事、數學、醫學等學科領域，但就其主流和一以貫之的重心而言，則是以儒家思想為核心的政治倫理考試，不僅題目大量出自儒家經典，而且要求考生緊密結合儒家經典及其指定的權威注本進行發揮闡釋。明代以後，八股文成為科舉取士的規範文體。

一、命題文本以《四書》、《五經》為依據

儘管隋、唐二代統治者兼崇儒、釋、道，但是，居於核心地位的還是儒家學說。科舉制度的確定奠定了儒學在隋、唐官方意識形態中的支配地位。科舉制度形成於隋代。隋煬帝開創了通過考試來選撥進士科和文明科人才的制度，唐代因襲隋制而大為發展、完善。科舉考試的內容在唐代屢有變化，但概括地講來，唐代科舉的名目「首秀才，有明經，有俊士，有進士，有明法，有明字，有明算，有一史，有三史，有開元禮，有道舉，有童子。而明經之別，有五經、有三經、有二經、首學究一經、有三禮、有三傳、有史科」。其規模與內容無疑都要比隋代複雜許多。而在這些科目中，大多以儒家經典為考試內容和評判依據。明經試的重要特點是要求應舉者熟讀並能背誦儒家經典及其注疏。《新唐書·選舉志》記：「凡明經，先帖文，然後口試，經問大義十條，考時務策三道。」三場考試中「帖文」和「口試」直接考察應試者對儒縱其注疏瞭解掌握的情況。第一場「帖文」，照現在的說法就是填空，《通典》卷十五《選鄉三》對之釋曰：「帖經者，以所習經掩其兩端，中間開唯一行，裁紙為帖，凡帖三字，隨時增損，可否不一，或得四得亞得六者為通。」唐代規定經書分大、中、小三種，如《禮記》、《左傳》為「大經」；《詩》、《周禮》、《儀禮》為「中經」；《易》、《書》、《公羊》、《穀梁》為「小經」。這大、中、小經顯然是以其篇幅多寡來區分確定的。明經科中又有通二經、三經、

五經之分。所謂通二經就是大經、小經各一，或者中經二；通三經就是大、中、小三經各一；通五經的，需大經皆通，其他各一。《論語》、《孝經》則無論是通二經、三經、五經，都需考試的。「帖文」乃明經科考試的關鍵，故其難度頗大，「至有孤章絕句、疑似參互者惑之，甚者或上抵其注、下餘一二字，使尋之難知，謂之『倒拔』」。第二場「口試」，經問大義十條。《唐六典》卷二《吏部·考功員外郎》記敘明經試於第一場試帖文後接著說：「通六已上，然後試策，《周禮》、《左氏》、《禮記》各四條，餘經各三條，《孝經》、《論語》共三條，皆錄經問及注意為問，其答者須辨明義理，然後為通。」這裏說的「試策」是指《周禮》等各經書的答問經義，而非另寫策問。

南宋時，分經義進士與詩賦進士。詩賦進士，第一場詩賦各一首，第二場論一首，第三場策三道；經義進士，第一場本經大義三道，《論語》、《孟子》大義各一道，第二、第三場，與詩賦進士同。明代鄉試、會試分三場：第一場，試「四書」義三道，「五經」義四道；第二場，試論一首，判五條，詔、誥、表內科一道；第三場，試經史策五道。主要以「四書」義取士。清承明制，又屢有變更，至乾隆五十二年（1787）成為定制：第一場，試「四書」文三篇，五言八韻詩一首；第二場，試「五經」文五篇；第三場，試經史、時務策五道。至光緒二十七年（1901）又改為：第一場，試中國政治史事論五篇；第二場，試各國政治藝學策五道；第三場，試「四書」義二篇，「五經」義一篇。

自漢代以來，兩千多年的仕進制度都以儒家思想為核心，注重對儒家精義的把握和理解，《四書》、《五經》成為漢以後歷代選拔人才的經典文本。如果以考試所依據的文本為分期的標準，大體又經歷了從重《五經》到重《四書》的轉變。

儒家學派的創始人孔子「祖述堯舜，憲章文武」，對古代文獻進行系統整理，這就是後人稱為「六經」的《詩》、《書》、《禮》、《樂》、《易》、《春秋》。《詩》、《書》、《禮》、《樂》在春秋時已成為貴族教育的基本讀物。趙衰向晉文公推薦郤縠為「元帥」人選，其最主要的理由是其人「說（悅）禮、樂而敦詩、書」（《左傳》僖公二十七年）。墨子出於同一教育背景，故其書中引詩、書極多，後世且傳說他最初「受儒者之業」（《淮南子》〈主術訓〉、〈要略〉）。這些實例證明《禮記·王制》說古代「順先王詩、書、禮、樂以造士」的話確是有根據的。在中國歷史上，最早稱孔子所整理的《詩》、《書》、《禮》、《樂》、

《易》、《春秋》爲「經」的,是莊子。《莊子‧天運》指出:「孔子謂老聃曰:『丘治《詩》、《書》、《禮》、《樂》、《易》、《春秋》六經,自以爲久矣,孰知其故矣,以奸者七十二君,論先王之道而明周、召之跡,一君無所鈎用。甚矣!夫人之難說也?道之難明邪?』老子曰:『幸矣,子之不遇治世之君也!夫《六經》,先王之陳跡也,豈其所以跡哉?』」《莊子》稱《詩》、《書》、《禮》、《樂》、《易》、《春秋》爲「經」在當時並沒有得到社會普遍認可。直到漢武帝接受董仲舒「罷黜百家,獨尊儒術」的建議,才使得儒家的學說典籍被正式奉爲經典,一躍而成爲社會的統治思想。董仲舒說:「《春秋》大一統者,天地之常經,古今之通誼也。今師異道,人異論,百家殊方,指意不同,是以上亡以持一統;法制數變,下不知所守。臣愚以爲諸不在六藝之科、孔子之術者,皆絕其道,勿使並進。邪辟之說滅息,然後統紀可一而法度可明,民知所從矣。」〔註37〕「六藝」即《六經》(不可與「禮、樂、射、御、書、數」相混)。正如劉勰在《文心雕龍》中所指出的:「經也者,恒久之至道,不刊之鴻教也。」不過,由於《樂》毀於秦末戰火,漢時只剩下《詩》、《書》、《禮》、《易》、《春秋》五部儒家經典,因此「六經」變成「五經」。漢武帝立「五經博士」於太學。從此「五經」定爲考試的基礎文本。以《五經》試「士」一直延續到宋代。

漢代人都相信孔子整理了「六經」,用爲教學的基礎文本,這才使「六經」得以完整地保存了下來,這一偉大的功勳使他成爲周公之後的第一人。所以《史記‧孔子世家》說:「孔子以《詩》、《書》、《禮》、《樂》教,弟子蓋三千焉,身通六藝者七十有二人。」換句話,「孔子之術」在於「述而不作,表章六藝,以存周公之舊典」(章學誠語)。漢代把「諸子」與「六藝」分開,專重儒家經典,而對《論語》、《孟子》、《荀子》等儒家著述則將其視爲儒家學者的私家言論。這也是漢代通行的觀念,可以上溯至司馬談「論六家要旨」〔註38〕。太學中有專治《春秋》的「博士」,卻未爲《論語》、《孝經》立「博士」。爲甚麼呢?因爲這兩部書在漢代雖極其重要,但畢竟是孔子的私家言論。「六經」與「百家」在戰國、秦、漢間分別之嚴是各家各派都共同接受的。所以《莊子‧天下》篇總論古代思想的流變,首先指出:「其在詩、書、禮、樂者,鄒、魯之士、搢紳先生多能明之。」這正是指孔子及其門人後學對「六

〔註37〕《漢書‧董仲舒傳》。
〔註38〕《史記‧太史公自序》。

經」的傳承與整理。王安石評這句話說：「先六經而後各家，莊子豈鄙儒哉！」可證《天下》篇作者也謹守「六經」與「百家」之間的界線，與劉歆《七略》之劃分「六藝」與「諸子」，若合符契。這是董仲舒建議的學術背景。自漢代太學立「五經博士」，科舉考試必以傳世久遠並且已獲得學術界公認的原始「聖典」爲基礎文本，這一大原則從此便牢牢地建立起來了。

唐初，生徒以《詩》、《書》、《易》、《周禮》、《儀禮》、《禮記》、《左傳》、《公羊傳》和《穀梁傳》等九經爲學習課目，太宗覺得門類太多，命國子祭酒孔穎達等編纂《五經正義》，作爲課本。唐代以「進士」、「明經」兩科最爲重要，「明經」考試全以「九經」（《詩》、《書》、《易》、「三禮」、《春秋三傳》）爲主，固不待言。「進士」科雖說重詩、賦、策，但高宗時（650～684年）已加試「經」，德宗時（780～805年）並增口問經義。李唐因爲以老子後代自居，《道德經》也常常出現在「進士」試中，玄宗且有御注，但這仍然不出以原始「聖典」爲基礎文本的範圍。更值得注意的則是「經」的觀念在不斷擴大中，《論語》與《孝經》在唐代已正式取得「聖典」的地位，無論是「明經」或「進士」科，這兩部「經」也是必須「兼通」的。宋代科舉仍沿唐制，以「經」爲重，但更重視「經義」，北宋王安石變法後，親自撰寫《三經新義》和考辨文字意義的《字說》，作爲統一學子思想的教材。宋代是考試重點從《五經》移向《四書》的過渡時代。《孟子》在北宋也上升爲「經」，王安石又特重孟子，所以自熙寧時期（1068～1078年）始，《論語》和《孟子》在「進士」試中與「五經」並重，各占一道試題，此後便成爲定制。《大學》與《中庸》原爲《禮記》中的兩篇，早已具有《經》的身份了。但至北宋初期這兩篇文字則受到朝廷的特別重視，因而單獨印布，賜給新及第進士。天聖五年（1027年）仁宗首次賜進士《中庸篇》，進士唱名時並命宰相張知白當場進讀與講陳。三年之後（1030年）仁宗則改賜《大學篇》，以後與《中庸》輪流「間賜」，著爲定例。這是《大學》與《中庸》在科舉中一次突破性的發展。事實上，早在眞宗大中祥符八年（1015年）范仲淹考進士「省試」（指禮部試，因發榜在尙書省，故通稱「省試」），題目即出自《中庸》的「自誠而明謂之性」。可知科舉考試特重《大學》、《中庸》，宋朝初年已成一趨勢。康定元年（1040年）范仲淹勸張載讀《中庸》，即本於自己的考試經驗而現身說法。一般的理解以爲定《大學》、《中庸》、《論語》、《孟子》爲「四書」是二程兄弟的特殊貢獻。現在我們看到，「四書」取士早已先在科舉中實現了。「四書」絕不是宋代程、

朱理學的私產，而早已成為當時學術界公認的「聖典」。關於這一點，我們只要稍稍回想一下陸九淵論學的重點便完全清楚了。他是「心學」的創始人，與朱熹針鋒相對，但是他的「心學」也是讀《孟子》而自得之，因此堅持孟子的「先立乎其大」，他所謂「大」又相當於《中庸》中的「尊德性」。讀他的文集和語錄，可知他的經典根據主要即在「四書」。明代的王陽明也是如此，他的「致良知」出於《孟子》，他力攻朱熹關於「格物」、「致知」的解釋，則集中在《大學》一篇，最後且有《大學問》、《大學古本》之作。陸九淵、王陽明對於《大學》、《中庸》、《論語》、《孟子》成為宋以下的新《聖典》是絕對肯定的，他們與朱熹之間的分歧僅僅在於文本的解釋方面。澄清了這一歷史背景，我們才能完全明白元、明兩代開科取士為甚麼都採用朱熹的《四書集注》為基礎文本。

　　元代皇慶二年（1313 年）初定科舉程序，規定科舉考試題目必須出自《大學》、《論語》、《孟子》和《中庸》四書，只能以朱熹的《四書章句集注》及理學家對《詩》、《書》、《易》等的注解作為評判答卷的標準。明成祖繼續尊崇理學，頒佈《四書五經大全》，作為科舉考試的必讀課本。永樂十二年，明成祖任命翰林院學士胡廣、侍講楊榮與金幼孜等人編纂《五經大全》、《四書大全》和《性理大全》三部大型叢書。編成後，明成祖親自為三書作序，指出：「六經者，聖人為治之跡也。《六經》之道明，則天地聖人之心可見，而至治之功可成。《六經》之道不明，則人之心術不正，而邪說暴行侵錄蠹害，欲求善治，烏可得乎？朕為此懼，乃命編修《五經》、《四書》，集諸家傳注而為大全。凡有發明經義者取之，悖於經旨者去之。又集先儒成書及其議論、格言，輔翼《五經》、《四書》，有裨於斯道者，類編為軼，名曰《性理大全》……探見聖賢之蘊，由是窮理以明道，立誠以達本，修之於身，行之於家，用之於國，而達之天下。使家不異政，國不殊俗。」永樂帝的序言，對三部大全的目的和用途論述得十分清楚。三部大全的具體內容為：《四書大全》以朱熹的《四書章句集注》為骨幹，又搜齊了宋元以來程朱學派對於《四書》的注解。《五經大全》共 154 卷，由《周易大全》、《書傳大全》、《詩經大全》、《禮記大全》、《春秋大全》五部書組成。其中《周易》用宋代程頤、朱熹的注釋本和董楷、元胡一桂、胡炳文、董真卿的疏本。《尚書》用的是宋代蔡審的注本，元代陳櫟、陳師凱的疏本。《詩經》用的宋代朱熹的注本、元代劉瑾的疏本。《禮記》用的是元代陳澔注、雜採諸家疏，《春秋》用宋代胡安國注、元

代汪克寬疏。《性理大全》共 70 卷，收入宋代儒家學說 120 家，其中自成篇幅的有《太極圖說》、《通書》、《西銘》、《正蒙》、《皇極經世》、《易學啓蒙》等。27 卷以下收理氣、道統、聖賢、君道、治道等 13 類。清代康熙皇帝命大臣李光地等人將此書刪繁就簡，編做《性理精義》12 卷。

清代的科舉沿襲明代舊制。《清史稿・選舉志・三》指出：「有清科目、取士承明制，用八股文取《四子書》及《易》、《書》、《詩》、《春秋》、《禮記》五經命題，謂之制義。……首場《四書》三題，《五經》各四題，士子各占一經。《四書》主朱子《集注》，《易》主程《傳》、朱子《本義》，《書》主睬《傳》，《詩》朱子《集傳》，《春秋》主胡安國《傳》，《禮記》主陳澔《集說》。」清朝除承襲明朝外，還於雍正皇帝時將《孝經》提到與五經並重的地步，列爲考試內容。

宋以後，明清各朝「專取四子書及《易》、《書》、《詩》、《春秋》、《禮記》五經命題試士。」（《明史・選舉志》明清兩代，盛行八股文取士，八股文命題全部取自《四書》、《五經》的經文，要求考生「代聖賢立言」，即設身處地貼著儒家聖賢的心理和思想去闡發儒家正統思想，以表現考生對儒家經典的熟悉與把握的準確程度。流傳至今的宋代經義名篇的題目如王安石的《參也魯》題出自《論語》；《以子觀於夫子賢於堯舜遠矣》題、《楊子取爲》二節題均出自《孟子》。蘇轍的《至於治國……從我》題、《天下之言》全章題均出自《孟子》。汪立信的《躬自厚而薄責於人則遠怨矣》題、《孰謂微生》一節題取自《論語》；《與讒諂面諛之人居》題取自《孟子》。文天祥的《箕子爲之奴》題取自《論語》，《願比死者一灑之》題取自《孟子》。明太祖朱元璋仿照宋代經義的做法，把《四書》、《五經》作爲八股文的試題庫，規定八股文題必須取自《四書》、《五經》的經文，如于謙的《不待三然則子之失伍也多矣》題、王宗貫《知者樂水，仁者樂山；知者動，仁者靜；知者樂，仁者壽》及《鄉人皆好之何如，子曰未可也；鄉人皆惡之何如，子曰未可也，不如鄉人之善者好之，其不善者惡之》題，洪武乙丑（1385 年）會試《天下有道，則禮樂征伐自天子出》題，永樂己丑（1409 年）會試《武王纘太王、王季、文王之緒》一節題，成化二十三年丁未（1487 年）會試《樂天者保天下》題、弘治九年丙辰（1496 年）會試《責難於君謂之恭》題，等等，都是旨在使天下士子去熟讀鑽研儒家經典，使其在儒家經典的日浸月染之下，自覺地接受儒家倫理道德觀念。正是在儒家經典的薰陶下，明清時代的許多士子認識到

《四書》、《五經》「不惟大事業出其中，節義文章亦莫能外」，而「尊《學》、《庸》、《語》、《孟》之書，斷以考亭之章句，因裁以為題，敷陳詞義，如一出於聖人之言，其道精微變化，尚矣。」〔註39〕

二、答題以「代聖賢立言」為基準

　　無論隋唐亦或明清，科舉考試都推崇儒家思想，把儒家《四書五經》作為考試的權威文本，要求應考者按照四書五經的理路學習應考，以考出好的成績，博取功名。明清時期，會試頭場考八股文。八股文以四書、五經中的文句做題目，只能依照題義闡述其中的義理。而能否考中，主要取決於八股文的優劣。八股文是由宋代的經義演變而成，它要求「代聖賢立言」，對儒家的微言大義進行具體的闡發，設身處地地貼著儒家聖賢的心理和思想去闡釋論證儒家正統思想。如成化五年（1469 年）本科殿試中，明憲宗以文德、武功、救荒安民之法為問，張昇以「道」與「誠」作答，提出「治本於道，道本於誠。非道不足以善治，非誠不足以立道」的觀點，認為「道為治之本，誠又道之本也。有其道，然後能致其治；有其誠，然後能盡其道。是誠也者，萬善之源，萬事之本。推之無不准，動之無不化」。〔註40〕接著對明憲宗在策問中提出的幾大問題，逐一作了回答。又如成化十一年（1475 年）本科殿試中，憲宗在策問中向天下士子尋求養民、教民之道及盛治之方，謝遷在他的對策卷中提出「為治之道，固貴乎有仁民之政，尤貴乎有仁民之心」的主張，認為「蓋仁心存於中，而後仁政達於外。使有其心而無其政，是謂徒善，徒善不足以為政。有其政而無其心，是謂徒法，徒法不能以自行。」〔註41〕英明的君主只有常存愛民之心，然後施以仁政，才能達到「教民、養民」之目的。唐虞三代諸君，如「堯之兢兢，舜之業業」，「禹之孜孜，湯之栗栗」，「文王之純一不已，武王之永言配命」，「固一憂民之心也。他奉勸當今聖上「心堯、舜、禹、湯、文、武之心，行堯、舜、禹、湯、文、武之政，」才能夠「復唐虞三代之治」，「躋斯世於雍熙泰和之盛」。

〔註39〕艾南英：《明文定序上》，龔篤清：《八股文鑒賞》，嶽麓書社 2006 年版，第 49 頁。

〔註40〕鄧洪波、龔抗雲：《中國狀元殿試卷大全》上卷，上海教育出版社 2006 年版，第 729 頁。

〔註41〕鄧洪波、龔抗雲：《中國狀元殿試卷大全》上卷，上海教育出版社 2006 年版，第 750 頁。

洪武三年會試以《論語・季氏》中「天下有道，則禮樂征伐自天子出」之言為試題，狀元黃子澄的墨卷如下：「治道隆於一世，政柄統於一人。夫政之所在，治之所在也。禮樂征伐，皆統於天子，非天下有道之世而何哉？昔聖人通論天下之勢，首舉其盛為言。若曰天下大政，固非一端，天子至尊，實無二上，是故民安物阜，群黎樂四海之無虞；天開日明，萬國仰一人之有慶。主聖而明，臣賢而良，朝臣有穆皇之美也；治隆於上，俗美於下，海宇皆熙皞之休也。非天下有道之時乎？當斯時也，語高明則一人所獨居也，語乾綱則一人所獨斷也。若禮若樂，國之大柄，則以天子操之而掌於宗伯；若征若伐，國之大權，則以天子主之而掌於司馬。一制度，一聲容，議之者天子，不聞於以諸侯而變之也；一生殺，一予奪，制之者天子，不聞於以大夫而擅之也。皇靈丕振，而堯封以內，咸懷聖主之威嚴；王綱獨握，而萬旬之中，皆仰一王之制度。信乎！非天下有道之盛世，孰能若此道哉？」（引自梁章鉅：《制義叢話》。）《論語・季氏》的原文為：孔子曰：「天下有道，則禮樂征伐自天子出；天下無道，則禮樂征伐自諸侯出。自諸侯出，蓋十世希不失矣。自大夫出，五世希不失矣。陪臣執國命，三世希不失矣。天下有道，則政不在大夫。天下有道，則庶人不議。」朱熹章句集注指出：「先王之制，諸侯不得變禮樂，專征伐。陪臣，家臣也。逆理愈甚，則其失之愈速。大約世數，不過如此。上無失政，則下無私議，非箝其口使不敢言也。此章通論天下之勢。」黃子澄的這篇文章，深得孔子思想的精義，並結合大一統的政治需要，極力歌頌「天子至尊」、「主聖而明」，力主乾綱獨斷，國之大政盡操專制君主一人之手。文章緊扣題旨，渾雅純正，元氣充盈，浩蕩莊重，被後世稱之為精品力作。

楊慈於永樂己丑（1409 年）參加會試時的《武王纘太王、王季、文王之緒》一節所寫的文章被稱為八股文的「始基」之作。《中庸》「右第十七章」原文為：「武王纘太王、王季、文王之緒，壹戎衣，而有天下，身不失天下之顯名，尊為天子，富有四海之內，宗廟饗之，子孫保之。」楊慈的文章寫道：「惟聖人能繼先業以成武功，故能得聲譽之盛，而備諸福之隆也。夫前人之所為，後人之所當繼也。苟不能然，則名且不足，尚何諸福之有哉！古之人有行之者，其有周之武王乎？自今觀之，太王肇荒作之基，王季勤王家之事，則周之王業，固始於此矣；文王誕膺天命之隆，以撫方夏之眾，則周之王業，已創於此矣。然太王、王季雖為王業之始。而其功則未成也。所以繼其業者，

非武王乎？文王雖有造周之名，而大勳則未集也。所以承厥志者，非武王乎？武王於是因累世締造之功而爲一旦放伐之舉。牧野之師方會，而前徒已倒戈。華陽之馬既歸，而天下遂大定。則前人之業於是而始成，而前人之心於是而始慰矣！夫以武王伐紂宜若失其名也，然人皆知其爲應天順人之舉，而無利天下之心，則武王之名於是而益顯。當是時也，四方攸同，皇王維闢，則天下之民，莫非其臣，其尊又何如？東西南北，無思不服，則四海之地，莫非其有，其富又何如？由是而祀乎其先，則假哉皇考，綏於孝子，莫不以格而以享；由是而傳之於後，則穆穆皇皇，宜君宜王，莫不是繼而是承。則聲譽之盛，諸福之隆，武王一身萃之而有餘矣。雖然，自非其能繼先業以成武功，又何以臻此哉！夫武王能成變伐之功，於天下未定之時；周公能制典禮之懿，於天下既定之後。武王以武，周公以文，其爲繼述則一而已。噫！莫爲之先，後將何述？莫爲之後，前將何傳？夫以太王、王季既有以作之，而武王、周公又有以述之，吾於是不惟有以贊武王能成之孝，而文王之所以無憂者，亦於是見矣！」楊慈該文發掘其中的微言大義，將纘緒理解爲修德行仁，不墮基業，到得天與人歸，一著戎衣便能獲得天下。文章深刻領會聖賢的奧旨，闡發了繼往開來的倫理精神和道德意蘊，受到後人的高度評價。

韓葵就出自《論語・述而》「子謂顏淵曰：『用之則行，舍之則藏，惟我與爾有是夫』的試題所作的文章也是一篇極富倫理意味的力作。文章寫道：「聖人行藏之宜，俟能者而始微示之也。蓋聖人之行藏，正不易規，自顏子幾之，而始可與之言矣。故特謂之曰：畢生閱歷，只一二途以聽人分取焉，而求可以不窮於其際者，往往而鮮也。迫於有可以自信之矣，而或獨得而無與並，獨處而無與言。此意其託之寱歌自適也耶，而吾今幸有以語爾也。回乎，人有積生平之得力，終不自明，而必俟其人發之者，情相待也。故意氣至廣，得一人焉，可以不孤矣。人有積一心之靜觀，初無所試，而不知他人已識之者，神相告也。故學問誠深，有一候焉，不容終秘矣。回乎，嘗試與爾仰參天時，俯察人事，而中度吾身，用耶舍耶，行耶藏耶？汲於行者蹶，需於行者滯，有如不必於行，而用之則行者乎？此其人非復功名中人也。一於藏者緩，果於藏者殆，有如不必於藏，而舍之則藏者乎？此其人非顯泉石間人也。則嘗試擬而求之，意必詩書之內有其人焉，爰是流連以誌之，然吾學之謂何？而此詣竟遙遙終古，則長自負矣。竊念自窮理觀化以來，屢以身涉用舍之交，而充然有餘以自處者，此際亦差堪慰耳。則又嘗身爲試之，今

者輒環之際有微擅焉,乃日周旋而忽之,然與人同學謂何?而此意竟寂寂人間,亦用自歉矣。而獨是唔對而忘言之頃,曾不與我質行藏之徒,而淵然此中之相發者,此際亦足共慰耳。而吾因念夫我也,念夫我與爾也。惟我與爾攬事物之歸,而確有以自主,故一任乎人事之遷,而只自行其性分之素。此時我得其為我,爾亦得其為爾也,用舍何與焉?我兩人長抱此至足者並千古已矣。惟我與爾參神明之變,而順應無方,故雖積乎道德之厚,而總不爭乎氣數之先。此時我不執其為我,爾亦不執其為爾也,行藏又何事焉?我兩人長留此不可知者於造物已矣。有是矣,惟我與爾也夫,而斯時之回,亦怡然得默然解也。」

在這篇文章中,前兩句破題,明破「行藏」,暗破「惟我與爾」。凡破題,無論聖賢與何人之名,均須用代字,故此處以「能者」二字代顏淵。「故特謂之曰」下入孔子口氣,為代孔聖而對顏淵言。總籠全題,層次分明,起講以後皆是孔子口氣,說出了聖人的思想。〔註42〕

三、八股文的崇經尚義取向與倫理追求

八股文是明清科舉考試的唯一文體,可以說它是最直接論道的一種,體現了以「載道」為其最基本的追求之特點。「載道」,說明八股文旨在弘揚儒家綱常倫理以服務社會的治政教化。從命題特點看,八股文的寫作題材以《四書》為主,《五經》次之,內容是要闡釋儒家經典的「義理」,以及宋儒的思想精神。《元史·選舉志》載考試程序:蒙古、色目人第一場經問五條,《大學》、《論語》、《孟子》、《中庸》內設問,用朱子《章句集注》;漢人、南人,第一場明經、經疑二問,《大學》、《論語》、《孟子》、《中庸》內出題,並用朱子《章句集注》,復以己意結之,限三百字以上。經義一道,各治一經,元代科舉考試已明確規定了文章的寫作內容。要做好經義文章,就必須要對程朱對儒家經典的解釋爛熟於心,以他們的認識、見解為準繩,而不能有所超越。如元倪士毅所言:「須多看他人立意,及知歷練,則胸中自然開廣,又不要雷同,須將文公《四書》仔細玩味,及伊洛議論大概,皆要得知,則不但區處性理,題目有斷制,凡是題目皆識得輕重,皆區處得理到。」〔註43〕(文公

〔註42〕 鄧洪波、彭明哲、龔抗雲:《中國歷代狀元殿試卷·附錄一「八股文格式舉例釋義」》,海南出版社1993年版。

〔註43〕 (元)倪士毅:《作義要訣》,《欽定四庫全書》第1482冊,(臺北)商務印書館,1986年影印文淵閣版,第373頁。

即朱熹，伊洛即二程。）明清八股文的考試內容沿襲前代，朱子《四書集注》也被確定爲釋義準繩。乾隆曾言：「國家以經義取士，將使士子沉潛於《四子》、《五經》之書，含英咀華，發抒文采。」〔註 44〕這明確規定了士子學習、考試的內容，其目的是要考查士子對儒家經典的掌握和對宋儒精神的理解。由此可見，八股文的「理」就是孔孟之道、程朱之學。

明清科舉八股文，從其考試內容來看，屬於經義之文。考其源流，當出自宋代的經義。鄭灝若曰：「四書之文，源於經義，創自荆公。」〔註 45〕「從科舉文體的淵源來看，說八股文源於宋代經義是比較近於事實也比較近於文體本質的說法，也是學術界普遍比較認可的看法。」〔註 46〕元初以論及經義、詞賦三科試士。元仁宗皇慶二年（1313 年），酌定科舉條制：蒙古、色目人，第一場經問五條，《大學》、《論語》、《孟子》、《中庸》內設問，用朱熹《章句集注》，中選的標準是：「義理精明，文辭典雅」。漢人、南人：第一場明經、經疑二問，從《大學》、《論語》、《孟子》、《中庸》內出題，並用朱熹《章句集注》，「經義一道，各治一經」〔註 47〕。據上所見，不管是論還是經義，都要求文章內容闡述經書義理，而非如墨義徒事記誦，也非如詩賦發抒文采，施展才情，故對義理、文辭的要求是：「義理精明，文辭典雅」。元代倪士毅對此種文字的要求表述得更全面，其所撰《作義要訣》引曹涇言曰：「文字大概以純者爲合格，健者爲有氣，合格者中程度，有氣者起人眼目。然今人作文於二者，皆易有病，蓋似純者無氣焰，則率略萎靡，又不足以起人眼目；似健者多草野，則夾雜怪僻，又不可以合有司程度。如愚所見，當於規矩之中用老蒼之體，庶幾合格，則不爲有司所擯。奇則又非低手可及，必識此意乃可進步。」〔註 48〕可見，文字須純而不怪，可合「有司程度。」

明初年，科目初定，「沿唐宋之舊，而稍變其試士之法，專取四子書及《易》、《書》、《詩》、《春秋》、《禮記》五經命題試士，蓋太祖與劉基所定。其爲文略仿宋經義，然代古人語氣爲之。體用排偶，通謂之制藝。」〔註 49〕

〔註 44〕《欽定大清會典事例》（嘉慶朝）卷 266《禮部·貢舉·試藝體裁》，第 1653 頁。
〔註 45〕（清）鄭灝若：《四書文源流考》，《學海堂集·初集》卷八，清啓秀山房刊本。
〔註 46〕吳承學：《中國古代文體形態研究》，中山大學出版社，2000 年，第 137 頁。
〔註 47〕（明）宋濂：《元史·選舉志一》，中華書局，1976 年，第 2019 頁。
〔註 48〕（元）倪士毅：《作義要訣》，《欽定四庫全書》第 1482 冊，第 373 頁。
〔註 49〕《明史·選舉志》，中華書局，1984 年，第 1693 頁。

此文體略仿宋經義，其目的「大旨以闡發道理爲宗。」〔註50〕要有古人語氣，就需要熟讀經書，對經書義理有相當的理解。

終明一代，統治者在思想領域極力推行文化專制政策，加強思想控制，儒家道統和程朱理學得到極大的推崇。統治者採用多種措施加強程朱理學在文化思想領域的一元統治地位，八股取士就是其文化專制政策之一。八股經義文主要限定在《四書》中出題，以朱子的《四書章句集注》作爲解經立說的標準，這有兩個方面的作用：一是通過此種方式宣揚灌輸作爲統治思想的程朱理學，藉以強化統治人才的道德品質。二是檢驗應試士子對儒家經典、程朱理學理解和掌握的程度，從而選拔出與統治者思想相符合的統治人才。爲把士子思想引導到儒家經典、程朱理學的正軌上來，自八股取士之初起，統治者就一刻也沒有放鬆過對文風的整頓。洪武三年，詔令「策惟務直述，不尚文藻。」洪武五年，令「科舉凡詞理平順者皆預選列。惟吏胥心術已壞，不許應試」。洪武二十四年定文字格式，「凡出題或經或史，所問須要含蓄不顯，使答者自詳問意，以觀才識……凡作四書義經義，破承之下，變入大講，不許重寫官題。」在談到對策時，規定：「務在典實不許敷衍繁文」。「不尚文藻」、「詞理平順」、「不許敷衍繁文」都只是作文的最一般的要求：文字要簡潔、通暢平順。不過，洪武二十四年已出現了明顯針對八股文的要求。正統六年，令「出題不許摘裂牽綴，及問非所當問。取文務須純實典雅，不許浮華。違者從風憲官糾劾治罪。」成化十三年，令「出題校文，須依經按傳，文理純正，」弘治七年，令「作文務要純雅通暢，不許用浮華險怪艱澀之辭，答策不許引用謬誤雜書。其陳及時務，須斟酌得宜，便於實用，不許泛爲誇大，及偏執私見，有乖醇厚之風。」嘉靖六年奏准「科場文字務要平實典雅，不許浮華險怪，以壞文體。」萬曆十三年奏准「程序文字就將士子中式試卷，純正典實者，以製刊刻。不許主司代作，其後場果有學問該博，即前場稍未純，亦許甄錄，中間字句不甚妥當者，不妨稍微修飾，但不許增損過多，致掩本文。」〔註51〕

清朝建立後，統治者沿襲明代科舉取士舊制，採用八股取士之制，將考試內容規定爲儒家的《四書》、《五經》，以程朱理學作爲士子解經立說的

〔註50〕 《四庫全書總目》，中華書局，1965 年，第 1729 頁。
〔註51〕 （明）李東陽纂《大明會典》三「科舉通例」條，（明）申時行重修，明萬曆刊本，《元明史料叢編》，（臺北）文海出版社，1988 年，第 1225～1233 頁。

標準。面對明末衰敗的文風，清統治者以「崇實黜虛」為口號，提倡先立德行，後及才藝，力圖規範文風、士習。為將廣大的讀書人引導到儒家思想上來，使廣大的應試士子鑽研經書思想，有清一代各朝統治者也都極力釐正八股文體，矯正八股文風。清順治二年規定：「凡篇內字句，務求典雅純粹，不許故摭一家言，飾為宏博。」〔註52〕順治六年殿試，又明令取消明末以來對策使用四六駢體的陋習，目的是推行質樸的文風，但這對轉變明末文風使之歸於樸實純粹起了很大作用。康熙強調「文章貴於簡要，可施諸日用。如奏章之類，亦須詳明簡要」，「章辭取於達意，以確切明晰為尚……務去陳言」。〔註53〕康熙主張學問用之於治道，文章應歸於簡潔、淳雅，反對陳言爛語、浮華而脫離實際的虛文。這為以後「清真雅正」的提出做了很好的鋪墊。到雍正時，「文風丕變，但士子逞其才氣辭華，不免有冗長浮靡之習」，所以雍正曉諭考官「所拔之文，務令清真雅正，理法兼備。雖尺幅不拘一律，而支蔓浮誇之言所當屏去。」〔註54〕在此，文章的宗旨已經明確提出，那就是「清真雅正」。乾隆三年，乾隆強調「歲科兩試以及鄉會衡文務取清真雅正」。〔註55〕乾隆看到「士子率多因陋就簡，剽竊陳言，雷同膚廓」之病，因而令方苞選編《欽定四書文》作為士子學習典範，這也就把清初八九十年的衡文風氣歸納起來，並明白規定下來了。朝廷的這些干預，對轉變明末的八股文風起了一定的作用，一批八股大家寫了一些較好的八股文章。像熊伯龍、劉子壯、張玉書，他們的文章雄渾博大，力求拯救八股文於頹靡衰敗之中。李光地、韓菼積極提倡這種雅正之文風，成為「清真雅正」之開路人。後桐城派方苞以古文寫時文，所寫時文成為士子模仿的典範。雍正、乾隆年間，八股作家輩出，八股文法也日益精密完備。

　　「清真雅正」是清代八股文的衡文標準，是對科舉考試文章「理、法、辭、氣」的總體要求，也決定著科舉考試成績的評定和中榜與否。它是在繼承明朝衡文標準——「醇正典雅」的基礎上發展起來的，是對衡文標準的高度概括和總結。何為「清真雅正」？方苞在《欽定四書文·凡例》中曾說：「凡所錄取，以發明義理，清真古雅，言必有物為宗。」在這裏，方苞很明確地

〔註52〕《清會典事例》第5冊，卷388，中華書局影印，1991年，第303頁。
〔註53〕《清實錄》第5冊，《聖祖仁皇帝實錄》（二）卷114、115，第187、194頁。
〔註54〕《世宗憲皇帝聖訓》卷10，《欽定四庫全書》第412冊，第152頁。
〔註55〕《欽定大清會典則例》卷67，《欽定四庫全書》第622冊，第206頁。

闡釋了對所錄之文的要求：闡發的義理要有發明、有新意；文辭要言之有物，清真古雅。並進一步解釋說：「唐臣韓愈有言：『文無難易，惟其是耳』；李翱又云『創意造言，各不相師而其歸則一』，即愈所謂是也，文之清真者，惟其理之是而已，即翱之所謂創意也。文之古雅者，惟其辭之是而已，即翱之所謂造言也。而依於理以達其詞者，則存乎氣。氣也者，各稱其資材而視所學之淺深以為充歉者也。欲理之明，必溯源六經而切究乎宋元諸儒之說；欲辭之當，必貼合題義而取材於三代、兩漢之書；欲氣之昌，必以義理灌濯其心，而沉潛反覆於周秦盛漢唐宋大家之古文。兼是三者，然後能清真古雅而言皆有物。故凡用意險仄纖巧而於大義無所開通，敷辭割裂鹵莽而於本文不相切，比及驅駕氣勢而無真氣者，雖舊號名篇，概置不錄。」〔註56〕這體現了「以古文為時文」的觀點，即提倡八股文的寫作融入古文筆法，有古文的氣息和時文的聲調，錄取文章也當以此為標準。方苞強調的理之「是」即真實，切中題目，內容充實純正，非泛泛而論。辭之「是」指文辭既要貼切，又要有新意，不拘俗套；非陳辭濫調、險仄纖巧之追求，非辭藻華麗、典故堆砌、艱澀難讀「西崑體」之屬。方苞還更明確指出「清真古雅」的文章對理、辭、氣的要求：認為要理明，其根本就在於需要探索《六經》的義理，研究宋元諸儒的學說。而要文辭允當，就必須貼合題義，以三代兩漢之書為取材對象；而要文氣昌盛，就得胸懷義理，飽讀周、秦、漢、唐、宋諸儒文章，只有這樣，才能使自己在科舉考試中寫的文章清真雅正，言之有物，給人以義理的啟示和教育。

咸豐己未科會試題為「色難有事」，出自《論語·為政》第八章：「子夏問孝，子曰：『色難。有事，弟子服其勞；有酒食，先生饌。曾是以為孝乎？』」朱熹的《四書集注》對此解釋是：食，音嗣。色，謂事親之際，惟色為難也。食，飯也。先生，父兄也。饌，飲食也。曾，猶嘗也。蓋孝子之有深愛者，必有和氣；有和氣者，必有愉色；有愉色者，必有婉容。故事親之際，惟色為難耳。服勞奉養，未足為孝也。舊說，承順父母之色為難，亦通。程子曰：告懿子，告眾人者也。告武伯者，以其人者多可憂之事。子游能養，而或失於敬。子夏能直義，而或少溫潤之色。各因其材之高下，與其所失而告之，故不同也。〔註57〕此科馬傳煦會試卷對這一問題是這樣闡述的：破題：「色以

〔註56〕 （清）方苞：《欽定四書文·凡例》，《欽定四庫全書》第1451冊，第4頁。
〔註57〕 （宋）朱熹：《四書集注》，嶽麓書社，1985年，第79頁。

悅親而難，不妨先驗諸親之事焉。」破題便與朱熹《四書集注》的解釋相一致，接下來圍繞題旨層層敷衍。承題：「夫色何以難，難在根心而發。」起講：「今夫孝子之事親也，曰怡色，曰愉色。」再用兩股對作進一步的闡釋，收結以「由是而服勞焉，夫亦分親之難以為難也。然非柔色以將，亦僅與奉養等耳。人亦勉其至難者而已矣」〔註58〕照應題旨。至此，這篇文章就按照朱熹的觀點闡釋了「色難有事」的「義理」。考官衡文，首要考查的便是看文章闡發的「義理」是否符合程朱的解釋，是否醇正。如有不符，必將黜落。本房考官對此卷的批語是「第一場近情切理，純粹以精」，聚奎堂原評：「法密機圓，意真語摯，以難字串合，獨具匠心。」這是比較高的評價，馬傳煦被取為此科第一名，如文章「理」不貼切、「意」不真實，即不符合朱熹的解釋，是必將被黜落的。

「清真雅正」引導了有清一代的八股文風，使八股取士判卷批語有了統一的準則和尺度，在一定程度上避免了判卷的主觀隨意性。它具有比較明顯的黜落功能，即最大限度地把那些文理悖謬等不合要求的試卷淘汰出去，從而保證了衡文選士的公正合理。清代統治者出於「崇儒重道」的需要，強調按經義文體引導文風士習。按經義文體的功令要求考生學習儒家經典：在理解精神大義上下功夫。經義之文，「就是其闡述的義理必須『根於經書』，即不脫離儒家所定的經典，從這些經典引申和闡發義理」〔註59〕。要把經書義理闡述透徹，士子就必須要熟讀儒家經典，而非用華麗浮誇之語。

八股文是典型的載道之文，按八股文內容上的答題要點規定：一是代聖賢立言，它要求士子在對孔孟之道、程朱之學的透徹領會、準確把握的同時，應努力揣摩古人的思想和語氣，盡量不展現自己的思想和見解。二是尊經守注，考試經義的文體要求平實典雅，不許出現浮華險怪。士子所作之文要達到「清真雅正」這一要求，就必須於此兩方面用功尤勤，這正符合統治者選拔人才的需要。可見，清廷三令五申地強調為文要「清真雅正」，其意圖是想把士子引導到「儒家道統」上來，從而培養出真才實學之士，選拔出符合政府需要的統治人才。

〔註58〕《朱卷》第21冊《會試‧咸豐己未科‧馬傳煦‧色難有事》，第12～16頁。
〔註59〕何懷宏：《選舉社會及其終結——秦漢至晚清歷史的一種社會學闡釋》，第168頁。

第三節 保證科舉考試公平而採取的措施

　　歷代統治者爲了追求科舉制公平、公正，以利於選拔出自己滿意的人才採取了種種措施，企圖實現科舉制的公平與公正。

一、「取士不問家世」的公正目標和價值追求

　　從考生來源和報考條件看，科舉將參政權向大多數人開放。從隋唐至清代，報考限制越來越少，清代除倡優、皁隸之家與居父母喪者以外，原則上所有人皆可報考。而且與察舉制下需要地方官舉薦不同，科舉時代投考者可以「懷牒自進」，即自由報考。從貢院的規制、命題與評卷的繁雜而嚴密的程序、懲罰作弊的措施等各方面看，都是爲了使考試成績能眞實地反映出應試者的水平。大部分朝代還對主考官和朝官子弟作一些限制，以使平民子弟得有較公平的競爭環境。唐宋時期禮部侍郎親族的別頭試，發展到明代規定「凡試官不得將弟男子侄親屬入院，掏私取中」。在清代，「鄉會試考官、房考、監臨、知貢舉、監試、提調之子孫及親族，例應迴避。雍乾間，或另試或題由欽命，另簡大臣校閱。乾隆九年停其例，並受卷、彌封、謄錄、對讀等官子弟、戚族亦一體迴避。」南宋時，因爲避親舉人錄取比例太少，甚至出現「朝士之被差爲大院考官者，恐多妨其親、亦不願差」的現象。此外，宋代規定舉人有權要親族應加復試，清康熙以後爲防搢紳之家多占中額而妨寒酸進身之路，曾實行官、民子弟分卷取中之法。所有這些制度規定都是爲了保證科舉考試的公正和公平。

　　科舉考試對應舉人既不問家庭出身，也無須他人推薦。每當開科之年，一般士人只要品行端正、身份清白、身體健康、不爲父母服喪者，都可以參加科舉考試。這就是古人所說的「取士不問家世」，即士人可以自由報考。這就大大地擴大了選拔人才的範圍，擴大了王朝統治的基礎。唐代科舉是在多層次、多維空間內展開的自由競爭，凡有志於仕進之士，均可「投牒自進」自由報名考試，不管是公侯於第，還是貧寒士人都要通過考試才能進入仕途，體現了考試面前人人平等的選士原則，抑制了豪門權貴壟斷仕途的特權，爲出身寒微之士提供了嶄露頭角，躋身上層統治階層的機遇，如憲宗元和十一年（816 年），李涼公榜 33 人，皆取寒微之士。時有詩云：「元和天子丙申年，三十三人同得仙。袍似爛銀衣似錦，相將白日上青天。」〔註 60〕如「家代無

〔註60〕《唐摭言‧好放孤寒》。

名」的李義府，通過對策擢第，官至宰相。唐高宗以後，寒門之士通過科舉仕進日益增多。考試面前人人平等的競爭原則甚至包括了皇族子弟，如唐宗室子孫李洞屢考不中，竟想去哭祖墳，有詩歎曰：「公道此時如不得，昭陵慟哭一生休」〔註61〕再如皇室貴冑之子劉得仁「自開成至大中三朝，昆第皆歷貴仕，而得仁若於詩，出入舉場三十年，竟無所成」，嘗自述曰：「外家雖是帝，當路且無親。」〔註62〕劉得仁雖是皇帝的外孫，兄弟皆是達官顯貴，但自己考了三十餘場均未登第。這一歷史事實足見科舉選官制具有一定的公平、公正性。

　　在中國封建社會中，自唐以降，任何個人均可以通過自己的攻讀儒家經義和詩賦、參加科舉考試及第提供「金榜題名」的相對平等機會，進入統治階層，獲得官職，成為上層社會之員。在中國傳統社會中有官則有權，有權則有錢，官大權大錢就多，就發財。所以，一般知識分子為通過科舉這個階梯以獲得功名，攫取豐厚的物質財富，而皓首窮經，歷盡艱辛。有的則千方百計鋌而走險，在科場作弊。所以，科舉制度發展到宋代，為實現公平、公正的倫理追求統治者制定了各種法律法規和一系列的規章制度，以達到「無情如造化，至公若權衡。」宋代開國皇帝趙匡胤鑒於唐代科舉流行通榜公薦，允許達官、權貴薦舉考生，後來此法逐漸引發了權貴把持科場，培植私黨之患，下詔廢除「公薦」，以堵住科場上的請託和「走後門」。開寶六年（973年），翰林學士李昉知貢舉，取進士宋準等11人。宋太祖在召見奏名進士時，發現其中武濟川「材質最陋，對問失次」，將其黜去。武濟川是李昉的同鄉，太祖覺得其間有私，頗感不悅。此時，落第進士徐士廉等擊登聞鼓，告李昉用情取捨，去留不當，並伏闕下求見，並向太祖進言曰「方今中外兵百萬，提強黜弱，日決自上前，出無敢悖者。惟歲取儒為吏，官下百數，常常贅戾，以其授於人而不自決致也。為國家天下，止文與武二柄取士耳，無為其下鬻恩也」。〔註63〕徐士廉擊鼓論榜，聲震朝廷，他的進言正命中了趙匡胤欲集任官之權於自己一身的心懷，他立即下詔從落第的舉人中挑選195人，連同宋準及第的11人，自己出題，親試詩賦，親自閱卷，最後欽定進士26人，皆賜及第，賜錢20萬辦慶祝宴會並當即授官。從此開了殿廷復試的先河。自此殿試

〔註61〕《唐摭言・海敘不遇》。
〔註62〕《唐摭言・海敘不遇》。
〔註63〕柳開：《河東集》卷8《與鄭景宋書》。

成爲科舉考試中的最高一級考試，一直延至到明清兩朝，直到科舉廢止時才終止。殿試制度的創立和推行，其目的是皇帝爲了把取士授官大權獨攬於己，以防止知貢舉官和權貴與及第舉人結爲朋黨，削弱了皇權。殿試是爲了鞏固和加強中央集權的君主專制統治，防止科舉中的舞弊行爲，防止大權旁落於朝臣權貴之手的辦法。

二、嚴肅考紀和考場規則

考場規則既然科舉主要根據考試成績決定是否錄取以及名次的先後，這就要求科舉考試必須公開、公正、公平。爲了防止徇私舞弊，歷代都規定了各種考試規則，主要有以下幾種：第一，鎖院以防請託。從宋太宗時起，創立了鎖院制度，規定考試官自受命之日起，到放榜之日止，一直鎖宿於貢院。這樣，就隔絕了考試官與其他臣僚的聯繫，使請託難以得逞。第二，別試以避親嫌。從唐玄宗時開始，即創立了對考試官子弟、親戚，另設考場、單獨考試的「別頭試」制度。但時行時廢，到宋代才成爲定制。明、清時，又進一步規定，主要考試官的子孫及親戚，不許參加當科的考試。第三，按榜就坐，不得移易。從宋代開始，考試前排定坐次，張榜公佈；考試時按榜就坐，不得移動、調換。第四，禁止挾書、傳義、代筆。爲了防止應舉人作弊，從宋代開始，專門設立了監門官、巡鋪官，入場時進行搜查，入場後巡迴監察，一旦發現應舉人將書籍帶入考場或傳遞文字、請人代筆，立即嚴加處罰。如明太祖洪武七年（1374 年）奏准：如有挾書者，照例於舉場前枷號一月，滿日問罪，革爲民。

在試卷評定方面，宋代之後，也逐漸形成了一套比較嚴密的制度。第一，廢除唐代實行的朝廷大臣的「公薦」和應舉人向知貢舉官投納「公卷」的制度，使科舉試卷成爲評定成績、決定棄取的唯一根據，這就是南宋詩人陸游所說的「一切以程文爲去留」。第二、實行封彌、謄錄制度。封彌，又稱糊名，是將試卷上舉人的姓名、年齡、三代、籍貫等密封，代之以字號，以防考試官在評定試卷時徇私舞弊。不過，封彌之後，考試官還可以通過辨認筆跡得知試卷出自何人之手。爲了堵塞這一漏洞，宋眞宗時又創立了謄錄制度，即先把應舉人的試卷封彌、編號，再交書吏謄錄，對讀無誤，再交考試官評閱。封彌、謄錄制度在防止閱卷作弊中起了關鍵作用。第三、分等考第，多級評定。比如宋代省試，應舉人的試卷先經點檢官批定分數，然後由參詳官審查

所定等級是否恰當，最後上交知貢舉官，決定去取高下。即實行點檢官、參詳官、知貢舉官三級評定制度，以便使試卷評定做到公平、公正。總之，上述種種考試方法，在一定程度上體現了公開考試、平等競爭、擇優錄用的原則，對於選拔人才及籠絡士人都是有一定作用的。

實施糊名和謄錄，也是為了確保科舉考試的公平與公正。代常稱為「彌封」，就是要把試卷卷首的考生姓名、籍貫和初定等第都要封住或者裁去，以防評卷官徇私作弊。糊名法創立於武則天即位初年，但沒有在科舉考試中普遍使用。宋太宗淳化三年（992年），將作監丞莆田陳靖上疏，建議在科舉考試中使用糊名辦法，得到宋太宗的採納。真宗大中祥符元年（1008年），糊名法在省試中開始實行。採用糊名法以後宋真宗高興地對宰臣王旦等說：「今歲舉人頗以糊名考校為懼，然有藝者皆喜於盡公。」糊名制度的實施有利於客觀評卷、公正選拔人才。陸游《老學庵筆記》卷五中說：「本朝進士，初亦如後制，兼採時望。真宗時，周安惠公起，始建糊名法，一切以程文為去留。」但因為不再考慮考生平時的真實水平和道德表現，只重考試成績不重品行，導致進士及第者也不一定是眾望所歸者的弊端。但是，從科舉制度保證公正性的角度而言，糊名的優點是明顯大於其局限性的。北宋國子監學生鄭獬的遭遇就與糊名直接相關。鄭獬曾求學於湖南湘陰縣的笙竹書院，後來成為國子監生。據沈括的《夢溪筆談》卷九記載，國子監選拔考生時，鄭獬的成績只排在第五位，心高氣傲的他十分不滿意自己的名次。按慣例，被錄取的考生要向國子監祭酒寫信表示感謝。而鄭獬則在寫給國子監祭酒的信中大發牢騷，宣稱自己「李廣事業，自謂無雙；杜牧文章，止得第五」，並將國子監祭酒比作劣等的駑馬、擋路的頑石，而將自己比作千里馬、巨鼇。國子監祭酒看了以後，暴跳如雷，恨得咬牙切齒。鄭獬殿試時，考官恰恰就是那位國子監祭酒。這位考官發誓一定要讓他落榜，因此他特地在眾多的試卷中找到一份文筆極像鄭獬的卷子，毫不猶豫地將這份試卷淘汰掉。但是閱卷完畢拆封以後，這位主考官發現被淘汰的試卷根本不是鄭獬的，而鄭獬則高中狀元。糊名制度的實施是鄭獬能逃脫國子監祭酒報復的關鍵，這也說明糊名是使科舉制度走向公正的重要一步。

與糊名幫助鄭獬一舉成名不同的是，作為蘇門六君子之一的李廌則因為糊名而名落孫山。據《鶴林玉露》記載：元祐中，蘇軾主持禮部考試，他想讓李廌考上。在舉行考試之前，蘇軾特地寫了名為《劉向優於楊雄論》的文

章送給他。蘇軾託李廌的朋友將文章送往李家。而李廌恰好有事外出，他的僕人將蘇軾的文章放在桌子。送書信的人離開不久，章惇兩個兒子——章持、章援來李家拜訪，看見放在桌上的文章，喜出望外，就占爲己有了，並回去認眞揣摩。李廌回家之後，不見蘇軾的文章，心中悵惋不已。考試時，試題果然與蘇軾所寫的文章十分類似。章持、章援模仿蘇軾的文章揮筆而就。而李廌則因心情煩悶而表現不佳。蘇軾認爲第一名肯定是李廌，等評閱完考卷拆號時，第一名卻是章援，而文筆與章援相同的章持則排在第十位，李廌最終落第。蘇軾爲此事懊悔不已，作詩送給李廌：「平生漫說古戰場，過眼空迷日五色」。如果不是糊名，李廌是肯定高中榜首的。糊名之後，評閱考卷者只能依據程文定等第，這說明糊名法對科舉公平取士的貢獻是相當大的。

糊名與謄錄實行以後，使庶族與士族站在同一起跑線上公平競爭，以期在科場競爭中脫穎而出，在一定程度上打破了他們之間貧富、貴賤的等級界限，使「一切以程文爲去留」的取捨原則有了制度上的保障。有一次科舉發榜後，眞宗問王旦，在及第人中「有知姓名者否？」周圍回答：「人無知者」。糊名謄錄之後，由於完全是以文取人，這樣也就失去了結合考生的平時表現進行錄取的優點，當時就有人對此提出批評，據《吹劍四錄》載：「唱名狀元嚴州方夢魁，賜名逢辰，右足跛，左目瞽。第四名川人楊潮，南省元泉州陳應雷皆瞽一目」，認爲這是糊名考校所帶來的消極結果，影響了科舉考試的聲譽。但從這一史料記載的結果來看，方逢辰雖然有身體的缺陷，但他是南宋末年著名的思想家、教育家，著有《孝經解》一卷、《易外傳》、《尙書釋傳》、《中庸大學注釋》等學術著作。這一史料既反映了糊名謄錄制度在宋代科舉考試中得到了充分的實行，也表明實行糊名謄錄之後，科舉考試的選拔功能並未受到影響，依然能選拔德才兼備的人才。

客觀地說，糊名、謄錄只是防止舞弊的重要手段，不可能完全杜絕科場舞弊的發生，考官和考生之間仍然可以通過做暗記的形式作弊，這就是所謂的「關節」。清代通關節的技術也隨著科場規制的嚴密而越來越高明、越來越隱蔽，還出現了一個專門術語「用襻」，「襻」就是舊時衣服上扣住紐扣的套。往往約定的暗號爲兩個字，好像古代衣服上的襻扣。鍾毓龍《科場回憶錄》載：杭州有個叫馮培元的探花，爲了報答曾經資助他完成學業的富人的厚恩，想讓這位富人的兒子考上，就幫他與人約定在答卷中寫兩個「襻」字，富人得到「襻」字以後，心花怒放，特意以重金聘請一位謄錄書吏來謄錄試卷。

考試結束後，富人又熱情款待謄錄書吏。在酒酣之際，這位謄錄書吏得意洋洋地向富人邀功，說發現試卷中有兩個字不通，幫著改掉了，而這兩個字恰好是用於通關節的「攀」字，這位富人舞弊的目的也就落空了。

　　糊名在宋代統稱「封彌」。糊名即把考卷上姓名、籍貫、家世等密封起來，使考官「莫知舉子爲何方之人、誰氏之子，不得有所憎愛，用情於其間。」〔註64〕糊名之法最早創於唐代武后當政之時，至北宋成爲定制。宋太宗諄化三年（992年）始用殿試糊名。宋眞宗大中祥符六年（1008年）春，正式實行省試糊名。眞宗對宰相王旦說：「今歲舉人，頗以糊名考覈爲懼，然有藝者皆喜於盡公。」〔註65〕實行糊名編號評卷，考官無法看出舉子的姓名，但還能認識舉子的字跡和暗記，仍無法堵塞事先考官與考生商定的密記進行辨認，或偷拆封印，以私情取捨之漏紕。爲了使考官無法通過辨認字跡和暗記以私情定取捨，又創立了謄錄之法。謄錄，即將考生試卷另行謄錄後交考官評閱，使考官無法辨認字跡和密記。景德四年（1007年）頒定《親試進士條制》明文規定：殿試試卷，「內臣收之，付編排官，去其卷首鄉貫狀，別以字號第之；付封彌官謄寫校勘，用御書院印。」〔註66〕謄錄後蓋上御書院印，是爲了防止謄錄者偷梁換柱，以示鄭重。至宋眞宗大中祥符八年（1015年）始置謄錄院，設專職書吏負責謄抄考卷，於是省試亦實行謄錄。景祐四年（1037年），於州試和開封府、國子監、別頭試均實行謄錄法，「而後認識字劃之弊始絕。」〔註67〕爲防止謄錄官作弊，改動試卷或易換試卷，北宋中期又設「對讀官」，負責校對謄錄卷子與原卷文字有無出入。謄錄是對彌封的補充，對讀又是對謄錄的完善。彌封和謄錄的實行，使科舉考試更加嚴密，並使選士有一個相對客觀的標準，爲科舉考試的「公平競爭」提供了保證。封彌、謄錄的實行，對防止考官徇情取捨的確發生了一些效應，爲科舉選士制度實現公平化和客觀化提供了一定的保障。唐宋統治者曾標榜「有習考試，只在至公。」「至公」雖是溢美之辭，在專制王權統治下，對廣大百姓來說，絕不可能做到「至公」。但糊名、謄錄、對讀等防止科舉考試作弊的制度確實體現了一定的公平、公正。前述宋仁宗時的國子監學生鄭獬，自負有名，極爲高傲，被國子監選拔考生時排在第五名，他十分不滿。按當時慣

〔註64〕　《歐陽文忠公集·奏議集》卷一七《論逐路取人札子》。
〔註65〕　《宋會要輯稿·選舉三》。
〔註66〕　《宋史·選舉一》。
〔註67〕　吳曾《能改齋漫錄》卷一。

例，考試結果公佈後，被錄取的考生要向國子監的主考官寫感謝信。鄭獬在謝主司的信中說：「李廣事業，自謂無雙，杜牧文章，止得第五」，「騏驥已老，甘駕馬以先之；巨鼇不錄，因頑石在上」他認為自己的才華如唐代著名的詩賦家杜牧，雖有絕世佳作《阿房宮賦》，卻只能屈居第五名，他罵考官是有眼無珠的頑石，自詡為騏驥巨鼇，把那些名列在他之前的進士比作駑馬。國子監祭酒看了鄭獬的「謝辭」，氣急敗壞，懷恨在心，企圖在復試中報復他。皇祐五年（1053 年），鄭獬通過會試後參加殿試，主考官正好又是那位國子監祭酒。這位主考竭力要讓他落榜，以報其不遜。當他看到有一份卷子文筆極像鄭獬，就立即把它淘汰掉。但閱卷完畢拆封後，這位主考官才發現被他淘汰的試卷根本不是鄭獬的，而鄭獬偏偏被他取為第一等，皇帝御批為甲等第一名（即狀元）。又如蘇軾門下有著名六弟子，他們是：李豸（字方叔）、黃庭堅、秦觀、晁補之、張耒、陳師道，合稱「蘇門六君子」，其中只有李豸一人沒有取得功名，而蘇軾對他十分賞識，總欲助其成名。元祐十年（1088 年），蘇軾主持省試，在閱卷中認定一份卷子為李豸的，大喜，在卷子上批了數十字的讚美之評語，並對同考官黃庭堅說：此必是我的學生李豸的，便設法取它為第一名。但到拆號，蘇軾才發現自己親取的第一名是章援，並非李豸，而李豸卻名落孫山。蘇軾有意助李豸及第，卻因糊名謄錄之故，而無力相濟。待到發榜時，李母得知兒子落第，大哭曰：「吾兒遇蘇內翰知貢舉，不及第，他復何望？」遂閉門自縊身亡。蘇軾為其弟子李豸落第十分懊惱，他在送別李豸的詩中說：「與君相從非一日，筆勢翩翩疑可識。平生漫說古戰場，過眼終迷日五色。」後來，李豸果終身不第而鬱鬱而死。糊名、謄錄、對讀的實行，使士族庶族乃至寒士得以在同一起跑線上「公平競爭」，「一切以程文為去留」，在一定程度實現了「公平、公正」。正如統治者所稱道的「推朝廷至公，待四海如一」。

三、對考官的選聘極其嚴格

從考官的選聘歷史來看，歷代王朝對於考官的選聘是十分嚴格的，由皇帝直接任命，並形成了一套任命程序。不僅如此，擔任各級考試官員的品級和地位也呈上升趨勢。這既反映了科舉考試在國家政治生活中地位的提高，又使科舉考試的權威性與嚴肅性得到了體現。這是從考官這一環節保證科舉公正性的重要努力。由於考官是命題、閱卷和確定錄取名單的負責人和執行者，加強對考官的管理是防止科場舞弊的重要環節．從唐代後期開始，對考

官實行鎖院制。宋太宗淳化三年（992 年）正月，翰林學士蘇易簡被任命爲主考官，「既受詔，徑赴貢院」，並且將貢院鎖起來，以杜絕請託。這是宋代鎖院制度的開始，此後成爲定制。據《夢梁錄》卷二「諸州府得解士人赴省闈」條記載：朝廷在任命主考官和其他考務官員的時候，要求朝廷官員到朝堂等候命令，命令下達之後，「其知貢舉、監試、主文，並帶羞帽，穿執乘馭，同考試等官，迎下貢院，然後鎖院，擇日放試」。主考官入貢院之後，直至考試結束、定出等第名次以後才能出來，少則三五天，多則五十多天。而殿試一般鎖院三日。鎖院期間，不能會見親戚朋友，也不得與貢院外有書信聯繫，主要是防止泄露考題、通關節等科場舞弊行爲的發生。

　　儘管如此，鎖院制還是不能從根本上杜絕考官舞弊，特別是對考官在被任命之前與考生約定是無法控制的。據《邵氏聞見後錄》卷二十載：宋代翰林學士楊大年在沒有出任主考官時，有一些想參加科舉考試的同鄉來拜訪他，並對他說：「學士必持文衡，幸預有以教之。」其同鄉希望他能透露些考試的消息。楊大年一聽，十分不高興，就起身離開，一邊往屋裏走，一邊說「於休哉」。當年科舉考試，楊大年果然被任命爲主考官。考試的結果是「凡程文用『於修哉』者皆中選」。而當時在場的同鄉有一半人根本沒在意楊大年說「於休哉」暗含的意思，後悔不已。

　　在科舉考試中，不僅與考官關係密切者是舞弊的高危人群，皇室宗親也是有機會與權勢獲得考官偏袒的群體。北宋神宗熙寧十年（1077 年）開始，對皇室宗親實行另外考試，這種考試稱爲「宗子試」，參加的對象爲皇帝五服（是指高祖、曾祖、祖父、父親和自己五代）之外的親屬。儘管宗子試的錄取比例比較大，但也說明了封建王朝努力維護科舉取士公正性是有一定眞實性的，不僅防範考官子弟、親戚等作弊，對於皇族子弟的科舉考試也實行嚴格控制。

　　明清時期對考官的限制則進一步加強，清代鄉試、會試對入闈官員實行嚴格的迴避制度。入闈官員主要包括鄉、會試的內簾主考官、房官、內監試、內掌收，外簾知貢舉、監臨、提調、監試、外收掌、受卷、彌封、謄錄、對讀、供給等負責考務的官員。入闈官員應根據這一規定自行開出應迴避的考生的姓名，由主考官核實以後進行公佈，點名時除去有關考生的姓名，不准該考生參加本科鄉、會試。如果不主動開列姓名而自己的親屬又被錄取的考務官員，除自己要被革職查辦以外，該考生所獲得的功名也要取消。鑒於江

南鄉試包括江蘇和安徽兩省的考生，對分屬於兩地的地方官員親屬的迴避更為嚴格。清代科舉迴避制度涉及面之廣、制度之嚴密是前所未有的，正如有學者所言：「清代科舉因襲明朝，但其迴避規定更加詳密，可謂『設法防閑，纖悉具備』」。為保證房官閱卷的質量，房官和主考官還要在沒有推薦的試卷上加簡單的批語，以說明沒有推薦或推薦不錄的理由。為了保證不因遺漏好試卷而使有才華者落榜，主考官還要在落卷中尋找好試卷，稱之為「搜落卷」，或稱「搜房」。嶽麓書院的學生左宗棠參加湖南鄉試時，就是通過「搜落卷」被錄取的。為防止主考官在評閱考卷過程中的隨意性，房官在推薦試卷時可以堅持自己的意見。如果房官舉薦的考卷被主考官否決，他可以再次推薦，稱為「擡」。若這份試卷多次被房官推薦，而又多次被主考官刷下來，就稱之為「擡轎子」。落榜的考生可以在發榜後的十天內，順天在順天府、各省在布政使的公署查閱試卷，考生還有申訴的權利。雍正八年（1730 年）規定：如果閱卷有不公正的地方，允許下第考生上告。這種做法類似於我們現在高考分數公佈之後，考生可以申請查閱試卷。這是對考官是否認真評閱試卷的嚴格監督。

為明確主考官及相關考務工作人員的責任，清代科場嚴格規定不同性質的工作使用不同顏色的筆，如鄉試、會試中內簾主考官用墨筆，房官用藍筆，內監試用紫筆，內收掌及書吏用藍筆；外簾工作人員也用不同的筆色：知貢舉、監臨、監試、提調、受卷、彌封、謄錄、對讀、外收掌官都用紫筆，謄錄書手用朱筆，對讀生用赭黃筆，並嚴格規定各種顏色的筆不能混用。正如商衍鎏先生所說：「以用筆之顏色，明所負之責任，防微杜漸，用意至深。」儘管如此，在括帖之風盛行的明代，考官偶爾也不能發現考生試卷中的問題，甚至完全是抄襲的文章都不能識別的事例。《萬曆野獲編》卷一六載：萬曆二十三年（1595 年）會試，有一位鄒姓考生的考卷被房官薦為榜首，但其他房官認為取為會試第二名比較恰當。放榜之後，鄒姓考生還大為不滿。試卷公佈之後，社會一片譁然，「有言前場七藝，盡錄坊刻，自破承至結題，不易一字」。儘管這是考官評閱考卷時的失職，但明代的選本汗牛充棟，考官們不可能看到所有的坊刻本文章，出現這種情況也是在所難免的。由於坊刻本所選的是歷代科舉考試成績優秀者的文章，不同的房官都能從數量眾多的試卷將其挑出來，恰恰也說明八股文有利於考官閱卷，這也可以反映出考官閱卷是公正的。

　　為保證考官閱卷的公正性，清代還要磨勘試卷，即對考試的各環節進行檢查，其目的在於「防弊端、正文風、所關綦重」。並制定了被《清史稿》稱為「禁令之密，前所未有」的磨勘條例。按照《欽定禮部則例》的規定：直、省鄉試發榜以後，監臨、提調等將朱卷、墨卷一同封好加印以後，與舉人試卷一起限時解送至禮部，並對解送的時間有明確規定，山西、山東、河南限二十日，陝西限四十日，江西、浙江、湖南、湖北限五十日，福建限七十日，廣東、廣西、四川、雲南、貴州限九十日。順天鄉試及會試考卷由提調封好之後，於發榜的當天送交禮部。然後，由皇帝選定科甲出身的京堂科道官員四十人進行磨勘，磨勘官要迴避本省試卷。磨勘時，要檢查出題是否有紕漏或過錯，並對命題時的紕漏和過錯的處罰都作出了明確的規定。對內簾官評閱試卷也要進行嚴格檢查，並規定了各種處罰措施。如朱卷內，主考、房官應通讀圈點。如發現房官沒有通讀圈點者，降職一級。如主考官沒有發現房官的這種行為的，扣發俸祿一年。在評閱考卷過程中，如果房官對於考卷文章的圈點有錯誤者，扣發房官俸祿一年。如主考官沒有糾正房官的錯誤，扣發俸祿六個月。主考官和房官沒有按照規定用不同顏色的筆，主考、房官和內監試官都要扣發俸祿一年。朱卷內如有用墨筆添改的，責任在主考官；有用藍筆添改的，責任在房官。磨勘官查明確是何人的筆跡之後，該人都要被降三級官職。對於外簾官工作的磨勘，主要集中在謄錄、對讀等直接接觸試卷內容的工作上，如彌封所漏印卷上條記及錯印卷面籍貫，彌封所的負責官員要扣發俸祿三個月。謄錄生謄寫朱卷時，通篇潦草，就要嚴格追查選送謄錄書手官員的責任，並進行嚴厲處罰。對讀生在對讀過程中發現了錯誤而自行改正時，應用赭黃顏色的筆。如誤用紫色筆改正，則要扣發對讀所官員的俸祿三個月。此外，磨勘官還要覆查考生的試卷，防止有考生冒名頂替。不但磨勘官員要檢查鄉、會試的工作，清代還通過復勘對磨勘官的工作進行嚴格檢查。試卷磨勘完畢以後，選派本科考官之外的由內閣、六部、都察院、通政使司、大理寺堂銜的官吏擔任復勘大臣，對磨勘後的試卷再次進行嚴格檢查，以防磨勘官員徇私舞弊，並對磨勘官的舞弊行為的處罰作出了相應的規定。清代磨勘制度是對考務工作的嚴格檢查，使包括內、外簾官在內的入場官員都能嚴格地遵守科場條例，公正取士，這是防止科場腐敗的有力監督機制。正如《清史稿》卷一百零八《選舉志》：「蓋自磨勘例行，足以糾正文體，抉剔弊竇，裨益科目，非淺鮮也。」但嚴密的磨勘制度的負面影響就是

使主考官只選四平八穩的答卷，士人答卷也是以符合要求爲最高追求，使士人的創造力受到了壓制。乾隆帝曾經試圖消除這一弊端，他說：「嗣後鄉會典試諸臣，務擇清眞雅正、文義兼優之作，爲多士準繩，不得爲磨勘周詳，反以庸才塞責。」但這種局面沒有得到根本性改觀。

士院，又稱「棘闈」、「棘院」，是舉行科舉考試的專門建築。唐代科舉考試時並沒有專用的考場，省試一般在吏部南院舉行。宋代以後，不僅省試時建立了專門的貢院，而且各州郡也建立了各自的貢院，結束了以往州郡解試臨時借用官舍或學校等建築的局面。爲保證公平取士和貢院的考試秩序，最大限度地消除舞弊的發生，歷朝歷代都十分重視貢院規制的建設和執行，其中對士人進入貢院前的搜檢近似嚴苛，其目的在於將各種舞弊行爲限制在考場之外，力爭貢院競爭的公平性。考生進入貢院之前必須經過點名識認和搜檢，這兩道手續是科舉考試條規的重要組成部分。點名是保證科舉取士不發生代考的關鍵。由於古代沒有諸如照相、指紋識別等現代技術，即使考生在報考時，投遞「識認官印結」，相當於我們現在的身份證或准考證，但還是需要識認官臨場識認，以防冒名頂替入場。這些識認官的姓名都匯總到鄉、會試的點名冊上。在鄉、會試點名入場之前，各識認官都要到場，如果不到，除了要將該考生的試卷紙扣壓以外，識認官員還將受到嚴屬處分。明清鄉、會試時，識認與點名同時進行。如果查出請人代考，則將請人者與代考者一同問罪。在點名同時，考生還要領取考試用紙。每場考試都是在前一天點名，從黎明前開始，到傍晚結束。點名識認之後，考生就要接受兩道極爲嚴格的搜檢。

隨著科舉制度的不斷完善，宋代開始重視貢院的搜檢，防止考生夾帶舞弊。少數民族政權金朝的搜檢要比趙宋王朝嚴屬得多，考生入闈之前要進行嚴格的搜檢，甚至一度採用「解發、袒衣、索及耳鼻」的手段，這種相當苛刻的紀律遭到大臣和應試者的反對，認爲這是對讀書人的不尊重，不少應試者拒絕參加考試。爲此，朝廷對搜檢的手段作出了改革，大定二十九年（1189年）讓舉子在入場前沐浴，更換上由官方統一提供的衣服。這樣在防止夾帶的同時，也尊重了士人的人格，達到了「既可防濫，且不虧禮」的良好效果，這種防止作弊的辦法在中國科舉史上也是十分獨特的。明初會試的搜檢較爲寬鬆，據說明太祖朱元璋曾經說過：對於這些讀書人沒有必要像對待盜賊一樣來對待他們。搜檢在會試中沒有得到實行，會試也未設立搜檢官。至嘉靖

末年，由於「時文冗濫，千篇一律，記誦稍多，即掇第如寄」。這爲舉人夾帶舞弊提供了條件，於是不少舉人就將以前的八股文抄在小本之上，挾帶入考場。至嘉靖四十四年（1565 年）規定：舉人入貢院時，必須嚴格搜檢；如有懷挾或委託他人夾帶文字進入貢院，一經查出，要在貢院前示眾一個月，取消舉人功名。這成爲明代會試搜檢的定制。他們也必須被解衣脫帽，且一搜再搜，明初統治者對士人的優厚待遇也從此消失了。《萬曆獲野編》記載了一個叫邵喻義的舉人在搜檢過程中的遭遇：萬曆三十五年（1607 年）丁未科，浙江人邵喻義是一個有才華的讀書人，他參加第三場考試時，試圖將自己所編纂的書帶入考場時，與搜檢的軍士發生了爭執，軍士認爲他是攜帶舞弊，引起邵氏的憤怒，雙方發生扭打，邵氏被搜檢軍士捆綁起來，內監試御史李時華命令軍士脫去其上衣，痛打二十棍之後，綁在貢院前示眾。儘管依據當時的科場條例，邵氏的行爲不能算是眞正意義上的夾帶，但無人敢爲之申辯。

　　鄉試、童試的搜檢自明初就十分嚴厲。明末制藝文大家艾南英久困科場，他說：「爲諸生者二十年，試於鄉闈者七年……備嘗諸生之苦，未有如予者也。」他描述參加學政主持的院試點名、搜檢時士人的醜態和痛苦：考試那天，考生站立在「冰霜凍結」的門外，而學政則穿著華麗的衣服坐在考棚大堂之上，還是「燈燭圍爐，輕煖自如」。搜檢開始之後，考生則在露天之下解開衣服，左手拿著筆硯，右手提著考籃，等候郡、縣官員的點名。點名之後，慌忙跑至學政前面。每一名考生由二名軍士進行搜檢，「上窮髮際，下至膝踝，保腹赤踝」，這樣搜檢數遍之後，即使身體再強壯的考生都是凍得「齒震悚栗，大都寒沍不知爲體膚所在」。艾南英還說鄉試的情況有過之而無不及：「至入鄉闈，所爲搜檢、防禁、囚首垢面、夜露晝曝、暑暍風沙之苦，無異於小試。」可見明代嚴苛的搜檢雖然是保證貢院紀律的有效措施，但也對考生的身心造成了不小的傷害。

　　隨著科舉制度地位的提高、科場競爭日趨激烈，清代科場的舞弊行爲也層出不窮。自清初開始，朝廷就制定了嚴格的搜檢制度，《欽定禮部則例》規定：「令搜檢人役兩行排立，士子從中魚貫而入，以兩人搜檢一人，務令各士子開襟解襪。如有懷挾，即將本人照例枷革。」爲解決懷挾這一弊端，乾隆下令有關官員制定更加嚴格的搜檢措施，特別是對考生的穿戴作出了嚴格的規定：不論是帽子，還是衫、袍、褂，都必須是單層的。皮衣和氈衣要去掉裏子，褲子不論綢、布、皮、氈都只許是單層，襪子用單層的，鞋用薄底，

坐墊用單層氈片；其次，對考生考試所用的工具也作出了規定：考生用來裝考試工具的袋子也不能有裏子，硯臺不能太厚，毛筆的筆管必須空心，裝水的容器用陶瓷，木炭只准兩寸長，燭臺要求是用錫做的並且只能是單盤的，燭臺的柱子必須空心通底，糕點都要切開。「字圈、風爐、茶銚等物，在所必需，無可疑者，俱准帶入」。考生裝用品的籃子要編成玲瓏格眼，底面如一，以便搜檢。對搜檢時的姿勢也進行規定：「至褌褲既用單層，務令各士子開襟解襪，以杜褻衣懷挾之弊。」這裏說的褻衣和褌褲就是我們現在所說的內衣和內褲，入場時都要解開。與此同時，不僅嚴格搜檢考生，而且還對所有進入考場的人員和物品都實行嚴格的控制。在鄉、會試進行之前，考場的巡查官對進入貢院的用具以及與考試有關的人員都要進行嚴格搜檢，並嚴格限制進入考場的人數。例如根據康熙十八年（1679 年）的規定：「主考各帶三人，同考各帶二人，御史各帶二人，筆帖式各帶一人。」對執行搜檢任務的差役也要經過御史和提調官的查核和搜檢，防止他們頂替入場或用其它方式來作弊。實際上凡是與考試相關的人員都在識認和搜檢之列，目的是將舞弊的行為杜絕在考場之外。

唐玄宗時，玄宗身邊的一個親信希田將賞賜給其女婿的官位換成進士科名，玄宗答應後，通知禮部給其及第。主管科舉的禮部侍郎將此事稟報宰相，宰相認為：「明經、進士，國家取才之地。若聖恩優異，差可與官，今以及第與之，將何以勸？」結果只好作罷。宰相之所以敢將皇帝許諾的事情擋掉，其理由為：官職是一回事，天子可以一時興起封官許願，但科名是另一回事，作為「國家取才之地」，有其才學標準，不經考試來達標準，想找皇帝走後門也行不通。而玄宗雖貴為皇帝，對此也不再勉強。又如，清康熙時，文果和尚因「聖祖甫巡見之，命人京師，居玉泉精舍，寵眷殊厚。和尚一日攜其孫入見，上問何事來此，和尚奏曰：」來此應舉。『上曰：「應舉即不應來見。」蓋防微杜漸，慮其希望非分之恩也」。這也說明在康熙皇帝心目中，科第名位頗為神聖，不可造次。

我們在探討科舉制度時，經常會面臨到這樣的兩難問題：一方面，科舉關防制度的建立是希望能最大限度地保證取士的公正性；另一方面，這些制度又會在不同程度上影響士人的發展，甚至影響所選拔人才的質量。從後者而言，應該讓科舉選士的制度有更多的靈活性，但在中國這種重人情、實行人治的社會氛圍中，靈活性往往會成為滋生舞弊的溫床，從而使科舉選材制

度形同虛設。因此，權衡關防制度所帶來的利弊得失，我們認為關防制度的積極作用是主要的，因為追求一個相對公平、公正的競爭環境不但是科舉取士制度的客觀要求，也是整個社會所追求的目標。

第四章　科舉制度的倫理評價

　　科舉是國家政府的選官制度，而這個權力機構是以皇帝及其利益集團爲軸心；儒學是文化道術，它反映和代表的是整個社會的生活方式和價值原則。通過考試儒學出仕朝廷爲官，這樣一種制度對於中國社會政治和文化教育的關係，對於中華民族倫理文化的影響，均具有某種雙刃劍的性質。我們應當堅持馬克思主義歷史分析和唯物辯證的觀點，認眞總結科舉制度中的利與弊，給以合理的評價。整體上看，科舉制度有自身的歷史進步性和倫理合理性，也有自身的倫理缺失和弊端。從歷史進步性和倫理合理性上講，科舉制對隋唐至明清 1300 年間中國政治、教育、社會、文化等各方面具有重大的影響，在一定程度上，科舉塑造了中國古代社會的文化形態與知識分子的性格和形象，而且爲東亞國家的科舉制和西方國家的文官考試制度所借鑒，對當今中國社會的文化教育也還有深刻的影響。它所實行的開放考試，吸收了不少寒士進入政權，有益於擴大和鞏固封建統治的政治基礎，改變了封建社會前期豪門士族把持朝政的局面；廣大庶族地主通過科舉入仕做官，給封建政權注入了生機與活力；選拔官吏從此有了文化知識水平的客觀依據，有利於形成高素質的文官隊伍；讀書——考試——做官三者聯繫，把權、位與學識結合起來，營造了中華民族尊師重教的傳統和刻苦勤奮讀書的氛圍，等等。科舉制度的弊端在於：考試內容的陳腐和考試方式的僵化，不能適應形勢發展的需要，八股取士制度對個體價值確認的簡單化、程序化等諸多弊病，使科舉考試常常成了獵取功名的工具，儒家經典讀得越來越熟，八股文寫得越來越好，人品卻越來越差，越來越多的讀書人異化成了科舉考試的奴隸和奴才。八股取士所帶來的脫離實際的學風，對學術文化的發展產生了極爲消極

的影響，特別是清末科舉制度嚴重阻礙了科學文化的發展，是導致近代中國自然科學落後的重要原因之一，科舉制度不利於知識創新，更不利於創新人才的培養。

第一節　關於科舉制存廢利弊的爭論與人們的不同評價

　　科舉制度曾有極大的歷史進步性，它爲中國長期的繁榮穩定和統一作出的重大貢獻，但同時它給中國社會和國民性格帶來的負面影響也不可低估。俗話說「是藥三分毒」，制度也一樣，不可能十全十美。科舉制完善了官僚制度，成爲官僚體制密不可分的一個組成部分。士人在慶幸取得考試面前人人平等這一機會的同時，也在不知不覺中被誘入了專制主義的金絲籠。科舉造就了中國的士人社會，士人爲天下人之表率。士人之沉浮代表著中國之沉浮，士人之性格代表著中國之性格。沒有科舉制度，就不會有士大夫精神。科舉所選拔出的既有王安石、范仲淹、文天祥、海瑞、鄒元標、張居正這樣的忠直耿介、定國安邦的能臣，也有秦檜、王欽若、嚴嵩這樣的巨奸。中國讀書人憂國憂民、匡時濟世的從政之風，特立獨行、言人所難的議政之風，縵胡之纓、化爲青衿的勸學之風，甲科爭路、投機拍馬的奔競之風，滿城冠蓋九逵塵的結黨之風，無不因科舉而形成。在中國歷史上，關於科舉制度就有長期的爭論，人們對於科舉制度的評價也存在著不同程度的分歧。瞭解歷史上關於科舉制度存廢利弊的爭論與人們的不同評價，對於我們就科舉制度作出科學合理的倫理評價，無疑具有一定的啓迪和借鑒意義。

一、歷史上關於科舉制存廢利弊的六次爭論

　　關於科舉制的存廢利弊，中國歷史上曾經有許多人發表了各種看法，而影響較大的則是 6 次高層次的爭論或改制。

　　第一次爭論發生在唐代宗寶應二年（763 年）。科舉制發展到中唐已經歷了 100 餘年，進士科出身者在唐代政治和社會中的影響也日益擴大，科舉制特別是進士科的利弊得失已日益顯示出來。唐高宗時進士加試詩賦以後，許多應考舉子皆誦當代的詩賦，很少去讀《六經》、《三史》之類的典籍，加上允許考生投牒自舉，形成了「露才揚己」的覓舉風尚。爲了使取士本於「言行敦實」，禮部侍郎楊綰上疏奏請停罷進士、明經和道舉科目，令縣令依古制

察孝廉。爲此，唐代宗詔令朝廷諸司通議。給事中李棲笛、尚書左丞賈至、京兆尹兼御史大夫嚴武等紛紛發表議論，贊同楊結的建議。但當時執政宰相元載認爲，「舉人舊業已成，難於速改，其今歲舉人，望且許應舊舉，來歲奉詔，仍救禮部即具條例奏聞。」唐代宗又以廢進士科問於翰林學士，回答說：「進士行來已久，遺廢之，恐失人業。」於是下詔孝廉察舉與明經、進士科舉兼行。結果是科舉制度過了第一次被停廢的危機，而孝廉和《五經》秀才等察舉辦法實行不久即告終止。

第二次停罷進士科的企圖是在唐文宗至唐武宗時期（827～846 年）。文宗時，鄭賈以經術位至宰相，對進士科的某些浮華風尚深爲嫉恨。開成初（836年），鄭賈奏請禮部貢院宜罷進士科，認爲，「南北朝多用文華，所以不治。士以才堪即用，何必文辭？」並說「此科率多浮薄，不必盡用」。但唐文宗認爲「輕薄敦厚，色色有之，未必獨在進士。此科置已二百年，亦不可遽改」。因此，儘管鄭賈屢次奏請停罷進士科卻未能成功。唐武宗即位（841 年），以門蔭入仕的宰相李德裕尤其厭惡崇尚文辭的進士，並請罷去進士及第後期集、參揭和曲江題名等儀式和活動。鄭賈、李德裕罷廢進士科的努力是與當時政壇上的「牛李黨爭」密切相關的。由於進士科在拔取人才方面確有其作用，故儘管反對者身爲朝廷重臣，但還是未能實際罷去。

第三次關於科舉制利弊存廢的爭論發生在北宋中葉。此次爭論時間曠日持久，並與經術文學之爭、南北地域之爭、學校科舉之爭交織在一起。參加爭論的人士非常多，上至皇帝、下至一般官員都曾卷了進去，其中像王安石、司馬光、歐陽脩、蘇軾等人不僅是著名的學者，而且是親自參與掌管過科舉考試的大臣，因此影響重大。王安石強調要重視學校養士，並對科舉作了重大改革，罷去明經等諸科，進士科不再試詩賦、帖經和墨義，只試經義和策問。司馬光主張進士科應注重經學，並且應分區定額錄取。歐陽修則反對司馬光的主張，認爲應該完全以考試成績來定奪而不應分區取人。宋神宗還下令中央各部司討論是否應恢復察舉辦法。像唐代宗時一樣，多數議者皆認爲要改變科舉辦法。而蘇軾則上疏極力爲科舉辯護，指出科舉考試有一定標準，遠遠優於無客觀標準的察舉德行，也比直接從學校中取人更爲可行。但是到宋徽宗時蔡京當權，崇寧三年（1104 年）詔令『天下取士，悉由學校升貢，其州郡發解及試禮部法並罷」。科舉罷後，代之以三舍法和八行科察舉取士，但出現了很多弊病，因而在宣和三年（1121 年）又下詔恢復了科舉取士。此

次科舉中斷時間為 17 年，實際停罷了 5 科。

第四次科舉存廢之爭發生在元代。元朝統治者在官員任用方面倚重蒙古貴族和軍功吏才，因而對考試取士辦法最初並不在意。經過許多儒臣的努力，才在元仁宗皇慶二年（1313 年）建立了科舉制度，此時距元世祖攻滅南宋（1279年）已有 34 年之久。這是中國科舉史上中斷時間最長的一次。科舉建立後，一些蒙古和色目貴族還是力圖加以罷止。元惠宗元統三年（1335 年），丞相伯顏認為有不少舉子以贓敗，參政許有壬則說：「科舉未行之先，臺中贓罰無算，豈必盡由於舉子？舉子不可謂無過，較之於彼則少矣。」許有壬指出了科舉出身者總體上比其他途徑入仕者相對較為清廉的事實。儘管伯顏一意孤行停廢了科舉，但由於科舉取士有其存在的合理性，因此只停罷了 2 科，在至正元年（1341 年）又得到了恢復。

第五次為明初科舉與薦舉的反覆。明朝建立伊始，便著手制定科舉辦法。明太祖洪武三年（1370 年）規定「使中外文臣皆由科舉而進，非科舉者毋得與官」。然而，連續三年開科之後，朱元璋認為科舉「所取多後生少年，能以所學措諸行事者寡，乃但令有司察舉賢才，而罷科舉不用。」可是，薦舉的情況並不比科舉更好。由於沒有可以衡量的客觀標準，薦舉人員既多且濫，長此以往，必至無官可授，且薦舉所得人才同樣缺乏行政才能。經過反覆比較，朱元璋認識到科舉選拔人才還是比薦舉更有成效，於是在洪武十五年（1382 年）宣佈恢復科舉，並制定「科舉之式」，成為後來明清兩代一直遵行的「永制」。

第六次關於科舉改革存廢的爭論發生在清乾隆三年（1738 年）。主張變革者以兵部侍郎舒赫德為代表。他認為科舉考試空疏無用，難以選拔人才，「應將考試條款改移更張，別思所以進拔真才實學之道」。乾隆皇帝將舒赫德的奏章下發給禮部議復。禮部復奏指出科舉確有不少弊端；但「聖人不能使立法之無弊，在因時而補救之」，並說時文、經義及表、判、策論等考試文體在測驗人才方面也有其特定價值。禮部還認為時勢不同，若要改變科舉之法，無論是採用上古官學養士或鄉舉里選之法，其弊端並不亞於科舉。當時禮部對科舉存廢利弊的看法與宋代蘇拭的觀點基本相同，有些用語還直接引用了蘇拭反對變革科舉的奏疏。因此這場爭論實際上是以往有關科舉存廢利弊爭論在不同歷史條件下的重複，具有驚人的相似之處。其結果因大學士鄂爾泰極力贊同禮部的觀點，科舉制得以不廢。

以上 6 次有關科舉存廢之爭都發生在封建時代最高決策層。作為「國家掄才大典」，科舉取士制度關係重大，因而無論是要廢除或恢復科舉，都要由皇帝本人最後作出決斷。在科舉時代，因為考試選官比其他選舉取士方法更適應社會的需求，所以各個朝代皆將其作為拔取人才的首要途徑。

二、近代以來關於改革和廢除科舉的爭論

鴉片戰爭以後，伴隨著堅船利炮的衝擊，歐風美雨強勁東來，西學東漸，對中國社會的政治、經濟和文化環境帶來了急劇的變化，中國人在內憂外患的壓力之下，求變的要求日趨強烈。儘管在 19 世紀末 20 世初，科舉制已有所改良革新，逐漸向現代文官考試制度轉化，但還是無法適應風馳電掣般變遷的時世。因此，在張之洞等人一再要求廢科舉興學堂的情況下，清政府不得不於光緒三十一年（1905 年）下詔停廢科舉。

從 1898 年戊戌變法改革科舉，到 1905 年 9 月科舉制的廢止，科舉制的革廢方案屢經反覆，往往是改革或漸廢的方案剛公佈不久，便被後一道詔令所取代和否定，以至原計劃在 1911 年廢科舉的規劃提前到 1905 年實施。與科舉時代幾次廢科舉的嘗試皆以失敗而告終有所不同，科舉制在 20 世紀初所面臨的社會變化是前所未有的。將進化論譯介進中國的嚴復洞悉世事變遷之理，他曾指出：「觀今日之世變，蓋自秦以來，未有若斯之亟也！」處於數千年未有之大變局之中，科舉制遭遇到亙古未有的嚴重挑戰。一貫運行有序的科舉制，在 20 世紀最初幾年卻有點亂了套。雖然統治者還想極力維持科舉制的正常運轉，但其周期卻被打亂。本來 1901 年應該舉行的鄉試和 1902 年應該舉行的會試，都推遲了一年舉行，而且都改成恩正並科。1903 年剛舉行過會試殿試，1904 年又舉行了一科會試和殿試。而且，因順天貢院被八國聯軍燒毀，最後兩科會試都不在京城舉行，這是明清歷史上從來沒有過的事情。不僅如此，從考試內容來看，1901 年的詔令規定，以後的科場不再考八股文，代之以近代時務，考題涉及政治、經濟、外交、教育等等，科舉制幾乎是脫胎換骨了。另外，會試在點名入場等方面都不按常規，有的地方科試還出現鬧場的現象，這一切都顯露出科舉制衰廢的徵兆。自 1903 年以後，張之洞等大臣不斷在醞釀廢科舉的辦法，報刊也經常在談論廢科舉之事，欲廢科舉的傳聞在社會上此起彼伏，而科舉妨礙學堂的現象是導致提前廢止科舉的直接原因之一。在 1903 年的時候，儘管京師大學堂已開辦有年，且已頒佈《欽定

學堂章程》，但科舉的吸引力還是比新式學堂更大。末科鄉試前夕，「大學堂兩館生均已紛紛赴汴鄉試，兩館所存學生不過三十餘人，每日功課亦不認眞，徒存大學堂外觀而已。設諸公鄉試得意，似較學堂出身爲優，想諸公必不肯再入堂肄業，以待三年卒業也。科舉誤人，豈淺鮮哉？」結果，京師大學堂仕學、師範兩館赴開封參加順天鄉試的學生中果眞有 7 人中舉，這還不包括改用他名無法查實及返回本省參加鄉試中舉者。據 1903 年底王儀通爲《京師大學堂同學錄》所作序文中說，該年大學堂學生醉心於舉業科名，「至四月間鄉試漸近，乞假者蓋十之八九焉。暑假後人數寥落如晨星，迨九月中，各省次第放榜，獲雋者利速化，視講舍如蘧廬，其失意者則氣甚餒，多無志於學，膠膠擾擾者先後殆九十，閱月而一星終矣。竭管學大臣、中外教習、管理諸員之心思才力，一歲之春秋兩試墮之於無形，故謂學堂與科舉能兩存焉？」

　　爲了改變世人重科舉輕學堂的趨向，興辦學堂，清廷選擇了立廢科舉的辦法。先是，直隸總督袁世凱、盛京將軍趙爾巽、兩湖總督張之洞、兩江總督周馥、兩廣總督岑春煊和湖南巡撫端方會奏《請廢科舉折》，認爲：「臣等默觀大局，熟察時趨，覺現在危迫情形，更甚曩日，竭力振作，實同一刻千金。而科舉一日不停，士人皆有僥倖得第之心，以分其砥礪實修之志。民間更相率觀望，私立學堂者絕少，又斷非公家財力所能普及，學堂決無大興之望。就目前而論，縱使科舉立停，學堂遍設，亦必須十數年後人材始盛。如再遲十年甫停科舉，學堂有遷延之勢，人材非急切可成，又必須二十餘年後，始得多士之用。強鄰環伺，豈能我待。」因此，立停科舉是迫在眉睫的大事，奏摺指出：「欲補救時艱，必自推廣學校始。而欲推廣學校，必自先停科舉始。擬請宸衷獨斷，雷厲風行，立沛綸音，停罷科舉。」袁世凱、張之洞等人都是舉足輕重的南北封疆大吏，他們的奏請很快得到諭准。光緒三十一年八月初四日（1905 年 9 月 2 日），清廷頒佈上諭：「方今時局多艱，儲才爲急，朝廷以提倡科學爲急務，屢降明諭，飭令各督撫廣設學堂，將俾全國之人咸趨實學，以備任使，用意至爲深厚。前因管學大臣等議奏，當准將鄉會試分三科遞減。茲據該督等奏稱，科舉不停，民間相率觀望，推廣學堂必先停科舉等語，所陳不爲無見。著即自丙午科爲始，所有鄉、會試一律停止，各省歲科考試亦即停止。其以前之舉、貢、生員分別量予出路，及其餘各條，均著照所請辦理。」丙午科是原定於光緒三十二年舉行的科舉鄉試，這一上諭的發佈標誌著科舉時代的終結，也預示著君主制度的覆亡。廢止科舉是中國歷

史上的重大事件，連深諳社會進化和世事變遷的嚴復，對廢科舉的後果也難以逆料。廢科舉後才四個月，他於 1906 年 1 月在環球中國學生會上的演說中談到廢科舉的重大影響無法估量時說：「不佞嘗謂此事乃吾國數千年中莫大之舉動，言其重要，直無異古者之廢封建、開阡陌。造因如此，結果如何，非吾黨淺學微識者所敢妄道。」嚴復自稱為「淺學微識者」，但他的論斷其實具有很強的預見性。

三、關於科舉的功過是非的不同評價

　　關於科舉功過是非的評價，歷來是霧裏看花，莫衷一是。唐太宗李世民讚歎科舉收羅了四海英才，「天下英雄入吾彀中矣。」近代西方人則把科舉稱為古代中國的第五大發明。孫中山在考察西方諸國的制度後得出結論：中國的考試制度是世界上最早最好的制度。而相反的責難也很多。宋應星在其科學巨著《天工開物》中感慨地寫道此書與功名進取毫不相關；康有為怒斥甲午戰敗割地賠款全是八股考試惹的禍！李光耀更直言科舉使中國被摒棄於西方偉大科學工藝發明和工業革命的門外。

　　很多人認為科舉是一種很公平的制度。在漫長的中國科舉史上，曾形成了「至公」的理念。考試的基本原則是公平、公正，從隋唐至明清的科舉時代，許多人將科舉考試看成是一種「至公」的制度。不管科舉是否真正做到「至公」（實際上世上沒有絕對的公平），至少成熟期的科舉考試從制度上說是提倡公平競爭的。唐憲宗元和三年（808 年），白居易在主持制科考試的復試時便說自己「唯秉至公，以為取捨」。唐宣宗大中元年（847 年）復試進士敕文也聲稱「有司考試，只在至公，如涉請託，自有朝典」。科舉考試「至公」觀念到宋代以後有所發展，特別是普遍採用彌封和謄錄法之後，其公平客觀進一步得到保障，以至歐陽脩認為：國家取士之制，比之前世，最號至公。……其無情如造化，至公若權衡，祖宗以來不可易之制也。

　　科舉考試的內容主要是儒家經學和文學辭章，包括詩賦、策論、表、判等考試文體，明清時還採用八股時文，而要能夠掌握這些經學文學知識並熟練地在考場中運用發揮出來，非有相當深厚的文化素養不可。清朝禮部在反駁舒赫德廢八股科舉的建議時便說：「時藝所論，皆孔孟之緒言，精微之奧旨。參之經史子集，以發其光華；範之規矩準繩，以密其法律。雖曰小技，而文武幹濟、英偉特達之才，未嘗不出乎其中。……即經義、表、判、論、策，

苟求其實，亦豈易副？經文雖與《四書》並重，積習相沿，士子不專心學習，若著爲令甲，非工不錄。表、判。論、策，皆加覆核。必淹洽詞章、通曉律令，而後可爲表、判。有論古之識，斷制之才，通達古今，明習時務，而後可爲論、策。」由於選拔官員有特定的價值目標和文化標準，保證了官員隊伍具有較高的思想道德和文化素質，使精英治國的理想成爲歷史現實，因此科舉時代由科甲出身的官員往往被令人視爲「學術官僚」或「教育政治家」。

梁啓超在1896年發表的《變法通議・科舉》中，對科舉制有諸多批評，指出：「吾今爲一言以蔽之曰：變法之本，在育人才；人才之興，在開學校；學校之立，在變科舉；而一切要其大成，在變官制。」認爲八股取士制「爲中國錮蔽文明之一大根源，行之千年，使學者墜聰塞明不識古今，不知五洲」，而這種制度不改，「士大夫之家聰穎子弟皆以入學爲恥」，一心追求功名利祿，不願意入新式學堂。因此，他斷言：「欲興學校，養人才以強中國，惟變科舉爲第一義。」他也指出：「科舉弊政乎？科舉，法之最善者也。古者世卿，春秋譏之。譏世卿，所以立科舉也。世卿之弊，世家之子，不必讀書，不必知學，雖駿愚淫佚，亦循例入政，則求讀書求知學者必少，如是故上無才。齊民之裔，雖復讀書，雖復知學，而格於品第，未從得官，則求讀書求知學者亦少，如是故下無才。上下無才，國之大患也。科舉立，斯二弊革矣。故世卿爲據亂世之政，科舉爲升平世之政。」曾經在公車上書和戊戌變法時激烈批判過科舉的梁啓超，在1910年卻感歎說：「夫科舉，非惡制也。所惡夫疇昔之科舉者，徒以其所試之科不足致用耳。昔美國用選舉官吏之制，不勝其弊，及一八九三年，始改用此種試驗，美人頌爲政治上一新紀元。而德國、日本行之大效，抑更章章也。世界萬國中行此法最早者莫如我，此法實我先民千年前之一大發明也。自此法行而我國貴族寒門之階級永消滅，自此法行，我國民不待勸而競於學，此法之造於我國也大矣。人方拾吾之唾餘以自誇耀，我乃懲末流之弊，因噎以廢食，其不智抑甚矣。吾故悍然曰：復科舉便！」此時科舉剛停罷五年，梁啓超甘冒被時人視爲「頑陋」的風險而發出此恢復科舉的驚世之論，是其對科舉存廢利弊進行深刻的反思的結果。而所謂「科舉，非惡制也」的說法，則精鍊地概括了對科舉制的總體評價。

革命先行者孫中山先生在《五權憲法》中指出：中國的考試制度是「世界各國中所用以選擇眞才之最古最好的制度」。胡適認爲現代中國的歷史基礎之一便是科舉制度。他說：「這種制度確實十分客觀、十分公正，學子們若失

意考場，也極少埋怨考試制度不公……它是一個公正的制度，即使是最貧賤家庭的男兒也能夠通過正常的競爭程序而爬升到帝國最榮耀、最有權力的職位上。經過這種制度的長期訓練，中國人心中已形成了一個根深蒂固的觀念：政府應掌握在最能勝任管治工作的人的手中；政府官員並非天生就屬於某一特殊階級，而應通過某種向所有志願參加考試的人敞開的競爭性的考試制度來選任。」〔註 1〕在談到戊戌變法時，胡適又說：「康梁變法的時候，只是空洞地吸收外國文化，不知道緊要的是什麼。學堂是造就人才的地方，學堂不能代替考試的制度；用學校代替考試，是盲目的改革。結果造成中國二十五年來用人行政沒有客觀的、公開的用人標準。」〔註 2〕

　　錢穆在 1951 年發表的《中國歷史上的考試制度》一文中認爲，科舉制「因有種種缺點，種種流弊，自該隨時變通，但清末人卻一意想變法，把此制度也連根拔去。民國以來，政府用人，便全無標準，人事奔競，派系傾軋，結黨營私，偏枯偏榮，種種病象，指不勝屈。不可不說我們把歷史看輕了，認爲以前一切要不得，才聚九州鐵鑄成大錯」〔註 3〕1955 年，在《中國歷代政治得失》一書中，錢穆又說：「無論如何，考試制度，是中國政治制度中一項比較重要的制度，又且由唐迄清綿歷了一千年以上的長時期。中間遞有改革，遞有演變，積聚了不知多少人的聰明智力，在歷史進程中逐漸發展，這決不是偶然的。直到晚清，西方人還知採用此制度來彌縫他們政黨選舉之偏陷，而我們卻對以往考試制度在歷史上有過上千年以上根柢的，一口氣吐棄了，不再重視，抑且不再留絲毫顧惜之餘地。那眞是一件可詫怪的事。」〔註 4〕

　　利瑪竇認爲，中國的科舉取士制，其特點和長處在於：它基於自由參與、公平競爭的原則，「科舉之可取在於其原則，既任用官吏以公平爲第一要義，最尚自由競爭」；它採用筆試，有一系列防範作弊的嚴密措施；它與官員任用直接關聯，不受出身、門第左右，憑成績決定職位等級；它促成了文官統治，以及基於文官統治的文治主義。利瑪竇希望西方人向中國學習這種考試制度。他的希望沒有落空：1595 年，耶穌會學校開始採用筆試（此前歐洲學校主要考口試）；1800 年，牛津大學始行考試制；1855 年，英國擬以競爭考覈任用官吏，1870 年起始成定制；1873 年，德國始設決定官吏任用的國家考試；

〔註 1〕胡適：《中國的文藝復興》，外語教學與研究出版社 2001 年版，第 323 頁。
〔註 2〕耿志雲：《胡適年譜》，四川人民出版社 1991 年版，第 178 頁。
〔註 3〕錢穆：《國史新論》，臺灣東大圖書公司 1984 年版，第 114〜115 頁。
〔註 4〕錢穆：《中國歷代政治得失》，三聯書店 2001 年版，第 89 頁。

美國有類似制度，是在 1883 年以後。在利瑪竇等人眼裏，科舉制是中國文明的一部分，值得西方效法。西方人學了去，建立了自己的考試制度，這種制度後來又轉到了日本、中國。文明就是這樣在各民族中間往來傳播，最終為人類所共享。十九世紀末，美國傳教士丁韙良就曾指出：「儘管有其缺陷，但科舉制對維護中國的統一和幫助它保持一個令人尊敬的文明水準，起到了比任何其他制度更大的作用。」〔註5〕有不少西方人還認為科舉制重要性不亞於物質文明領域中的四大發明。根據西方學者的說法，我認為，從對世界文明進程的影響來說，在一定意義上，科舉制可以稱之為中國的「第五大發明」。〔註6〕

科舉制度也存在著流於浮華、注重形式、桎梏思想等弊病，如明經科旨在考對經書的死記硬背工夫，而不涉及義理之理解及心、智之開發，唐文宗就曾嘲笑說：「只念經疏，何異鸚鵡能言？」。並且，就統治者來說，其行科舉考試制度的目的並不是為了推動儒學的發展，而只是如唐太宗價說是要使「天下英雄入我彀中」！朱熹激烈批評當時官學和科舉的弊端：「今上自朝廷，下至百司、庶府，外而州縣，其法無一不弊，學校科舉尤甚。」〔註7〕正是官學和科舉制度的弊端，導致了士風日下、吏治腐敗，也使朱熹將他的精神寄託在民間書院的講學中。《宋史朱熹傳》載：「熹登第五十年，仕於外者僅九考，立朝才四十日」。即使在短暫的任職期間，朱熹也講學不輟。朱熹和陸九淵、陳亮、葉適等人的多次論戰，更展示了當時活潑自由的學術氣氛。朱熹就有過牢騷話：「科舉累人不淺，人多為此所奪。但有父母在，仰事俯首，不得不資於此，故不可不勉爾。其實甚奪人志。……父母責望，不可不應舉。」「或謂科舉害人。曰：此特一事耳。若自家工夫到後，那邊自輕。……舉業亦不害為學。前輩何嘗不應舉。只緣今人把心不定，所以有害。嘗論科舉云：非是科舉累人，自是人累科舉。」 朱熹向當時、以及後來的讀書人指出了科舉之外，另有人生，時文之外，另有學問，朝廷之外，另有立足的地方。在「賊盜」的威權下，讀書人完全可以自我覺醒。

顧炎武在《日知錄》一書中，尖銳地抨擊了科舉教育的弊病。在《日知

〔註5〕 W.A.P.Martin, A Cycle of Cathay, or China, South and North with Personal Reminiscences, Edinburgh and London, 1896, pp.42～43,43.

〔註6〕 劉海峰：《科舉制對西方考試制度影響新探》，《中國社會科學》2001 年第 5 期。

〔註7〕 《朱子語類》卷一○八。

錄》卷 18《擬題》一文中指出：「今日科場之病。莫甚乎擬題」。天下學子為了獵取功名，棄經史與實學，整年累月磨勘八股，「止記其可以出題之篇及此數十題之文而已」，致使學術荒廢，人才毀滅。他無情地揭露：「八股之害，等於焚書，而敗壞人材，有甚於咸陽之郊所坑者！」並以為明朝滅亡與這種腐敗的教育不無關係，因為它培養的士人和官吏，不學無術，禍國殃民。由此，他指出：「救今日之弊，莫急乎去節抄剽盜之人」，以經世致用之學造就人才是改革教育的唯一正確出路。顧在《生員論》中指出：「天下之病民者有三：曰鄉宦，曰生員，曰吏胥」。當時的生員有五十多萬，由於這些生員戶的賦役和科舉考試的費用都轉移到人民頭上，所以「病民之尤者，生員也」。他大聲疾呼：「廢天下之生員而官府之政清，廢天下之生員而百姓之困蘇，廢天下之生員而門戶之習除，廢天下之生員而用世之材出。」之所以要廢天下生員，其理由有四。其一，生員已為國家政治的大患。他們出入公門干擾官府之政，倚勢武斷橫行於鄉里，以致魚肉百姓，他們與胥吏為緣，乃至把持官府的「陰事」。要從根本上解決生員之害，只有廢除生員制度。這樣才能「政清」。其二，生員享有經濟特權，遇役可免，一切差役強加於窮民百姓。而窮民百姓本無土地財產卻要交納生員轉嫁的租賦，而且生員的一切科舉考試的費用還要加派於民，貧民負擔太重，只好「相率而逃且死」。「故生員之於其邑人無秋毫之益，而有丘山之累」。其三，生員之患還在結黨營私，利用種種錯綜複雜的所謂「師生」關係，「請託遍於官曹，其小者足以蠹政害民，而其大者至於立黨傾軋，取入主太阿之柄而顛倒之」。天下的生員，近者數百里，遠者萬里，本無什麼關係，但一登科第，則有稱之「座師」的主考官，有稱之「房師」的同考官，他們相結為「師生」關係，此外同榜進士又有「同年」關係，「同年」之子也稱為所謂「年姪」，乃至於「座師」「房師」之子亦無不與登科進士扯上關係，由此「世兄」、「門生」、「門孫」、「同年」、「年姪」、「座師」、「房師」、「太老師」等等，朋比膠固，牢不可解」。要消除生員制度滋生的這種朋黨及其所造成的「門戶之習」，只有從根本上廢除生員制度。其四，生員的考試科舉均以時文取士。他們為了應付科舉考試，「舍聖人之經典、先儒之注疏與前代之史不讀，而讀其所謂時文。時文之出，每科一變，五尺童子能誦數十篇，而小變其文，即可以取功名，而鈍者至白首而不得遇」。這種考試制度和空疏腐敗的學風，「敗壞天下之材，而至於士不成士，官不成官，兵不成兵，將不成將，失然後寇賊奸宄而得乘之，敵國外侮得而勝之」。國家

政治以生員爲依靠，而生員「以有用之歲月，銷磨於場屋之中」，不通當世之務，更無經世治國之才，以致國家敗亡在他們的手裏。由此可見，只有廢天下之生員，才能有「用世之材出」。他主張改革以八股文取士，讓讀書人把在八股文上所花的功夫「用之於經史及當世之務」；他還主張廣開才路，用選舉之法，「天下之人，無問其生員與否，皆得舉而薦之於朝廷」。顧炎武指出，天下人才日生無窮，僅用科舉一途取士，使人才壅塞於童生，是敗壞人才的做法，而推行辟舉之法，則國家有可用之士而天下無生員之害。

傑出的思想家、文學家龔自珍因受楷法之累，直到道光九年 38 歲時才中得進士，這已是他第五次應會試了。朝考時龔自珍作《安邊綏遠疏》，儘管識見高遠，文采斐然，「讀卷諸公皆驚」，還是由於楷法之故，不能入翰林。悲憤中的龔自珍惟有仰天長嘯：「我勸天公重抖擻，不拘一格降人才。」

維新變法時期，一批思想家將矛頭指向科舉制度。先有康有爲《請廢八股、試帖、楷法取士改用策論折》、梁啓超《公車上書請變通科舉折》、徐致靖《請廢八股疏》，歷數科舉之弊，力倡廢除八股取士制度。康有爲在給光緒的奏摺中，則首先提出他之所以請廢八股改用策論（即評論時事和提出對策），是爲了「冀養人才，以爲國用。」接著他具體剖析了八股試士取士的嚴重弊端和危害：其一是致舉國士子於呆鑽經書、無視學以致用的死胡同。他說：「蓋以功令所垂，解義只尊朱子」，「故令諸生荒棄群經，惟讀《四書》，謝絕學問，惟事八股。於是二千年之文學掃地不用，束閣不讀矣。」「若夫童試，惡習尤苛」。如對《中庸》中本應斷句爲「及其廣大，草木生之」之句，卻截上去下，「以『大草』二字爲題」，弄得「舉國人士，伏案揣摩」，皆不知所答。而且「如此之例，不可殫書，試問工之何益？」其二是造成爲官者厚古薄今、愚昧昏庸。他說，凡中舉之人只要「八股精通，楷法圓美，即可爲巍科進士，翰苑清才，而竟不知司馬遷、范仲淹爲何代人，漢祖、唐宗爲何朝帝者。若問以亞、非之輿地，歐美之政學，張口瞪目，不知何語矣。」而「博學方聞之士，文章雅爾」，卻由於「援引今故，旁及異域，則以犯功令而黜落之。」其三是將參加縣試落榜的讀書人置於「無才無用、盲聾老死」的之地。他說：「童生者，士之初基」，而按當時全國童生能錄取爲生員即秀才者百中僅一，假三十年之通，即有三百萬童生考而不中。接著他十分憤慨地指出：「夫以總角至壯至老，實爲最有用之年華，最可用之精力。假以從事科學，講求政藝，則三百萬之人才，足以當荷蘭、瑞典、丹麥、瑞士之民數矣，

以爲國用，何求不得，何事不成！」而實行八股試士取士，「乃以三百萬可用之精力、人才、月日，鈎心鬥角，敝精費神，舉而投之枯困搭截文法之中，徒令其不識不知，無才無用，盲聾老死，是比白起之坑長平趙卒四十萬尚十倍之。其立法之謬異，流弊之奇駭，誠古今所未聞，而外人所尤怪詫者矣。」其四是投全國人於盲聾。他分析當時的形勢說：「今者，萬國交通，以文學政藝相競，少不若人，敗也隨之。」而「童生者，全國人之蒙師也。師之愚陋盲聾既極，則全國人之閉塞愚盲益甚，是投全國人於盲聾也，何以爲國？」康、梁所處的時代，正是清王朝屢敗於帝國主義列強之際，繼 1840 年鴉片戰爭後，1895 年北洋海軍在中日甲午戰爭中又遭慘敗。本來清政府在此之前主要通過購買西洋軍艦，加上自製，其海軍實力遠遠超過日本，雄居亞洲第一位，世界第六位。其中定遠號裝甲戰列艦的排水量爲 7335 噸，艦長 99 米，火炮 22 門，馬力 6000 匹；鎮遠號的裝備亦與此相當，宛如兩座巨大水上城堡。當這兩艘軍艦出訪長崎港時，曾引起日本朝野驚恐（見西南師大出版社的《大清海軍帝國夢》）。可是，北洋海軍在甲午戰爭中還是遭到全軍覆沒，最終由清政府簽訂了割讓臺灣、澎湖列島和遼東半島，賠償 2 萬兩白銀給日本的《馬關條約》，喪權辱國，舉國爲之震動。這是康、梁發起戊戌變法運動的直接導因。康有爲在給光緒的奏摺中剖析了甲午海戰慘敗的根源，提出了請廢八股的變法主張。他說：「然則中國之割地敗兵也，非他爲之，而八股致之也」；「惟今變法之道萬千，而莫急於得人才，得才之道多端，莫急於改科舉。今學校未成，科舉之法未能驟廢，則莫先於廢八股矣。」梁啓超則在剖析八股試士取士致舉國士子於愚昧的弊病後說：「況士也者，又農工商賈婦孺之瞻仰而效也。士既爲是，則舉國之民從而化之，民之愚、國之弱皆由於此。昔人謂八股之害甚於焚書坑儒，實非過激之言也。故深知中國實情者，莫不謂八股爲致弱之根源。」

李大釗於 1919 年在《新生活》第 10 期所發表的《應考的遺傳性》一文，就對明清兩代實行八股試士取士的流毒作了由表及裏的透徹剖析和批判。他說：「中國人有一種遺傳性，就是應考的遺傳性。什麼運動，什麼文學，什麼制度，什麼事業，都帶著些應考的性質，就是迎合當時主考的意旨，說些不是發自本心的話。甚至把時代思潮、文化運動、社會心理，都看作主考一樣，所說的話、作的文，都是揣摩主考的一種墨卷，與他的實際生活不發生關係。是甚麼殘酷的制度，把我們的民族性弄得這麼不自然！」

　　中華民族文化心理的個性形成是各種文化因素合力運動的結果，其中科舉文化起著至關重要的建構意義。延續了 1300 年的科舉制度，極大地改變了中國社會的面貌，也直接影響了接受這一制度檢閱的士人的心態。科舉推崇儒學及其義利觀，對中華民族文化心理的形成有著至關重要的影響：一方面，對中華民族重道德修養、重理想情操及愛國主義的優良美德、知識分子人格的塑造、中國商業道德的培養、官吏廉潔有積極的影響；另一方面由於與物質利益脫鉤，壓抑了人的個性，導致了因循守舊、不敢競爭的文化心理。科舉制度的存在決定了士的最高人生理想是「仕」，這必然使士失卻自己獨立思考的權力，為了走上仕途肆意逢迎官方的意志，使其最終成為一個腦力勞動工作者，而不是肩負啟蒙重任的人類的良心，這樣，知識便成為一種達到自己目的的手段。

第二節　科舉制度的歷史進步性和積極意義

　　科舉制度在中國整整實行了 1300 年之久，從隋唐到宋元到明清，一直緊緊地伴隨著中華文明史。在漫長的科舉考試中，曾產生出 700 多名狀元、近 11 萬名進士、數百萬名舉人（至於秀才就更不計其數了）。隋唐以後，幾乎每一位知識分子都與科舉考試有著不解之緣和密切關係。中國歷史上，善於治國安邦的名臣、名相，有傑出貢獻的政治家、思想家、文學家、藝術家、科學家、外交家、軍事家等大都出自狀元、進士和舉人之中。1300 年的科舉制度幾乎佔據了中國兩千多年封建社會五分之三和中國五千年文明史近三分之一的時間，對儒家文化和古代教育的促進和發展都曾產生過巨大作用。我國的科舉制度從宋元以後東漸西傳，越南、日本、韓國、朝鮮在其國內都較長時間仿照中國推行過科舉制度；法國、美國、英國等國家選拔官吏的政治制度也都直接受到中國科舉制度的作用和重要影響。可以說，西方現代的文官選拔制度、我國現代的教育制度和幹部選拔制度都是中國科舉制度的繼承和發展。因此，孫中山先生曾充分肯定中國的科舉制度「是世界各國中所用以拔取真才之最古最好的制度」（《五權憲法》）。西方人將中國的科舉制度稱之為「中國第五大發明」。

一、科舉制度的倫理進步性

　　中國是一個很早就確立了君主專制制度的國家，君主專制制度的建立與

維繫需要有大批的行政官員與嚴整的組織系統，古代中國早就形成了以帝王為中心的官僚階層與官僚機構。給這套官僚體制提供人才資源保障的就是科舉制。科舉制是由皇帝親自主持、以分科考試形式錄用人才的取士制度。科舉制度不僅造就了中國的官僚階層，而且創造了中國特色的士人文化，科舉制度對傳統中國文化產生了巨大而深遠的影響。

1、輕門第，重才學，任人唯賢與對特權制度的否定

科舉制是中國古代選官制度的重大變革，與前代選官制度比較，科舉制具有以下三個顯明的特點：一、士人自由報名應試，應考者不論出身、地位、家貲，不必由官員舉薦；二、考試定期舉行，不必等候皇帝下達詔令；三、嚴格考試，錄取與否以考試成績為標準，聲名德望已不再是任職的主要依據。面向社會的公開考試是唐代以後科舉制的主要形式，考試有相對穩定的客觀標準，輕門第，重才學，任人唯賢，從而有效地削減了門閥士族在官吏選拔上的世代權威，為廣大庶族子弟參與政治開闢了道路。相當多的讀書人由科考進入仕途。由於科舉考試直接由朝廷主持，所錄取的進士，都以「天子門生」自榮，「求取功名」、「忠君報國」成為一般士人百姓孜孜以求的目標與抱負。同時，由於廣大中下層「寒士」參與了政權管理，封建王朝獲得了廣泛得多的社會基礎。在科舉制度之下，古代中國建立起穩定的文官體制，這種文官考試制度在人類制度史上有著重要的開創意義，它在世界文明史上產生了廣泛影響，現代西方實行的文官制度，就是以中國古代科舉制度為藍本的。

否定特權制度，是科舉制最大的特點。比起只講出身的世襲制，比起看重門第的薦舉制，比起拿錢買官的捐納制，科考制度為國家選官用人提供了一個相對公開、公平、公正的平臺，無疑是歷史的巨大進步。綜觀中國古代的歷史，主要實行過三種選官制度，即世官制、察舉制和科舉制。在中國歷史上，統治階級為了鞏固自己的統治，曾採用過多種方式選拔其所需要的人才。夏、商、周採用的是「分封制」和「世卿世祿制」，其結果是「龍生龍，鳳生鳳」。漢朝以「察舉」制和「徵辟」制取代世襲制，由州、郡地方長官向朝廷舉薦人才，經朝廷考察後授其官職，或由皇帝特詔選任官吏，這比前代進步不少，但由於掌握選官大權的官僚們注重門第，官官相護，徇私舞弊，用人問題仍不能得到很好的解決，出身底層的優秀人才難以被選拔上來。魏晉南北朝實行「九品中正制」，這在當時多少改變了州、郡地方長官隨意左右、受賄營私的狀況，選拔出了一些比較有才能的人進入仕途，但這個制度到後

來完全被世家大族所把持，家世、門第成為評定官員的唯一標準，實際上已成為豪族勢力控制選官的工具，其結果必然是「上品無寒門，下品無士族」。而科舉制度的出現則從根本上改變了這一點。科舉制既不問家世，也不需要別人的推薦，主要根據應舉人的考試成績決定取捨，體現了公開考試、平等競爭、擇優錄用的原則，顯然是中國古代最進步、也是最重要的選拔官員的制度。科舉制的實行，在制度上使國家政權向社會各階層開放，打破了世家大族壟斷仕途的狀況，促進了社會階層的上下流動，使相當多的士人「朝為田舍郎，暮登天子堂」。從隋朝至明清的科舉制度，它所一直堅持的是「自由報名，統一考試，平等競爭，擇優錄取，公開張榜」的原則，徹底打破了血緣世襲關係和世族的壟斷，對我國古代社會的選官制度特別是對漢代的察舉和徵辟制、魏晉南北朝的九品中正制是一個直接有力的改革和否定。給中小地主階級和平民百姓通過科舉入仕提供了一個公平競爭的平臺、機會和條件，使大批地位低下和出身寒微的優秀人才脫穎而出，「十年寒窗無人問，一舉成名天下知」。他們一一登上歷史的政治舞臺，成為統治階級的棟梁之才。特別是在科舉制度日趨完善的宋朝，歷代皇帝幾乎都以獎掖孤寒、抑制勢家自詡，採取了特別舉措限制「貴家」子弟，這客觀上給了平民子弟更容易嶄露頭角的機會。宋朝不但出現了「平民」狀元的現象，而且很多普通百姓子弟通過科舉改變了自身及其家庭的命運。不少日本學者也因此把中國的宋朝稱為「平民社會」。北宋的呂蒙正自幼遭不幸，被其父將母子二人趕出家門長期居住在一個山洞裏過著飢寒生活，他則發奮讀書而高中狀元，極善理政治國，成為宋初名相。范仲淹自幼家貧，進士及第後官至宰相，大有作為，享有「朝廷無憂有范君，京師無事有希文」（范仲淹字希文）的盛譽。南宋狀元文天祥的先祖未曾做過一官．父親只是一個普通讀書人，一家人長期身居底層，他入仕後，丹心報國，壯烈就義，成為千古傳頌的民族英雄。清代乾隆年間的陝西狀元王杰和清末最後一名狀元劉春霖都是地地道道的農家子弟，父母都是種田人。王杰在朝為官 40 餘年，身為嘉慶帝師，官居高位，剛正廉潔，一塵不染，伸張正義，最恨邪惡。嘉慶皇帝懲辦貪官和珅時，王杰是主審官。王杰是後世公認的乾、嘉兩代名臣。王杰晚年告老還鄉，嘉慶皇帝對他的稱讚是：「直道一身立廟廊，兩袖清風返寒城」。倘若沒有科舉制度，這些布衣草民們是根本不可能登上龍門，身居高位的，永遠沒有出頭之日。科舉制度本身的確存在著這樣那樣的弊病，但千百年裏爭來議去，在朝廷選官

國家用人這個萬民關注的問題上，除了科舉，終究沒有找到更好的辦法能夠替代它。換句話說，若用其他辦法選官用人，其弊端會更為嚴重的。諸弊相權取其輕，科舉制的存在和發展，既是歷史的進步，也是歷史的必然選擇。中國科舉制度的產生是歷史的必然和一大進步，它所一直堅持的是「自由報名、公開考試、平等競爭、擇優取仕」的原則，它對我國古代社會的選官制度，特別是對漢代的察舉和徵辟制、魏晉南北朝的九品中正制，是一個直接有力的替代和否定，給廣大中小地主和平民百姓通過科舉的階梯而入仕以登上歷史的政治舞臺，提供了一個公平競爭的平臺、機會和條件。因此說，科舉制度是中國歷史上也是世界歷史上最具開創性和平等性的官吏人才選拔制度。西方人將中國的科舉制度稱之為「中國第五大發明」，它無疑對中華民族，對全人類都是一個了不起的貢獻。科舉制度在中國歷史上起過重大的積極作用，具有進步意義。

2、平等競爭的考試與人才選拔實現了社會各階層的上下流動

科舉制度為社會流動提供了一條有效的途徑，使成百上千的寒門士人能夠有機會進入到參政治國的行列。社會流動是社會的動態表現之一，按其向度可以分為水平流動和垂直流動兩種方式。社會垂直流動即一個人或一個群體從一個社會位置移到另一個高低不同的社會位置上，它是最普遍又最為人們所關注的一種社會流動。通暢、合理的社會垂直流動往往為社會篩選出大量優秀人才，並促進社會的協調發展。反之，狹窄、不合理或反向的社會垂直流動則會影響、阻礙社會的協調發展。在傳統中國社會裏，社會成員大致可分為士、農、工、商四個階層，其中以士為首，以農為本，以工商為輔。由於封建社會裏等級制度森嚴，尊卑分明，兼之小農經濟下人們安貧樂道，安土重遷，因此社會階層的流動就主要通過科舉一途。有是一觀，科舉考試制度在相當長的時間裏發揮著選拔、激勵、教育導向、維護社會穩定等多方面的功能。科舉制向全天下拋出誘人的平等光環，為平民子弟提供了一個特殊的進身之階。封建科舉制度在一定程度上追求考試面前人人平等，公平與公正實現了社會各階層的上下流動，使統治階級層面常有新的血液充實進來，保持了執政集團內部一定程度上的平衡，使社會各階層在充滿渺茫希望中得以和諧相處而不致官與民、上層與下層社會矛盾的日益激發，從而使社會秩序保持著相對穩定，封建中央集權的君主專制統治得以綿延 2000 年。科場就像巨大的磁場，牢牢地吸引著天底下思想最活躍的文人，使他們把才智

和精力全都用到擁擁擠擠搶過科舉獨木橋上。科舉制度在某種程度上平衡了封建社會各階層人們的心理，有利於天下士人政治地位和經濟利益的調整，自然也就有利於社會秩序的穩定，這也是科舉制得以延續千餘年的根本原因。科舉制度的最大優點是從根本上打破了豪門世族對政治權力的壟斷，使國家行政機構的組成向著盡可能大的社會面開放。科舉制度表現出這樣一種熱忱：凡是這片國土上的人才，都有可能被舉拔上來，而且一定能舉拔上來，即便再老再遲，只要能趕上考試，就始終為你保留著機會。這種熱忱在具體實施中當然大打折扣，但它畢竟在中華大地上點燃了一種快速蔓延的希望之火，使無數真正和自認的人才陡然振奮，接受競爭和挑選。國家行政機構與廣大民眾產生了一種空前的親和關係，它對社會智慧的吸納力也大大提高了。在歷代的科舉考試中，來自各地的貧寒之士佔據了很大的數量，也包括不少當時社會地位很低的市井之子。白居易在一篇文章中表述了這種科舉原則：唯賢是求，何賤之有……揀金於沙礫，豈為類賤而不收？度木於澗松，寧以地卑而見棄？但恐所舉失德，不可以賤廢人。〔註8〕這說明科舉制度確實是具有包容性和開放性的，不太在乎原先家族地位的貴賤。

3、選拔了一批又一批志在治國平天下的優秀人才

科舉制度確實為歷代的封建王朝選拔了一批又一批的人才。自有唐以降至清末，科舉取士的選官制度選拔了一批優秀人才和官員如唐之婁師德、宋璟、張九齡、姚崇、張說、狄仁傑等位居宰相，陳子昂、劉知幾、郭子儀、裴度、韓愈、柳宗元、劉禹錫、白居易、柳公權、杜牧等都是著名的政治家、思想家、軍事家和文學家。宋之寇準、晏珠、范仲淹、韓琦、富弼、包拯、司馬光、歐陽脩、文彥博、王安石、蘇軾、蘇轍、宋祁、曾鞏、柳永、黃庭堅、秦觀、周敦頤、邵雍、張載、程顥、蔡襄、李公麟、沈括、李綱、朱熹、陸九淵、呂祖謙、文天祥等都是彪炳史冊的政治家、思想家、文學家、科學家，有的位居宰相、有的在政治和文學改革中創造了奇跡，有的構建了新的學說體系等等。科舉產生出一大批善於治國安邦的名臣、名相和雄才大略的政治家，眾多有傑出貢獻的思想家、文學家、藝術家、學者、教育家、外交家等，如唐代的王維、韓愈、柳宗元、劉禹錫、顏真卿、柳公權、白居易，宋代的歐陽修、王安石、蘇東坡、司馬光、朱熹、包拯、寇準，明代的張居正、湯顯祖、海瑞、徐光啟，清代的紀曉嵐、劉墉、鄭板橋、林則徐、翁同

〔註8〕《白居易集》卷六十七。

龢、蔡元培等文化名人都是狀元、進士或舉人出身，都是中華民族的英才。科舉的直接結果是選拔出了十萬名以上的進士，百萬名以上的舉人。這個龐大的群落，當然也會混雜不少無聊或卑劣的人，但就整體而言，卻是中國歷代官員的基本隊伍，其中包括著一大批極為出色的、有著高度文化素養的政治家和行政管理專家。沒有他們，也就沒有了中國歷史中最重要的一些部分。有一種曾經風行一時的說法，認為古代考上狀元的那些人沒有一個是有學問的，情況好像並非如此。考狀元的要求過於特殊，難於讓更多的傑出人物獲得機會是事實，但狀元中畢竟有一大批諸如王維、柳公權、賀知章、張九齡、呂蒙正、張孝祥、陳亮、文天祥、楊慎、康海、翁同龢、張謇這樣的人物，說他們沒有學問是讓人難以置信的。這還只是說狀元，如果把範圍擴大到進士，那就會開出一份極為壯觀的人才名單來。為了選出這些人，幾乎整個中國社會都動員起來了，而這種歷久不衰的動員也就造就了無數中國文人的獨特命運和廣大社會民眾的獨特心態，成為中華民族在群體人格上的一種內在烙印。唐太宗李世民就為用科舉這張無形的網收羅了四海英才而沾沾自喜，不禁發出「天下英雄入吾彀中矣」的感歎。在唐朝，彪炳史冊的歷史人物，大多是由進士出身的，其中像張九齡、陳子昂、劉知幾、顏真卿、王維、裴度、韓愈、柳宗元、劉禹錫、白居易、柳公權、李商隱、杜牧等等，都是千古稱頌的奇才。兩宋時期的狀元共有 118 人，其中正史有傳者就有 55 人，這中間有民族英雄文天祥，有愛國作家張孝祥，著名學者陳亮，還有堪稱朝中棟梁的呂蒙正、蔡齊、王曾、吳潛，以及清廉正直政績頗佳的張觀、賈黯等人，可謂群星璀璨，名臣賢相輩出。明清時期的張居正、唐伯虎、湯顯祖、李光地、紀曉嵐、林則徐、翁同龢、張謇等等，這些建立了不朽功業的歷史名人都是科甲出身。通過科舉的確選拔出了一批經世致用的傑出人材，這在唐、宋時期表現得尤為突出。例如北宋名臣王禹偁、寇準、范仲淹、包拯、韓琦、歐陽脩、王安石、蘇軾、蘇轍、蘇頌、沈括、章敦、宗澤、李綱，都是進士出身。其中王禹偁、范仲淹、歐陽修等出身寒微，完全是通過科舉踏上仕途的。在漫長的 1300 年的科舉考試中，曾產生出 700 多名狀元、近 11 萬名進士、數百萬名舉人（至於秀才就更不計其數了）。隋唐以後，幾乎每一位知識分子都與科舉考試有著不解之緣和密切關係，從未參加過科學考試的是極少數。中國歷史上，善於治安邦的名臣、名相，有傑出貢獻的政治家、思想家、文學家、藝術家、科學家、外交家、軍事家等大都出自狀元、進士

和舉人之中。當然，金榜題名者也有不少無所作爲的，而名落孫山者也有業績斐然的，這也是不足爲奇的。總體來講，來自社會各個層面的讀書人，有的入仕參政，通過科場走向官場，成爲維持和支撐國家機器的棟梁，更多的則仍滯留於社會中下層，成爲儒家思想文化的傳播者，這些人都可稱得上是國家通過科考選拔出來的人才。

4、強化了讀書尚文、尊師重道的文化傳統

科舉制度從中國文化的土壤中產生以後，又很大程度上再創造了中國文化。蓋因爲士人的價值取向、道德時尚往往成爲人們衡量一個時期文化狀況，尤其是精英文化狀況最重要的指標，而科舉則是左右天下之士的指揮棒，塑造了中國文明的一個重要特徵——政教一體化，其中文化與政治相互依存、不可分割，而政治最終也是一種文化秩序。從科目設置、測量方法、選拔標準等方面來看，科舉考試對人才的選拔是客觀公正的，對士人產生了巨大的激勵作用，推動了崇文尚學社會風氣的形成，維護了儒家思想的主導地位，倡導了公平、平等的思想理念。

中國古代向來重視教育，重視歷史文化知識與語言文學的藝術性。這種重教尚文的文化傳統在科舉制興起以後得到顯著加強。讀書作文，應試出仕，是一般士人的生活內容與奮鬥目標。在科舉制下，考試是選官的基本途徑，考試的內容是儒家經籍與詩賦文章，普通士人只有通過寒窗苦讀，才能實現躋身於社會上層的願望。因此與科舉考試相銜接的學校教育在古代被看作是科舉人才的預備場所。讀書就是爲了做官，「滿朝朱紫貴，盡是讀書人」的輝煌遮蔽了落第士子的淚眼，「學而優則仕」的古訓在唐宋之後的科舉選官制度中得到真正體現。因而也就造成了中國人重視教育、勤奮讀書的傳統品質。

科舉以考試爲主要標準，筆試是考試的主要形式，無論是詩文還是策論，都很看重人們對典章文物的熟悉與文學化的語言文字表達，誠如唐人呂岩所說：「詩書語言，禮樂制度，人之文章。」〔註 9〕文章可以立身，文章可以求官。因此人們講究文章的筆法、文辭與技巧，古代中國幾乎一切的文字記錄都有文學性，上至帝王的詔令，下至庶民的書信，都可以作爲閱讀的文學作品。在重視詩賦取士的唐代，崇尚文學成爲一代風氣。唐代科舉考試中最重視的是進士科，進士試主要試詩文，是一種文學考試，因此有人將進士科稱

〔註 9〕《警世言》。

爲「詞科」。在詩賦取士的利益驅動下，唐人創作熱情高漲，詩唐時代的形成與科舉制度有相當的關係。唐代的科舉考試沒有後代那樣嚴格，考前的薦舉相當重要，爲了獲得達官貴人、社會名流的賞識與推薦，士子們在應試前，帶著自己平時所作的詩文投獻給名公巨卿，這種詩文稱爲「行卷」，有的直接投到禮部，稱爲「公卷」。投獻的詩文大多是士子日常精心創作的作品，一旦得到權貴的愛賞，日後的考試就成爲一個次要的程序。因爲唐代科舉考試沒有推行糊名、謄錄的做法，考官可以根據自己平時的瞭解來決定錄取的對象。科舉對詩文的要求促成了社會對詩文的重視，因而推動了唐代文學的發展。宋人科舉考試由重詩賦轉向重經義、策論，尚文的風氣減弱，由於經義、策、論考試偏重於義理的闡發，如何生動的闡述義理是應試者必須講求的，傳統的賦體駢文限於形式，不利於思想的表達，因此，宋代的科舉主持者適應科舉變革的需要，提倡復興古文，以古體散文寫成的策、論，成爲科舉考試的決定性成績，著名散文大家歐陽脩就曾通過科舉考試發現、提拔了一大批才情橫溢的古文作家，古文創作成爲宋代文學的主流。自唐代中期開始的古文運動，至此取得了勝利。科舉考試極大地激發了人們勤奮讀書的熱情，讀書人數急劇上升，對經、史、子、集各類書籍的需求量大爲增加，造紙業、印刷術也都大大發展了。中央官學、州縣學、書院及各種鄉村私塾空前發展。教育的發展有力地推動了社會文化水平的提高。明清科舉考試規定以《四書》《五經》爲基本考試內容，目的即是「端士習」、「崇正學」，把讀書人培養成爲熟悉儒家經典並根據它來爲人處世的君子，養成賢才以供朝廷使用。對於讀書人來講，鑽研《四書》《五經》，學習聖賢之道，正是儒家所強調的修身的主要內容。通過修身培養孟子所說的浩然之氣和「富貴不能淫，貧賤不能移，威武不能屈」的主體人格，建立完美的內心道德秩序。只有這樣，才能施之於外。法國重農學派領袖魁奈在 1767 年發表的《中國專制制度》一書中，他特別「欣賞中國的教育制度」。以他爲代表的一批啓蒙學者認爲，中國從中央到地方都辦學校，重視教育，「有教無類」、「學而優則仕」、「選賢任能」和「科舉考試」的教育制度，是中國政治制度的基礎。這一點，不僅成爲他們反對歐洲貴族世襲制度的思想武器，也成爲當時歐洲教育改革的一個思想來源。在 18 世紀這一批啓蒙學者，就是按照：「中國的教育模式」，在法國倡導和推行了教育的世俗化和普及化，這對於 19 世紀法國的教育發展，起了重大的歷史作用。

二、科舉制度對國民性格和道德生活的影響

科舉制對國民性格和道德生活的影響，在於其通過價值導向來影響道德文化的方向，通過建立文官制度來形成士大夫精神，通過社會示範與教育使儒家倫理文化實現從士林儒學向官方儒學和生活儒學的轉化，進而達到了化理論爲德性、以觀念塑造人生的目的。

1、儒家倫理獲得廣泛的推擴與傳播。

科舉制是儒家倫理制度化的最爲核心的制度設計。儒學是在繼承、發揮殷周禮儀文化的基礎上，由孔子創立、孟荀發揮的儒家倫理文化，是在繼承、發揮殷周禮儀文化的基礎上形成發展起來的，其要旨是對人的關照和對人生的終極關懷，是對人的生命價值和品德的探究，是希圖在個人德性完善基礎上實現有道的社會政治和文明發展。孔子在世時就有人稱他爲「聖者」，他去世後，主要是從西漢開始逐漸神化，最初是統治者修孔廟以示祭祀，逐漸使平民百姓信奉之。隨著神化孔子，也普遍地宣傳與昇華了孔子所崇尚的倫理道德，使儒家倫理道德獲得了官方的表彰與肯定，進而獲得了廣泛的生存發展空間，下層普通百姓在一種教育和宣傳的強烈攻勢下對儒家倫理經歷了由他律向自律的轉變，最後也都認同並積極參加神化、祭祀孔子的活動，許多下層普通百姓把孔子盲目作爲信仰對象、崇拜對象，信奉儒家倫理文化。所謂儒家倫理制度化，也就是儒家倫理在被確立爲國家的意識形態之後，統治者採用一系列的制度設計來確保儒家倫理思想的獨尊地位。因爲「價值系統自身不會自動地『實現』，而要通過有關的控制來維繫。在這方面要依靠制度化、社會化和社會控制一連串的全部機制」。〔註10〕具體的做法包括設立五經博士而使儒家文獻經典化，建立由國家祭祀的孔廟而使儒家創始人孔子聖人化等。在儒家倫理制度化和制度的儒家倫理化的互動之中，科舉制度起到了一種極爲重要的聯結作用。科舉制是一種以考察對於儒家倫理知識和觀念的瞭解作爲選擇標準的選官制度。這種國家考試制度確保熟悉儒家倫理思想的人在獲得社會資源時的優先地位，也就是說使得儒家倫理成爲社會上升性流動的惟一途徑。官員的選拔由分封制向選舉制度的轉變本身就體現著儒家「賢者居位」的觀念。而漢代之後以儒家倫理文化作爲選拔人才的標準則使儒家倫理和權力，同時也就和利益建立了直接的聯繫，對儒家倫理文化的瞭解幾

〔註10〕〔美〕帕森斯：《現代社會的結構與過程》，光明日報出版社 1988 年版，第 141 頁。

乎成為人們改變現有生活方式的惟一途徑。只要通過了科舉考試，就可成為社會的特權階層，即「士」或「紳士」。這種方式成功地將社會成員吸引到制度的核心模式和價值中去。因此，以儒家倫理觀念為基礎的選舉制度的產生意味著儒家倫理和權力之間的聯繫的制度化。

　　歷代的儒者們在不同程度上意識到「道」與「學」之間矛盾的同時，也看到了二者的兼容互補。不能成為一種內在精神價值的儒學論說，固然只會是一套外在的知識系統，無法成為實有諸己的深刻體知，而道德理性和道德情感作為一種固有的「隱默之知」（tacit knowledge　借用 Michael Polanyi 的概念），若無後天學習的不斷滋養，也難免隱而不障，難以呈現發用（這在功能上實與不存在無異），至多是以一種「百姓日用而不知」的方式自發地偶爾有所激發而已。康德指出在缺乏理性反省的情況下容易產生「自然的辯證」，所論正是這種情況。而任何價值信仰、宗教——倫理傳統，均有其表現為種種文字、言說的知識形態。並且，這種知識形態作為象徵其實際指涉的符號系統，就像禪家指月的手指一樣，儘管在終極的意義上可能只是方便設施，但卻是不可或缺的。古人所謂「讀書明理」，進而「以義理養心」，講的便是這個道理。任何偉大傳統也正因此而不能沒有其知識形態的理論經典、文獻等等。傳統的儒者，也幾乎無一不是通過對經典的研讀、結合實際人生的歷練，從而反省到自己內在的價值根源。就此而言，「為道」與「為學」又絕非勢若水火，「道」反而須經由「學」的途徑，方能獲得其充實廣大的流通貫注。所謂「百工居肆以成其事，君子學以致其道」。事實上，儒學發展史上最廣大與精微的理學階段，恰恰就是被稱之為「道學」的。

　　科舉制自隋唐至明清，卻並未能將儒學化為一種純然知識形態的工具理性。在科舉制頗為完備的宋明時代，反而湧現了我們耳熟能詳且最能體現儒家精神氣質的那一大批儒家學者群體。只有在深深植根於儒學源頭活水而「深契道體」的情況下，儒者方能不為種種制約因素所轉，反而充分利用那些既定的條件（轉法華而不為法華所轉），以道實學，以學彰道，讓儒學的精神價值貫注到生活世界的方方面面，在不同的時空條件下以種種相應的方式去實現「為天地立心，為生民立命，為往聖繼絕學，為萬世開太平」的價值理想。

2、士大夫憂國憂民精神得以強化

　　科舉制度使儒家倫理獲得官方的表彰和認可，同時也催生了士大夫精神的形成和發展。士大夫是對中國古代官僚人文知識分子的統稱，這是一個精

英社會群體，科舉制度是其形成的制度保證。他們既是國家政治的直接參與者，同時又是中國文化藝術的創造者、傳承者，這是中華文明所獨有的一個社會集團。士大夫精神構建了中國傳統最重要的精神形態，在唐至清代漫長的歲月中產生了廣泛的社會影響。士大夫精神，一般來說，包括公道觀念、憂患意識和立德立功立言的價值追求等內容。公道觀念，這是能夠從儒學承續而來的最重要的精神遺產，強調以天下爲己任，「苟利國家生死以，豈因禍福避趨之」，把「爲天地立心，爲生民立命，爲往聖繼絕學，爲萬事開太平」作爲內在的精神價值追求。憂患意識，包括獻身精神，也即子張所論的「見危致命」和「見得思義」以及對「天道」和「人民」的敬畏，這是古今大賢、文化貴族的精神擔當。憂患意識使士大夫深覺對政治及社會的責任重大，以天下爲己任。范仲淹「士當先天下之憂而憂，後天下之樂而樂」，王安石「儒者用於君則憂君之憂，食於民則患民之患」，可謂憂患意識的經典名言。立德、立功、立言，即人生的「三不朽」歷來是士大夫的精神價值追求目標和士大夫精神的重要表現。立德即「內聖」，在陶鑄志行高潔的聖人之德，立功即「外王」，在實現以「道」治天下的經世大業，立言即藉著書立說或批判抗議來彰顯理念，其中以「內聖外王」的立德立功之業，尤爲儒家學者所嚮往，認爲是立身行道的終極目標，周敦頤明確指出內容是「志伊尹之所志，學顏子之所學」，張載立下「民胞物與」的宏願，窮則獨善其身，達則兼濟天下，是士大夫順應天命、不妄作、不頹廢的自然姿態。無論是以「參政」形式立德立功，或以「議政」方式立言垂世，都足以代表士大夫積極入世的經世思想。懷抱「內聖外王」的經世思想，士大夫產生了不畏強禦的批判精神。明初的方孝孺在「靖難之變」中以身殉道，是「從道不從君」的典型。明中葉的王守仁爲立德、立功、立言兼具的不朽典範，仗義直言忤宦官劉瑾而被謫被認爲是立德，因平定朱宸濠之亂而加官拜爵被認爲是立功，以致良知學說批判當時正統地位的程朱之學，並推動書院「講會」制度，被認爲是立言。明末李贄思想獨立、不盲從古人，所表現的批判精神與不隨俗取巧的態度，爲清流知識分子的典型，他反對「以孔子之是非爲是非」，公然以「異端」自居，提出「穿衣吃飯即是人倫物理」之說。顧憲成、高攀龍以東林書院爲中心，形成動見觀瞻的政治團體，不斷以切磋學術自我惕勵奮發，也積極以評議時局來促進政治的清明。其「風聲、雨聲、讀書聲，聲聲入耳，家事、國事、天下事，事事關心」的情操，反映了士大夫悲天憫人的經世思想和經世情懷。

　　科舉的作用，一方面使政府選拔人才的目標與儒生個人的政治抱負相結合，另一方面使中國政府成為權力開放型的政府。與貴族世襲制相比，具有明顯的進步性。陳勝吳廣曾對王侯將相世襲進行挑戰。到了唐宋，由布衣而為卿相是通過讀書就可以實現的夢想。讀書人那種以天下為己任、讀書以報效國家的崇高理想有了制度的保證。王安石詩中豪邁地宣稱「男兒獨患無名爾，將相誰云有種哉！」王安石自己就是科場上的得意者，官至宰相，也是北宋相當傑出的改革家。「王侯將相有種」的不平等制度，到宋代已經完全被打破了，代之而起的是士人政治。士人，即讀書人成為中國實際的統治者，士大夫精神由此得以發揚光大。范仲淹「先天下之憂而憂，後天下之樂而樂」的名言，正是士大夫國家主人翁精神的真實寫照。由於其官僚、學者和鄉紳一體的社會角色，儒者發揮著「在朝則美政，在鄉則美風俗」以及「傳道、授業、解惑」的功能。士人一身兼二任，在朝廷輔助君王統治天下，在鄉野為道德表率和地方精英領導民間。科舉制使儒生追求的目標定位在兩個層面：社會道德化和自身道德化。他們不僅要具有淵博的學識，「通古今，決否然」，而且更要具有一種「仁以為己任」的「明道救世」的使命意識。正如理學先驅張載所稱：儒生的使命是「為天地立心，為生民立命，為往聖繼絕學，為萬世開太平。」因此，儒生的社會職責十分重大，必須按照儒學的道統規範和維護社會秩序。「窮不失義，達不離道」成為他們立身和處世的基本信條。在道統的大前提下，自身和社會的道德化相互溝通。「知所以修身，則知所以治人；知所以治人，則知所以治天下國家矣。」〔註11〕修身、齊家、治國、平天下都必須遵循亙古不變的道統，也體現了儒生追求的發展方向。在理學家看來，道統就是「天理」，具體而言，就是封建王朝（被美化為「國家」）、社會公共利益（其實是封建社會的利益和秩序），這是第一位的，它高於個人的利益和追求。「明天理，滅人欲」則成為理學的中心命題。固此，儒生從自身修養到入仕參政都要壓抑、克制、甚至消弭自己的私欲，一心實踐忠君愛國的天理。這是中國儒學知識分子的基本價值取向，人倫綱常則是天理的實踐規範和準則。

　　科舉和教育的結合，對於在封建文化所允許的範圍內改善官吏隊伍結構，提高官吏個人素質，也有著明顯的作用。一般情況下，科舉出身的官吏，其功名來之不易，所以比較注重個人前程。唐人對此就有相應的評價，曾任

─────────────

〔註11〕《中庸》。

宰相的劉晏曾比較以科舉出身爲主的「士」和非科舉出身的「吏」說：「士陷贓賄則淪棄於時，名重於利，故士多清修；吏雖廉潔，終無顯榮，利重於名，故吏多貪污。」(《文獻通考》卷三五))宋代王曾在回答宋仁宗關於流內官（科舉出身者居多）和流外官（均爲非科舉出身）區別的提問時說：「士人入流，必顧廉恥；若流外，則畏謹者鮮。」(《續資治通鑑長編》卷一○四)清代也有類似的評價。「自念讀書考試歷數十年之辛苦，偶一得官，一旦以貪去職，則所得不若所失之大。」(《同治中興京外奏議約編》卷二)可見，科舉不僅能夠在一定程度上提高官吏的文化素質，而且有利於對官吏的操守品行素質形成相應的約束，從而促成官吏隊伍的穩定和統治行爲的穩定。科舉對士人，特別是庶民階層有著強烈的吸引力，他們只要熟悉典籍，通曉儒學，就有可能實現其「朝爲田舍郎，暮登天子堂」的人生理想。宋眞宗曾寫下《勸學詩》一首，以鼓勵天下士子，「男兒欲逐平生志，六經勤向窗前讀」。在統治者的大力提倡與利益誘引之下，儒家道德觀念、價值取向逐漸深入人心，儒家思想內化爲人們的一般信念。宋代以後儒家文化與民族文化水乳交融，中國傳統文化的悠久綿長與儒學精神的頑強傳承有著深刻的內在關係。

高攀龍解釋孔子「朝聞道，夕死可矣」的話曰：「當死便死」，即爲道義而獻身。他強調：「雖殺身也要成得一個仁才好。不然徒死無益，直如草木耳。」在這種理念的支配下，東林諸君義無反顧地走上了殉道之途。天啓五年（1625年）楊漣、左光斗等六人下獄。楊漣秉性剛直峻烈，魏忠賢派人刺殺未成，即知將不免於難，但他仍義無反顧地與之抗爭。他堅信「人生夢幻，忠義千秋不朽」。其《獄中絕筆》謂：「不悔直節，不懼酷刑，不悲慘死，但令此心毫無奸欺。白日冥冥，於我何有哉！」楊漣等六君子受盡酷刑死於獄中後，次年，又捕高攀龍、周宗建、周順昌、繆昌期、黃尊素、李應升、周起元七人。高攀龍聽到周順昌已被逮，笑曰：「吾視死如歸，今果然矣。」遂投水自盡，繆昌期等人均慘死獄中。高攀龍留下遺書兩封，其一爲《別友柬》：「僕得從李元禮、范孟博遊矣。一生學力到此亦得少力。心如太虛，本無生死，何幻質之足戀乎？」

余英時先生說：儒學對傳統中國的主要貢獻在於提供了一個較爲穩定的政治、社會秩序，儒家是一種「建制化」的理論，上至朝廷的禮儀、典章、國家的組織與法律、社會禮俗，下至族規、家法、個人的行爲規範，無不被儒家建制化了。之所以如此，乃因爲儒學有自己的價值擔當者：士紳階級，

而眾多的芸芸士子，能夠凝聚爲一個共同價值觀、道德規範和行爲模式的階級，科舉制度乃是最重要的建制，正是科舉制度使得本來只是社會宗法家族傳統的儒家價值觀，一方面成爲了國家意識形態，另一方面也論證了中華帝國制度的合法性，從而使儒家獲得了全面「建制化」的力量。

3、儒家道德教育讀本大量問世

科舉考試以儒家倫理爲旨歸，並以教育爲基礎，極大地凸顯了道德教育的意義和價值。爲了有效地培養具有完善的道德修養和道德品格的人，許多儒家學者探討了各級各類學校道德教育任務及其銜接問題。

朱熹首次把小學和大學（即兒童和青少年教育）作爲一個統一的教育過程來考慮。他提出小學教育的基本任務是向兒童灌輸道德觀念和訓練封建道德行爲習慣，而以後者爲重點。大學的基本任務是「格物致知」，即「即物窮理」，使其在小學養成的道德習慣提到道德信念的高度來執守。許多理學家重視小學、大學教育用書的編輯和研究，他們突破了盛行於漢唐時期的煩瑣的傳注經學，注重精選教材。程顥、程頤從眾多的儒家經典中，選出《大學》、《中庸》、《論語》、《孟子》作爲教學的基本用書。朱熹對上述四種書又重新加以注釋，稱《四書集注》。此外，他又編寫了《童蒙須知》、《小學》，和呂伯恭合編《近思錄》。朱熹自述《小學》爲兒童提供了「做人的樣子」，是小學階段的基本用書；《近思錄》是摘編宋代理學家的言論彙編而成，是一本理學的通俗讀物，便於青少年「得其門而入」，其特點是「要切」。《四書集注》除發揮理學家思想外，力求注釋簡練、遣辭精確。宋代理學家悉心編著了自童蒙教育到青年教育、從小學到大學彼此銜接的一套教學用書。

這一時期有關兒童道德教育的著作甚多，如宋呂本中的《童蒙訓》，袁采的《袁氏世範》，呂祖謙的《少儀外傳》，朱熹的《小學》、《童蒙須知》；明呂得勝的《小兒語》、屠羲英的《童子禮》、王虛中的《訓蒙法》等等。凡著名教育家大都研究兒童的道德教育問題。在宋至明清的道德教育的啓蒙類讀物中，尤以《三字經》、《千字文》、《名賢冊》、《弟子規》、《小兒語》、《增廣賢文》、《閨訓千字文》、《改良女兒經》、《朱柏廬治家格言》等普及最廣，影響最大。《三字經》是古代蒙學教材中最有代表性的一部書。相傳是宋末大學問家王應麟編撰。全書結構嚴謹、文字簡練、概括性極強；三字成句或三字倍數成句，句句押韻，讀來琅琅上口；通俗易懂，便於記憶。許多人少時讀過，竟終生不忘。全書僅千餘字，內容豐富，涵蓋面極廣。「養不教，父之過；教

不嚴，師之惰。」、「玉不琢，不成器；人不孝，不知義。」成爲家喻戶曉，婦孺皆知，代代傳頌，膾炙人口的名言警句，被譽爲「千古一書」。《增廣賢文》全稱爲《增廣昔時賢文》，與《名賢冊》、《小兒語》同屬一種倫理道德教育類型的蒙學讀物，流傳於明清時期。中國傳統文化瀚若煙海，其中賢文（或稱增廣賢文、昔時賢文、新增廣賢文）是重要的組成部分。賢文廣泛流行於明清時期，該讀物將歷史名人賢士的嘉言善行及民間流傳的有關爲人處事、治學修德等方面的格言警句精選提煉，纂輯成冊，旨在對人們進行倫理道德教育，在我國文化史和教育史上有著重要的價值。其特點是內容豐富、深含哲理、押韻上口。儘管其中有些封建消極的內容，但有許多人生感悟、棄惡揚善的至理名言今天仍有著強大的生命力。《名賢冊》作者不詳，本書彙集孔、孟以來歷代名人賢士的嘉言善行，爲人處事，待人接物，治學修德等方面的格言、諺語加以選擇提煉而成。如「積善之家，必由餘慶；積惡之家，必有餘殃。」、「將相本無種，男兒當自強」、「貧在鬧市無人問，富在深山有遠親。」等等。這些格言、名句、諺語多富有哲理，耐人尋味無窮。《弟子規》是清人李毓秀撰輯，原文《訓蒙文》，經賈有仁修訂後，改名爲《弟子規》，它是以學規、學則的形式對蒙童進行學習指導和品德修養的啓蒙讀物。

明朝規定，參加科舉者必須由學校出身，「科舉必由學校」，也就是說，參加科舉這種文官考試，則必須接受正規的學校教育。這一政策使得明代國子監在培養封建國家所需要的各級官吏中起的作用更大。明清國子監的教育目的，就是培養「忠君」的官吏、「致治」的文臣。明清太學的教育內容的選擇始終奉行以「德行爲本，文藝次之」的主旨。洪武二年（1369 年），明太祖頒文諭太學學官說：治天下以人材爲本，人材以教導爲先。今太學之教，本之德行，文以六藝者，遵古制也。在以德爲本，文化教育次之的原則下，明代太學的教育內容十分廣泛，對此《明史》有較詳明的記載：入監者，課以明體達用之學，以孝悌、禮義、忠信、廉恥爲之本，以六經、諸史爲之業。凡經，以《易》、《詩》、《書》、《春秋》、《禮記》，人專一經，《大學》、《中庸》、《論語》、《孟子》兼習之。宋明時代理學家依據他們的「知先於行」、「行重於知」的知行觀點，沿用並改造《中庸》的「博學之，審問之，愼思之，明辨之，篤行之」一語，作爲大學的教學次序即教育過程。這一教學過程的基本特徵是重知，但要求道德義理知識的傳授、學習和道德實踐有機統一。根據這個「教學次序」，理學家進而就如何讀書明理，進行德性修養問題作了總

結。「朱子讀書法」及其「主敬」的修養論，曾在教育理論領域內統治了 700 餘年，為封建統治者培養順從的臣民服務。但其中尚有不少正確的讀書與修養經驗的概括，涉及到感情、意志、操守等心理品質以及道德的自我評價等問題的論述。

4、社會道德風化和教育得以有效推行

自明至清，統治階級不僅以儒家倫理道德為科舉考試的重要內容，而且將其提升到治國平天下的高度，在全社會推擴儒家倫理道德，形成了重視社會風化和社會公共生活道德教育的局面。朱元璋極為重視社會風俗教化。他說：「孝弟之行，雖曰天性，豈不賴有教化哉。自聖賢之道明，誼辟英君莫不汲汲以厚人倫、敦行義為正風俗之首務。旌勸之典，賁於閭閻，下逮委巷。」〔註 12〕《明史》的編撰者評價朱元璋「禮致耆儒，考禮定樂，昭揭經義，尊崇正學，家恩勝國，澄清吏治，修人紀，崇風教」〔註 13〕，這種評價應該不謬。明洪武八年（1375 年），朱元璋詔令天下設立社學，以求「教化行而風俗美」。為了加強社會教化，勸善誡惡，朱元璋早在執政之初，就「資助了一場廣泛的善書出版運動」；洪武三十年（1397 年）九月，他還親自制訂、頒佈了《教民六諭》（也稱《聖諭六言》）：「孝順父母，恭敬長上，和睦鄉里，教訓子孫，各安生理，毋作非為。」〔註 14〕朱元璋的六諭對當時社會風氣的轉變和家訓教化的內容都產生了很大的影響，許多家訓作者都在自己訂立的家訓中要子弟家人恪守這六條「聖諭」。如高攀龍在《家訓》中說：「人失學不讀書者，但守太祖高皇帝聖諭六言……時時在心上轉一過，口中念一過，勝於誦經，自然生長善根，消沉罪過。」〔註 15〕清代順治、康熙和雍正皇帝等也十分重視正風俗、厚人倫的社會教化。順治皇帝於 1625 年重複朱元璋的「六諭」，在全國頒行《六諭臥碑文》，後又設立「鄉約」制度加以推行。順治還將大學士傅以漸編纂的《內則衍義》御定頒行天下。康熙即位後，提出了「尚德緩刑，化民成俗」〔註 16〕的社會教化方針。他在《六諭臥碑文》的基礎上親自擬訂了有關齊家治國的《聖諭十六條》，教育八旗子弟，並頒行全國。雍

〔註12〕　《孝義傳一》。
〔註13〕　《太祖本記三》。
〔註14〕　明實錄，卷 255《太祖實錄》〔M〕，臺北：中央研究院歷史語言研究所教印本，1983。
〔註15〕　四庫全書卷 1292《高子遺書》〔Z〕，臺北：臺灣商務印書館，1983。
〔註16〕　欽定大清會典事例卷 397〔Z〕，光緒二十五年清會典館石印本。

正即位之初，便對《聖諭十六條》逐條進行訓釋解說，名曰《聖諭廣訓》，於雍正二年（1724 年）二月頒行全國。雍正的訓釋使十六條更加周詳、顯明、易懂，以期「使群黎百姓家喻而戶曉也」。他要求在全國廣爲宣傳，使政府官員、兵民人等體會先帝端正品德、重視民生的良苦用心，以達到「風俗醇厚、家室和平」的目的〔註17〕。雍正七年（1729 年），他也詔令鄉村設立「鄉約」，通過鄉約宣講聖諭，做到人人皆知。

宋元明清時代，貞操觀念呈現出日益強化的趨勢。北宋時，雖說理學家程頤提出了「餓死事極小，失節事極大」的主張，但由於理學尚未在整個社會佔據統治地位，女子改嫁仍然是很普通的事情。到了南宋，朱熹極力宣揚貞烈觀念，認爲「生爲節婦，斯亦人倫之美事」〔註18〕。隨著程朱理學被奉爲儒學的正宗，理學有關片面約束婦女、反對婦女再適的觀點才逐漸在整個社會流行起來。到了明代，這種貞節觀念已經爲社會普遍認同。生活在明代宣德至弘治年間的陳獻章說：「今之誦言者咸曰：『餓死事極小，失節事極大。』」〔註19〕而到了清代，程頤提倡的貞節觀更是婦孺皆知、深入人心。正如康乾時代的散文家方苞所說：「而『餓死事小，失節事大』之言，則村農市兒皆耳熟焉。」〔註20〕

明朝中葉以後，政治腐敗，宦官、奸臣當道，一些剛正不阿的正義官吏，敢於同邪惡勢力作不屈鬥爭，不惜慷慨赴義，如楊繼盛、高攀龍等。與其高風亮節相對應，他們特別注意對子弟家人進行高尚節操的教育和薰陶，將節操與女子的「貞節」相提並論，強調做人就要講究操守，滿清王朝的建立，引起一些崇尚氣節的思想家的義憤，他們一生念念不忘復國，反清失敗後則隱居不仕，著書立說，啓發民眾思想。傅山、朱之瑜、顧炎武、王夫之等就是其中的代表。

與社會風化的道德要求相適應，宋以後產生了大量的「勸善書」，如宋代黃光大的《積善錄》、李元綱的《厚德錄》、陳錄的《善誘文》，李昌齡的《樂善錄》，元代吳亮的《忍書》（又名《忍經》）和馮夢周的《續積善錄》等。明清時期商品經濟的發展，城市的繁榮，導致了人們交往的擴大，鬥毆、賭博、酗酒、狎妓之風較之以前更爲盛行。鑒於這種世風，這一時期出現了大量的

〔註17〕 卷 717《聖諭廣訓》四庫全書〔Z〕，臺北：臺灣商務印書館，1983。
〔註18〕 卷三十六《答陳師中》。
〔註19〕 卷一《書韓莊二節婦事》。
〔註20〕 卷四《岩鎮曹氏女婦貞烈傳序》。

「戒書」，如明代朱宏的《戒殺文》、曹鼐的《防淫篇》、孫念劬的《戒嗜酒文》，清代尤侗的《戒賭文》、姚廷傑的《戒淫錄》等。這些讀物力圖淨化世風，引導人們力戒惡習，避惡向善。與此相應，許多家長也都以家訓、家規、家法的形式對子弟進行嚴格的管束。康熙皇帝《庭訓格言》認為賭博與偷盜無異，應該嚴禁。高攀龍家訓中說：「於毋作非為內，尤要痛戒嫖、賭、告狀，此三者不讀書人尤易犯，破家喪身尤速也。」〔註 21〕龐尚鵬的《龐氏家訓》中的「嚴約束」有十六則之多，大抵是說不許沾染博弈、斗毆、好打官司等不良習慣，不許從事私販鹽鐵等違法行為。他怕子弟學壞，為防患於未然，甚至強行規定子孫不許到城市定居。

　　總之，科舉深刻地改變了中國的社會結構，塑造了中國人的性格，影響著中國人的道德生活。中國歷史社會的方方面面無不留下了科舉的烙印。科舉造就了中國的讀書人群體和他們的道德人格、精神風貌，他們的性格就成了中國人性格的集中體現。科舉承擔了引導社會成員的發展方向，加快社會成員的社會化進程，幫助社會成員較好的參與社會生活，幫助社會成員獲取並更好的展現自己的社會本質的功能，在相當長的時間裏發揮著選拔、激勵、教育導向、維護社會穩定等諸多方面的功能，是協調社會不同群體的關係、實現社會階層流動的潤滑劑。科舉制度的實施也使得整個社會真正養成了尊重讀書人、尊重知識的風氣。

三、科舉制度對世界文明史的影響

　　科舉制度是中國歷史上，也是世界歷史上最具開創性和平等性的官吏人才選拔制度。在漫長的 1300 年的科舉考試中，曾產生出了 700 多名狀元和數以十萬計的進士、數以百萬計的舉人，秀才更是不計其數。科舉盛行的歷朝歷代，幾乎每一位知識分子都與科舉有著不解之緣。縱觀中國歷史上那些善於治安邦的名臣、名相和有傑出貢獻的政治家、思想家、文學家、藝術家、科學家、外交家、軍事家等大都是狀元、進士和舉人出身。一方面，西方人認同中國的科舉制度並稱之為「中國第五大發明」。另一方面，科舉制度的確對世界各國產生了不同程度的影響，為世界文明的發展史作出了很大的貢獻。

1、科舉文化對鄰國的浸染

　　中國科舉文化對東亞文明的發展影響直接而重大，其中日本、朝鮮、越

〔註21〕卷 1292《高子遺書》四庫全書〔Z〕，臺北：臺灣商務印書館，1983。

南三國是這個科舉文化圈中受影響最突出的國家。

公元 7 至 8 世紀之際，日本引進中國的律令制度，實行與唐制基本相同的貢舉制度。日本的貢舉科目主要有秀才、明經、進士、明法等四科和醫、針等二科。然而，日本科舉理論上雖人人皆可參加，實際上只限於官僚子弟報考。因此，唐朝科舉較具平民色彩，而日本的科舉則帶有濃厚的貴族化氣息。由於貴族干政、學官世襲，到 10 世紀以後，基本上爲貴族所把持，並且也不是依據才學高下，而是以資歷名望，致使科舉日漸流於形式化。11 世紀以後，日本雖然在形式上還繼續實行式部省試，但考生皆由權貴推薦，應考者幾乎是無條件及第，科舉制至此已完全異化。明治時代初期，爲了選拔人才，推動維新運動，1869 年進入新政府的學者神田孝平向公議所提出了「進士及第之法」的建議書，提倡以「漢士及第法」，即中國的科舉制度爲參考，樹立近代日本的官僚考試制度，考試科目注重實用。這項提案雖然獲得公議所通過，卻沒能得到實權人物的支持而不能具體實施，而人才選拔的考試制度也最終爲近代的學校制度所取代。

韓國和朝鮮在歷史上也曾模仿中國，實行科舉制長達 900 餘年，從公元958 年起至 1894 年止，科舉制在韓國歷史上存在了 936 年。它是中國域外實行科舉制最長、也是最爲完備的科舉。高麗朝科舉從唐宋科舉制借鑒而來，在一定程度上是從屬中國科舉的。近 500 年的高麗王朝，科舉制度實兼唐、五代、宋、元等諸朝制度而成。具體而言，高麗制度直接淵源於隋和唐者，有禮部三場試、三條燭試（夜試）、試期在春三月（春試）、科目中的「賓貢科」、咒噤科等。1371 年明太祖遣使來頒科舉詔後，高麗科舉鄉、會試程序一依明制，其中中試後再考書、算、律，書則觀其筆畫端楷，算則觀其乘除明白，律則聽其講解詳審。第一場試《五經》義，五百字以上，《四書》疑，三百字以上；第二場試禮樂論，三百字以上；第三場試時務策，一千字以上。唯務直述，不善文藻。公元 1392 年，李朝重新整頓衰落的科舉制度，定科舉法，初場罷《四書》疑和《五經》義，改試講論。但實行數科之後，實踐證明並不能選拔到「經學傑出之才」。李朝取代高麗朝統治朝鮮半島後，繼續實行科舉制。李朝科舉比同期的中國科舉更頻繁，幾乎每年都開科，達到了十分興盛的程度，直到 1894 年科舉廢停。「國家用人之道，只在於科舉」。科舉在李朝的地位不亞於科舉在中國歷史上的地位。李朝還擴大生員進士試的規模，並仿《禮記·王制》的古語，稱生員進士爲「司馬」，將以前的三年一試稱

為「式年試」。1994 年，為紀念漢城建都 600 年和科舉考試罷止 100 年，韓國舉行了規模盛大的傲仿李氏王朝的模擬科舉考試，即在成均館大學舉行謁聖文科殿試，在全國應試的 216 名儒學「生員」中，按 55 歲為線分甲乙兩科，各取郭莊淳（53 歲）、金祐振（79 歲）為狀元，放榜後還舉行了「恩榮宴」和遊行儀式，韓國再現「科舉盛況」，以不忘對考試和教育傳統的繼承。

1075 年始，1919 年止，越南是最遲實行和最後廢止科舉的國家。據《越史通鑒綱目》載，仁宗太寧四年（1075 年），「選明經博學者以三場試之，擢黎文盛首選入侍學。本國科目自此開始。公元 1807 年，阮朝阮世祖開鄉試，其制度模仿中國清代科舉。其形式內容仍然和中國科舉考試大同小異。公元 1832 年，越南引進八股文作文考試文體。公元 1884 年，法國和越南簽訂了《順化條約》後，法國殖民者實際上取代了越南帝王的統治，西方新學動搖了儒學的地位。中國戊戌維新也影響到越南，中國廢除科舉制度後，越南科舉更是唇亡齒寒。1906 年，越南成立教育改進委員會，新型學校紛紛創辦，逐步取代了傳授儒學的科舉教育。1919 年，越南舉行了最後一科會試，取中 23 名。此後，科舉制度在越南和世界歷史上終於完全退出了歷史舞臺。

2、科舉制對西方社會的影響

在推行現代文官考試制度之前，西方各國實行的是「恩賜制」和「政黨分肥制」。「恩賜制」，顧名思義是由國王（後來演變為總統）來將官司職贈予別人。「政黨分肥制」是美國歷史上盛行的一種以黨派關係分配政府職務的制度，它是在兩黨輪流執政的背景下產生的。大選獲勝的政黨通過任命公職報答該黨的積極支持者。無論是「恩賜制」還是「分肥制」，都有很大的弊端，使得腐敗橫行，政局動蕩。西方的政治家和學者對此深感頭痛，尋求改革卻苦無良策。也就是在這個時候，中國的科舉制度進入了西方政治家和學者的視野，為西方的選官制度帶來了一劑良方。

早在 16 世紀，中國科舉制度就由來華的歐洲傳教士傳入西方。1569 年，葡萄牙傳教士克魯茲所撰《中國遊記》將中國的科舉制介紹到西方。1583 年，葡萄牙修道士胡安・岡薩雷斯・德萬多薩所著《偉大的中國》系統地介紹了中國科舉制的內容和方法，此書被譯成多種文字，廣為流傳，激起了歐美人士對中國科舉制的關注。傳教士們不僅對中國的物產資源感興趣，中國科舉取士的制度也使他們感到驚奇。在他們所著的《中國遊記》、《傳大的中國》等書中，詳盡地介紹了中國科舉考試的內容和方法，並推崇有加。在此後的

300 年間，僅用英文出版的介紹中國科舉制度的書就達 70 餘種。除了書籍的傳播，一些西方政府官員和學者還通過報告、演講等形式介紹和評價中國的科舉制。如北京同文館館長馬丁就曾在英國波士頓作題爲「中國的競爭考試」的報告；法國的大學者伏爾泰也曾在著作中對中國的科舉制做過介紹和頌揚；西方學者卜德將科舉制譽爲中國贈予西方的「最珍貴的知識禮物」；美國漢學家 H・G・Creel 則認爲中國的科舉制度超越了四大發明，是「中國對世界的最大貢獻」。

1582 年，利瑪竇隨范禮安等耶穌會士，從印度果阿出發來到了澳門，經過嚴格的中國語言、文化訓練之後，於 1583 年 9 月 10 日，取水道沿西江而上，進入當時南方政治、經濟、文化中心的肇慶。從此，基督教開始了第三次向中國傳播，也就揭開了明清之際東西方文化交流的歷史新篇章。利瑪竇於 1601 年，應明萬曆皇帝之詔住進了北京，直至 1610 年在北京逝世，他在中國傳教曆經艱辛，前後長達 28 年。利瑪竇在華期間，用了很大的精力潛心研讀儒家經典，李贄說利瑪竇「凡我國書籍無不讀，……請明於四書性理者解其大義，又請明於六經疏義者通其解說，今盡能言我此間之言，作此間之文字，行此間之禮儀。」是一個「中極玲瓏，外極樸實，」的「極標致」之人。利瑪竇認爲：「中國哲學家中最有名的是孔子。這位博學的偉大人物，誕生於基督紀元前 551 年，享年 70 餘歲。他既以著作和授徒，又以自己的身教來激勵他的人民追求道德。他的自制力和有節制的生活方式，使他的同胞斷言他遠比世界各國過去所有被認爲是德高望重的人更爲神聖」，「孔子是中國的聖哲之師」，因此，「中國有學問的人非常之尊敬他」。利瑪竇認爲，《四書》、《五經》是爲著國家未來的美好和發展而集道德教誡之大成，《四書》「是著眼於個人、家庭、及整個國家的道德行爲，而在人類理性的光芒下對正當的道德活動加以指導」，《四書》「是所有想要成爲學者的人必須背熟的書」。基於這種認識，他於 1598 年與人合作，完成了用拉丁文注釋《四書》的工作，以幫助在華的傳教士學習中文和瞭解中國文化。他把西方的近代科學技術思想傳到中國，使中國人打開了眼界。同時他又把中國的主流文化——儒家思想傳給了歐洲。《利瑪竇日記》第一次向歐洲全面介紹了中國的道德和宗教思想；歐洲人也是第一次從此書中知道中國聖人——孔子和中國文化的精粹——儒家經典。利瑪竇是歐洲漢學家當之無愧的始祖，他對於歐洲的漢學研究作出了劃時代的貢獻。他告訴西方人的一重大事實是，「他們全國都是由知識

階層，也就是一般叫做哲學家的人來治理的。」他還煞有介事地告訴歐洲老鄉，「而在中國最終實現這一原則的制度叫做科舉制。」無疑，這確實是一種東方式的想像。利瑪竇詳細地介紹了當時中國的科舉與文官制度，「中國人崇尚道德哲學，國家主持的考試將給每一位有知識的人提供參政的機會。這是一種公平的競爭。中國的哲學學位有三級，秀才相當於學士、舉人相當於碩士，而進士相當於博士。」他不無激動地描述著那些與西方不同的景象，在中國，你一旦在考試中獲得高級學位，就有資格出任政府官員，「一生都可確保高級公職。他們享有的地位相當於我們國家的公爵或侯爵的地位，但其頭銜並不世襲傳授。」「這些哲人對帝國的統治者有著廣泛的影響。」他解釋說，一個靠公平競爭的由哲學家來治理的國家，要比那些靠驕奢淫逸的世襲貴族治理的國家優越得多。在西方這只是柏拉圖式的烏托邦想像，但在中國則成為制度化現實，利瑪竇還興奮地講述所見所聞，皇帝身邊的內閣裏都是飽讀詩書的「大學士」，六部的官員都擁有「品行與學術的榮譽」，翰林院「由經過考試選拔的哲學博士組成。這個部門的成員並不參預朝政，但職位比別的官員更為尊嚴」。利瑪竇作為洋教士，雖然不能全面準確地瞭解科舉制度，但也準確地看出了當時中國政治制度的特色與科舉制度的優越性，比如說，它主導之下的知識政治、道德社會、公平競爭、階層流動等。實際上，科舉制度並非實現了「理想國」，但它卻實踐了前現代世界最合理的政教制度。科舉千年，以人文化天下，朝廷立國，文人立命，社會長治久安，個人功名利祿，盡繫於此。

英國是最早建立資本主義制度的國家，英國在資本主義政治制度形成的過程中對中國的科舉制也最為關心，從 1570 年至 1870 年，英國出版的介紹中國科舉制的書籍就達 70 多種。英國於 1793 年、1816 年及以後多次派外交使節到北京實地考察中國的科舉制度。1755 年，在英國的《紳士雜誌》上發表過一篇關於中國的文章，其中提道：「寫作是一個有理性的人惟一願意接受的考試方式……所有作者一致認為，中國的行政管理水平遠在其他國家之上……他們的功名頭銜均非世襲……每年一度在中國的都城開科取士。」到19 世紀上半葉，大批有關中國科舉制度的著作問世。其中最重要的著作包括：馬禮遜以百科全書形式編纂的《漢英辭典》，以及郭施拉的《中國史略》、麥都思的《中國：現狀與前景》和密迪樂的《中國人及其叛亂》。他們無一例外地認為，「該制度本身無疑是值得推崇並仿傚的」。這些傑出的思想家要求實

行中國式科舉制度的強烈呼籲，在對英國當時即將採用的文官制度的改革起了不可忽視的影響。1835 年，居留中國人士格爾斯指出：「科舉是古往今來的其他偉大的君主制度所無法相比的。也許這就是他們所創造出來惟一值得保留的制度，而此制度還未被其他國家所採用。或許將來有一天，它會像火藥和印刷術一樣，在國家制度甚至是歐洲的國家制度中，引起另一次偉大變革。」1847 年，曾到過中國的杜麥斯在其出版《中國箚記》中指出：「對於以中國原則為基礎的考試制度的存在，每一位有教養的歐洲人都瞭如指掌。因此，如果認為那些論述中國問題的作者（從上溯到 150 年前的耶穌會傳教士，到今天的漢學家）認識不到這一制度的影響，那簡直是難以置信的。」他以近乎狂熱的態度呼籲建立起向全體英國臣民開放的競爭性的考試制度，從而提高英國行政官員的水平，並促進大英帝國的團結。1854 年，由馬考萊等人向英國議會提交的《印度文官制度報告書》中建議：建立完整的考試制度，考試事宜應由一位權威人士主管的考試中心全權負責；考試必須採取競爭性的筆試辦法，對考生的年齡、健康、品行也應作具體的要求；對於高級職位，應有相當於國內最高教育水平的競爭性考試。1855 年 5 月，經過議會辯論之後，英國實行文官考試制度。1864 年，在狄更斯主編的英文周刊中刊載了一篇題為《中國的競爭考試》的文章，談到科舉制的穩定性和獨特性，指出科舉的獨一無二之處在於「科舉這個教育機器幾乎是從不間斷地實施其功能：它是惟一沒有被動播過基礎的制度，是在權威一再崩潰和顛覆中唯一能維持全面而廣泛的影響的制度，當其他帝國統治的代表一次又一次被推翻並被踐踏為塵土時，它在全民族的眼中卻是神聖的惟一避難所。」1866 年，有位西方人士也指出：「中國的競爭性文士考試制度是該國特有的制度，並且持續了一千多年。長期以來，它得到每一個朝代每一位皇帝的認可和支持，得到人民普遍的贊同和接受。」1870 年 6 月，新上臺的帕麥斯頓政府頒佈了《關於錄用王國政府官員的樞密院敕令》，規定凡要進入政府各部門工作，都必須經過競爭性考試。至此，英國文官考試走向制度化和正規化。其考試制度的原則與中國古老的科舉制度原則之間有著驚人的相似之處。1888 年 9 月，英國的《威斯敏斯評論》上刊登了一篇題為《中國：新的起點》的文章，作者開篇就說：「如果說在中國政體中還有什麼特別之處會受到歐洲人無條件的讚美的話，那麼便是科舉制。」1972 年，英國歷史學家湯因比在一次對話中說：「現代英國的官吏制度，是仿照帝制中國的官吏制度而建立的。同羅馬制相比較，中

國的這種制度取得了很大的成功。約在 2000 年的時間裏，或大或小，它成了統一中國和鞏固秩序的支柱。後來英國也仿傚並確立了通過考試選拔任用行政官員的制度，今天已經廣泛普及。」

19 世紀 60 年代後，美國也在考慮採用擇優錄用的文官考試制度。美國的文官考試制度基本上是仿傚英國的產物，但是史料表明中國科舉制也曾在一定程度上影響過美國的文官考試制度。1848 年，威廉姆斯在《中央王國》一書中說：「從科考的結果看，中國政府的高官階層中的不少官員都懷有讓人極爲敬佩的才能和知識，及愛國、正直和有條不紊的工作態度。它維持了這個國家龐大的機器的運轉，也保持著一種不衰的崇文風氣。」1870 年，史皮爾（Spear，漢名施惠廉）在《最古老與最年輕的國家：中國與美國》一書中說：「中國人民的競爭使得整個政府管理的政治原則公開化。……它沒有世襲等級，或許沒有個人榮耀，它沒有財富的權力，它不主張任人唯親，它也不去迎合世俗的偏見和利益。」1873 年美國文官委員會在報告中宣稱：「當我們的大陸尚處於洪荒時代，孔子已經在講授德政，中國人已在讀書，使用指南針、火藥和乘法表。然而東方世界這一最文明的國家對於科舉制度的運用，將比上述任何東西都更能奪走我們美國人的優勢（如果我們算得上有什麼優勢的話），這其中的原因究竟何在？倘若不充分肯定中國的宗教或帝制的作用，必將無從作出解釋。」1883 年，以平等競爭爲原則的文官考試法案獲得美國國會通過，該法案規定政府事務官的錄用，必須經過公開考試，擇優錄用。從此以後，考試錄用事務官成爲美國文官制度的一條基本原則。1893 年，美國文官考試制度完全確立。

早在 1696 年，巴黎就出版了一份耶穌會士勒孔特撰寫的聲言：在中國「貴族從來不是世襲的，就品質而言，人們之間沒有任何差別，他們只要盡職盡責就能保全其官位。」在 1735 年，法國出版了一部受到廣泛閱讀的書，書中認爲，在中國「一位學者，儘管是農夫之子，也很有希望達到總督的高位，並且甚至還會成爲國家的宰相。因爲，作爲孩子都是平等的」。這就是中國流傳深廣的一句古話「朝爲田舍郎，暮登天子堂」。早在 1789 年以前，維吉爾·皮諾特就指出過；在中國獨一無二的是「一個人靠著良好的品質達之於國家的高官顯位；每個人都是根據其優點而排列其在社會等級中地位，儘管有王公的青睞和出身的有利之處，卻不能使一個被認爲既無德行又無學識的人欺騙性地被任命在某個官職上。這種情形在歐洲是罕見的或者甚至是不存在

的。因爲所有的傳教士們，不分國籍，都用狂熱的詞句讚美這個令人稱奇的、中國的等級制度，其基礎不是別的，只是良好的品質。」到了 1789 年，法國國民會議通過了《人權和公民權宣言》，其中第一條是，「在他們的權利方面，人們生來，並且始終是自由和平等的。所以，公民的差別只能建立在公共事業的基礎上」。可見，中國古代的「用人之道」，對於法國啓蒙學者與法國大革命在反對貴族世襲和用人自由、平等方面的某些影響。

16 世紀後，西方文獻大量介紹中國的科舉制，直到 19 世紀，英美傚仿中國科舉制率先建立了獨立於政黨政治之外的官員「考選制」。實際上在 18 世紀以前，歐美各國文職官員的選用，或實行個人贍徇制，或實行政黨分肥制。但期間不可避免地會導致任人唯親，帶來結構性的貪污腐敗，或充斥各種無能之輩，而如果大批撤換行政官員，還會引起政黨更迭及政治震盪。而當西方人知道遙遠的東方帝國竟然有這麼一種奇妙的文官制度時，不禁紛紛仿傚。科舉制實行競爭考試、擇優錄取，政權向平民開放，標榜公開取士，惟才是舉。比起貴族等級制或君主賜官制等選官制度來，科舉取士無疑具有其優越性，可以保證文官素質並提高政府工作效率，考試選才的公平客觀性又可以排除人情關係對官員任用的困擾。1855 年、1870 年英國政府相繼發佈了兩個樞密院令，標誌著英國近代文官制度的基本建立。此後，源於中國科舉制的西方文官制在法、德、美等國都先後建立。

第三節　科舉制度的弊端與消極作用

我們在指出科舉制度的進步作用的同時，也應該充分看到它也有很多的弊病，這一點在清代後期表現得尤爲突出。考試內容的陳腐和考試方式的僵化，不能適應形勢發展的需要，八股取士制度對個體價值確認的簡單化、程序化等諸多弊病，使科舉考試常常成了獵取功名的工具，儒家經典讀得越來越熟，八股文寫得越來越好，人品卻越來越差，越來越多的讀書人異化成了科舉考試的奴隸和奴才。清朝後期，西方國家的科學技術突飛猛進，中國則大大落後於時代的潮流和世界的發展，而科舉考試仍埋頭於「四書」、「五經」及八股文，把科學技術看作爲「奇技淫巧」而不屑一顧，其考試內容陳腐，形式僵化，誤國害民，是顯而易見的。它逐步成爲僵化模式，特別是到晚清時成爲嚴重束縛知識分子的枷鎖，暴露出種種弊端。正因爲如此，吳敬梓才寫出了《儒林外史》這部諷刺科場的不朽名著。

一、科舉制對封建君主專制的維護及造成的官場腐敗

　　科舉制從其誕生之日起，就是為專制王權服務的制度，科舉制的發展過程，即是人才選拔權力向帝王手中集中的過程。科舉制度是中央集權的君主專制和官僚政治的最牢固的鏈條。科舉制度為官僚政治源源不斷的輸送新鮮血液，選擇了一批又一批封建官吏，充實著封建官僚機構，官僚政治支持和維持著中央集權的君主專制。科舉制度使教化與治化統一，既統制了思想又壟斷了仕途。科舉制度是聯繫中央集權的君主專制和官僚政治的紐帶，使中國封建專制皇朝綿延了兩千餘年。科舉制度的廢除，也是中央集權的君主專制的封建皇朝的終結。

1、科舉制是對極端專制王權的維護

　　從滿足中國封建政治統治需要的角度出發，科舉制的歷史作用，首先表現在它與中央集權的政治體制具有極大的親和力，高度適應了中國封建社會成熟以後不斷強化中央集權的需要。眾所周知，科舉制與隋唐以前實行的軍功、察舉、辟除等制度相比，有一個十分明顯的區別，就是科舉制的自上而下方式。軍功制的實施，有賴於自下而上的軍功考覈彙報；察舉制的實施，有賴於自下而上的層層推薦；辟除制的實施，是把用人權直接交給了下面。而科舉制則大不相同，它的標準完全由中央確定，用人完全由中央取捨，是一種自上而下的選拔官吏方式。地方上的用人自主權被中央主持的科舉考試完全剝奪。當然，科舉制在具體實施中，也是從下到上執行的。在唐代的科舉中，是先「鄉貢」而後「省試」；一直到明清，也是先「鄉試」而後「會試」。但是，這種先下後上，只是一個先後次序問題，而不是選官的主動權自下而上的問題。唐代的「鄉貢」，已經完全不同於察舉制下的推薦，更不同於辟除制下的自行任免，地方官不過是奉命行事，按照中央規定的具體選官標準進行預選而已。明清的「鄉試」，實際上已經成為全部由中央操辦的全國統一的分區考試。這種統一的選官標準和方式，排除了地方官吏對政策的解釋權力。相比之下，漢代實行的察舉制和辟除制，與中央集權的背離是顯而易見的。在察舉和辟除制下，即使中央有關於用人標準的規定，解釋權卻掌握在地方的舉主手裏。從法學的意義上講，誰擁有法律的解釋權，誰就具有實際意義上的立法權。因此，漢代在建立了中央集權的專制統治體制後，用人權力卻通過察舉和辟除落到了地方大員手裏。漢末出現的地方割據，不能不說與察舉制和辟除制造成的「門生故吏遍天下」式地方勢力集團有密切關聯。後世

史家認為，察舉和辟除造成了地方長官和屬吏之間的宗主關係和人身依附關係，「各媚其主，而不知有天子」（王夫之：《讀通鑑論》）。科舉制則完全不需要地方官員解釋，也就不存在地方官員的用人權，中央集權的精神在科舉制創立以後得到了徹底體現。科舉制度下產生於地方的「鄉貢」、「舉人」，誰也不會認為自己的「貢」、「舉」是出於某一地方官的恩典。更重要的是，即使讀書人取得了「鄉貢」頭銜或初級功名，也必須經過全國統一考試才能決定取捨。這樣，地方官員的選人權力就完全被科舉制剝奪殆盡，官吏的產生方式同中央集權的要求十分相應，不可能再通過選官造成妨礙中央集權的地方勢力。地方大員可以通過其他途徑結成私黨，那則是科舉制度以外的問題，如唐代藩鎮的「入幕」，清初吳三桂的「西選」，正好從反面證明了這一點。

正因為科舉制度高度適應了加強中央集權的需要，所以得到了隋唐以降統治者的高度重視。在科舉制創立之初，李世民曾有一句名言，當他看著新科進士從門中魚貫而入時，得意地說：「天下英雄盡入吾彀中矣！」顯然，李世民的眼裏，不僅僅看到了新科進士是人才，而是看到了原來「各為其主」的英雄現在都拜倒在天子腳下。如果僅僅看到幾十名魚貫而入的新科進士，那遠遠達不到「盡」天下英雄的地步。唐太宗如是之言，說明他看到的不止是新登科的進士，而是看到他已經掌握了一種驅盡天下人才為專制集權的中央效命、為皇帝盡忠的最佳方法。所以人們才稱：「太宗皇帝真長策，賺得英雄盡白頭。」可見，科舉的最大成效，並不全在於「得人」，而在於是一種「籠絡英彥」、適應中央集權需要的「長策」，即符合最高統治者要求的用人制度。理解了這一點，也就清楚了宋代以後的統治者為什麼要把取士權通過殿試的方式牢牢掌握在皇帝手裏，把「英彥」變成「天子門生」。而且在國家危亡之秋，一方面抱怨書生無用，另一方面又堅持實行科舉制度死不放手。很明顯，他們看問題的角度並不是看科舉出身者的才能，而是看科舉出身者對中央王朝和皇帝個人的忠誠程度。一直到清代，科舉堅持了「心術」領先、才能其次的原則。「先用經書，使闡發聖賢之微旨，以觀其心術；次用策論，使通達古今之事變，以察其才猷。」〔註22〕以經學家自居、重視學術的康熙皇帝，對「心術」和「才學」的關係極為明白，他說：「朕觀人必先心術，次才學。心術不善，縱有才學何用？」精明幹練的雍正也曾經說過：「讀書所以明理，講求天經地義，知有君父之尊，然後見諸行事，足以厚俗維風，以備國家之

〔註22〕 《清史稿・選舉志》。

用，非僅欲其工於文字也。」（道光朝修《科場條例》）可以說，中國封建社會後期，科舉制能夠得到歷代皇帝的青睞，盛行而不衰，不在於其得人不得人，而在於其對政治統治的維護。

唐代興起的進士科舉制度，打破了自漢魏以來門閥壟斷仕途的狀況，使天下的庶人和皇親國戚子弟都有通過科舉考試進入仕途的機會。仕途向庶人開放，使中央集權的君主專制統治更加牢固了。士人，特別是出身社會底層的「寒士」，通過科舉考試進入仕途，他們感激的是皇帝，而不是權門勢家或地方官員。得中科舉的士人自稱「天子門生」，他們得到的官爵，俸祿也是皇帝欽賜的。他們忠心為皇帝服務，皇帝把任用中央到地方各級官吏的大權牢牢地控制自己的手中，中央集權的君主專制統治有了官僚政治制度上的依靠，就更為牢固了。這就是中國封建中央集權的君主專制政體能綿延兩千餘年的一個重要原因。特別是宋、元、明、清諸代，科舉制度日益完善，封建皇權便日益鞏固。如同《唐摭言》作者所揭露的「文皇帝撥亂反正，特盛科名，志在牢籠英彥」，科舉取士的確立，就是籠絡英才。帝王以名利為誘餌，士人吞飲了科舉這釣鈎，終生就被套住，多少有為有識之士，老死於科場而終不悔悟，高度的集權政治需要一支龐大的官僚隊伍，而經過科舉考試選拔出來的大小官僚是當時整個社會文化程度最高的階層。他們在管理國家，服務王權政治上有著較強的應變能力，他們的精明與能幹直接關係到帝國政治的工作效率。這些來自科舉的官僚，他們以「天子門生」自居，直接效忠於皇帝。由於其地位與權力來自皇上的恩賜，因此他們也更加依附於皇權，在極端專制的明清時代表現得尤為明顯。封建時代貴族諸侯是制約皇權的重要因素，為了強化君王的絕對權力，封建皇帝利用科舉制限制貴族對政治的參與，從而裁抑貴族勢力。科舉制不僅在官員素質上為集權政治提供保障，同時它也是重要的思想控制工具。歷代帝王都注重對知識階層的思想控制，科舉制利用統一的標準考試強制推行儒家思想，進而限制人們的行為。知識階層在科舉制的牢籠之下，缺乏主體意識與創造性思維。明清之後，在專制王權的高壓下，科舉制已蛻變為扼殺人才的工具，一些清醒的士人發出了「科舉殺人」的吶喊。

科舉制把士人和庶民的思想都拘囿於官本位和儒家忠孝正統思想的範式中，泯滅了中華民族的反抗和創新精神，使中央集權的君主專制得以「長治久安」。綿延 1300 年的科舉考試雖然在一定程度上以平等的形式「選賢任能」，

使平民借「公平競爭」的機會擠進了官場，促進了社會流動，特別是處於社會底層的讀書人向社會上層的流動。這種科舉制公然宣揚「以學干祿」，公開鼓勵士人熱衷於追求仕途，統治者給讀書人安排的唯一出路就是科舉及第——做官——發財。統治者為官僚提供種種社會經濟實利和各種特權。這些經濟實利和政治特權，深深浸潤於人們的心靈深處，「做官發財」天經地義，官是人世間最高尚的，官員是社會成員的本體和中心，官本位深入每個人的心靈深處，從牙牙學語的孩子，到齒落髮白的老人，都羨慕追求做官。千餘年來，科舉成為大多數讀書人躋身官僚階層的必由之路。從最底層的縣級考試到最高層的中央考試，道道難關，處處艱辛，待到金榜名之時，一下就青雲直上了。如唐代詩人孟郊正值 50 歲時（貞元十二年，公元 796 年）進士及第，他欣喜若狂作詩一首《登科後》：「昔日齷齪不足誇，今朝放蕩思無涯。春風得意馬蹄疾，一日看盡長安花。」南宋洪邁在《容齋隨筆》中生動地表現了及第進士的興高采烈的忘我境地：「久旱逢甘雨，他鄉見故知。洞房花燭夜，金榜掛名時。」而名落孫山，則是人生最大悲劇。失意舉子的心意是：「寡婦攜兒泣，將軍被敵擒。失恩宮女面，下第舉人心。」金榜題名和應舉落第成為人生四大快事和悲事之一，足見科舉考試得官在人們心中的崇高地位和深遠影響。司馬光在描繪金榜題名後得到的好處說：「一朝雲路果然登，姓名高等呼先輩。室中若未結姻親，自有佳人求匹配。」甚至連皇帝宋真宗趙恆也做詩誘勸士人讀書應試做官。他說：「富家不用買良田，書中自有千鍾粟。安房不用架高梁，書中自有黃金屋。取妻莫恨無良媒，書中有女顏如玉。出門莫恨無人隨，書中車馬多如簇。男兒欲遂平生志，六經勤向窗前讀。」為了能當上官，獲取更多的經濟利益和政治特權，連地處窮鄉僻壤的平民百姓也拼命送男兒讀書應舉，也希望能躋身仕途，改變祖孫數代的悲慘命運。「孤村到曉猶燈火，知有人家夜讀書」。這就是對偏遠荒村的普通百姓追求讀書做官的急切心情的生動寫照。在科舉考試盛行的中國，整個國家無論南北都形成了讀書應舉做官的社會風尚。「一士登甲科，九族光彩新」，人們看重的不是讀書，而是讀書可以做官背後的利益，說穿了就是「官本位」的思想浸蝕著人們的靈魂，「學而優則仕」，讀書做官、發財這個微茫的希望，使無數身處下層的貧困潦倒者甘心忍受生活的痛苦煎熬和屈辱，使社會保持著表面的平靜，從而，使封建中央集權的皇權專制得以一代又一代的延續下去。自科舉鼎盛於中國以後，人們特別看重讀書做官這條路，諺云「萬般皆下品，唯有

讀書高。」人們讀書不是出於對知識的崇拜，而是對官位的崇拜。所謂「學成文武藝，貨與帝王家。」學的目的是爲了「貨與帝王家」，撈到官位，有了官，就有了財富。「貨」之本義就在此。科舉場上考的那一套經義和試貼詩，吟風弄月，歌功頌德，其實對日後的做官完全沒有意義，更無可操作性可言。然而沒有這塊「敲門磚」，怎進得衙門，做得官呢？官本位，官僚的特權使無數人們投以羨慕和貪婪的目光，給他們帶來微茫的希望，默默忍受著統治者的宰割，甚至連農民子弟也想通過科舉考試來改變自己的身份和命運（歷史上確實也有極少數這樣的實例），與官僚們分享特權，共同剝削和壓迫自己出身的那個階級（但不包括他的親人和宗族）。統治者就是利用人性自私的弱點，造就中國百姓反貪官不反皇帝，反皇帝不反封建官僚特權，把個人命運的改善寄託於個人奮鬥，缺乏階層的權力要求，從而缺乏集體凝聚力，使維護中央集權的專制皇權的科舉制得以長期延續。

　　中國科舉制度之所以能存在 1300 餘年，不在於它是否能選拔眞正的優秀人才，而在於它滿足了封建中央集權的皇權專制政治統治的需要。科舉制度不僅把選官任官的用人權完全集中到皇帝一人手裏，完全剝奪了權貴和地方官的用人權，而且更重要地是通過科舉考試培養了一大批忠順於皇室的官僚和奴才，摧殘了人民對皇權的逆反心理，培養了一代又一代老百姓的奴性心態。當唐太宗看到新科進士從端門魚貫而入，他欣喜若狂地說：「天下英雄盡入吾彀中矣！」對於這句名言，歷代名人都把它理解爲唐太宗李世民爲自己找到了選拔天下英才的辦法而高興，其實他是爲自己設下的能誘使和驅盡天下讀書人效命唐帝國專制皇權的陷阱和圈套而自鳴得意。「彀」者，獵人捕捉野獸的陷阱也。天下想做官的士子中不少是貪圖權勢的野心家，他們如今都進了我李世民設下的圈套，何愁天下不太平，李氏王朝不能長治久安乎？所以，有人不無諷刺地說：「太宗皇帝眞長策，賺得英雄盡白頭。」在國家社稷危亡之時，統治者儘管一方面抱怨書生無用，不能爲皇帝保駕分憂，另一方面卻又堅持實行科舉制死不放手。南唐後主李煜，在國運日危之時，宋兵已將都城金陵團團圍住，南唐政權危在且夕，「舉國皆知亡在日暮」〔註23〕他還照樣舉行科舉考試，「開恩」放榜，錄取 38 名進士，這些新科進士尚未及入仕爲官，南唐就滅亡了，李後主成了趙匡胤的俘虜。南宋高宗趙構南渡之後，時刻面臨被金兵追殺和滅亡的危險，「江南糜爛，宋無一城可恃，天下誠有且

〔註23〕《十國春秋》卷 17《南唐·後主記》。

夕不保之勢」〔註24〕他於建康（南京）即位後，連續 12 年都過著失魂落魄的逃亡生涯。可是，他在南渡第一年（1127 年）就企圖恢復科舉考試，第二年，即建炎二年（1128 年）四月七日，就急不可待地舉行殿試，這次科舉考試目的是籠絡士人，安撫處於金人統治前沿的士子，平息他們對戰爭節節失敗的不滿，這次開科錄取了正奏名進士 554 名，爲南宋科舉史上錄取正奏名人數最多的一次。不難看出，封建朝廷最高統治者熱衷於科舉制的眞正目的了。清朝康熙皇帝再直白不過地道出了他對科舉制的眞實用心，他說：「先用經書，使闡發聖賢之微旨，以觀其心術；次用策論，使通達古今之事變，以察其才猷。」「朕觀人必先心術；次才學。心術不善，縱有才學何用？」〔註25〕雍正皇帝也說過：「讀書所以明理，講求天經地義，知有君父之尊，然後見諸行事，足以厚俗維風，以備國家之用，非僅欲其工於文字也！」〔註26〕，歷代封建帝王青睞於科舉制，就是因爲它能麻醉士人之心，愚弄百姓之聰，從而在思想心靈上征服民眾，以維護其中央集權的君主專制的政治統治。任何政治統治都必須得到一定程度的社會支持，科舉制度恰恰在這一點上使中央集權的皇權專制的政治統治得到了龐大的官僚政治集團和部分受愚弄的老百姓的支持，從而擴大了專制皇權的政治統治的社會基礎。

在科舉制度日益僵化的明清時期，統治者將程朱理學作爲考試的中心內容與指導思想，廣大士子也只能揣摩古人的語氣，「代聖賢立言」，絕不允許有自己的思想發揮，任何違背孔孟程朱言論都要受到懲罰。就連行文的格式也有嚴格的規定，將八股文作爲標準考試文體，人們只要背熟八股時文，就有可能高中皇榜。在這種情形下，知識分子也就成爲沒有思想的馴服工具，這種狀態正是極端專制政治所需要的。按照王亞南先生在《中國官僚政治研究》一書中的觀點，科舉是中國古代官僚政治得以高度發展的第二大槓桿。科舉產生，蓋因徵召、舉薦、九品中正制等選才制度運作成本太高，標準不客觀，眞正的人才難發現，而且伴隨有植黨營私，鑽營奔競等流弊，科舉才應運而生。到隋唐盛世，科舉制日見爐火純青，無論考試流程還是科目設置，科舉制已成爲官僚政治運行的支柱。王亞南先生指出：「科舉的更大目的，卻在於把人的思想拘囚於一定的範式中，在於使人的意志集中到一定目標上；

〔註24〕王夫之：《宋論》卷 10。
〔註25〕《清史稿·選舉志》。
〔註26〕《科場條例》道光朝修。

在於以形式平等的文化手段，模糊知識水準逐漸提高了的一般人士的種族和階級意識。」一句話，愚民手段而已。

2、科舉制成為結黨營私培植私人勢力的工具

科舉官僚制最大的弊病還不在科場，而在官場。即如黃宗羲所說：「今之取士也嚴，其用士也寬」。所謂取士之嚴，指士林出路僅有科舉一途，造成嚴重的人材浪費；所謂用士之寬，指一旦考上即易於「進」，致使「在位者多不得其人」，官場風氣太壞。他由此歎道：「取士之弊，至今日制科而極矣！」

隋唐之際創立科舉制度，其主要目的是在封建等級森嚴的中國社會中實現選官的公正、公平，以打破權貴世族對官僚政治和官僚衙門的壟斷，實現官僚系統的開放性和社會各階層的流動性，確保封建官僚機器的正常運轉，以鞏固中央集權的君主專制統治的相對穩固。因此，隋唐以降歷代封建統治者在科舉制中都竭力宣揚其公正、公平性，鼓吹在考試成績面前人人平等。什麼「唯秉至公，以為取捨」〔註 27〕，什麼「有司考試只在至公」〔註 28〕，什麼「無情如造化，至公若權衡」，什麼「推朝廷至公，待四方如一」等等，不一而足。總之，認為科舉考試選拔官吏不憑門第出身、不講貴賤貧富，一律以考試成績為準，是「至公無私」的〔註 29〕，故科舉考試的閱卷堂赫然標稱「至公堂」。但科舉制實行 1300 多年，自始至終根本不存在真正的公正、公平，更談不上「至公」了。正如明代詩人對科舉考試中重重黑幕所揭露的那樣：「聖主開科取俊良，主司迷謬甚荒唐。薛瑄性理難包括，錢溥春秋沒主張，吳節只知貪賄賂，孫賢全不曉文章。問仁既是無顏子，配祭如何有太王？告子冒名當問罪，周公係井亦非常。閣老賢郎真慷慨，總兵充侳獨軒昂。榜上有名誰不羨，至公堂作至私堂。」這一首詩是對標榜科舉考試的公正公平和考官在科舉選官中「至公」的最好的諷刺。

唐代確立科舉制，意在破除「高門華閣有世及之榮，庶姓寒人無寸進之路」的九品中正制在選官途徑上的障礙，給有志於仕進的貧寒之士以公平競爭機會。然而，唐代科舉考試卻通行行卷與通榜，致使請託、通關節、私薦、

〔註 27〕《白居易集》卷 58《論制科人狀》《空宗紀》。（以上見《中國科舉史》頁 172 ～173）。
〔註 28〕《舊唐書》卷 18，下。
〔註 29〕《續資治通鑑總編》卷 84，大功六舉封。

徇情之風十分猖獗，「貴者以勢託，富者以財託，情故者以情託」〔註 30〕，往往是考試未開始，及第人員已內定好了。權貴子弟縱然是酒囊飯袋，憑藉家親勢力而橫行於科場，想及第就及第。所謂在考試成績前面人人平等，科舉制是「公正、公平」的，完全是欺人之談。權貴把持科場，徇私舞弊。寒士雖才華橫溢，亦不能登科，只能發出：「空有文章傳海內，更無親族在朝中」的哀歎。故考生們不把主要精力放在讀書應試上，而是放在「驅馳府寺之門，出入王公之第，上啓陳詩，唯希咳唾之澤；摩頂至踵，冀落提攜之恩」上。〔註 31〕即找關係，走後門。一旦找到了有權勢的薦舉者，「手不把筆，即送東司，眼不識文，被舉南館」〔註 32〕有了後臺保薦，即使是草包也可及第。德宗貞元年間，宗室宰相李實執政，權德輿知貢舉，李實「推薦」了幾個親屬及下屬要權德裕錄取。由於有的成績太差，沒有全部錄取。李實又一下子開列了幾十個人的名單，威脅權德裕說：「明年你知貢舉，必須按這個名單的次序錄取，否則，我就把你貶到偏遠地方去做個小官」。權德裕懷揣李實給的名單，惶惶不安，不敢違背相爺的「鈞旨」。唐穆宗長慶元年（821 年）禮部侍郎錢徽知貢舉，宰相段文昌、翰林學士李紳向錢徽通榜，託其錄取親友爲進士。及發榜時，段文昌、李紳所託人未被錄取。段文昌向穆宗皇帝奏言，說錢徽所取 14 人「皆子弟藝薄，不當在選中」，穆宗遂命中書舍人王起、主客郎中知制誥白居易主持復試，結果淘汰了 10 人，錢徽被貶爲江州刺史。唐代科舉考試中盛行的請託，完全有悖公平擇優取士的本意，穆宗在詔書中斥責了當時科場取士不公的弊端：「國家設文學之科，本求才實，苟容僥倖，則異至公。訪聞近日浮薄之徒，肩爲明堂，謂之關節，干擾主詞，每歲策名，無不先定。永會敗俗，深用興懷。」〔註 33〕唐玄宗時，宰相楊國忠的兒子楊暄舉試明經，禮部侍郎達奚珣因其成績太差，想黜落他。楊國忠得知後大罵：「難道我的兒子不能享受富貴嗎？哪能爲一個錄取名額，讓這無名鼠輩的考官所制住？（原文爲「生子不富貴邪，豈以一名鼠輩所賣」）。〔註 34〕達奚珣不敢得罪楊相國，只好把楊暄錄取爲第一名。有些考官爲討好權貴，竟然錯點狀元。唐宣宗大中十八年（854 年）禮部侍郎鄭薰知貢舉，他錄取了三十名

〔註 30〕 章俊卿：《山堂考索》續集卷三八。
〔註 31〕 《舊唐書·薛登傳》。
〔註 32〕 《朝野僉載》。
〔註 33〕 《舊唐書》卷 16《穆宗記》。
〔註 34〕 《舊唐書·楊國忠傳》。

進士，在選擇第一名狀元時，放過了成績最優異者，卻把成績平平的顏標點為狀元。他以為顏標是魯國公顏真卿的後代，就取標為狀元。到新科狀元向主座謝恩時問及顏標，才知顏標與顏魯公沒有任何關係，根本不是魯公之後，這個主考官鄭董才知是自己大錯了，頓時呆若木雞。時人作詩諷刺說：「主司頭腦太冬烘，錯認顏標為魯公」。〔註35〕唐代從宣宗到僖宗朝（847～888 年）41 年間，科場皆為權貴子弟所壟斷。宣宗的女婿鄭顥於大中十年和十三年兩次掌管貢舉，所取「率多膏粱子弟，平進歲不及三數人」；大中十四年，中書舍人裴坦權知貢舉，中第者皆衣冠士子，其中有多位是已故宰相之子，只有陳河一人「孤平負藝，第於榜末」。在權貴操縱科舉的情況下，科舉選官豈有公平公正可言，即使個別主考官主持公道，也只會被貶官，甚至有生命之虞。南宋初，奸相秦檜柄國，其子熺、孫塤皆於省試、殿試舉進士第一。秦檜想要自己唯一的兒子熺中狀元，而熺的成績特差，主考官沒有辦法擺平，而陸游的成績特別出眾，點了狀元。為了迎合秦檜的心理，主考官只有把他的孫子秦塤取為第二名。秦檜仍不滿意，故意以陸游的卷子中有主張抗金的激烈言辭，不合聖意為藉口，把陸游黜落，連一個進士都沒有給陸游。而他的孫子秦塤卻點為狀元。前十名進士的卷子送給皇帝宋高宗御覽，宋高宗覺得秦塤的策論盡是乃祖乃父的套語，把它挪到第二名的張孝祥的後面，張孝祥為狀元，秦塤降為第三名。秦檜因為是皇帝親自挪動的，當場不敢發作。事後他向考官發作，把向皇帝推薦張孝祥卷子的董德元罷官，又把取代了秦塤狀元資格的張孝祥打入監獄，使這位才華橫溢的愛國詩人在 37 歲時就憂憤而死。

3、科場成為權貴牟取暴利的市場

科考中舞弊成風，諸如賄買、夾帶、頂名、冒籍、槍替、傳遞、關節等等，作弊手段五花八門，攪得科場斯文掃地。譬如，順治十四年（1657 年）的順天鄉試，同考官李振鄴一人，就賣出 24 個關節條子。雍正十一年（1733 年）河南學政俞鴻圖在許州考試期間，一次就賣了 47 個秀才，撈了 12000 多兩的銀子。乾隆九年（1744 年）順天舉人考試，搜出的夾帶士子多達 42 人，因為心裏有鬼害怕搜查而臨時放棄考試逃離龍門的，竟有 2800 多人。還有乾隆二十三年（1758 年）順天府的八旗子弟考試，一個叫海成的考生，他一人考試竟找了三個槍手，開考後的貢院，信鴿飛舞傳文章，鞭炮聲聲遞暗號，

〔註35〕王定保《唐摭言》卷 8《誤放》。

八旗子弟們簡直在科場上鬧翻了天。魯迅的祖父周福清，也是在光緒十九年（1893 年）爲兒子考舉人密定關節，最終敗露而蹲了大獄的。層出不窮的科場案件，具體而形象地折射出清代科場的百態。

　　科舉制縱然也選拔出一些「忠臣，廉臣」，但終究是鳳毛麟角。不少出身進士的封建官僚，貪污腐敗，徇私枉法，驕奢淫逸，絲毫不遜於未受孔孟之道薰陶的胥吏和武夫。明代進士出身的嚴嵩，深得明世宗寵信，竊踞首輔 20 餘年，把持朝政，與其子嚴世藩貪污受賄，殘害忠良，培植私黨，造成嘉靖時期政治異常黑暗的局面。他納賄營私，任用姦人，賣官鬻爵，謀取暴利。邊軍歲餉一年數百萬兩白銀大半進了嚴嵩的腰包。每當吏、兵二部選拔官員，嚴嵩都要親自安排 20 多個名額，每個名額索取賄賂數百兩黃金。禮部員外郎項治元賄賂嚴嵩一萬三千兩黃金，升任吏部主事；舉人潘鴻業賄賂嚴嵩二千二百兩黃金，被任命爲山東臨清知州；甘肅總兵仇鸞因罪下獄，後通過家人賄賂嚴世藩三千兩黃金，即被釋放並保薦爲邊將。嚴氏父子貪污納賄積纍家財數十萬金之多。在北京附近有莊田 150 餘所。袁州（今江西宜春）一府四縣的田，竟有 70%爲嚴府私田。嚴嵩罪行敗露後，抄其家財共抄出黃金三萬餘兩，白銀兩百多萬兩，其它珍寶價值白銀數百萬兩。從其子嚴世藩的家中抄得十餘窖的白銀，每窖均藏白銀一百萬兩以上。《廿二史箚記》作者趙翼指出：「賄隨權集，權在宦官，則賄亦在宦官；權在大臣，則賄亦在大臣。此權門賄賂之往鑒也。」

　　科場考試常常是權貴們牟取暴利的最好市場。當一任或幾任知貢舉單收受賄賂就可暴發，不少官僚把科舉考試作爲謀利的最好場所，科場上甚至賄賂公行。如五代時的後蜀翰林學士范禹偁掌貢舉，貪得無厭，「賄厚者登高科，面評其直，無有愧色」「有舉人馮贊堯與范禹偁是舊時布衣之交，因爲家貧，無錢送禮，范終不放其登第。」〔註36〕唐僖宗時崔融知貢舉，一位姓崔的舉子送他三百萬錢，資助其安葬母親，並認他爲族叔。崔融就把這位連進士水平都不夠格的姓崔「族姪」取錄爲狀元。清順治十四年（1657 年）方猷、錢開宗任江南鄉試正副主考，公開受收賄賂，引起參加考試的落第舉子攔橋唾罵。方猷、錢開宗出闈，途徑常州、蘇州時，大批舉子隨舟唾罵，擲以磚瓦以示怨憤。有人編寫傳奇劇本《萬金記》斥責方、錢二位主考官的行賄通賄劣跡（以方字去一點萬，錢字去一旁爲金，影射方、錢二主考，極盡「萬」、

〔註36〕《十國春秋》卷 53《後蜀・范禹偁傳》。

「金」二主考通關節，受賄賂的種種醜態）。還有人借助該科考題《貧而無諂》作黃鶯詞一首嘲諷：「命意在題中，輕貧士，重富翁，詩云子曰全無用。切磋欠工，往來要通，其斯之謂方能中，告諸公，方人字貢原是貨殖家風」。
〔註37〕此科場受賄醜聞傳入京師，給事中陰應節上本彈劾方猷、錢開宗兩個主考，順治皇帝福臨下令嚴察逮訊，由禮部議仿京闈事例復試以核真偽，並停江南新科舉人會試。次年三月，江南舉人於京師復試，考試設在太和門外，考場如同刑場，考生跪在地上答卷，背後由兩名高舉大刀的士兵監守，還有成隊的士兵在場中巡邏，氣氛異常緊張，致使當時名士吳兆騫竟恐懼得無法作答，交了白卷。74 人通過復試的仍准作舉人，24 人罰停會試二科，另有因恐懼而交白卷的和文理不通的涉嫌行賄的 14 人，革去舉人出身，重責 40 大板，家產籍沒，連同父母兄弟妻子兒女一起流放到寧古塔（今黑龍江省寧安縣境內）。受賄的方、錢二主考處以斬刑，其他考官及監場的官員 18 人，除盧鑄鼎死於獄中外，均處以絞刑，妻室家產籍沒入庫，其親族被株連流徙。
康熙五十年（1711 年）辛卯科江南鄉試，副主考宦官趙晉勾結兩江總督噶禮賄賣關節，受賄白銀數十萬兩，錄取的舉人俱是揚州巨富的鹽商子弟，而文才顯名的士人無一人錄取，人文薈萃的府幾乎無人榜上有名。發榜後，民情鼎沸，輿論譁然。蘇州諸州 1000 餘人聚集玄妙觀，製作五路財神像擡入府學明倫堂。有士人將「貢院」二字以紙糊，貼成「賣完」，兩旁還貼上一副對聯：「左丘明兩目無珠，趙子龍一身是膽。」暗喻主考官左必蕃視而不見，趙晉膽大妄為，勾結兩江總督噶禮公然納賄，錄取有私。案情披露後，康熙帝命尚書張鵬翮、漕運總督赫壽為欽差大臣赴江南清查該案，並由兩江總督噶禮、江蘇巡撫張伯行陪審。張伯行秉公辦案，刻意查究，除查實趙晉等受賄外，還牽扯出總督噶禮受賄，張伯行上書彈劾噶禮，噶禮倒打一耙，參劾張伯行私刻書籍、誹謗朝政。由於噶禮、張伯行互相彈劾，康熙帝一時難辨真偽，就把兩人同時解職，令張鵬翮覆查審理，但張鵬翮有意包庇噶禮，上奏說張伯行生性多疑，彈劾噶禮受賄出賣舉人功名之事虛妄，按律應將張伯行革職，噶禮免議。康熙皇帝又命穆和倫、張廷樞再查再審，穆和倫與噶禮原本沆瀣一氣、狼狽為奸，仍堅持張鵬翮原議。但張伯行冒加罪之險，再度上疏要求嚴懲噶禮受賄、維護綱紀。康熙皇帝親自調閱全部案卷，並三次詔命九卿、御史給事中等再次會審。最後查實歙縣舉人以 8000 兩銀子賄買，主考官收賄

〔註37〕《清代科舉考試述錄》。

銀 800 兩，趙晉也直接受賄。最後判決：噶禮、左必蕃均革職，張伯行復職，趙晉等 3 人處斬，其他涉案人流放。

元、明、清各朝在科舉考試中不少大臣權貴以權謀私，貪贓枉法、賄賣科名，弄得本意在「唯秉至公，以爲取捨」的科舉考試成了貪污受賄、發財致富的「至私堂」。

在科舉考試中，誠然權貴官僚不能做到「至公」，把科舉選官變成結黨營私，受賄鬻類科名的工具，而標榜「至公」的聖主——皇帝是不是就能在科舉選官上能做到「至公」或稍微公平、公正點呢？不少歷史事實說明皇帝在科舉選官上也不能做到「推朝廷至公，待四海如一。」如明洪武十八年（1385年）會試，前三名是黃子澄、陳子寧、花綸。廷試結果第一名是花綸、第二名是陳子寧，第三名是黃子澄。拆號唱名狀元時，洪武皇帝朱元璋竟突發奇想，說自己作了一個夢，夢見本科狀元是姓丁，不是姓花。皇帝一開「金口」，主考官忙從錄取的卷子中查閱是否有姓丁的。於是，把成績平平、名字排在後面許多的一個太學生丁顯提到第一名，點爲狀元。而把本應是狀元的花綸，放到後面去了，讓他屈居「三甲」，錄爲普通進士。嘉靖二十三年（1544年）甲辰科殿試第一名爲吳情，「吳」與「無」諧音，不吉利，要改一個吉利的名字的人來做狀元，嘉靖皇帝說：「昨夜我做了一個夢，夢見西北方的天上響雷，今科狀元應選一個籍貫在陝西叫鳴雷的人當」。於是，主考官大臣從排在第 300 名中找到了一個秦鳴雷的人，他恰巧又是陝西人，應了皇帝這個夢，於是，秦鳴雷由第 300 名進士，選拔爲第一名狀元。皇帝以夢爲科場錄取準則，其科舉制的公平、公正性在哪裏？「朝廷推至公，待四海如一」眞是欺人之談，多少有才之士因此被埋沒了。如唐代以詩賦作爲科考的重要內容，但著名的詩仙李白、詩聖杜甫卻終身不第。盛唐詩人孟浩然詩名滿天下，卻潦倒場屋，布衣終身。晚唐著名詩人李賀、陸龜蒙、賈島等的清詞麗句遍在詞人之口，然均終生不第。韋莊曾向皇帝上奏：「俱無星遇，皆有奇才，含冤抱恨，竟爲冥終之人」，爲了避免這些冤魂「憤氣未銷，上沖穹昊」，〔註38〕他建議昭宗皇帝特賜科名追認。「聖明」的唐朝尚且埋沒了如此多的人才，昏亂的明、清二代自不待言。

〔註38〕 《容齋隨筆》三筆卷 7《唐昭宗恤錄儒士》，《唐摭言》卷 10《韋莊奏請追贈不及第近代者》。

二、科舉制對文化教育的負面影響

　　科舉制實現了政治統治和社會教育的密切結合。科舉制的長期實施，使得教育制度與選官制度合爲一體。在唐代實行科舉制以前，教育制度主要也是爲培養官吏服務，「學而優則仕」。但是，教育和選官是兩個制度體系，二者不存在必然的銜接關係，讀書可以入仕做官，也可以單純爲了修身養性，選拔官吏亦不以是否受過學校教育爲先決條件。科舉制實施以後，選拔官吏的對象必須具有「生徒」資格或相當於「生徒」。隋唐時的科舉，凡沒有生徒資格者，必須先經過州縣考試，實際就是對通過州縣考試者承認其相當於生徒水平。宋代以後，則參加科舉考試者必須具有官辦學校的生員身份。這樣，學校教育成爲法定的選官前提，教育制度和選官制度都不能脫離對方而獨立存在。教育制度和選官制度的一體化，在更深層次即文化層次上實現了社會思想與統治思想的完全融合。進入這個體制的讀書人，無論是否能夠進入官場，其思維方式和奮鬥目標，不在於通過讀書求「知」，而在於通過讀書求「達」。思想的高度統一，而且是統一到統治思想上來，極大地保證了社會穩定。宋代以後，讀書人絕少出現「異端」。科舉的功用是教化而非教育。它是用來教化管理國家機器的官吏們。科舉基本不創造知識，它是國家治理的政治手段，尤其不創造科學技術、藝術、思維和法律制度等。而教育的首要任務是創造和傳承知識，這也是擁有思維世界的人區別於動物的根本；科舉不傳承知識，科舉傳承的是一種「教義」，如中國式的宗教、禮儀、國家和家庭治理的方法、秩序、典章制度、倫理關係等，這些雖經數百年而不變。

1、《四書》《五經》和「八股取士」之偏弊

　　中國傳統是「形而上者爲之道，形而下者爲之器」，只有苦讀聖賢經典、尋章摘句、參加科舉考試獲得功名才是「正途」，而「技術」一直被視爲「雕蟲小技」甚至是「奇技淫巧」。換句話說，在中國傳統知識譜系中，只有儒學經典的地位，而自然科學知識的地位極低，幾乎不被看作一種「合法」的知識。科舉考試內容陳舊，雖有時務策問，但往往禁錮在《四書》《五經》中。這些儒家經典的主旨是處理人與人的關係，崇尚倫理，重點解決的是如何「做人」的道德問題，所謂「世事洞明皆學問，人情練達即文章」。因而忽略了處理人與天的自然關係、人與己的心理因素，如何「做事」的能力問題往往被忽視。皓首窮經，於世無補。

　　明初的科舉考試專用《四書》、《五經》出題，洪武十七年又規定以八股

取士，八股文從《四書》、《五經》中摘句命題，行文必須以程朱學派注疏為依據，代聖賢立言，不許自由發揮，這對知識分子特對是文藝是一場浩劫，帶有時代的悲劇性。明代國子監和府、州、縣學學習的內容是《四書》、《五經》，皇帝發佈詔令和法律，並且規定軍民一切利病，不許生員建言。明永樂年間，頒行《四書五經大全》和《性理大全》，並指定為生員必讀之書，把加強對知識分子的思想控制與科舉制度緊密地結合起來，使得程朱理學與功名利祿相連，學者文士們只知皓首窮經，奢談性理，導致了他們對民族、社會責任感的喪失和憂患意識的失落。清代沿用明代的考試方法，將儒家經典作為科舉考試的標準文本，本意是通過這種制度性的手段，將儒家的義理貫徹到社會各個層面，以維護政治社會的體制和秩序。如清高宗在命方苞選輯《欽定四書文》時說：「國家以經義取士，將使士子沉潛於四書、五經之義，含英咀華，發攄文采，因以覘學力之深淺與器識之淳薄，而風會所趨，即有關氣運。誠以人心士習之端倪，呈露者甚微，而徵應者甚鉅也。」〔註39〕。即通過對儒家經義的體會來激發內心的秩序感。但這一點連乾隆自己都表示懷疑，在乾隆五年（1740年）給太學下的諭令中就說：「獨是科名聲利之習，深入人心，積習難返，士子所為汲汲皇皇者，惟是之求，而未嘗有志於聖賢之道。」〔註40〕

　　科舉考試內容到明代以八股為主，即「八股取仕」。八股文要求必須按照「五經」、「四書」及官方指定的注疏，「代聖賢立言」，不准應試舉人發揮自己的見解；並且有極嚴格的格式：每篇必須由破題、承題、起講、起股、出題、中股、後股、束股、落下等十個部分組成，起股、中股、後股、束股這四個部分中還都必須各有兩股相對的文字。甚至對每個段落開頭的虛字也有規定，使經術的考試成了充滿清規戒律的文字遊戲。所以，八股文從明朝末年起就遭到有識之士的批評和反對。顧炎武就曾尖銳地指出：「八股之害等於焚書，而敗壞人才，有甚於咸陽之郊所坑者但四百六十餘人也。」八股考試誘導人們讀死書。明清時期的科舉考試，一直採用呆滯死板、千篇一律的八股文。除八股之外，當時還有六股、十股、十二股、十四股以至十六股、十八股，但不管分多少股，八股文的基本格式不能變。八股文本來是一種標準化的考試文體，可是從命題到答卷都走進了僵化的死胡同，它誘使千千萬萬

〔註39〕《欽定大清會典事例》，卷三三二，乾隆元年下。

〔註40〕《欽定大清會典事例》，卷一○九九。

的讀書人成天鑽研這種複雜精細的文體，由此選拔出來的，不知有多少是不諳世務的迂腐書生。相反的，一些有創造力的才子卻往往被擋在科場的龍門之外，像《聊齋誌異》的作者蒲松齡，雖才氣十足，卻科場失意，終生沒有當上舉人。而推出千古名著《紅樓夢》的文學巨匠曹雪芹，竟連個秀才都未曾考上。科舉制度既爲士人進身之階，而八股文又爲其固定程序，故士人欲求功名以謀仕進，便須研討、磨勘時文。李贄曾自謂：「稍長，復憤憤，讀傳注不省，不能契朱夫子深心。因自怪，欲棄置不事，而閒甚，無以消歲日，乃歎曰：『此直戲耳！但剽竊得濫目足矣，主司豈一一能通孔聖精蘊耶？』因取時文尖新可愛玩者，日誦數篇，臨場得五百。題旨下，但作繕寫謄錄生，即高中矣。居士曰：『吾此幸不可再幸也。且吾父老，弟妹婚嫁各及時。』遂就祿，迎養其父，婚嫁弟妹各畢。」〔註41〕可見，在八股取士的科舉制度下，無需「通孔聖精蘊」，也不必「契朱夫子深心」，只要熟讀幾篇尖新時文，能夠熟練地玩弄排比對偶、雙聲疊韻、平仄抑揚、雙關影射等「從漢字的特別性質演出的一切微妙的遊藝」〔註42〕，討得考官之歡心，就能「高中」以養家糊口，甚至從此平步青雲，飛黃騰達了。而眞正的飽讀積學之士，則往往難以躍登龍門。所以，顧炎武指出，八股考試造成士人「捨聖人之經典、先儒之注疏與前代之史不讀，而讀其所謂時文」〔註43〕的風習。他認爲：「今之經義論策，其名雖正，而最便於空疏不學之人。」並說：「聖祖（朱元璋）所望於諸生者，固不僅以帖括之文，而惜乎大臣無通經之士，使一代籍俊之典但止於斯，可歎也！」〔註44〕王夫之斥八股時文爲「束縛天下文人學者一轍」，認爲其橫行之結果只是導致「士皆束書不觀，無可見長，則以撮弄字句爲巧，嬌吟蹇吃，恥笑俱忘」〔註45〕。傅占衡的《吳、陳二子選文糊壁記》是一篇對於明代八股取士制度一種冷峻反思的作品〔註46〕，他以偶然看到二位舊友青年時爲了準備科舉考試的八股範文，如今被人用以糊壁禦寒的事入手，沉痛地揭露科舉制度對於當時士子的殘害。二位文友曾與作者一起潛心研究八股文，但一位「飄零海上」，一位不能葬父，不能養母，自己也無家可歸，他

〔註41〕　《焚書》卷三《卓吾論略》。
〔註42〕　周作人：《中國新文學的源流·附錄》。
〔註43〕　《顧亭林詩文集》卷二《生員論》。
〔註44〕　《日知錄》卷十六《經義淪策》。
〔註45〕　《薑齋詩文集·夕堂永日緒論外稿》。
〔註46〕　《明文海》卷三百五十二。

們的下場何其悲慘！文章也反映出八股文的本質，雖盛極一時，「房如蝶，社如蝗」，然八股文卻是「不能豐稼穡，飽邦民」，「上不能當一城一堡之衝，次不足備一箭一炮之用，最下不可言」，可說是百無一用。作者日夕對著舊友抄錄的八股文，「雖啞然笑而猶時鬱然思也」，作者並非對這種現象作一般性的嘲笑，而是從根本上表示了對科舉制度的懷疑，對受八股之害的文人深切的同情。作者最後說，這兩位文友的八股文被人用來糊壁，終究發揮了某種作用，這其實還是幸事，因為它還不至於「以所學添禍人國」。從此看來，八股文不但無益，而且那些因八股文而高中入選，步上仕途者還可能給國家和人民帶來災禍。

曾異撰在《卓珂月〈蕊淵〉〈蟾臺〉二集序》中激憤地指出：「今天下之人才，帖括養成之人才也；今日之國家，亦帖括撐持之國家也。吾觀三歲取士，名為收天下豪俊，當事者捨經義而外弗閱。再三試闈牘，偶有通達慷慨之士，不以為觸犯忌諱而不敢收，則謂是淹滯老生，反不如疏淺寡學者。」當時天下的人才，只不過是八股文養成的人才，而國家則是由八股文支撐著的國家。這是多麼可悲的事實！因此他認為士人生於科舉取士之時是一種「不幸」。〔註47〕在《答陳石丈》一信中，他又說：每次讀科舉之文，就不免感歎久之。他非常羨慕司馬遷、杜甫諸君，因為他們用不著寫八股文。他還誇口說，假如我無科舉之累，得肆力於文章，固然不能勝過他們，亦未必盡出其下。接著，他又寫出自己矛盾心情：既想走仕途，但又明白寫八股文純粹是浪費時間精力的事。這種心情相當矛盾，「抑而行之，必有狂疾」。這是時代給文人出了一個必須以自己的青春和生命來回答的「極難題目」。〔註48〕無拘無束地思想、自由自在地抒發實感真情與現實生活中的名繮利鎖之矛盾是不可調和的。

八股取士「敗壞天下之人才，而至於士不成士，官不成官，兵不成兵，將不成將」，致使「寇賊奸宄得而乘之，敵國外侮得而勝之。」〔註49〕「八股之害，甚於焚坑」。〔註50〕八股文取士壓抑了人的個性，扼殺了知識分子的創造力。造成了士林階層知識結構的固化、陳舊，遮蔽了其知識視野。科舉考生皓首窮經，但學的卻是一種簡單的教條和規則。科舉要求記憶、理解、服

〔註47〕 《明文海》二百五十五。
〔註48〕 《尺牘新鈔》卷一。
〔註49〕 《亭林文集》卷一《生員論中》。
〔註50〕 《黃梨州文集·蔣萬為墓誌銘》。

從與執行，而不是質疑、探究與創造。科舉推動的是秩序的構建，它致力於一種完美的治理秩序，在這種秩序中，即得利益的統治者可以以持久穩定的、成本最低的方式獲得最大的利益。它始終在集中精力幹一件事情，那就是如何製造一個最穩定、管理成本最低、最長命的政治治理工具。

至關重要的是科舉不鼓勵思維的創新和創造。如果我們回頭看科舉的主要功用，就不難解釋這一點。作為一種官員選拔機制，創新對它來說是多餘的。就如公務員搞科研顯然是違背職業道德的一樣。所以，1300 多年的科舉，考官發現，需要的規則越來越多，題目越來越難出，到後來不得不搞鼓出了所謂的「截搭題」；考生發現，題目越來越习鑽、古怪。所以蘇軾說，「設法取士，不過如此」。顯然，科舉離教育漸趨漸遠，卻被政治越束越緊。

2、對非倫理文化排斥致使學術教育偏狹、科技受阻

科舉考試扭曲了教育的目的，使教育不是培育人的身心健康和素質的提高，全面和諧的發展，而是遵照科舉的指揮棒轉，為官僚體制培養人才，提供準官僚，為中央集權的君主專制統治培養忠順的奴才。文化、學術都具有明顯的官僚政治功利目的。文化、學術思想的傳播必須仰仗政治勢力的庇護，讀書人（士人）只能依附於皇帝和封建官僚才能施展其才能，甚至生存權也操縱在他們的手裏。在中央集權的君主專制統治下，士人只有一條出路，就是通過科舉進入「仕途」，然後賣身投靠權貴，成為新的官僚。他們擁有的學問、知識，必須而且只能附庸於官僚政治，才能體現其價值，及第——得官——得志——發財，落第——賤民——失意——貧困。這就是幾千年封建知識分子的兩條人生道路。科舉成為經濟、科技、民主思想發展的阻礙，有以下原因。首先，科舉把國民的注意力和聰明才智引向做官這一渠道，冷落了其他學科和行業，形成了「萬般皆下品，唯有讀書高」的社會觀念和風氣。結果是中國最多的人才是文學人才和政治人才，而少有經濟、科技人才和思想家。古代中國之所在科技、基礎科學方面相對落後，正是由於科舉不考這些內容。數學家祖沖之、鄭玄，建築家魯班，物理學家墨子，天文學家張衡，均遠在科舉產生之前，思想家也是一樣。科舉考試在唐代還考數學、法律及其它一些應用科學，後來逐漸變成以儒家經典為主，至明清則成了死板的八股考試，不允許考生思想自由發揮，這大大鉗制了人的思想。中國學術思想的奠基時代，是在春秋戰國時代，此後再也沒有突破性的發展。儒家無人超越孔孟，道家無人超出老莊，兵家無人超出二孫，法家無人超出韓非，至於

墨、農諸家，則已經消亡了。

隋唐以後，中國科舉制考試都是以儒家經義、倫理道德爲主導思想，考試內容往往以儒學經典及後人的注疏（宋、元、明、清主要以程朱理學）爲主體，科舉與儒學完全結合，強化了儒學的官學地位，嚴重地阻礙了科學、經濟和社會民主思想的發展。科舉把全體國民的注意力和聰明才智完全引向讀書做官的路上去，準確地說是引到了讀儒學經典，習孔孟之道、做官干祿的道路上去了。捨棄了其他學科和行業，形成了「萬般皆下品，唯有讀書高」的社會觀念和風氣。結果，科舉制造就偌大的中華古國只有兩類人，一類爲文人和官僚，一類是孔乙己和奴才；很少有經濟、科技人才和社會民主的思想家。自漢武帝採納董仲舒「罷黜百家，獨尊儒術」後，從此學術界統於一尊，人們的知識與思想桎梏於儒家經義的巢臼中，再無自由發展的機會，一切與孔孟儒學和程朱理學相牴牾的或無關的學說都被視爲異端邪說而被摒棄。故自漢以降，近 2000 年的中國封建社會幾乎沒有一部著名的經濟專著，沒有著名的科學家和思想家。宋以後的元、明、清三代甚至沒有出現過有巨大貢獻的思想家。唐代科舉考試科目繁多，除進士、明經科以考儒家經義和試策、詩賦外，還有明法、明書、明算、醫學、樂學諸科使各種人才能脫穎而出。宋代科舉除沿用唐制外，到宋徽宗時，還別具心裁的增加了繪畫試。唐、宋時代，科舉考試重詩賦，科舉名目最多，確也選拔了一批文學之士，社會經濟也較發達，特別是宋代工商業經濟比較發達，以農業爲主的封建經濟呈現出小康景象。但明、清二代，科舉考試內容以程朱理學爲主體，以《四書大全》、《五經大全》、《性理大全》爲欽定教科書，知識分子以程朱性理爲修身之本，自童年至皓首一方面在身心修養上下功夫，不敢越雷池一步，另一方面則從「四書」「五經」的故紙推中尋取「千鍾粟」、「黃金屋」和「顏如玉」。知識分子的思想完全被牢籠了，對客觀世界茫然無知，哪裏還談得上諸如物理、化學、生物等自然科學知識呢？特別是明、清兩代文化專制統治進一步加強，科舉考試以八股文取士，八股文程序固定，思想內容只限於《四書》、《五經》，答案也只限於《四書集注》的內容。這種以八股文取士的科舉考試，敗壞了天下士風，扼殺了天下人才，鞭天下士子唯習八股套術、專意於浮言腐語的文字遊戲中，甚至有人爲之傾注一生之精力。著名思想家顧炎武曾怒斥「時文之出，每科一變，五尺童子能誦數十篇而小變其文，即可以取功名，而鈍者至白首而不得遇。老成之士，既以有用之歲月，銷磨於場屋

之中，而少年捷得之者，又易視天下國家之事，以爲人生所以爲功名者，惟此而已。」〔註51〕而在社稷傾覆、百姓罹難之時，卻於士人無關痛癢，無人能承擔濟世安民之大任。當時的讀書人除對程朱注疏與對偶聯句外，而對世界其他一切知識全然無知，一些進士出身的大臣，對本國的歷史則孤陋寡聞。康有爲在廢八股取士的奏摺中指出清朝大臣有的「竟不知司馬遷、范仲淹爲何代人，漢祖、唐宗爲何朝帝者，若問以亞、非之地輿，歐美之政學，更張口瞪目，不知何語。」無數士子把科名當成一生最大的價值，爲此耗盡了一生的精力和創造精神，消磨了個性，失去了生命之光，變成了一具活著的木乃伊。所以，明、清兩代雖舉業興盛，但學術衰微，五百多年間在學術思想上幾乎沒有任何突破和新成果。封建社會經濟長期停滯不前，終於在清末走向崩潰。當西方的科學技術正在突飛猛進時，昏聵腐朽的清皇朝還在作著「天朝盛世」的美夢。古代中國雖有四大發明，但這些輝煌的科技成果到明、清卻遭到可悲的結局，「外國用火藥製造子彈禦敵，中國卻用它做爆竹敬神；外國用羅盤針航海，中國卻用它看風水。」〔註52〕八股取士的科舉制造成了中國近代科技的落後，我們這個曾有過四大發明的光輝歷史的文明古國，到了近代卻黯然失色，與西方發達的近代工業文明比較，顯得是那樣暗淡、空疏、庸腐、稚拙、鄙陋，最後被西方的堅船利炮轟崩了閉關鎖國的國門，淪爲西方列強瓜分的一塊肥肉。

3、科舉壓抑個性與人才

科舉制度曾對人們產生了無與倫比的強大的誘惑力。它使人們產生「朝爲田舍郎，暮登天子堂」的政治野心，它使人們產生對「書中自有千鍾粟」、「書中自有黃金屋」、「書中有女顏如玉」的生活的憧憬。千百年來，中國一代又一代士子爲了掙得那個「金榜掛名時」，在科場的煉獄中苦苦掙扎，他們足不出書齋，眼不離儒經，鑽在故紙堆中皓首窮經，食古不化，懵蒙無知，白白昏迷一世，誤盡平生。縱然是科考取得功名做了高官，也是百姓和國家的不幸！「三場辛苦磨成鬼，兩字功名誤殺人」這就是歷代士人對延續了1300年的封建科舉制度罪惡的血淚控訴。科舉制自隋唐始，至清末光緒三十一年（1905年）廢，在古老的中國延續了1300年，共開進士科考576次，錄取進士100750人。其中唐開科262次，錄取進士6656人，北宋開科105次，錄

〔註51〕《亭林文集》卷一《生員論中》。
〔註52〕《魯迅全集》。

取進士 41704 人，元開科 16 次，錄取進士 1139 人，明開科 91 次，錄取進士 24363 人，清開科 112 次，錄取進士 26888 人。據歷史資料統計，唐代安史之亂前全國人口是 5290 萬人；宋代全國人口是 6000 餘萬人；明代全國人口近 1 億人；清代乾隆年間為 2 億人；道光三十年（1850 年）約 4 億人。由此可見，能錄取進士的在各朝當時的人數比例是微乎其微。唐代每年雖科目甚多，但歲貢八、九百人中僅錄取進士二、三十人。清代乾隆五十四年（1789 年）錄取進士僅 96 名。往往是數百名乃至數千名考生中只有一名能幸運的考中進士，競爭之殘酷可想而知。有的士子自十幾歲就參加應試，一生經歷科場幾十次，卻終生不能登第，老死於寒窗下。清代有個上海人叫潘襄，13 歲中了秀才，一直考到 83 歲尚未中式，卻仍不罷休。康熙十四年（1675 年），廣東貢生黃章在順天考舉人時已年滿百歲，他入場時由其曾孫打著燈籠帶路，燈籠上還特地寫上「百歲觀場」四個字。乾隆年間，番禺（今廣州市）有一個叫王健寒的童生，以 99 歲的高齡去參加秀才考試。還有一個叫謝啟祚的老童生，89 歲開始鄉試，98 歲才得中，他考中後寫了一首《老女出嫁詩》：「行年九十八，出嫁不勝羞，照鏡花生靨，持梳雪滿頭。自知真處子，人笑老風流。寄語青春女，休誇早好逑。」到 116 歲時，他還從廣東到北京去參加會試，想考個進士，雖未考中，但這位老壽星的趕考事跡感動了乾隆皇帝，皇帝老兒「特恩」授他一個鴻臚卿的職銜。宋神宗元豐年間的一次特科殿試，一位滿頭銀絲 70 多歲的老人，參加殿試，被那威嚴肅穆的場面嚇得渾身發抖，他無法下筆，半天寫不出一個字來，後來只得在卷子上寫道：「臣老矣！不能為文也，伏願陛下萬歲，萬歲，萬萬歲！」〔註 53〕神宗皇帝憐其忠心和一生皓首窮經，特賜他一個「初品官，食俸終身，頤養天年」。清朝有一個年逾花甲的老童生參加科試，企圖撈一個秀才，他從十幾歲一直考到古稀之年共考 30 餘次，眼看就要歸天了，他希望能夠穿上生員的衣衫去見閻王，沾一點儒生最後的光榮，這次又來到科場。他跪著向主考彭元瑞交了卷，但半天都站不起來，後來被別的考生扶起，他向主考哀求，能看在他年高老邁上，施捨他一個秀才。彭元瑞十分憐憫這個老童生，結果取他為額外生員，並在他的卷子上批道：「年在花甲外，文在理法外，字在紅格外，進在額數外。」唐朝有一個叫劉得仁的，一生在科場艱難舉步，共考了 30 年，最終功名未就，命歸九泉。一代詩聖杜甫在科場中盤桓幾十年，一生榜上無名，其中淒苦辛酸罄竹

〔註 53〕見朱彧《萍洲可談》卷一。轉引自劉虹：《中國選士制度史》第 225 頁。

難書。自有科舉制以來，讀書人一生的聰明才智都被融進了科場這個大黑洞，這個無底深淵不知填進了多少士人的屍骨。

科舉是隋唐一千多年以來普通讀書人躋身統治階層，步入仕途的唯一出路。一個人從最底層的縣級考試到最高層的中央考試殿試，要經過道道難關、處處險阻，能金榜題名的是鳳毛麟角，絕大多數的讀書人雖然皓首窮經，卻仍然名落孫山，潦倒一生。或癡癡瘋瘋，流落荒野，或悒悒鬱鬱，絕望人生，含恨九泉。科舉如同一把斷魂槍扼殺了無數士子的青春，埋葬了無數英雄的才華。

宋明理學，均以「窮天理，滅人欲」為旨歸，以成就聖人為最高的道德境界和人生理想。說得通俗一點，聖人就是見識高明，德才兼備的君子中最有德行，最有威望的人。中國古代教育以培養士大夫、君子、聖人為最高的教育目標。實際上也就是培養統治階級的人才。雖然也講德才兼備，但更重視的還是一個人的德行，「才」也只是統治之才。這種教育目標完全是為封建統治服務的。它強調封建社會需要的德行，卻泯滅了人之以為人的人性。科舉還常常以字取人，因而屈抑了不少真才。晚清大思想家龔自珍才華橫溢，卻因楷法稍差在朝考時名列下等，難怪龔自珍發出這樣的感歎：「我勸天公重抖擻，不拘一格降人才。」

長達一千多年的科舉考試制度給中國文化留下了深刻的印記，李大釗曾於 1919 年在《新生活》第 10 期發表《應考的遺傳性》一文指出：「中國人有一種遺傳性，就是應考的遺傳性。」無論是運動、文學、制度、事業都帶有應考的性質，迎合當時主考的意旨，所說之話、所作之文大多與實際生活不發生關係。在這樣一種社會狀態中，人們逐漸失去了先秦儒家所強調的守信、堅貞的文化品質，為了生存而屈膝，為了得官而折腰，為理想而奮鬥的仁人志士寥寥無幾，傳統社會後期的奴性教育為專制王權提供了廣泛的社會基礎。

三、科舉產生的道德流弊與世風沉淪

隋唐的統治者創立和確定科舉取士並與學校教育緊密結合，以儒家經義和忠孝倫理為正統思想來指導科舉取士，其目的是企圖選拔出忠臣孝子來治理國家，以鞏固中央集權的君主專制的統治，使其一姓一人之天下能永遠傳下去。永樂年間，明成祖朱棣強化程朱理學思想統治，將封建倫理道德的踐履責之於一般民眾，如其曾命解縉編修《古今列女傳》三卷，親

製序文，將此書「頒之六宮、行之天下，俾爲師民知所以爲教，而閨門知所以爲學，庶修身者不致以家自累，而內外有以相成，全體經綸之功，大復虞周之盛。」又命儒臣編成《孝順事實》，爲書中所記各事親製論斷和詩，並作「序」冠於卷首，還將此書詔頒文武群臣及兩京國子監、天下學校，「俾觀者屬目之頃，可以盡得爲孝之道，油然興其愛親之心，歡然儘其爲子之職，則人倫明，風俗美，豈不有裨於世教者乎？」在他的這種大力提倡下，孝子節婦大量湧現，臥冰割股傷生之行屢見不鮮，戴震所謂「以理殺人」，遂成爲明代普遍存在的社會現象。由此看來，朱棣所謂「用儒道治天下」，強化程朱理學的思想統治，只不過是要造就出無數俯首帖耳地馴服於其專制統治的愚民。

1、道德工具主義泛濫和真道德品質的失卻

由於科舉是封建社會庶族也即中小地主階級子弟入仕的唯一途徑，而且一舉成名天下知，榮華富貴隨之而至，所以社會上廣泛形成了「讀書做官」、「做官發財」的思想，所謂「萬般皆下品，唯有讀書高」。「仕而優則學，學而優則仕」〔註54〕，「勞心者治人，勞力者治於人」〔註55〕，這是幾千年中國封建社會所一直奉行的教育價值觀和學習價值觀。對每個讀書人而言，讀書就是爲了仕進，而不是爲了求知，不是爲了探索未知世界的奧秘，不是磨礪思想、追求眞理的階梯，即使包含了這樣的目的在內，那也是次要的、第二位的，決不是第一位的。讀書於是和榮華富貴連在了一起，讀書就是爲了考試，考試就是爲了秀才、舉人、進士，爲了中狀元、做大官。教育和學習的動機與目標是入仕爲官治人，是爲了獲得生存所需的一切條件。傳爲宋眞宗所作的《勸學詩》表白得更爲形象直率，對芸芸眾生更具吸引力：「富家不用買良田，書中自有千鍾粟。安房不用架高梁，書中自有黃金屋。娶妻莫恨無良媒，書中有女顏如玉。出門莫恨無隨人，書中車馬多如簇。男兒欲遂平生志，文經勤向窗前讀。」這是一種明顯的功利主義教育學習觀。而在另一方面，這些功利主義的學習觀，也從一個側面影響到中國的科舉制度，使得科舉制度開始盛行，成爲中國文化的一大特色。

唐宋以降，歷代封建統治者無不提倡以「孝」治天下，儒家的「忠、孝、仁、義」是2000餘年封建社會的正統思想，士人從七歲進學到皓首窮經、老

〔註54〕《論語·子張》。
〔註55〕《孟子·滕文公上》。

死寒窗，讀的是孔孟之書，接受的是是忠、孝、仁、義、禮、樂的教育。政府選拔官吏的科舉考試內容也是儒家經義，忠、孝、仁、義、禮、樂的封建倫理。按道理，這樣選拔提舉出來的官僚應該個個都是忠臣、孝子，是忠於給他們利祿的朝廷的忠實奴僕。然而歷史卻無情地嘲弄了歷代封建帝王，他們完全是打錯了算盤。當國家社稷遭到危難，當朝廷統治處在風雨飄搖，甚至即將崩潰滅亡之時，象文天祥那樣的狀元，能認識到「人生自古誰無死，留取丹心照汗青」，為國家社稷慷慨赴死的卻寥若晨星。大多數及第的士人，大到狀元、進士，小到舉人、秀才、生徒，都如「食盡的鳥兒各投林（《紅樓夢》），」各奔東西，自顧自去了。有的變節投降，有的遁隱山林，沒有幾個忠於他的主子的。為什麼？因為科舉制的實質就是主賣官爵，臣賣知識。諺云：「學成文武藝，貨與帝王家。」關鍵是一個「貨」字。士人讀的孔孟之書，背的忠孝仁義，並不是為了實行，而是通過科舉這塊敲門磚，敲開利祿之門，利祿一到手，這塊敲門磚就棄　之如弊屣了。所謂的「忠臣、孝子」，在科舉階梯上爬的完全是一群祿蠹。

　　如果說由於科舉的形式化造就了儒家和真理之間的距離的話，那麼這種危機是內在的，是由制度化本身的邏輯所決定的。科舉的不斷形式化和技術化傾向勢必使科舉的內容和形式之間產生巨大的分離，也就是說一個人的「德性」只有通過行為而不能通過一種形式上的檢驗而測量出來，因此科舉的腐敗是必然的。這是由科舉這種形式和內容之間的先天的矛盾所決定的。列文森說：「儒家的需要導致了科舉制度的形成，但科舉制度形成後似乎又違背了儒家的需要，它甚至按照那些想成為官員之人的願望把文化提升到了品質之上，因為畢竟學問是能夠系統檢驗的，而品德則不能。」〔註 56〕然而制度在運行過程中的產生的違背制度原則的次級制度，則是制度化儒家在晚期最大的危機。由於投考者和錄取者之間巨大的差額和在科舉所能帶來的現實的功利面前，讀書人早已將「化導鄉俗」而使民風醇厚的責任置之一邊，而是想盡一切辦法以達到出人頭地的目的。齊召南說：「士子以四書五經為干祿之具，而不知其為修己治人之方；其所為人，悉是剿說之餘，而不足為躬行心得之驗。仁智之性，既塞其源，惻隱羞惡是非之良，亦僅存而無幾。本實撥矣，枝葉何觀。」〔註 57〕正是因為參加考試的士子們已經將「四書五經為干

〔註 56〕列文森：《儒教中國的現代命運》，中國社會科學出版社，2000，第 197 頁。
〔註 57〕《進呈經史說》，《皇朝經世文編》卷十。

祿之具」，因而身上便少有道德承當意識，因此諸如「冒名頂替」（即所謂雇槍手）、「墊塞」（即將大量寫好的文章縫在衣服裏，或放在考生帶飯的藍子裏）、「傳遞」（一旦大考官將題目公佈，立刻有人將之傳給在場外等待的人，然後著手寫文章，再通過看守和監考人員將之傳遞到需要的人手中，毫無疑問這種做法需要預先溝通）等手段層出不窮。到晚清的最後幾年甚至發展成聚眾鬧事和借機生事的理由。徐復觀先生的一段話恰當地描述了科舉作為制度化儒家核心設置的異化的實質：「科舉在事勢上只能著眼於文字，文字與一個人的行義名節無關，這便使士大夫和中國文化的基本精神脫節，使知識分子對文化無眞正底責任感；使主要以成就人之道德行爲的文化精神，沉沒浮蕩而無所謂。文字的好壞，要揣摩朝廷的好惡，與社會清議無關，這便使士大夫一面在精神上乃至在形式上完全棄置鄉里於不顧，完全與現實的社會脫節，更使其浮游無根……科舉考試都是『投牒自進』，破壞士大夫的廉恥，使士大夫日趨於卑賤，日安於卑賤。把士與政治的關係，簡化爲一單純的利祿之門，把讀書的事情，簡化爲單純的利祿的工具。」〔註 58〕

唐代從李淵登基不久，即唐高祖武德五年（622 年）開科取士到唐玄宗天寶十五年（756 年）春的安史之亂，歷時 134 年，共開科 118 次，共錄取進士 3000 餘名。玄宗朝開科 44 次，錄取進士 1000 餘名。「安史之亂」爆發，安祿山一夫作亂，四海震蕩，天下莫能敵。安祿山的叛軍只用了 33 天就攻下了東都洛陽，一時的「開元天寶盛世」頃刻瓦解。不久，唐皇李隆基倉惶出逃，長安陷落。一批曾食「天祿」的唐王朝大臣紛紛從逆，這些人不少是進士出身。如宰相張說的兒子張均、張垍，皆進士出身，張均，供奉翰林，兵部侍郎，刑部尙書，張垍爲玄宗的東床快婿，官拜大學士、太常卿，世受天祿，飽讀經書，按常理應明君臣之義，忠孝大節。然安祿山叛軍入長安。二位「仁兄」不顧大節，率先迎降安祿山，領了僞職，均任「中書令」，垍做了安祿山的僞宰相。此時的「忠義」何存哉，這不是對科舉制和儒家經義的絕妙諷刺又是什麼？

狀元是科舉考試中天下第一名，宋代對考中狀元的人給予的榮耀無與倫比。狀元金榜題名後，不僅可赴天子賜的瓊林宴，還可打馬遊街，「春風得意馬蹄疾，一日看盡長安花。」京城的人爲一睹狀元風采，萬人空巷，觀瞻的人擠滿大街，不論是富人還是窮人無不爭先恐後。狀元登第之榮耀勝似帶兵

〔註 58〕 徐復觀：《學術與政治之間》甲集，臺中，中央書局，1956，第 144 頁。

數十萬抗敵凱旋而歸、獻俘闕下的大將軍。一人中狀元，不僅全家全族雞犬升天，就是全省全縣也引以為榮。然而在國家社稷民族遭受危難時，他們不是忠貞報國，而是投敵叛變，在利祿引誘下，不是「富貴不能淫，威武不能屈」，而是為了官位俸祿，賣身投靠，助桀為虐。如南宋理宗淳祐二年（1242年）狀元留夢炎，入仕後不顧廉恥，一心追求個人利祿，阿諛奉迎，賣身投靠奸相賈似道，因而官運亨通，位至宰相。恭宗德祐二年（1276年）元軍攻陷南宋京城臨安，當時年幼的宋恭宗趙㬎和大批朝臣被俘，身為江東西湖南北宣撫大使的留夢炎，不但不組織軍民抵抗元軍，反而攜家帶財、棄城逃跑。而當文天祥等人率領軍民與元軍浴血奮戰時，他卻主動降元，為了討好新主子，竟竭力為元滅宋而獻計獻策，賣主求榮，毫無一點民族氣節，為人所不齒。當時有一個著名詩人叫羅秋湖的，寫詩怒斥這個毫無脊梁骨，名節喪盡，苟且偷生的小人——狀元宰相留夢炎。詩云：「嚙雪蘇卿多苦辛，庾公甘作老朝臣。當年龍首黃扉客，同受皇恩一樣人。」詩人用蘇武牧羊北海仍持漢節，庾信被羈異邦甘為人臣的歷史事實來諷刺氣節喪盡的留夢炎。

　　明代科舉制與教育結合得最為緊密，明統治者特別強調用程朱理學作為正統思想，宣傳「三綱五常」尤為賣力，企圖以此約束士人，統帥科舉考試全過程。但歷史卻無情地嘲弄了明統治者的良苦用心，明代的逆子貳臣、文人學士喪失民族氣節、投敵賣國、獻媚取寵的比它以前的任何一個朝代都多，而進士出身的封建官僚寡廉鮮恥、貪污腐敗、納賄謀利比它以前的任何朝代都厲害。明末李自成領導的農民起義軍攻入北京，崇禎皇帝朱由檢在煤山上弔死，隨他殉葬的只有一個老太監。當朱由檢的屍體擺在殿上，李自成、李岩看了他都感歎其淒涼，而那些食明朝廷俸祿的進士和同進士出身的大臣、權貴，從朱由檢屍體邊經過時竟沒有半點兔死狐悲之感。他們急於向「大順」朝表忠，急於想從新朝代弄得一官半職，完全忽視其主子屍體的存在。真是可悲、可歎！這就是明代統治者在科舉考試中以程朱理學為主導、儒家忠孝為核心思想、強迫讀書人接受孔孟之倫理道德約束得到的應有的「回報」。

　　明代宦官頭子魏忠賢專權時，大搞特務統治，攪得國家暗無天日，民不聊生，排斥異己，殘酷殺戮正直的東林黨人，順我者昌，逆我者亡，弄得全國上下到處是腥風血雨，哀鴻遍地。在國家社稷岌岌可危的情況下，一批自命為「清流」的進士出身（有的還是狀元）的官僚，不是挺身而出與權奸閹黨魏忠賢一派作鬥爭，而是厚顏無恥地投靠魏忠賢，認賊為父。進士出身的

文臣崔呈秀、田吉、吳淳夫、李夔龍、倪文煥，稱爲「五虎」，武臣田爾耕、許顯純、孫雲鶴、楊寰、崔應元，稱爲「五彪」，都認魏忠賢爲義父。時人斥這「五虎」、「五彪」爲「十孩兒」。「五虎」爲魏黨出謀劃策，篡權奪位，殘害忠良。「五彪」充當鷹犬，替魏忠賢捕殺忠良，執掌酷刑。還有「十狗」、「四十孫」的顧秉謙、周延儒等皆是進士出身，都無恥地依附於魏忠賢，甘做其義孫，以博得權位利祿，同與閹黨爲非作歹，劣跡斑斑。更有甚者浙江巡撫潘汝楨、監生陸萬齡上疏，請爲魏忠賢建生祠，還有一位姓張的監生上書國子監，要求在文廟中的孔子像旁立魏忠賢像，讓讀書人像拜孔子一樣對魏閹頂禮膜拜。這些天天讀孔孟之道，時時抱頌程朱理學的士子，爲了利祿，竟然利令智昏，倘孔子、孟子有在天之靈，能不汗顏嗎？明亡時，一批有民族氣節的志士奮起抗清，壯烈殉節。有的抗清失敗，隱居山林，研究學問，著書立說，誓不出山爲清廷服務。然而一些飽讀儒家經義，所謂「詩禮簪纓」之族，出身進士的明末官僚卻置國家於不顧，投降清軍。如萬曆時的進士，南明時兵部尙書阮大鋮，當清兵南下到達長江時，他率先出城迎降，成爲千古罪人，遭人唾罵。還有位叫錢謙益的人，他是明末著名的經學大師、文壇領袖、萬曆三十八年的探花，南明時任禮部尙書，當清兵南下時，他與權奸阮大鋮一起迎降清兵，並立即接受了新主子的禮部侍郎的官職，成了當時人們心中有名的貳臣，屈辱地度過了他的餘生。清初，還有一批文士，在順治二年（1645 年）第一次舉行鄉試時，還標榜志高行潔，或隱居或推病不去應試，但後來經不住功名利祿的誘惑，坐不住冷板凳，於順治三年（1646 年）舉行第二次鄉試時，隱居者走出山了，推病者康健了，紛紛負笈應試，求取官職。有人作詩諷刺這批孔孟之徒，詩云：「聖朝特旨試賢良，一隊夷齊下首陽。家裏安排新雀帽，腹中打點舊文章。當年深自慚周粟，今日幡然吃國糧。非是一朝忽改節，西山薇蕨已精光。」〔註 59〕

2、成王敗寇所顯示的世態炎涼日趨嚴重

在漫長的科舉制時代，科舉成爲士人階層的最佳選擇和出路，成爲其社會存在的主要意義和個人價值實現的終極目標，這一觀念代代相傳，生生不息，從唐代詩人「春風得意馬蹄疾，一日看盡長安花」和「仰天大笑出門去，我輩豈是蓬蒿人」的眞實心情寫照，到明清文人小說家筆下范進中舉後癲狂發作的誇張描寫，都反映了科舉制在中國傳統士人心目中的地位。由選舉所

〔註 59〕《清朝野史大觀》卷，《一隊夷齊下首陽》。

得的功名就不僅是民間人要想出頭，尤其是要想獲得社會上的最佳地位而捨此未由的途徑，在觀念上也深深地影響到了民眾中的渴望、豔羨、尊敬和畏懼之情。陳獨秀在其回憶錄中表示雖不同意但卻理解他母親崇重科舉的思想，「因為在那一時代的社會，科舉不僅僅是一個虛榮，實已支配了全社會一般人的實際生活，有了功名才能做大官……普遍的吉利話，一概是進學，中舉，會進士，點狀元；婆婆看待媳婦之厚薄，全以兒子有無功名和功名大小為標準，丈夫有功名的，公婆便捧在頭上，沒有功名的，連傭人的氣都得受；貧苦農民的兒子，……如果能夠跟著先生進城趕一次考，胡亂寫幾百字交了卷，那怕第一場就榜上無名，回家去也算得出人頭地。窮兇極惡的地主們，對這一家佃戶，便另眼看待，所以當時鄉間有這樣兩句流行的諺語：『去到考場放個屁，也替祖宗爭口氣』。」韋伯曾經指出過在中國中舉儒生的頭上有一種卡里斯馬（Charisma）的光環，這一點從《儒林外史》中胡屠戶對中舉前後的范進判若兩人，以及在壯膽打了喜極而瘋的范進一掌以後，馬上就覺得自己的手「隱隱地疼將起來」也可以得到旁證。我們還可以從作為清代啟蒙讀物的道德語錄中流傳最廣的《增廣賢文》一書，看到古代選舉對於塑造社會心態的廣泛而深刻的影響，而這些語錄本身又是社會現實狀況的一種反映。其中有對選舉所達到的地位的反映如：「士者國之寶，儒為席上珍。」、「萬般皆下品，唯有讀書高。」有對子弟上升入仕之路唯有讀書應舉一途的反映如：「家無讀書子，官從何處來。」「欲昌和順須為善，要振家聲在讀書。」「好學者如禾如稻，不好學者如蒿如草。」「學在一人之下，用在萬人之上。」「欲求生富貴，須下死功夫。」「一舉首登龍虎榜，十年身到鳳凰池。十載寒窗無人問，一舉成名天下知。」「勸君莫將油炒菜，留與兒孫夜讀書。書中自有千鍾粟，書中自有顏如玉。」「要好兒孫須積德，欲高門第快讀書。」「救人一命，勝造七級浮屠；積金千兩，不如一解經書。」「貧不賣書留子讀，老猶栽竹與人看。」「傳家二字耕與讀。」而相對於讀書來說，財富是不很靠得住的，例如：「積金千兩，不如多買經書。有田不耕倉廩虛，有書不讀子孫愚。」「積錢積穀不如積德，買田買地不如買書。」依賴於門第出身的世家也早已成往事。「好學者則庶民之子為公卿，不好學者則公卿之子為庶民。」「蒿草之下還有蘭香，茅茨之屋或有侯王。無限朱門生餓殍，幾多白屋出公卿。」「榜上名揚，蓬門增色。

　　早在唐代，科舉制度剛剛形成不久就被加了太多的裝飾，太重的渲染，

把全國讀書人的心情擾亂得不輕。每次進士考試總有一批人考上，不管對國家對個人，慶賀一下、宣揚一番都是應該的，但不知怎麼一來，沒完沒了的繁複禮儀把這些錄取者捧得暈頭轉向。進士們先要拜謝「座主」（考官），參謁宰相，然後遊賞曲江，參加杏園宴、聞喜宴、櫻桃宴、月燈宴等等，還要在雁塔題名，在慈恩寺觀看雜耍戲場，繁忙之極，也得意之極。孟郊詩中所謂「春風得意馬蹄疾，一日看遍長安花」，張籍詩中所謂「二十八人初上第，百千萬里盡傳名」，就寫盡了此間情景。據傅璇琮先生考證，當時的讀書人一中進士，根本應付不了沒完沒了的熱鬧儀式，長安民間就興辦了一種牟利性的商業服務機構叫「進士團」，負責為進士租房子，備酒食，張羅禮儀，直至開路喝道，全線承包。「進士團」的生意一直十分興隆。這種超常的熱鬧風光，強烈地反襯出那些落榜下第者的悲哀。照理落榜下第也十分正常，但是得意的馬蹄在身邊竄過，喧天的鼓樂在耳畔鳴響，得勝者的名字在街市間闖傳，輕視的目光在四周游蕩，他們不得不低頭歎息了。他們頹唐地回到旅舍，旅舍裏，昨天還客氣地拱手相向的鄰居成了新科進士，僕役正在興高采烈地打點行裝。有一種傳言，如能夠得一件新科進士的衣服，下次考試很是吉利，於是便厚著臉皮，怯生生地向僕役乞討一件。乞討的結果常常討來個沒趣，而更多的落第者則還不至於去做這種自辱的事，只是關在房間裏寫詩。請聽科場落第舉子的悲歌吧！「落第逢人痛哭初，平生志業欲如何？鬢毛灑盡一枝桂，淚血滴來千里書。」〔註60〕「行行血淚灑塵襟，事逐東流渭水深。秋跨瘦驢風尚緊，靜投孤店日初沉。一枝猶掛東堂夢，千里空馳北巷心。明月悲歌又去前，滿城煙樹噪春禽。」〔註61〕宋代曾流傳一首《失意詩》聞之令人心酸鼻：「寡婦攜兒泣，將軍被敵擒。失恩宮女面，下第舉子心。」 年年春色獨懷羞，強向東歸懶舉頭。莫道還家便容易，人間多少事堪愁。（羅鄴）十年溝隍待一身，半年千里絕音塵。鬢毛如雪心如死，猶作長安下第人。（溫憲）落第逢人慟哭初，平生志業欲何如。鬢毛灑盡一枝桂，淚血滴來千里書。（趙嘏）為什麼「莫道還家便容易」？為什麼「淚血滴來千里書」？因為科舉得失已成為一種牽連家庭、親族、故鄉、姓氏榮辱的宏大社會命題，遠不是個人的事了。李頻說「一第知何日，全家待此身」；王建說「一士登甲科，九族光彩新」，都是當時實情。因此，一個落第者要回家，不管是他本人還是

〔註60〕唐·趙嘏《下第上李中丞》。

〔註61〕唐孫定《落第詩》，寫於景裕二年（893）。

他的家屬，在心裏上都是千難萬難的。屢試不題的考生，常見爲世人所奚落嘲弄。甚至連妻子、父母都瞧不起。唐代有一個舉子多次參加省試均落第，一次他落第後即將回家，接到他妻子寄來的一封書信，信中有一首詩：「良人的的有奇才，何事年年被放回？如今妾面羞君面，君若來時近夜來。」妻子認爲丈夫屢次落第使自己沒有面子，是人間的羞愧大事，要他在晚上回家，不要在白天回家，叫人看見，一家人在人前擡不起頭。可見，科舉對人心的摧殘之深。落第的秀才和舉子受到世人的輕蔑，身心備受摧殘。可以說這只是人們的勢利和人間的冷漠，還不算是科舉制的全部罪孽。那被錄取的進士，甚至狀元，一生命運又如何呢？是不是個個都能「春風得意馬啼疾，一日看盡長安花」那樣愜意呢？科舉考中了狀元是人間的第一美事，其時得到的榮譽和朝廷的優厚待遇，使人們特別羨慕和敬仰，某縣出了個狀元，不僅其家屬，親族光耀門第，全縣人們也覺得面上有光。「每殿臚傳第一（宣佈狀元名字），則公卿以下，無不聳觀，雖至尊補注視焉。自崇政殿出東華門，傳呼甚寵。觀者擁塞通街，人肩摩不可過」，「庶士傾慕，歡動都邑。」「狀元登第，雖將兵數十萬，恢復幽薊，逐強番於窮漠，凱歌勞還，獻捷太廟，其榮亦不及也。」〔註 62〕然而，不少中了狀元的人，並非史書、稗史、野史、民間傳說得那樣神乎其神。經歷科場無數地折磨，士子的氣數殆盡，待到高中時已近黃泉。如南宋有個考生，出了考場，就病倒不起，當中狀元的喜報送到他家時，他一家人接到喜報時，竟號啕大哭，哭聲震天動地，原來這個新科狀元在三天前已一命嗚呼了。明代正統四年（1439 年）有一個叫施槃的舉人，去北京參加會試，一舉奪得狀元。但一連幾場殘酷的科考，早把他瘦羸的身體累垮了，他病快快的樣子，喝著一碗碗苦澀的湯藥，沒當一個月狀元，尚未品嘗出中狀元的喜悅就命喪黃泉了。這些人不是命薄，而是「三更燈火五更雞」、「二月杏花八月桂」的科舉制度，摧殘了他們的心身健康。縱使有些狀元的命運不像施槃那樣悲苦，及第入仕後抱著匡時濟世的政治理想，想在仕途上有所作爲，但是險惡的官場、波濤洶湧的宦海豈能容得這些書呆子施展拳腳，他們一個個不是被權奸們所整死，就是被充軍到荒蠻之地。所以，有一個及第後任職而一生不幸的官員悲憤地寫下了這麼一首詩：「少小休勤學，文章誤了身。遼東三萬里，盡是讀書人。」（遼東，今黑龍江、吉林一帶，明朝時極爲偏遠，人煙稀少，被朝廷作爲犯官服苦役流放之地——引者注）。

〔註62〕《宋稗類抄·科名》。

3、道德悖論和士大夫不良心理的積壓

中國古代科舉制度產生了自己特有的道德悖論，即道德的出發點產生了不道德的結果，應然的道德價值和是然的非道德情景糾纏在一起，或者簡單地說儒家倫理的道義性淹沒在讀書做官的世俗追求中，一旦讀書做官的夢破滅，倫理道德的追求就會頃刻瓦解。本來科舉制度是為了選拔人才，實現天下有道的倫理秩序，由於儒家倫理道德的學習與研究同科舉取勝特別是做官的豐厚利祿聯繫在一起，這樣就使儒家倫理成為謀利計功的手段。科舉考試除了為朝廷選舉服務人才之外，其重要的功能還在於造就一批社會的榜樣人物，通過賦予他們特殊的地位和相應的權威而作為轉變民眾觀念和維護社會安定的重要力量。如嘉慶十九年（1814 年）上諭說：「向來直省各學政、歲科考試，取進童生，覆試時定有敬謹默寫《聖諭廣訓》之條。誠以士為民倡，果能平時服誦，相與宣講，內而砥礪躬行，外而化導鄉俗，自見薰德善良，風氣日臻醇厚。」〔註 63〕但事實上，由於投考者和錄取者之間巨大的差額和在科舉所能帶來的現實的功利面前，讀書人早已將「化導鄉俗」而使民風醇厚的責任置之一邊，而是想盡一切辦法以達到出人頭地的目的。齊召南說：「士子以四書五經為干祿之具，而不知其為修己治人之方；其所為人，悉是剿說之餘，而不足為躬行心得之驗。仁智之性，既塞其源，惻隱羞惡是非之良，亦僅存而無幾。本實撥矣，枝葉何觀。」〔註 64〕正是因為參加考試的士子們已經將「四書五經為干祿之具」，因而身上便少有道德承當意識，因此諸如「冒名頂替」（即所謂雇槍手）、「墊塞」（即將大量寫好的文章縫在衣服裏，或放在考生帶飯的藍子裏）、「傳遞」（一旦大考官將題目公佈，立刻有人將之傳給在場外等待的人，然後著手寫文章，再通過看守和監考人員將之傳遞到需要的人手中，毫無疑問這種做法需要預先溝通）等手段層出不窮。到晚清的最後幾年甚至發展成聚眾鬧事和借機生事的理由。徐復觀先生的一段話恰當地描述了科舉作為制度化儒家核心設置的異化的實質：「科舉在事勢上只能著眼於文字，文字與一個人的行義名節無關，這便使士大夫和中國文化的基本精神脫節，使知識分子對文化無真正底責任感；使主要以成就人之道德行為的文化精神，沉沒浮蕩而無所謂。文字的好壞，要揣摩朝廷的好惡，與社會清議無關，這便使士大夫一面在精神上乃至在形式上完全棄置鄉里於不顧，完

〔註63〕 《欽定大清會典事例》，嘉慶十九年下。
〔註64〕 《進呈經史說》，《皇朝經世文編》卷十。

全與現實的社會脫節，更使其浮游無根……科舉考試都是『投牒自進』，破壞士大夫的廉恥，使士大夫日趨於卑賤，日安於卑賤。把士與政治的關係，簡化為一單純的利祿之門，把讀書的事情，簡化為單純的利祿的工具。」〔註65〕

　　科舉原初是為了顯示公平，給全社會盡可能多的人遞送鼓勵性誘惑，結果九州大地全都成了科舉賽場，一切有可能識字讀書的青年男子把人生的成敗榮辱全都抵押在裏邊，科舉考試的內涵大大超重；本來是為了顯示權威，堵塞了科舉之外許多不正規的晉升之路，結果別無其他選擇的家族和個人不得不把科舉考試看成是你死我活的政治惡戰，這就使得創設科舉的理性動機漸漸變形或趨於異化。遴選人才所應該有的冷靜、客觀、耐心、平和不見了，代之以轟轟烈烈的焦灼、激奮、驚恐、忙亂。

　　科舉以其持續穩定而執著的力量逐步滲透到士林的行為方式、倫理觀念、價值體系乃至整個思維空間中去。科舉制度實行之後，中國的任何一個男子從發蒙識字開始就要把科舉考試當作自己的人生目標，除了不多的少年及第外，他們都將為科舉考試度過漫長的歲月。大量的士人一生最重要的現實遭遇和實踐行為就是爭取科舉入仕，這對他們的人格構成有著深遠的影響。科舉的人格塑造力量浸漬著士人的思維和情感質量，形成了士人所特有的科舉理性。科舉制度本想對士人作一番選擇的，沒想到選擇過程變成了塑造過程，而這種塑造有很大一部分是惡性的。科舉像一個巨大的篩子，本想用力地顛簸幾下，在一大堆顆粒間篩選良種，可是實在顛簸得太狠太久，把一切上篩的種子全給顛蔫了，顛壞了。科舉像一個精緻的閘口，本想彙聚散逸處處的溪流，可是坡度挖得過於險峻，把一切水流都翻卷得又渾又髒。科舉制度給中國讀書人懸示了一個既遠又近的誘惑，多數人都不情願完全放棄那個顯然是被放大了的機會，但機會究竟何時來到又無法預卜，唯一能做的是伺機以待。等待期間可以苦打苦熬、卑以自牧，心中始終暗藏著翻身的一天。「吃得苦中苦，方為人上人」，「朝為田舍郎，暮登天子堂」等等諺語，正是這種心理的通俗描述。歷來有這種心理的人總被社會各方贊為胸有大志，因此這已成為一種被充分肯定的社會意識形態。伺機心理也可稱作「苦熬心理」和「翻身心理」。本來，以奮鬥求成功、以競爭求發達是人間通則，無可非議，但中國書生的奮鬥和競爭並不追求自然漸進，而是企盼一朝發跡。成敗貴賤切割成黑白兩大塊，切割線前後雙重失態：未曾及第，連家也不敢回；

〔註65〕徐復觀：《學術與政治之間》甲集，臺中，中央書局，1956，第144頁。

一旦及第，就喪失理智，變得氣焰蔽天，狂妄自大，似乎及第成了苦熬的報仇雪恨般的翻身感。余秋雨在《十萬進士》一文中對傳統士大夫的科舉心理作了深度的分析和剖判，認為這種由盼望成名而發奮苦讀的伺機心理在道德上實在不是那麼高尚，無數謙謙君子、溫文儒者，靈魂未必像衣衫那麼素淨，心底未必如面容那麼詳和。他們有世界上最驚人的氣量和耐心，可以承受最難堪的困厄和屈辱，因為他們知道，迷迷茫茫的遠處，會有一個機會。然而，機會只是機會，不是合理的價值選擇，不是人生的終極關懷。所以，即便在氣量和耐心背後，也隱潛著自私和虛偽。偶爾，氣量和耐心也會碰撞到無法容忍的邊界，他們就發牢騷、吐怨言，但大抵不會明確抗爭，因為一切合理的社會競爭都被科舉制度歸攏、提煉成一種官方競爭，而且只有這種競爭才高度有效，於是中國書生也就習慣了這種怪異的平衡：憤世嫉俗而又宣佈與世無爭，安貧樂道而又為懷才不遇而忿忿不平。從總體而言他們的人生狀態都不大好，無論是對別人還是對自己，他們都缺少透徹的奉獻、響亮的饋贈。他們的生活旋律比較單一：在隱忍中期待，在期待中隱忍。〔註66〕

科舉制度把讀書當作手段，把做官當作目的，文化學和政治學上的人性內核也就被抽離；科舉的成敗關及家族倫理的全部榮譽，於是家族倫理的親情牽累也就必須顧全大局，暫時割捨，奉獻給那種沒有期限的苦讀、別離、期待。一來二去，科舉便與正常人情格格不入，那些不敢回家的讀書人，可以置年邁的雙親於不顧，可以將新婚的妻子扔鄉間，只怕面子不好看，這樣做開始是出於無奈，但在這種無奈中必然也會滋生出矯情和自私。科舉制度對社會生活的損害，也是從它離間普通的倫常人情開始的。一種制度，倘若勢必要以損害多方面的正常人情為代價，那麼它就不會長久是一種良性的社會存在。終有一天，要麼因它而阻礙社會的健康發展，要麼有健康發展的社會來戰勝它，別無他途。同樣，一批與正常人情相背逆的人，哪怕是萬人矚目的成功者，也無以真正地自立歷史，並面對後代。應該說，這是科舉制度在中國傳統士大夫身上留下的不良心理。

科舉文化憑藉士人的特殊地位很容易影響到中華民族文化心理的個性形成。朝野兩極的世界對一個現實中的士人來說可能意味著進退裕如的人生道路，但對具有獨立的精神追求的士人而言，則是一種兩難的尷尬處境：當他們出仕時，感到的是宦海的險惡和不適應，但真正貶官了又會為不能出人頭

〔註66〕余秋雨：《山居筆記》，文彙出版社 2006 年版，第 226～227 頁。

地而鬱鬱寡歡。由此導致了其人格異化，具體表現爲中國士人集體不自覺地推卸他們本應該擔負的社會責任，坦誠、求眞、不畏權威的治學精神等士人應該堅守的道的理念地悄然消退，說話繞彎子，凡事留餘地。對士人自身來說，他們背叛了自己曾經執住不放的純潔、勇敢而又充滿理想的本我，變成世故、卑劣的社會化人格的自我；對朝廷來說，克制、含蓄、保守、忍讓等一切降低生存風險的伎倆稱爲官場生涯的烙印；就封建知識階層整體而言，缺乏一種表裏如一、誠摯堅貞的信仰追求，缺乏一種爲了實現理想而奮鬥犧牲的精神。

4、考場非人性化搜檢對知識分子人格的傷害

明清貢院爲了防止考生作弊，想盡一切辦法對考生實行搜檢，把這些讀書人當盜賊、囚徒一樣對待，使他們的人格尊嚴丟盡。科場生活令考生心驚肉跳，慘烈悲苦無異於地獄。明末制藝文大家艾南英在描述考生參加鄉試入場點名和被搜檢時的慘狀，有這樣一段話：試之日，衙鼓三通，雖冰霜凍結，諸生露立門外，督學衣緋坐堂上，燈燭圍爐，輕煖自如。諸生解衣露立，左手執筆硯，右手持布襪，聽郡縣有司唱名，以次立甬道，至督學前。每諸生一名，搜檢軍二名，上窮髮際，下至膝踵，保腹赤踝，至漏數箭而後畢，雖壯者無不齒震悚慄，大都寒凍不知爲體膚所在。遇天暑酷烈，督學輕綺蔭涼，飲茗揮捷自如。諸生什佰爲群，擁立塵垈中，法既不敢扇，又衣大布厚衣。比至就席，數百人夾坐，蒸薰腥雜，汗流浹背，勺漿不入口。雖設有供茶史，然率不敢飲，飲必朱鈴其牘，疑以爲弊，文雖工，降一等。蓋受困於寒暑者如此」。〔註67〕

清代對入闈的考生搜檢更嚴，不但要求考生所著衣服都必須是單層的，而且還要搜查到考生的內衣內褲和鞋襪，令考生解開衣服鞋襪，受兩位軍人搜查，此時考生與乞丐、囚徒無異。入場時人多擁擠，常有考生被踩死踏傷。科場生活的艱辛和遭受的非人待遇，使許多考生無法忍受，有的當場喪命。清代光緒壬寅科浙江鄉試時，「場中考生死者三人，一死於蛇，一以燭簽自刺，一自碎其睾丸。」清朝浙江某君寫了一首《浙江鄉闈詩》，把科舉考試是如何摧殘士人的身心，刻畫得淋漓盡致，詩云：闈屋磨人不自由，英雄便向彀中求。一名科舉三分幸，九日場期萬種愁。負凳提籃深似丐，過堂唱號直如囚。鞋穿帽破全身舊，襟解懷開遍體搜。未遇難題先忐忑，頻呼掌管敢遲留。監

〔註67〕 李潤元：《制義科瑣記》之《艾千子自敘》。

軍問姓親標寫，同號通名暫應酬。天只一條疑是線，地無三尺尚餘溝。文光未向階前吐，臭氣先從號底收。高掛門簾牆對面，平懸卷袋壁橫頭。塵封急欲尋笤竿，瓦漏還須蓋網油。敲緊竹釘排雁翅，濃薰艾把避蜒蚰。粉牆靠背衣裳白，腳板懸空露水稠。夢擾不寧聽鼻息，夜深傲寢數更籌。若逢久雨泥相伴，偶遇狂風濁易流。時暖那堪添黝悶，陰寒何處覓食裘。傳題靜侯雞三唱，待旦還看月一鉤。瓦罐瓦罈聲擾擾，湯煙初沸響颼颼。煤鍋煮粥烏雲集，鹹水煎湯綠暈浮。毛竹削成雙筷子，飯團結住燥咽喉。分來煮肉全無味，做到文章便有憂。首藝經營思過半，後場辛苦慮常周。吟哦錯認蚊雷起，意緒紛如蠶繭抽。詩就八聯誇警句，策成五道詡嘉謀。人逢識面頻商酌，字帶疑心細校仇。高照牆邊防見貼，至公堂上英輕投。捱牆漸啓歲蕤鎖，繳卷齊穿明遠樓。溫外秀才強且悍，嘉湖朋友緩而柔。官生僕從凶如虎，教職衣冠老似牛。東首接來皆坐轎，西邊歸去慣乘舟。經文施捨堆常滿，筆墨攜來道不休。面目頓憐消瘦也，胸襟從來展舒不？

不少考生邀不過這「磨成鬼」的三場考試，有的因一生奮鬥而累試不第，功名無望，心灰意冷而含恨自殺。鄉試如是艱難，而在京城舉行的會試考場生活對考生來說同樣是慘烈的。清代規定「令搜檢人役兩行排立，士子從中魚貫而入，以兩人搜檢一人，務令各士子開襟解襪。如有懷挾，即將本人照例枷革。」〔註68〕為防止考生在物品中夾帶，會試對入場考生的服飾和攜帶物品有嚴格規定：「士子服式，帽用單層氈，大小衫袍褂俱有單層。皮衣去面，氈衣去裏，褲褲綢布皮氈聽用，止許單層。襪用單氈，鞋用薄底，坐用氈片。其馬褥厚褥概不許帶入。至士子考具：卷袋不許裝裏，硯臺不許過厚，筆管鏤空，水注用磁，木炭止須長二寸，蠟臺用錫，止許單盤，柱必空心通底。糕餅、餑餑各要切開。此外字圈、風爐、茶等物，在所必需，無可疑者，俱准帶入。至考籃一項，如京闈用柳筐，柄粗體實，每易藏奸。今議或竹或柳、應照南式考籃，編成玲瓏格眼，底面如一，以便搜檢。至襖褲既單層，務令各士子開襟解襪，以杜褻衣懷挾之弊。」〔註69〕如搜查出某考生有挾帶，於舉場前枷號一月，滿日問罪革為民。這完全是對囚徒的處罰辦法。明天順七年（1463）癸未，京城會試首場，突發火災，當場燒死舉人90餘人，科舉之吃人可見一斑。有人作詩諷刺這場會試悖逆倫常曰：「回祿如何也忌才，春風

〔註68〕《欽定禮部則例》卷91《儀制清吏司·會試場規》。
〔註69〕《欽定禮部外例》卷34《禮部、貢部、整肅場規一》。

散作禮闈災。碧桃難向天邊種，丹桂翻從火裏來。豪氣滿場爭吐焰，壯心一夜盡成灰。曲江勝事今何在？白骨棱棱漫作堆。」考場把有血有肉的士子變成了無思想無個性的行屍走肉，把他們的靈魂從軀殼中掏空，折磨成癡迷不悟、懵懂無知的腐儒，只會在科場上蠅營狗苟偷生的奴才。他們喪失了自我，喪失了人的自身價值和人的自我尊嚴，淪爲考試奴隸。如同鄒容在《革命軍》中所描繪的那種被扭曲人格的士人：「他們倚賴之外，無思想，服從之外，無性質，諂媚之外，無笑語，奔走之外，無事業，伺候之外，無精神。呼之不敢不來，麾之不敢不去，命之生不敢不生，命之死不敢不死」。科名是他們一生的價值坐標，所有的只是被扭曲的草奴人格。

延續了 1300 年的科舉制，無論對及第的還是名落孫山的讀書人，都是一個大陷阱，他們爲了「功名」二字，皓首窮經卻誤盡平生。從科舉制的法缽中賺得盆滿缽滿的，只是封建帝王一人。故時人說：「太宗皇帝眞長策，賺得英雄盡白頭。」清代乾隆皇帝在對權臣鄂爾泰談及爲什麼要用八股取士時，毫不掩飾地道出了封建帝王推行科舉制的險惡用心，「牢籠志士，驅策英才，其求莫善於此。」〔註70〕

〔註70〕《滿清稗史》第 37 節。

結　語

　　科舉制是中國古代繼察舉、薦舉之後延續了 1300 年的一種選士制度，它打破了「上品無寒門、下品無貴族」的權貴世族壟斷仕途和用人任官大權，使中央集極的君主專制顯得尾大不掉，皇權受到世族權貴的挑戰，從而鞏固了中央集權的君主專制統治。在封建社會處在發展階段的唐宋時期，中央集權的君主專制體制的加強和鞏固有利於封建社會經濟、文化的發展，有利於社會生活的和諧與社會穩定，因而它具有一定的歷史進步作用。科舉制的選官辦法，打破了貴族世家倚仗門蔭資歷對官位的壟斷，為庶族中小地主和少數出身寒微的平民開闢了入仕途徑。科舉制造成了大量階層流動的社會，使社會生活環境比較穩定，從而擴大了社會各階層對中央集權的君主專制體制的社會支持度，有利於加強和鞏固封建中央集權的專制統治的社會基礎，使中央集權的君主專制皇權統治得以鞏固。隋唐以降，科舉制的創立和不斷地改革與完善，成為封建社會較為完備和理想的，以公平、公正擇優錄用為倫理追求的選官制度，的確選拔了一批忠誠於封建皇朝，以儒家經義「仁」為核心思想的封建倫理道德準則為操守的優良官吏，建立了一個龐大的、穩定的且有所作為的封建官僚統治集團。唐代經濟發展，出現了「貞觀之治」和「開元天寶盛世」，當時社會安定，「河清海晏，物殷俗阜」，民物蕃息，這與唐代科舉制的創立和穩固，選拔了一批德才兼備像婁師德、宋璟、敬暉、松輔元、狄仁傑、姚崇、李昭德、張九齡這樣的名相治國不無關係。唐代科舉考試除試儒家經義外，還試時務等和詩賦，造成了全社會重視文化教育，致力於讀書習文的良好社會風氣，對傳承中國優勢傳統文化作出了不可磨滅的貢獻。盛唐時人們高度重視科名，積極角逐科場，「四海晏清，士無賢不肖，恥不以文章達。」尤其是唐代進士科重文章詩賦取士，促進了唐代文學藝術

的繁榮，當時詩壇群星燦燦，像陳子昂、劉知幾、韓愈、柳宗元、劉禹錫、白居易、杜牧等大詩人、大文學家不勝枚舉。至宋，科舉制經過改革後，進一步得以完善，如禁止公薦、實行糊名、謄錄和別頭試、鎖廳試、殿試免黜落等辦法，使科舉制考試進一步趨向公平性、公正性和客觀性，科舉考試基本上實現了程序化和標準化。宋代科舉考試確實選拔了一批寒士進入官場，位極人臣如呂蒙正、寇準、范仲淹等；也錄取了一批彪炳史冊的卓越人才如李迪、王曾、張知白、杜衍、晏殊、韓琦、富弼、包拯、司馬光、歐陽脩、文彥博、王安石、蘇軾、宋祁、曾鞏、柳永、黃庭堅、秦觀、周敦頤、邵雍、張載、程顥、程頤、沈括、朱熹等。他們有的是政治家、改革家；有的是才華橫溢的詩人、詞人和文學家；有的是著名的思想家、科學家。宋代是中國封建社會手工業、商業極為發達的時期，社會商業經濟達至鼎盛，貨幣經濟發達，出現了早期資本主義經濟的萌芽。有史學家說宋代在文化教育事業的發展上遠勝於唐代。宋詞的璀璨與唐詩相比毫不遜色，宋代學術思想也非常繁榮，出現了繼先秦諸子百家爭鳴後的第二次學術思想高潮，程朱理學成為中國封建社會後期深入骨髓的民族文化心理，占統治地位的儒家思想。中國古代四大科學發明宋代佔了兩大項——火藥和印刷術。民間十分重視教學與讀書，「萬般皆下品，唯有讀書高」、「學而優則士」的思想深入人心，「三更燈火五更雞，正是男兒發憤時」是當時宋朝良好的社會風氣。教育蓬勃發展，書院林立，官學和私學都有長足發展。私家和官方的出版物也很發達，宋代出版了不少在中國文化史上很有影響的類書，如《太平御覽》、《冊府元龜》、《古今合璧事類備要》、《歷代制度詳說》等。中國是世界上第一個建立不拘出身、不管貧富，不限年齡，只要自願參加全國統一規定的科舉考試，憑學問和成績高低，由皇帝和中央官署錄取，即可任官的考試制度（也稱科舉選官制）即科舉制。科舉制是人類文明史上的一大發明，是中華民族對人類文明的偉大貢獻。

科舉制度的產生是歷史的必然，在科舉制度產生之前，中國古代文官選拔制度發展史上，先後出現過貴族世卿世祿、察舉等制度。世卿世祿制度主要是以血緣關係為主而將個人才能完全摒棄在外的選官辦法，實質上是貴族世襲制。察舉制是由地方高級官吏向中央政府推薦優秀人才做官，由於推薦權力為極少數地方與中央高級官吏所把持，察舉制逐漸演變成世族貴戚子弟的世襲制。選任官吏的權力始終掌握在貴戚世族手中。中央集權的君主專制體制和皇

權在任官權力上遭受到挑戰和削弱。社會各階層沒有任何流動，中央和地方官僚機構長期始終為權貴世族所佔有，中央集權的君主專制統治得不到社會廣大層面的支持，統治力自然難以加強和鞏固。故秦朝二世而亡歷時僅 12 年。西漢建立不久，僅數十年就出現了吳王劉濞叛亂，皇親國戚也靠不住。隋唐創立了科舉制，讓有條件讀書者通過考試均有機會進入仕途，把自己變成統治階級的一員。如唐宋兩代，少數出身寒微的士子，通過科舉進入了官場，有的還當了宰輔，這就讓生活在社會底層的讀書人依稀看到了發達的希望。縱然是世族出身，科舉屢次落第，也難以進入仕途。因此，社會各階層出現了流動，中央集權的君主專制政權就能得到社會各階層的廣泛支持，皇權就得以加強和鞏固。科舉制是黑暗的封建王國的一線光明，它讓社會各階層不管是上層世族子弟還是下層普通平民都看到了一個亮點，只要發奮讀書，科舉高中，就能做官發財，得到皇帝的優厚待遇。處在社會底層，忍饑挨餓，飢寒交迫，被剝削被壓迫、被奴役被侮辱的平民，你只要努力攻讀聖賢書、嫻熟孔孟之道，通過科舉考試，就可以成為官吏的後備軍，實現「朝為田舍郎，暮登天子堂」的夢想，你不必怨天尤人，「男兒欲遂平生志，六經勤向窗前讀」，自然就有「千鍾粟」「黃金屋」了。這樣，科舉制把成千上萬的讀書人，誘導到「功名」二字上來，為了追求一官半職，苦讀終生，老死寒窗，把對封建皇朝和封建腐敗官僚的不滿、憤恨和反抗情緒，演化為對功名利祿孜孜追求和對皇朝效忠服務的奴才心理。被剝削、被壓迫的人們，特別是出身底層的讀書人就不會因生活道路之不平、待遇之不公、生活之不幸、生存之艱難而鋌而走險，嘯聚山林了。屢試不第的老童生，雖然也產生絕望和怨歎，但他們怨自己命運蹉跎，時運不濟，頂多抱怨考官有眼無珠不識才，而絕不會反皇帝，反科舉制，反對中央集權的君主統治的。誠如宋太宗皇帝所說：「聖朝廣開科舉之門，俾人人皆有覬覦之心，不忍自棄於盜賊奸宄。」〔註 1〕封建王朝的統治者推行科舉制的真實目的不在於選才，而在於「牢籠英才」，以鞏固皇權的統治地位。清朝乾隆皇帝一語道破了「天機」，他說：「況天下之大矣，不以一途束之，則心思材力皆將妄有所用。今盡納於八股文之途，其得者大小各有所就，其不得者亦必繩趨尺步，爭相濯磨，於是民氣靜而士無龐雜。」〔註 2〕由此可見，科舉制度是封建中央集權君主專制社會這部龐大社會機器運轉的潤滑劑，是社會各種錯綜複雜矛盾的調節器，它在一

〔註 1〕　《燕翼貽謀錄》。
〔註 2〕　《乾隆三十一年會試錄》。

定程度上調節了封建社會上下各階層政治、經濟利益不平衡狀態，使社會生活實現相對的穩定與和諧。科舉制度能在中國封建社會延續 1300 年原因就在於此。中國封建社會制度能長期延續，長達三千年，是世界上封建社會歷史階段最長的國家，源蓋於科舉制度對封建社會各種複雜矛盾關係的調節作用。

科舉制度進入中國封建社會發展的晚期，便愈來愈程序化和規格化，考試內容和形式的僵化，使科舉制逐漸走向反面，日益喪失其進步性，成為桎梏知識分子思想和創造力的樊籠，成為中國社會經濟發展和科技進步的嚴重阻力。像歷史上任何一種具有進步作用的社會制度一樣，在開始創立時有一定的積極作用，時間長了，流弊叢生，逐漸就走到了自己的反面。科舉制度也是這樣，當它發展到封建社會的晚期——明、清兩代時積弊日深，非但不能遴選眞才實學之人，反而成為束縛士人思想和創造力的牢籠，變成了社會進步的阻力。社會上一些有識之士要求廢止科舉制的強烈呼聲竟成了時代的強音。中央集權的君主專制制度發展到明清已達到了登峰造極的地步。明清兩朝的文化專制主義比中國封建社會任何一個朝代都嚴酷，統治者千方百計加強思想一統化，用文字獄等殘酷手段迫害不順從於他們的知識分子，以八股取士來鉗制士人的思想。自洪武十七年（1384 年）起八股文就成為科舉考試的一種法定文體，此種文體有固定結構，由破題、承題、起講、入手、起股、中股、後股、束股、大結構成。此外，在起股之後還有「出題」，在中股之後還有「過接」等單名散行句式出現，爲文中引子、楔子，起承上啓下作用。清代顧炎武在其《日知錄》中對八股文有過翔實的說明：「經義之文，流俗謂之八股，……股者，對偶之名也。」「每四股之中，一正一反，一虛一實，一淺一深。其兩扇立格，則每扇之中各有四股，其次第之法，亦復如之。故今人相傳，謂之八股。」〔註3〕八股文作爲科舉應試文體不僅結構固定，而且在格式、字數、避諱、辭例、卷面上皆有嚴格規定。格式上題低二格。正文頂格寫，不另行點句、勾股。字數：明初鄉試、會試「五經」義一道，限 500字，《四書》義一道限 300 字。清初，第一場（「四書」三題，「五經」四題）限 550 字，康熙二十年（1681）增百字，乾隆之後，概限 700 字。避諱：行文中須避死去皇帝的名（即廟諱）、當今皇帝的名（御名）和孔孟之名（聖諱）。辭例要求不用四六駢麗，不求押韻，禁用誇張華麗之語，禁止引用古史和巧設比喻。八股文考試的內容要求題目必須取自「四書」、「五經」。考生作文必

〔註 3〕顧炎武《日知錄》卷十六。

-240-

須以聖賢口氣，並以程朱等注疏爲準。考生不能發揮自己的思想，只能「爲聖賢立言」。考生闡述道理只能用朱熹的《四書集注》的內容。這種八股取士的科舉制把天下讀書人完全引導去鑽古紙堆了。以程朱理學之是非爲是非，自己全無是非。朱熹的《四書集注》，成爲千古不變的教條。士子一生專注於背誦這些教條，對外界物質世界、國家大事全無所知。如清末舉行的一次考試中，有一道題目爲《項羽拿破崙論》，要求考生比較中西歷史人物的異同，以闡明項羽與法國國王拿破崙在歷史上的作用，自己對這兩個歷史人物的看法。一個考生是這樣論述的：「夫以項羽拔山蓋世之雄，安有一破崙而不能拿哉！夫車輪已破，其量必輕，一匹夫亦能拿之，安用項羽？以項羽拿破崙，是大材小用，其力難施，其效不著，非如人善任之舉也」。這個考生根本不知拿破崙這個法國國王曾是近代歷史上的風雲人物，其孤陋寡聞令人噴飯，這是對中國科舉制度造成士人的知識極其片面的悲劇的莫大諷刺。八股取士造成了中國知識分子思想僵化、知識面偏斜，只知孔孟之道、程朱理學而不知自然科學知識，造成中國整個知識階層的思維方式、群體心理變異，只知牽文拘義、抱殘守缺而不知創新。中國近代五百年間，科學技術遠遠落後於西方源蓋於斯。

　　科舉制孵化了一代又一代封建官僚，造成了中國封建社會龐大的官僚集團的政治統治和官本位觀念，扭曲了人們的心態。隋唐以降，科舉制度是中國封建社會選拔官吏的重要途徑，不少高級官員都是進士出身。如唐朝歷經290年，各科及第總人數爲30000餘人，其中進士有6658人，明經26000餘人。唐有宰相368人，出身進士的143人，占宰相總數的39%。北宋歷經163年共取進士18546人，諸科12348人，南宋歷153年，錄取正奏名進士23198人，特奏名進士22442人，共計45640人。兩宋共有宰相133名，其中科舉出身的進士達123人，占宰相總數的92.4%。凡進士出身的士人幾乎人人都充任中央或地方政府的官員。遼代共錄取進士2486人，金代錄取進士130人，元代共錄取進士1105人，明代歷時276年，共錄取進士24363名，清代歷時267年，共錄取進士26391人，這批被錄取進士基本上充任中央和地方政府官員。科舉選士制度自創立到被廢止，期間1300餘年共錄取進士10萬餘人，舉人當在100萬以上，爲中國封建官僚政治孵化了一批又一批封建官吏。他們擁有各種特權，結成一個龐大的與廣大人民群眾在根本利益上完全對立的政治集團。在長達三千年的中國封建社會中，社會上雖然有各種階層和政治集團，但本質上只是官與民兩

個互相對立的階級。官爲社會的主體，處於本體地位（皇帝是最高的官，是官吏的總頭子），民爲社會的基礎，處於從屬地位。官佔有社會的一切資源，支配和統治著一切，甚至民的生命與自由；民被剝奪了對社會資源的佔有權，處於被奴役和受屈辱的地位。在官本位的觀念中，官是民的治理者，官治民猶如放牧禽畜一般，在封建官吏的眼裏，民不如牛馬，可以任意作踐他們。官本位在中國封建社會中一直居於統治地位，官本位的觀念和意識深入人們的骨髓之中，其源於孔子的學而優則仕。科舉制將學而優則仕的觀念制度化和體制化了。科舉制把天下讀書人的全部精力和生命都吸引到讀書做官這一條道路上來了，求學而不爲做官的人幾乎沒有，讀書人的唯一出路就是做官，做了官就能有了一切，官越大權越大利也就越大。在中國封建社會中做官發財這是三歲童子也會明白的道理，是每一個讀書人孜孜以求的。科舉制恰恰爲廣大讀書人提供了入仕的機會，讓學而優則仕能大行其道。封建皇帝給科舉及第的士子以極大的榮耀、特權和利益，以牢籠天下英才爲其專制統治服務，甘願充當皇室皇權的忠心奴僕。唐代對新科進士禮遇有加，他們被邀去參加曲江宴，無論是平民百姓還是公卿權貴，甚至是皇帝都來觀瞻（皇帝則登臨曲江邊的紫雲樓觀看）。宋代對新科進士皇帝親賜賀宴，明代對新科進士賜瓊林宴，清代改稱恩榮宴。讀書人不管原來出身何等貧賤，社會地位如何低下，一旦金榜題名，便能「一舉成名天下知」，身價百倍了，被人捧爲星宿，親戚朋友、奴僕皁隸都來阿諛奉承他。一經授官，便「一人得道，雞犬升天」。唐代詩人周匡物把科舉及第比喻得道成仙，詩云：「元和天子丙申年，三十三人同得仙。袍似爛銀文似錦，相將白日上青天。」

科舉制人爲地把人分爲民與官兩個對立的階級，他們在經濟利益和社會地位上有著天壤之別。由於官是十年寒窗，三場科考熬成的。所以，他們「理所當然」就騎在民眾頭上，享有各種尊榮和肥利，於是，「官本位」就「順理成章」了。恰如唐朝詩人李紳所說：「及第全勝十政官，金鞍鍍了出長安。馬頭漸入揚州郭，爲報時人洗眼看。」科舉制度使「官本位」的觀念深入人心，浸潤腐蝕了人們的靈魂。「官貴民賤」的意識在中國封建社會中長期佔有統治地位，嚴重地扭曲了中華民族的心理。老百姓畏官如畏虎，酷吏害民勝蛇蠍，貪官徇私枉法，草菅人命是司空見慣的社會現象。麻木的人們一代又一代忍受著貪官的饕餮和酷吏的殘暴，沒有人懷疑和反對服務於中央集權的君主專制統治的科舉制度的不合理性，更談不上去廢止或推翻這種制度，創新新的

社會制度了，甚至在廢止科舉制後，那些夢想「學而優則仕」走讀書做官之路的腐儒們尚有如喪考妣之感，就像慣於黑暗長夜中默默苟且生活的人們，突然見到光明會有目眩迷惘之感一樣。長期在「官本位」觀念和集權專制統治下的人們冷漠到只關心自己的出路，希望能從科舉及第中分得社會食桌上的一杯羹，而不會去冒死反抗專制獨裁的皇權統治。唐代落第舉人黃巢科舉失意後，雖然憤題「賦菊」詩：「待到秋來九月八，我花開後百花殺。衝天香陣透長安，滿城盡帶黃金甲。」當他率領農民造反，攻入長安後，還是想當皇帝，並無廢科舉之舉。洪秀全科舉不第，讀書做官的迷夢破碎後，他走上了反抗滿清皇朝之路，領導農民起義。在攻陷南京建立「天朝」後，自己當了「天朝」皇帝，也沒有廢除科舉考試之意，仍然開科 10 次，並獨創女科。由此可見，科舉制度對中國人民心靈毒害之深，消融了人們探索和創造新的社會制度的智慧與勇氣，喪失了追求民主和自由的精神。科舉制度培植起來的「官本位」思想造成千百年來中國民眾民怕官的病態心理。使人們對君主、官吏、上級盲目服從，莫名其妙的敬畏。而皇帝、官吏對下級、百姓無比蔑視，視之如草芥，屠之如牛羊。人們習慣於把一切功、善歸於國君、上級；把過、惡諉之於下級、百姓。長期在這種病態心理支配下，在上的日益驕橫傲慢，在下的日益獻媚奉迎。言路堵塞，民智困厄，官僚腐敗，社會動盪，促使封建中央集權的君主專制統治一步一步地走向滅亡。

人類發展史上任何一種社會制度的建立和發展在一定的歷史階段都有其存在的合理性，任何一種社會制度都是一定社會歷史條件下的產物，隨著歷史的發展不可避免會帶著某種歷史局限和弊端，一步一步走向自己的反面，當它產生或創立這種制度的社會歷史條件改變或消失時，它也必然隨之改變和消失。中國古代的科舉制也是這樣的歷史命運。儘管歷史事件有時在歷史上有驚人的相似之處，但作為一種社會制度在歷史上都不會重複。否則，就是歷史的倒退。科舉制是在要求打破古代世卿世祿制和漢代察舉制、九品中正制，由世族權貴壟斷選官權，而中央集權的君主專制和皇權遭受挑戰的歷史背景下產生的。科舉制的本質是為鞏固中央集權的君主專制統治服務，把選官任官的大權從世族權貴的手中奪回來，集中到皇帝一人手中。隋唐之際，中央集權君主專制較之秦漢有了進一步的加強，為鞏固君主專制統治，皇帝不能眼睜睜地看到選官任官大權從自己的指縫中流入世族權貴手裏，他看著眼紅，必須奪之而後快。否則，他的皇權就難以鞏固，就可能出現尾大不掉

的情況。他必須使自己掌控的中央和地方政府官員時有流動，而且這種流動的動力必須由自己來親自掌控，要使自己的專制統治得到廣大社會層面支持，防止世族權貴結植朋黨，壯大對抗皇權皇室的政治勢力。他必須在標榜公平、公正、平等自由競爭的旗號下，選拔一批符合中央集權君主專制統治的需要，並爲鞏固這種專制統治忠實服務的官員，來充實中央和地方政權機構，讓一批出身寒微而熟知孔孟之道、有治理國事本領的士子進入朝廷和地方政府，以破壞和改造世族權貴對權力的壟斷，把政權牢牢地掌握在自己的手中。這就是科舉選士制度產生的社會歷史條件。隋唐創立的科舉制就是在這種歷史背景下產生的。唐初的科舉制考試允許不在學校學習而學業有成的（即自學成才者）「投牒自舉」（即自由報考），就是爲了把社會底層的有才之士選拔上來。通過考試競爭，的的確確可以選拔一批人才。當年太宗文皇帝李世民於端門下看見新科進士從榜下綴行而出時，竟喜不自禁地說：「天下英雄入吾彀中矣！」〔註4〕有歷史評論家說：「文皇帝撥亂反正，特盛科名，志在牢籠英彥。」〔註5〕封建帝王創立和實施科舉制的目的昭然若揭，就是爲了擴大自己統治的社會支持面，鞏固中央集權的君主專制統治。用科舉選士制度來牢籠英才，比秦始皇用焚坑之法埋葬儒生以鞏固自己的統治顯然要高明得多。二者的目的卻是一個，只是手段不同而已，一個操硬刀子，一個操軟刀子罷了。宋代爲消除唐代科舉考試中「通榜公薦」和「行卷」而引起的權貴在科場上「走後門」，把持科場培植私黨的弊端，對科舉考試進行了改革，禁止「公薦」，整肅場規，實行糊名、謄錄、別頭試、鎖廳試，盡量做到科舉考試能公平客觀地選拔有才之士進入官場，以加強封建官僚政治統治。所以，北宋時期確實也選拔了一些出身貧寒的士人進入仕途，像呂蒙正、范仲淹、寇準都是出身平民的宰相，這在實行世卿世祿制的古代和察舉制、九品中正制選官的漢代是根本不可能的。從這一歷史角度看，科舉制優於世卿世祿制、察舉制和九品中正制等選官任官制度，這是不言而喻的。

但是，隨著社會歷史發展，當中國封建社會進入晚期，中央集權君主專制越來越暴露其反動性和腐朽性時，而伴隨它出現並爲之服務的科舉制度也弊端百出，日益暴露其腐敗性，並走到它的反面。明、清二代是中國封建社會制度發展的晚期，中央集權的君主專制比唐宋時期更爲強化，在政治專制統治進

〔註4〕《唐摭言》卷一，《述進士上篇》。

〔註5〕《唐摭言》卷三，後論。

一步加強的同時，文化專制也空前殘酷。而廣大人民的人身受到壓迫，精神遭到虐殺，不僅沒有人身自由，而且思想也沒有自由，更沒有言論自由。人們必須以皇帝、聖人的是非爲是非，凡不符合孔孟之道、程朱理學的一切思想、言論都在禁止之列；凡是不滿君主專制統治的一切言行都在被消滅之列。明太祖朱元璋在強化政治專制統治的同時，進一步推行文化專制主義，大興「文字獄」，以實現思想一統。由於他出身微賤並曾削髮爲僧，因此，在他當了皇帝以後對於文章、奏議、賀表中的「僧」「賤」等字甚至同音、近音的文字，都有著病態的敏感，總疑心別人在隱喻、挖苦、攻擊自己，必欲滅之而後快。由此釀成無數冤案，屈死多少冤魂。清代文字獄之森嚴可怖，又甚於明代。冤案迭興，僅康熙、雍正、乾隆三朝見諸史籍的就有 108 起，冤死者無法勝計。康熙年間，莊廷鑨修撰《明書輯略》，以南明爲正統，被視爲大逆不道。莊死後被掘墳戮屍，其父死獄中，其弟及子孫凡年滿 15 歲以上的男性皆被處斬，妻女發配爲奴，受株連被殺的名士 220 餘人。乾隆年間，禮部尙書沈德潛作了一首《詠黑牡丹》詩，其中「奪朱非正色，異種也稱王」兩句，被認爲是影射滿清以異族奪朱明皇位，犯大逆不道之罪，剖棺銼屍，全家被處斬。

　　科場上的文化專制統治十分嚴酷。明、清二代把學校教育與科舉選士結合起來，在教育上實行文化專制統治，從中央到地方設立各級官學和私學，還強制鄉村也設立蒙學和私塾。明成祖朱棣命胡廣、楊榮、金幼孜等編撰《四書大全》、《五經大全》、《性理大全》，廢棄以往注疏，只用程朱解釋的《四書》、《五經》作爲欽定的教科書，強制推行於全國各級各類學校；《性理大全》則將宋代理學家著作輯之於一冊，科舉考試以此命題和作標準答案，天下讀書人欲求顯達必須遵循程朱理學思想，不得越雷池半步。清代除以上述三部書爲欽定教材書外，還增加了《孝經》和《聖喻廣訓》。明、清二代以程朱理學作爲正統思想，教人「存天理，滅人欲。」服服帖帖接受封建統治者的奴役。程朱理學被確定爲全國普遍採用的欽定教科書和科舉考試的範本。清朝規定：鄉試考《四書》《五經》，作爲答案的統一標準是《四書》用朱熹《集注》，《易》用程頤《傳》、朱熹《本義》；《書》用蔡沈《傳》；《詩》用朱熹《集注》；《春秋》用胡安國《傳》；《禮記》用陳皓《集說》。主要是採用程朱理學家的注疏，若採用他人注疏者，被視爲離經叛道。「酷吏以法殺人，後儒以理殺人」。〔註6〕程朱理學思想成爲明清兩代知識分子的精神桎梏和牢籠，他們的創造性

〔註 6〕戴震：《東原文集》卷八《與某書》。

和自由思想完全被扼殺和磨滅了。科舉考試命題也是從《四書大全》《五經大全》《性理大全》三部書去尋章摘句，五百年一貫，尋來摘去，到後來幾乎找不到不雷同的章句可命題了。於是，多烘腦殼的主考官只好出歪題、偏題、怪題讓考生摸不著頭腦。為了閱卷的方便，衡文標準的劃一，科舉考試從明始至清末，推出八股取士之制。天下讀書人為了讀書做官，個個苦讀寒窗，研習八股文，先在先聖先賢的忠、孝、節、義思想中漬染透徹，然後唯唯於專制統治。明清統治者推行八股文取士之制，完全是為了思想統一，強化其中央集權君主專制的統治，而實質上八股文於理政治國竟毫無用處，「以無端之空虛禪悅，自悅於心；以浮誇之筆墨文章，快然於口」〔註7〕，不求建樹，墨守陳說，眾人一口，千篇一律，使天下士人的思想陷於呆滯、僵化狀態，以致遺誤蒼生五百年！導致近代中國科學技術落後於西方數百年，社會經濟發展長期停滯不前。因此，後人將大明江山覆亡的原因歸結為八股文取士制度。崇禎末年，有人擬一狀云：「謹具大明江山一座，崇禎夫婦兩口，奉申贄敬。晚生八股頓首。」〔註8〕明末的有識之士就已認識到八股取士制貽誤國家社稷，可謂真知灼見。可是，一百年後的今天，一些為科舉制招魂的所謂「學者」，還在為八股文唱讚歌。甚至質問別人，你能寫出那樣精彩的八股文嗎？試問，原始人鑽木取火，現代人用電、用氣、用油作燃料，難道你要捨棄當代的燃料，去鑽木取火？還要試問你能當得原始人吧！鑽木取火看看。幼稚之極，無聊至極！連清朝的康熙皇帝都懂得「八股文章，實與政事無涉，自今以後，將浮飾八股文章永行停止。」並於康熙二年（1663年）詔廢八股文與裹腳。不知當代青年「學者」，如何連康熙皇帝的思想中那點先進性都趕不上！

　　科舉制成為歷史的陳跡已是歷史發展的必然，不管它是在歷史上起過何種積極作用。英國經濟學家白哲特說：「整個文明史充滿著那些最初十分珍貴而最後使人致命的主義和制度」。中國的科舉制度就是那種最初十分珍貴，後來逐漸演變成使人致命的制度，導致中華民族近五百年落後於世界先進民族。可以說，近代中國被先進西方國家的堅船利炮所轟擊，並與之訂下了無數喪權辱國的條約，閉關鎖國的封建帝國變成了半封建半殖民的封建帝國，科舉制在其中所起的負面影響作用不可低估。

〔註7〕李塨：《恕谷屬集·與方巷書》。
〔註8〕呂留良：《悵悵集》卷3《真進士歌》。

參考文獻

一、參考書目

1. 《諸子集成》，中華書局，1959 年版。
2. 《十三經注疏》，中華書局，1980 年，影印本。
3. 《管子今詮》，中國書店，1980 年版。
4. 《春秋繁露》，董仲舒撰，〔清〕淩曙注，中華書局，1975 年版。
5. 《潛夫論箋》，王符撰、汪繼培箋，中華書局，1959 年版。
6. 《太平廣記選》，王汝濤主編，齊魯書社，1987 年版。
7. 《世說新語》，劉義慶撰，上海古籍出版社，1982 年版。
8. 《文獻通志》，馬端臨，浙江古籍出版社，2000 年版。
9. 《唐六典》，李林甫，中華書局，1992 年版。
10. 《唐摭言》，王定保著，上海古籍出版社，1978 年版。
11. 《通典》，杜佑著，中華書局，1988 年版。
12. 《通志》，鄭樵撰，中華書局，1988 年版。
13. 《貞觀政要》，〔唐〕吳兢撰，團結出版社，1996 年版。
14. 《資治通鑒》，〔宋〕司馬光編著，中華書局，1956 年版。
15. 《續資治通鑒》，〔宋〕司馬光編著，嶽麓書社，1992 年版。
16. 《冊府元龜》，王若欽，中華書局，1960 年，影印本。
17. 《容齋隨筆》，洪近，上海古籍出版社，1978 年版。
18. 《朱子語類》，朱熹，中華書局，1986 年版。
19. 《臨川先生文集》，上海古籍出版社，1957 年。
20. 《宋會要輯稿》，徐松著，中華書局，1999 年版。

21.《宋史紀事本末》，陳邦瞻，中華書局，1982 年版。

22.《永樂大典》(精華)，內蒙古大學出版社，1998 年版。

23.《明夷待訪錄》，黃宗羲著，北京古籍出版社，1957 年版。

24.《明經世文編》，陳子龍等，中華書局，1962 年版。

25.《明會要》，龍文彬著，浙江古籍出版社，2000 年版。

26.《明史紀事本末》，谷應泰，中華書局，1982 年版。

27.《欽定科場條例》，奎潤等，清光緒十三年浙江書局刊本。

28.《科場回憶錄》，解毓龍，浙江古籍出版社，1987 年

29. 清《續文獻通考》，劉錦藻著，商務印書館萬有文庫本

30.《飲冰室全集》，梁啓超，中華書局，1941 年版。

31.《孫中山選集》，人民出版社，1956 年版。

32.《中國教育思想史》，王炳照、閻國華主編，湖南教育出版社，1996 年版。

33.《中國教育制度通史》，李國鈞、王炳照主編，山東教育出版社，2000 年版。

34.《中國考試通史》，楊學爲主編，首都師範大學出版社，2004 年版。

35.《中國選士制度史》，劉虹著，湖南教育出版社，1992 年版。

36.《中國文化概論》，周道生、曾長秋編著，中南工業大學出版社，1999 年版。

37.《先秦兩漢賦稅思想史論》，周道生著，中南工業大學出版社，1996 年版。

38.《中國科舉史》，劉海峰、李兵著，中國出版集團東方出版社 1998 年版。

39.《中國狀元殿試卷大全》(上下)，鄧洪波、龔抗雲編著，上海教育出版社 2006 年版。

40.《中國官僚政治研究》，王亞南著，中國社會科學出版社，1984 年版。

41.《科舉奇聞》，魯威著，遼寧教育出版社，1990 年版。

42.《中國古代科舉百態》，熊慶年著，東方出版社，1997 年版。。

43.《中國封建社會長期延續問題論戰的由來與發展》，白鋼編著，中國社會科學出版社，1984 年版。

44.《科舉史論》，王道成著，中華書局，1988 年版。

45.《科場回憶錄》，鍾毓龍，浙江古籍出版社，1987 年版。

46.《中國教育通史》，毛禮銳，山東教育出版社，1995 年版。

47.《清代科舉考試述錄》，商衍鎏，三聯書店，1983 年版。

48.《中國考試制度史資料選編》，楊學爲等，黃山書社，1992 年版。

49.《中外考試制度比較研究》，康乃美、蔡熾昌著，華中師範大學出版社，2002 年版。

50.《中國古代科學》，李約瑟著，李彥譯，上海書店出版社，2001 年版。

51.《中國考試發展史略》，黃新憲著，福建人民出版社，1991 年版。

52.《中國科舉史話》，李樹著，齊魯書社，2004 年版。

53.《中國考試思想史》，田建榮著，商務印書館，2004 年版。

54.《山居筆記》，余秋雨著，上海文彙出版社，2002 年版。

55.《中國倫理學史》，蔡元培著，商務印書館，1910 年版。

56.《宋明理學史》侯盧、邱漢生、張豈之主編，人民出版社，1984 年版。

57.《中國哲學史》，任繼愈主編，人民出版社，1966 年版。

58.《中國倫理思想史》，陳瑛等著，貴州人民出版社，1985 年版。

59.《中國傳統倫理思想史》，朱貽庭主編，華東師範大學出版社，2003 年版。

60.《中國倫理學說史》，沈善洪，王風賢著，浙江人民出版社，1985 年

61.《中國倫理學名著提要》，唐凱麟、鄧名瑛主編，湖南師範大學出版社，2001 年版。

62.《優入聖域——權力、信仰與正當性》，黃進興著，陝西師範大學出版社 1998 年版。

63.《制度化儒家及其解體》，干春松著，中國人民大學出版社 2003 年版。

64.《倫理政治研究——從早期儒學視角的理論透視》，任劍濤著，中山大學出版社 1999 年版。

65.《理學教育思想與中國文化》，黃書光著，上海教育出版社 1993 年版。

66. 何懷宏：《選舉社會及其終結——秦漢至晚清歷史的一種社會學闡釋》，三聯書店 1996 年版。

67. W.A.P.Martin，A Cycle of Cathay， or China， South and North with Personal Reminiscences， Edinburgh and London，1896。

二、參考論文目錄

1. 潘光旦、費孝通：《科舉與社會流動》，《社會科學》（清華大學）4 卷 1 期，1947 年。

2. 蕭啓慶：《元代科舉與菁英流動》，《漢學研究》第 5 卷第 1 期，1987 年。

3. 李恩柱：《科舉制曾經是先進的選人制度》，《人民日報海外版》（2005 年 07 月 19 日第七版）。

4. 徐梓：《科舉制度與士人心態》，《尋根》， 2005 年 第 3 期。

5. 張學亮：《科舉制與傳統士人的社會求償心理》，《光明日報》 2005 年 05 月 24 日。

6. 田澍：《科舉的利弊及清朝廢除科舉的教訓》，《.西北師大學報》（社會科學版），2005 年第 1 期。

7. 劉海峰：《科舉學的世紀回顧》載《廈門大學學報》（哲學社會科學版），1999 年第 3 期。

8. 劉海峰：《科舉制百年祭》載《北京大學教育評論》2005 年第 4 期。

9. 劉海峰：《科舉制長期存在的原因析論》載《廈門大學學報》（哲學社會科學版），1997 年第 4 期。

10. 周寧：《驀然回首：廢除科舉百年祭》，《書屋》2005 年第 5 期。

11. 劉懷玉：《制度倫理學研究的近況》載《哲學動態》，1988 年第 5 期。

12. 龔天平：《論制度倫理的內涵及其意義》載《寧夏大學學報》（哲學社會科學版）1999 年第 3 期。

13. 盛國軍：《制度倫理解讀》載《北京理工大學學報》（社會科學版），2000 年第 6 期。

14. 倪愫襄：《論制度倫理的功能》載《武漢大學學報》（人文科學版），2003 年第 2 期。